//
TRAITÉ
DE
PSYCHOLOGIE RATIONNELLE
D'APRÈS
LES PRINCIPES DU CRITICISME

I

LIBRAIRIE ARMAND COLIN

CH. RENOUVIER

Essais de Critique générale, par CH. RENOUVIER :
  1er ESSAI. **Traité de Logique générale et de Logique formelle.** 2 volumes :
    Tome I. Un volume in-8 carré, broché. . . . . 8 fr.
    Tome II. Un volume in-8 carré, broché. . . . . 8 fr.
  2e ESSAI. **Traité de Psychologie rationnelle** d'après les principes du Criticisme. 2 volumes :
    Tome I. Un volume in-8 carré, broché. . . . . 8 fr.
    Tome II. Un volume in-8 carré, broché. . . . . 8 fr.
  3e ESSAI : **Les Principes de la Nature.** 1 volume in-8 carré, broché. . . . . 8 fr.

La Nouvelle Monadologie : La Monade — L'Organisation — L'Esprit — La Passion — La Volonté — Les Sociétés — La Justice, par CH. RENOUVIER et L. PRAT. Un volume in-8 carré de 546 pages, broché. . . . . 12 fr.
  (Ouvrage couronné par l'Académie des Sciences morales et politiques.)

Manuel républicain de l'Homme et du Citoyen, par CH. RENOUVIER, publié en 1848, réédité par JULES THOMAS, professeur de philosophie au lycée de Pau. Un volume in-18, broché. . . 3 fr. 50

Victor Hugo, le Poète, par CH. RENOUVIER. Un volume in-18, broché. . . . . 3 fr. 50

Victor Hugo, le Philosophe, par CH. RENOUVIER. Un volume in-18, broché. . . . . 3 fr. 50
  (Ouvrage couronné par l'Académie des Sciences morales et politiques.)

Les Derniers Entretiens de Ch. Renouvier, recueillis par L. PRAT. Un volume in-18, avec *deux portraits* de Renouvier, broché. 2 fr. 50

Correspondance de Renouvier et Secrétan. Un volume in-8 raisin, 2 phototypies hors texte, broché. . . . . 3 fr. 50

CH. RENOUVIER

ESSAIS DE CRITIQUE GÉNÉRALE

Deuxième Essai

TRAITÉ

DE

PSYCHOLOGIE RATIONNELLE

D'APRÈS

LES PRINCIPES DU CRITICISME

TOME PREMIER

LIBRAIRIE ARMAND COLIN
Rue de Mézières, 5, PARIS

1912

TRAITÉ
DE
PSYCHOLOGIE RATIONNELLE

PREMIÈRE PARTIE

L'HOMME
ET SES FONCTIONS CONSTITUANTES

I

DE LA NATURE HUMAINE RELATIVEMENT AUX CATÉGORIES

Les catégories sont les lois générales de la représentation. La représentation humaine est la seule dont il nous soit possible de parler avec assurance. C'est en elle que les catégories sont données pour nous, ainsi que la matière de l'expérience. Les catégories posent les formes de cette matière, les règles de cette expérience.

Les catégories sont : la RELATION (trois formes : *distinct, identique, déterminé*); le NOMBRE (*un, multiple, tout*); la POSITION (*point, espace, étendue*); la SUCCESSION (*instant, temps, durée*); la QUALITÉ (*différence, genre, espèce*); le DEVENIR (*rapport, non-rapport, changement*); la CAUSALITÉ (*acte, puissance, force*); la FINALITÉ (*état, tendance, passion*); la PERSONNALITÉ (*soi, non-soi, conscience*).

J'arrive aux catégories empiriquement; je les fixe par hypothèse, et je les propose pour être vérifiées. L'apriori le plus résolu se confond dans ce cas avec la donnée d'un système empirique, sans contrôle antérieur possible. Les thèses nécessaires et universelles de la connaissance ne sauraient être justifiées ou infirmées avant que l'analyse en ait décrit le champ et reconnu la portée. Néanmoins toute analyse les suppose. Elles interviennent dans les procédés par lesquels nous formons ou acquérons des notions quelconques. Si nous prétendions les obtenir ou les classer par quelque méthode, où trouver la méthode de cette méthode? Et si nous les demandions à l'observation pure, nous ne serions pas plus avancés, car où prendre en dehors d'elles le fil conducteur de l'observation?

Otée l'une quelconque des cinq premières catégories, rien de représenté ne subsiste. Qu'une chose, en effet, ne soit pas déterminée relativement à d'autres choses; ou qu'elle n'implique point de nombre, comme partie de quelque tout ou tout de quelques parties; ou qu'elle n'ait ni directement ni médiatement aucun lieu ou ne se place à aucune époque; ou, enfin, qu'on ne puisse la qualifier en la rangeant sous quelque genre : cette chose cesse d'être, ou plutôt n'a jamais existé pour nous. Les autres catégories, le Devenir, la Causalité, la Finalité, la Personnalité, ne s'appliquent pas toujours et d'une manière immédiate à tout sujet qu'on se représente; mais il n'est pas de fonction représentative, objective, à laquelle elles ne soient inhérentes. Pour nous représenter des faits, des phénomènes quels qu'ils soient, mais avec réflexion et système, nous devons les rapporter à la personnalité en nous, parcourir une série de changements de notre personne, exercer la volonté qui est une cause, et nous proposer pour cela des fins à atteindre. Ensuite, nous constatons le devenir dans les choses au moyen du devenir personnel, et nous envisageons hors de nous, comme indépendantes de nous, des causes et des fins représentées sur le type de celles que nous produisons et que nous poursuivons. La personnalité même s'étend, par une longue suite de dégradations, jusqu'aux derniers confins du monde que nous pouvons connaître. Cette loi générale, à la bien entendre, embrasse toute la représentation possible de soi et d'autre que soi, et à tous ses degrés. Nos langues en font foi, et la religion grossière de certains hommes, le fétichisme, n'est que l'abus monstrueux d'une vérité que plus tard les abstractions de la raison nous font trop oublier. D'ailleurs, c'est grâce à la pleine possession de la personnalité, c'est parce que nous réalisons en nous cette loi, avec conscience distincte et une grande individualité, que nous sommes admis à la considérer, et dans les autres hommes, et chez les animaux, où elle va s'abaissant de plus en plus, et au-dessous des animaux encore, et jusqu'à la dernière molécule organique ou seulement appétente. Il arrive ainsi que les lois de cause, de fin et de personne, formes objectives d'abord, plutôt que rapports aperçus dans leurs sujets, s'établissent comme éléments indispensables de tous les phénomènes et entrent essentiellement dans notre manière de comprendre ce qu'ils ont d'ordonné ou de constant.

L'homme est donc un certain centre, un point de concours des catégories, parce qu'elles sont les lois enveloppantes en lui de tout ce qu'il connaît ou peut connaître, et, sous un autre point de vue, parce qu'elles l'enveloppent en se rassemblant toutes pour former ce composé spécial éminemment complexe où son corps et sa personne sont unis.

Lorsque nous n'envisageons dans l'homme que les seuls rapports composés de nombre, de position, de succession et de changement, avec certaines qualités inhérentes, c'est l'homme physique, c'est l'homme organique aussi que nous obtenons, pourvu que les fonctions des organes soient définies indépendamment de la sensibilité et de toute autre forme représentative. Sans doute, les causes et les fins ne sauraient être écartées au fond, mais la causalité, la finalité, ne se constatent pas directement; leurs lois propres ne sont point soumises à l'observation et à des expériences qui les puissent isoler : pour ces catégories plus que pour les précédentes, la part qu'elles empruntent à la représentation personnelle est notoire. On les sépare donc plus aisément et plus volontiers, et d'ailleurs, nulle science n'existe que par l'abstraction.

Si aux fonctions de nombre, position, succession, changement et qualité, nous joignons le rapport de personnalité, dans une conscience donnée, avec un certain contenu d'expérience dont elle coordonne les éléments, nous obtenons la sensibilité et la série de ses lois. L'homme, en tant que sensible, s'unit et s'oppose aux phénomènes autres que soi. De là l'expérience externe; de là aussi l'expérience interne de certains phénomènes, de ceux qui sont propres à la personne, comme modifiée à la rencontre des faits extérieurs. Sans représentation personnelle, nulle représentation sensible ne subsisterait. Le plaisir, la douleur et les sensations quelconques sous lesquelles un objet est envisagé au dehors, quelque simple d'ailleurs que cet objet puisse être, et se réduisît-il à une étendue colorée, par exemple, impliquent une conscience développée dans le temps et dans le devenir, laquelle se pose, et simultanément pose une autre chose qu'elle-même.

A la Personnalité, la Causalité et la Finalité sont attachées. Ces deux catégories sont des formes inséparables de toute personne, des lois composantes d'une loi qui les implique et à son tour y est impliquée. Elles sont représentées comme lois régulatrices des faits externes, et, avant tout, s'appliquent aux phénomènes du monde interne qu'elles produisent, dirigent et coordonnent.

Lorsque dans l'homme, tel qu'il se représente à lui-même, on envisage surtout l'acte et la cause consciente d'elle-même, on a la volonté : l'homme est volonté. Lorsque l'on envisage la tendance et la fin poursuivie, on a la passion : l'homme est passion. Lorsque l'on envisage les fonctions quelconques de la personne comme réfléchies par une sorte de redoublement de la conscience, on a l'entendement et la raison : l'homme est intelligence.

Ce sont là des définitions, en partie définitions de mots, car je ne prouve rien, en partie analyse simple et immédiate des choses à nommer.

Ces définitions répondent à autant d'abstractions. On peut appeler l'homme du nom d'une catégorie ou d'une autre, mais la fonction que l'homme est embrasse toutes les catégories. Je n'affirme pas que nul des groupes de phénomènes que les catégories régissent n'est séparable des autres en aucun temps et à aucune condition, dans l'ensemble composant actuellement l'homme. J'établis seulement des données et des faits.

C'est ainsi que les catégories mêmes affectées à la constitution de l'homme physique et organique jouent un rôle essentiel dans le développement de la pensée, c'est-à-dire de l'intelligence en acte. Sans elles, l'entendement s'appliquerait-il aux objets qui, relatifs les uns aux autres, forment des nombres, des parties et des touts, observent des lois de position et de succession, des lois de qualité, enfin changent et varient ? Et si l'entendement ne s'y appliquait point, que serait-il ? L'homme lui-même constate son existence comme sujette à ces lois, et rien de donné ne s'en affranchit. On peut douter qu'il demeurât quelque chose de l'intelligence après que la catégorie d'espace en aurait été retranchée. Aucune loi cependant ne saurait être plus extérieure aux phénomènes proprement dits représentatifs, puisqu'elle donne la forme du représenté, la forme de l'objet essentiellement. D'une autre part, les causes et les fins semblent inhérentes à la personne, et lui être propres, quand on cherche à se rendre compte de ce dont elles dépendent; et pourtant le monde extérieur séparé d'elles n'a plus de signification dans ses changements.

La fonction humaine est donc une certaine fonction de toutes les fonctions données à la connaissance. Contre-partie nécessaire : la nature à son tour est fonction de tout ce qui forme l'homme. Cependant un grand nombre des systèmes qui prétendent expliquer l'homme et la nature sont fondés sur la séparation radicale de ces groupes de phénomènes qui composent les fonctions concrètes empiriques : l'âme, le corps; l'esprit, la vie; la vie, la matière. C'est de la distinction essentielle entre certaines formes de la représentation, notamment l'espace et la pensée, ou les sensations et les catégories, que l'on a cru pouvoir conclure à la séparation et à des existences tout à fait indépendantes. Le même procédé a permis de forger des entités avec des fonctions abstraites quelconques, ou représentatives, ou organiques, ou physiques, essences intellectuelles, forces plastiques, principes vitaux, fluides sensitifs, atomes purs. Mais tandis que les uns tirent ce parti du principe de *distinction*, sans lequel il n'y a effectivement rien d'intelligible, les autres font de l'*union*, principe tout aussi nécessaire, un usage opposé, et veulent conclure à l'identification des fonctions les plus diverses. Pour ceux-ci, matérialistes, l'esprit est mode ou effet de la matière; spiritualistes, la matière est mode ou effet de l'esprit, autant du moins que l'on peut énoncer en quelques mots des systèmes nombreux, vastes et confus. Il n'est pas plus difficile de tirer des conclusions du rapport intime et constant entre des phénomènes opposés que de l'opposition entre des phénomènes constamment unis. Mais ces sortes de conclusions n'appartiennent jamais au domaine de l'expérience, et on ne les justifie que par un emploi abusif des catégories de qualité et de cause.

La vraie méthode s'attache à ce qui est, distingue où

il faut, selon que les lois de la représentation le veulent, et unit sans confondre ce que l'expérience présente constamment lié. Elle ne pose point d'entités, point d'idoles ; elle constate les lois ou les cherche ; et ses inductions, ses hypothèses, ses probabilités, quand les preuves manquent, ne sont pas des abstractions forcées, mais de simples vues sur le développement des lois dont il n'est donné d'observer que des parcelles.

Nous avons à vérifier expressément pour l'homme et les fonctions qui le constituent ce que l'étude des catégories nous a donné lieu d'établir d'une manière générale. (*Premier essai.*) Il s'agit non de résoudre des questions physiques ou biologiques, encore moins de les trancher, mais, en se tenant sur la limite des sciences spéciales, de reconnaître les données logiques qui les dominent et les conditions les plus générales imposées à l'expérience qui est leur fondement.

Nous aborderons successivement les données universelles de la nature humaine par rapport aux fonctions diverses où elles apparaissent, et, pour cela, nous suivrons le fil conducteur des catégories, en passant des plus simples et des plus abstraites aux plus composées, qui sont les plus réelles. Nous pourrons traiter alors de la certitude, puis de la nature et de l'ordre des sciences. Puis, revenant à notre objet le plus général, nous étendrons nos considérations jusqu'à la sphère probable du développement de l'homme dans le monde, et aux lois physiques et morales qui régissent sa destinée.

Observations et développements.

La nature d'une psychologie rationnelle, telle qu'on peut aujourd'hui l'envisager, est définie dans ce chapitre. On entendait autrefois sous ce nom une prétendue science fondée sur des aprioris métaphysiques et dans laquelle on se flattait de démontrer apodictiquement l'existence d'une âme séparée et son immortalité. On étudiait les *facultés de l'âme* comme de mystérieuses entités jointes à l'entité principale, etc. La méthode vraiment rationnelle doit s'appliquer aux phénomènes psychiques et à l'investigation de leurs lois. Les puissances de l'âme ne sont alors que certaines de ces lois, en tant que des séries de phénomènes d'espèce déterminée doivent se dérouler dans le temps, tels qu'elles les comportent, sous les conditions voulues. Les conséquences à tirer d'une étude régulière ne peuvent être que des inductions ou des déductions de ces mêmes lois ; et il est clair que le caractère inductif doit seul convenir à des conclusions relatives à leur fonctionnement futur, en supposant des conditions modifiées.

J'emploie ici le mot psychique, dont l'usage tend de plus en plus à se confirmer, et qui paraît utile en effet pour la distinction des ordres de phénomènes les plus tranchés : le physique (essentiellement figure et mouvement, dans les objets représentés); le psychique (essentiellement conscience). Pour obtenir une classification des espèces de faits psychiques, je ne peux que me référer à la classification des catégories. C'est une nécessité de la méthode rationnelle, puisque les catégories ne sont précisément que les lois les plus générales de la représentation.

La psychologie rationnelle a le droit de se dire aussi psychologie empirique, attendu que l'observation des faits de conscience est son procédé. Mais elle n'admet pas que cette observation puisse être affranchie des principales lois constitutives de l'esprit observateur. Ce qui la rend rationnelle, c'est qu'elle ne sépare pas les faits psychiques d'avec les formes de groupement de ces faits données dans les catégories.

Il y a une doctrine psychologique qui vise à l'empirisme absolu et qui voudrait *déduire*, et non pas constater seulement, des lois telles qu'espace, temps, et d'autres non moins irréductibles. J'ai parlé de l'école associationniste à plusieurs reprises, en traitant de la logique. Comme il se trouve impossible après tout d'entreprendre aucune analyse mentale sans supposer des lois, des synthèses mentales préalablement données, l'école associationniste a dû elle-même prendre son point de départ en une loi. Elle a choisi la loi d'association, ou connexion et suites des idées, qui a paru la plus indispensable de toutes ; et ne voulant pas en *supposer* d'autres, ce qu'elle eût fait en définissant divers modes d'association ou groupement, elle a *supposé* que le fait d'un rapprochement antérieur tout empirique et l'habitude sont les seuls agents de toutes les liaisons observées. Or c'est là une hypothèse pour laquelle l'école associationniste ne présente aucune justification directe, et qui est contraire aux conditions de la pensée actuellement observables, c'est-à-dire à l'existence des lois inséparables de la pensée. On tente de justifier l'hypothèse par voie apostériorique, en déduisant ces lois, en expliquant leur formation originaire; mais on ne peut alors éviter les pétitions de principe, ainsi que cela a été montré dans les polémiques soutenues contre Stuart Mill et M. Bain. Encore même avec ce procédé illusoire les associationnistes ne sont-ils pas parvenus à une entière réduction, que leur système exigerait. Le temps, par exemple, la mémoire, et en somme l'esprit lui-même, résistent invinciblement à l'opération. On le comprendra, s'il l'on réfléchit que la question est de démontrer l'origine des lois constitutives de l'esprit, en partant de phénomènes liés dont les liaisons ne se comprennent que sous la forme de ces lois!

II

DE L'HOMME PHYSIQUE ET ORGANIQUE

Commençons par distinguer deux faces de la fonction humaine totale : le corps humain, système représenté sous diverses conditions de quantité, d'étendue, de durée et de qualité, dans une série de changements coordonnés; la conscience, à laquelle ce même corps est rapporté objectivement, sous des liens de dépendance mutuelle. Qu'il soit fait abstraction de tout élément représentatif, objectif, nous n'aurons alors à considérer dans le corps ni modes sensitifs, ni modes volontaires, ni modes tendantiels accusés pour eux-mêmes, car ces choses impliqueraient une conscience quelconque.

Le corps ainsi distingué présente encore deux ordres de fonctions, les unes mécaniques, physiques, chimiques, les autres organiques. Les premières sont d'un seul et même genre si l'on ne tient compte d'aucune affection vitale, d'aucun principe de causalité ni de finalité, dans les parties constituantes du corps. En effet, les affinités et les forces spécifiques sont éliminées en conséquence de cette abstraction, aussi bien celles qui appartiennent aux corps dits inorganiques que celles qui se manifestent dans un tout organisé, pour l'intérêt de ce tout. Alors, il ne subsiste devant la science que des lois de figure et de mouvement local, liées à l'existence et aux variations d'un certain nombre de qualités sensibles. Si, au contraire, on a égard aux hypothèses par lesquelles s'expliquent communément, et d'une manière au moins vague, des phénomènes tels que ceux de la pesanteur, de la cohésion, de l'élasticité, de la cristallisation, de l'affinité chimique, je veux dire à de certaines causes et à de certaines fins qui résident dans les particules des corps et président à leurs associations, il se touvera que toutes les fonctions du corps sont des fonctions vitales et organisantes, et peut-être même représentatives, pourvu que l'on étende suffisamment l'idée qu'on se fait d'un organisme et d'une représentation.

Rien ne s'oppose à ce que des ensembles plus ou moins individualisés et centralisés de phénomènes, le système planétaire, une planète avec ses règnes naturels, un sel cristallisé, soient regardés comme les produits des facultés organisantes des êtres élémentaires. L'expérience n'atteint que l'apparent. Elle ne saurait prouver que les êtres dont nous parlons possèdent les sortes de perceptions et d'appétits nécessaires à l'enchaînement des phénomènes. Elle ne saurait non plus prouver le contraire. Une induction à laquelle on s'est de tout temps abandonné volontiers nous porte à le penser, et, ce qui est plus fort, l'unité synthétique de l'objectif et du subjectif dans la représentation, la forme unique de toute connaissance, ne nous laissent aucun autre parti à prendre lorsque nous cherchons à nous rendre compte de ce que doivent être le dernier des êtres. (Je suppose écartés de l'explication des faits l'esprit pur et la pure matière, les entités, toujours fondées sur l'abstraction, non sur la distinction méthodique des phénomènes liés.)

Quoi qu'il en soit, la distinction des fonctions physiques et des fonctions organiques veut être maintenue, en même temps que réduite à sa juste valeur. Le caractère ne doit pas en être placé dans la diversité native des parties des corps. C'est ce qu'ont coutume de faire ceux qui reconnaissent des forces séparées, de la matière séparée, et différentes sortes de matière, l'une morte, l'autre vivante; et c'est ce qu'il faudrait éviter par ce seul motif, à défaut d'autre, que l'objet d'une science est l'étude des lois des phénomènes. Occupons-nous donc de ces lois. Celles qu'on nomme physiques portent sur toute la nature connue. Elles gouvernent les évolutions les plus générales des corps, leurs actions à distance, leurs rencontres, leurs états et leurs rapports comme lumineux, calorifiques, électriques, enfin leurs modes d'assemblage ou de séparation selon leur spécificité. A l'égard de tous ces phénomènes, les corps peuvent être quelconques, ou, s'ils se comportent selon leurs espèces, chacun d'eux est néanmoins un tout de parties homogènes, une quantité, les qualités et les fonctions ne variant point d'une partie à l'autre. La distinction des fonctions physiques et, par suite, une définition qui leur convient à toutes, résultent de cette généralité même. Au contraire, les lois dites organiques, vues en des groupes tranchés et bien connus, s'ajoutent aux précédentes dans certaines circonstances, les supposent et les subissent, les modifient jusqu'à un certain point et durant un certain temps. Plus générales en un sens, là où elles se manifestent, puisqu'elles sont plus enveloppantes, sous un autre rapport elles sont plus particulières que les lois physiques, lesquelles leur sont à la fois antérieures et postérieures, quant à chacun des sujets auquel elles se subordonnent pendant sa durée. Les touts organiques sont d'ailleurs formés de certains autres touts hétérogènes, c'est-à-dire qui sont eux-mêmes constitués par des relations très différentes de celles qu'ils ont entre eux ou avec le groupe total. L'organe existe et fonctionne pour une fin donnée dans l'ensemble. La structure de l'organisation est aussi quelque chose de propre et d'adapté à ses fins; la forme cellulaire en est le premier élément, et les corps inorganisés ne la présentent point. Enfin, la composition chimique obéit à des lois plus complexes, quand elle est placée sous l'influence des fonctions organiques; une preuve suffisante de ce fait résulte des altérations spontanées et de la transformation totale des éléments du corps qui cesse de vivre, c'est-à-dire qui retombe sous l'empire des lois communes.

Les rapports d'existence et de coordination des fonctions physiques avec celles qui s'établissent dans l'organisation sont une grande partie de l'objet de la physiologie. On y joint les rapports d'espèce et de causalité. C'est le point qui nous intéresse particulièrement ici. Nous l'avons touché d'une manière générale, à propos des systèmes avancés pour l'explication du monde; il convient d'y revenir en abordant le problème de l'homme.

La première question qui se présente est de savoir si le chimiste, à l'aide des moyens artificiels dont il dispose, serait en état de fabriquer de toutes pièces des composés organiques avec les éléments communs. Jusqu'ici l'expérience répond négativement, car je ne compte pas des sels, des sécrétions dont le rôle dans l'économie animale n'est point à comparer à celui d'une partie vraiment organisée. Je suppose pourtant que la chimie put effectuer la synthèse des cellules végétales, ou celle du sang et de ses globules, ou de la matière médullaire, etc., il y aurait loin de là à constituer un organe et un organisme et à les faire fonctionner. Mais ayons de l'audace et mettons que le problème soit résolu radicalement : la science, alors, semblerait accomplie et l'égale de la nature que son art imiterait et reproduirait. Qu'aurait-on obtenu pour la connaissance d'une loi première et fondamentale? Essayons d'apporter quelque raison dans l'exposition de cette hypothèse, extravagante sans doute. On ne pourrait pas dire que l'artiste, auteur d'un organisme viable et vivant, ou seulement d'un simple organe, n'a fait pour les produire autre chose qu'appliquer les lois pures et générales des métamorphoses chimiques, et que déterminer les réactions ordinaires : en effet, nous avons déjà remarqué que ces lois et ces réactions sont modifiées dans les touts organiques. L'évolution d'un embryon, par exemple, ne saurait conduire à la constitution d'un grand organisme, à fonctions bien hiérarchisées et adaptées à leurs fins, tant spéciales que d'ensemble, à moins d'admettre qu'une loi s'est superposée aux lois physico-chimiques, lesquelles n'ont été, pour la nouvelle venue, que des conditions et des instruments nécessaires. Il faudrait donc penser que cet artiste, qui ne dispose nullement de la loi en question, remarquons-le bien, et qui ne la connaît que par ses effets, aurait mis en œuvre de tels éléments, d'un côté, et, de l'autre, préparé de telles circonstances que l'organisme végétal ou animal, suscité spontanément, aurait commencé à intervenir dans les phénomènes et à les régir. Il est clair alors que tout l'art de l'opérateur se serait borné à produire, si ce n'est à rencontrer, par un heureux hasard, les conditions propres à l'éclosion et au développement de quelque très petit germe mêlé et inaperçu parmi les éléments employés ? Mais comme à toute chose il faut une origine, et afin d'éviter le progrès à l'infini des germes, on pourrait encore supposer sans absurdité que l'organisme produit a fait sa première apparition sous la forme donnée dans l'expérience présente. Laissons-nous encore aller à cette extrémité, puisque tout ceci n'a rien de commun avec les faits, que conclurons-nous enfin ? Que nous possédons, dans les lois physiques, et les éléments de composition et les causes adéquates à leurs effets des phénomènes organiques coordonnés dans un être vivant ? Que les espèces organisées sont identiques au fond à celles qui les précèdent et qu'elles supposent, et dont les fonctions sont plus simples et plus générales ? Non ; mais seulement que l'organisation et ses conséquences apparaissent sous certaines conditions, nécessaires peut-être, mais où elles n'étaient pas d'abord contenues. Et nous n'aurons rien appris, rien de ce que nous cherchions du moins, car il faut bien que chaque chose commence.

Ici se présente une seconde face de la question : la génération spontanée. Nous venons d'imaginer une science capable de donner à un art nouveau les moyens de construire à volonté des organes et des êtres. Une longue série d'expériences heureuses et de découvertes inespérées préparerait cette époque de la création, rendue possible à l'homme. On se demande plus modestement si un corps inorganique, sous des influences purement physiques, peut se disposer de telle manière que des organes quelconques y prennent spontanément naissance. On se pose le même problème, et plus volontiers, en prenant pour matrice une substance organique ou déjà organisée. L'expérience a été souvent consultée et interprétée en sens divers. Il est difficile d'affirmer, parce que la nature des germes est imparfaitement connue, aussi bien que les voies qu'ils peuvent suivre pour s'introduire dans un appareil artificiel ou naturel ; et il est difficile de nier, à raison du peu de portée des observations négatives en tout genre. Mais, ni la génération spontanée, si elle est admise, et cela dans le sens le plus large, ni la préexistence constante des germes, s'il était possible de la démontrer, ne me paraissent renfermer les conséquences qu'on voudrait tirer. La question est toute du ressort de la physiologie, qui doit peser les probabilités pour et contre d'après les faits ; elle n'est pas d'un intérêt supérieur pour la critique générale, et celle-ci ne saurait non plus y apporter le moindre éclaircissement.

En effet, supposé que la présence d'un germe fût reconnue nécessaire pour l'avènement d'un être quelconque organisé et vivant, il ne serait pas prouvé par là que la même loi dût s'étendre à tous les temps et à toutes les circonstances possibles, ou même à celles que l'homme pourra produire. Il y a plus; le système des préexistences, trop généralisé, nous conduirait à poser une infinité effective de phénomènes écoulés, ce qui implique contradiction. En croyant démontrer que l'être vivant donné a été précédé d'un germe, on penserait aussi établir que le germe donné a été précédé d'un être vivant. Pour s'arrêter quelque part dans la suite régressive des faits, en niant toute spontanéité originelle, il faudrait recourir à quelqu'une des hypothèses cosmogoniques que nous avons vu ailleurs n'être pas des solutions devant la critique. Ainsi, il n'y a aucune conséquence générale à tirer de ce fait, que dans l'état actuel des choses aucun être vivant ne serait produit sans germe et sans parents.

On regarde généralement la thèse de la génération spontanée comme favorable à la cosmogonie dite matérialiste, et certains arguments plus ou moins accrédités sont prêts à s'élancer sur cette proie métaphysique. Cependant ce mot même de *spontanéité*, auquel on n'a peut-être pas assez réfléchi, devrait inspirer d'autres vues. Pour tirer parti du fait, que je suppose acquis dans toute sa portée, il faudrait prouver l'une de ces deux choses : ou que le corps qui de l'état simplement physique passe à l'état organique, et de lui-même s'animalise, par exemple, ne fait en cela que changer de mode et parcourir deux phases d'une existence unique (je comprends sous ce nom de corps, et le corps particulier qui évolue, et les influences extérieures du même ordre assemblées en lui); ou qu'il existe un rapport étroit de cause à effet entre le sujet inorganisé joint à toutes les lois physiques et le sujet organique vivant avec ses lois propres. Mais comment administrer la preuve, si on ne commence pas par établir une théorie de la substance, une théorie de la cause? Au défaut de ces théories on ne s'entendra point; avec elles, on établira des entités, des idoles, comme toujours, car les rapports de qualité et de causalité scrutés suivant une saine méthode et appliqués analytiquement ne permettent ni la thèse de substance, ou chose en soi, ni celle de cause séparée et substantielle.

La réduction des lois de la vie aux lois physiques sous le rapport de spécificité n'est pas tolérable. Si la génération spontanée existe, il y a donc avènement d'une fonction nouvelle, ou que les anciennes ne contiennent pas. Quoi de commun entre ces choses envisagées directement : d'un côté la molécule, c'est-à-dire étendue, figure et mouvement, car la physique actuelle renonce à chercher autre chose que cela dans le sujet de son investigation ; de l'autre l'organisme individuel et centralisé, dont le principe et la fin ne sont dans les parties que relativement au tout? Mais la molécule et les lois premières qui les font être et s'agglomérer peuvent également se rapporter à des affinités, lesquelles supposent le principe appétitif et final. En ce cas, les fonctions organiques diffèrent encore de celles qui les précèdent. En elles apparaît un genre nouveau, nouveau par la nature et les propriétés de leurs fins et de leurs effets. La nutrition, dans son unité synthétique, impossible à méconnaître, est déjà bien autre chose qu'une suite de réactions chimiques rapportées à des affinités spécifiques de rencontre. La locomotion du corps tout entier est un phénomène de synthèse, lié à la synthèse représentative des impressions sensibles et des déterminations volontaires. Voilà donc un assemblage tout autrement complexe que ceux de la chimie, et dans lequel il est très clair que ce sont les fonctions les plus récentes qui gouvernent l'évolution. Je ne dis rien ici de l'hypothèse d'une substance, et d'une substance unique, siège de tous les phénomènes, car ce serait rentrer dans le domaine des cosmogonies. (*Logique*. § xiv, xlii, liii.)

Supposons maintenant que la succession constante des phénomènes des deux ordres étant reconnue, et toujours dans le même sens, il y eût lieu de placer entre eux un rapport de cause à effet, également constant et unique. Il est vrai que le fait de la génération spontanée n'autoriserait pas cette conclusion, de quelques fortes inductions qu'il se trouvât accompagné : on continuerait d'ignorer la nature des êtres primitifs, originels, et par suite la part qui leur revient de l'état actuel des choses; et ce n'est même que témérairement qu'on nierait l'intervention possible de causes cachées. Mais passons outre. On semble croire qu'un fait est expliqué aussitôt que rapporté à un autre fait comme à sa cause. Ceci n'est pas même vrai dans l'homme, où la conscience aborde en partie directement ce qu'elle ne fait ailleurs que supposer; le mouvement voulu d'un muscle s'explique-t-il de ce que nous en connaissons un facteur, la volonté, un autre facteur, le groupe des propriétés obscures des nerfs? La connaissance des causes, telle qu'on peut l'atteindre, est sans valeur pour la philosophie. Le rapport positif de causalité ne sépare pas la cause de l'effet. Toute illusion de *transitivité* une fois écartée, ce rapport dépend des deux termes qu'il lie, exprime leur harmonie, et ne permet pas qu'on déduise l'un de l'autre logiquement. Ainsi la loi de cause, une force obscure et mystérieuse supposée entre les phénomènes, n'ajoute rien à ce que nous apprend la loi de succession, révélée premièrement par l'expérience. Aucune autre loi ne s'ensuit; or on ne fait pas de la science en désignant une cause vague comme telle, mais seulement en déterminant les conditions que les phénomènes ont dans leurs antécédents qu'on peut connaître, et dans leurs circonstances. Celui qui, prenant la cause dans le sens vulgaire et idologique du mot, construit une théorie dont tout le sens est, en un mot, que l'auteur de la vie est une chose qui n'a point vie, en quoi se trouve-t-il plus avancé, que sait-il, que dit-il? Le fait est que, selon lui, la non-vie étant, la vie commence. Un devenir dont l'antécédent diffère à ce point du conséquent ressemble beaucoup à une pure manifestation spontanée. La cause assignée peut figurer comme fondement nécessaire (cause *matérielle* d'Aristote); mais en qualité de cause dite *efficiente* elle n'apporte rien au savoir et n'a rien d'intelligible en elle-même.

Au surplus, la spontanéité pure, quoi qu'en dise une fausse science encore trop métaphysique à son insu, n'est nullement absurde. Elle ne se comprend pas, mais il est de l'essence de ce qui est premier de n'être point compris; elle n'est pas pour cela contradictoire; loin de là, il y aurait contradiction à ce que rien n'eût spontanément commencé d'être, car alors on admettrait une série de phénomènes infinie et cependant donnée. (*Logique*, § vii, xxxvii, xlix.)

Après les systèmes qui ramènent les fonctions vitales à l'unité de la fonction physique ou mécanique, les doctrines dualistes se présentent. Une des plus anciennes qui aient dû séduire la raison est celle des forces plastiques. On imaginait certains principes, forces, formes, idées, prototypes, infus dans la matière éternellement et naturellement, ou par la volonté d'une intelligence ordonnatrice. Cette matière sans force ni vie en elle-même était malaisée à entendre et à définir. Ces éléments formateurs ne l'étaient pas moins, n'ayant ni lieu ni divisibilité selon leur nature. Mais on croyait rendre compte des êtres réels en supposant des êtres chimériques dont on ne saisissait ni les rapports mutuels ni la propre condition. La source de l'illusion se découvre aisément : les prototypes prétendus sont fabriqués sur le type de l'homme, dont l'industrie figure les objets avec une matière préexistante. Et, en effet, le partisan des forces plastiques explique l'organisation en attribuant à ces forces une propriété organisante : explication depuis longtemps ridicule et dans laquelle on retombe sans cesse. Quand on en cherche le sens, en ce cas-ci, on l'aperçoit dans une comparaison grossière de la fonction humaine, prise en son entier, avec ces mêmes abstractions par lesquelles on tente de l'expliquer et d'expliquer la nature.

Descartes et Spinoza, deux philosophes que je réunis pour abréger, donnèrent au dualisme une forme plus satisfaisante. Leur doctrine définit le monde par la coexistence de deux séries de termes, logiquement indépendants de l'une à l'autre, liés et développés harmoniquement : celle-ci, de tous les modes possibles de l'étendue; celle-là, de tous les modes possibles de la pensée. Quoique la substance ne soit pas bannie de cet ordre d'idées, on peut la reléguer dans les questions d'origine et de totalité des modes, en sorte que les lois des phénomènes apparaissent seules, et seules sont à rechercher.

Ce n'est pas encore le lieu de remarquer les lacunes et les partis pris du système cartésien à l'égard des fonctions passionnelles et des fonctions volontaires, en un mot de la loi de personnalité; mais nous observons qu'entre les deux séries de phénomènes qui y sont reçues, il n'y a pas place pour les fonctions vitales. On les range parmi les modes mécaniques. De là la théorie des animaux pures machines, et de l'homme machine, raison à part. Sans doute ce serait œuvre de science que de découvrir les lois de figure et de mouvement étroitement liées aux lois de l'organisme dans toutes ses modifications, puisqu'elles sont les plus simples, les mieux connues et les plus susceptibles de mesure. Mais, de ce qu'on assignerait le mécanisme correspondant à chaque fonction (progrès immense), on n'aurait pas réduit cette fonction à ce mécanisme; et on ne l'espère point sans absurdité, c'est-à-dire sans confondre des faits manifestement hétérogènes. Descartes n'a eu cette prétention que parce qu'il plaçait au delà des phénomènes, dans la substance divine, un principe de ce qu'il y a d'intentionnel ou d'ordonné pour une fin dans les mouvements évolutoires des êtres organisés. D'ailleurs, l'hypothèse des tourbillons était très commode pour tout expliquer, quand on se permettait d'imaginer autant de nouvelles figures et de nouveaux mouvements qu'il en fallait, sans consulter l'expérience.

Stahl, auteur de l'animisme, prit un parti contraire. Beaucoup de philosophes et de savants croyaient encore à l'existence d'une substance, l'âme raisonnable, entièrement différente du corps, capable d'exercer des actions sur lui comme d'en recevoir. Au regard de la doctrine anciennement reçue, la thèse de Stahl ne présentait rien de bien étrange, et elle avait du moins ce mérite de ne point ajouter d'entités à celles qui étaient déjà autorisées. Puisque l'âme est une cause efficiente et un principe de finalité, puisqu'elle est en rapport avec le corps pour le mouvoir en vertu d'un but, et pour subir elle-même des modifications par l'effet des mouvements communiqués du dehors, pourquoi ne posséderait-elle pas en outre une faculté plastique antérieure et fondamentale? Et que trouve-t-on de plus absurde dans cette hypothèse que dans l'autre. La même âme qui sent, pense et veut, selon Stahl, existe primitivement dans le germe du corps qui a la vie en puissance, le fait être ce qu'il est, dirige ses évolutions vers l'organisme qui doit être, le gouverne et le conserve une fois formé. Il est vrai que la conscience, présente aux fonctions de l'intelligence et de la sensibilité, est absente de celles de la vie organique. Ces lois s'ignorent mutuellement, quoique les premières soient la connaissance même, et que leur principe à toutes soit un. Mais là précisément est la différence des fonctions, et Stahl n'entreprend pas de la nier. S'il devait s'ensuivre une diversité originelle des causes, leur communauté résulterait tout aussi bien de ce qu'il y a d'identique des deux parts, je veux dire de cet élément de finalité qui paraît dans les deux ordres de phénomènes. L'instinct des animaux est une sorte de conscience, et aussi une sorte de disposition organique constante et infaillible; on peut y voir la transition des faits de la finalité organisatrice aveugle, à ceux de la finalité intellectuelle et raisonnée. Le partisan des substances et des causes substantielles, qui se fonde sur la nature hétérogène de la constructivité plastique et de la représentation raisonnée, pour les attribuer à des causes diverses, n'aurait pas moins de motifs d'introduire une cause propre de la passion, une de l'entendement; et l'organisme se scinderait de son côté, comme l'entendement du sien, pour donner des sièges à plusieurs âmes. L'antiquité a souvent procédé de cette manière. Ainsi, la réfutation de l'animisme demande d'autres principes que ceux des écoles idologiques.

La faute de Stahl est d'avoir spéculé dans une voie désormais impossible, faute excusable en présence de la direction vicieuse que les cartésiens donnaient à la physiologie, au travers de l'arbitraire de leurs hypothèses mécaniques. Mais tandis que le cartésianisme, après tout, bannissait plus ou moins explicitement les substances et les causes du milieu des phénomènes dont les savants devaient se proposer d'étudier les séries, l'animisme revenait à l'hypothèse paresseuse des forces plastiques, en les identifiant avec les *âmes*. Au talent près dans la mise en œuvre, et sauf quelque simplification apportée à l'ancien système, il s'agit toujours d'une méthode dont l'esprit consiste à expliquer chaque phénomène par une cause substantielle placée dessous et tout exprès. C'est ainsi que certaines religions mettent sous chaque élément un *dieu*.

Voici maintenant, en face du médecin philosophe, le philosophe généralisateur, celui-ci de la ligne cartésienne, Leibniz. Il se pose la question capitale de la communication des substances, demeurée sans solution et pour laquelle il n'en est pas de possible. Il la supprime. Au lieu de cette vaine imagination de la cause substantielle et transitive que l'idologie voyait d'abord partout, et que la métaphysique nouvelle ramenait toute à *Dieu*, faute de l'entendre en la plaçant quelque part dans le monde, Leibniz suppose une harmonie primitivement donnée entre des êtres primitifs. J'écarte la théologie, ce qui est facile dans cette doctrine. L'harmonie et les lois sont termes synonymes. Ce sont donc enfin des lois que nous envisageons dans le monde. Mais que sont les êtres essentiels et primitifs? Ils ne sont point *matière* : la matière, comme substance, est éliminée. Ils ne sont point des *âmes*, car l'acception vulgaire et même philosophique de ce mot s'évanouit dès qu'on n'admet point des choses qu'il faille *animer*. Les monades sont de véritables êtres; on les conçoit à la ressemblance de ceux qu'il est le mieux donné d'observer, et comme composés des mêmes éléments que ceux-ci, mais avec divers degrés d'atténuation ou d'intensité : une certaine force, une certaine perception, un certain appétit. Ces êtres sont en un mot des centres de représentation. Il est vrai que Leibniz les nomme encore des substances, il les qualifie de simples, et sur cette simplicité il raisonne. C'est la dette payée aux idoles, et ce n'est pas la seule. Mais enfin la nature apparaît sous un nouveau jour plus conforme à la raison, aux probabilités, aux analogies véritables.

Les difficultés, pour la doctrine de Leibniz, sont de deux ordres : difficultés générales ou de principe; celles-là roulent sur les notions anciennes de cause et de substance, d'esprit et de matière, et le philosophe n'aurait pas eu de peine à s'y soustraire, si lui-même n'avait admis ces notions, ou paru les admettre en les modifiant, et s'il n'avait tenté d'ériger sa conception probable du monde en une démonstration *a priori* des essences pures, simples, absolues, hors de toute condition d'espace. Difficultés physiques maintenant : il fallait assigner les rapports effectifs des monades dans la série des phénomènes, et frayer le passage d'une métaphysique abstraite aux réalités mécaniques et physiologiques. Ici l'embarras est grand. Les monades, *points métaphysiques*, *atomes de substance*, n'ont aucune étendue individuellement; cependant Leibniz demande que leur assemblage total forme le *plein* et qu'elles existent en *nombre infini*. Le plein est un mot obscur pour qui définit l'espace un *ordre des coexistants*; le nombre infini, contradictoire en lui-même, étonne beaucoup plus de la part du géomètre qui regardait le tout infini, actuel, comme un *labyrinthe inextricable* où les mathématiques ne devaient pas s'engager. Mais sans le nombre infini, le plein de monades n'était pas possible, et sans le plein de monades il semblait qu'on n'eût plus ni matière liée, ni contact, ni effets de mouvement, plus de mécanique. C'était du moins la manière de voir d'un physicien cartésien. D'ailleurs Leibniz tenait essentiellement à la continuité en tous genres, à cause de la liaison de cette idée avec celle du déterminisme psychologique.

Boscovich, habile mathématicien, penseur éminent, voulut corriger ce vice choquant du système. Il considéra, pour cela, les monades leibniziennes comme des forces pures, données en des points mathématiques, situées dans le vide, et animées par les vertus attractives et répulsives de l'école de Newton. Nous reviendrons ailleurs sur cette intéressante hypothèse.

Le passage de la monadologie à la physiologie n'était guère plus facile pour Leibniz. Les monades se hiérarchisent; il en est de *dominantes* qui ont des *corps*, c'est-à-dire auxquelles sont adaptées d'une manière particulière des assemblages d'autres monades variables dont elles possèdent plus expressément la représentation. De là les êtres vivants. Ces corps sont des composés organiques, des *machines naturelles*, et cela jusqu'à leurs moindres parties quelconques (par opposition aux *machines artificielles* dont les parties hétérogènes ne sont elles-mêmes formées que de parties homogènes). Lorsque la *monade centrale* est une simple *entéléchie*, ou *perfectibilité*, douée de perception et d'appétit, mais confus, l'être est simplement vivant; lorsqu'elle est *âme*, douée de conscience distincte et de mémoire, l'être est ce que l'on nomme animal. Les âmes, enfin, agissent selon des lois téléologiques, par voie d'appétitions, de fins et de moyens, tandis que les corps organiques suivent les lois des causes efficientes, ou des mouvements; et ces deux règnes de la causalité sont harmoniques entre eux, sans influx, sans activité transitive des âmes sur les corps et des corps sur les âmes. On chercherait vainement à se rendre compte par cette théorie de ce que les fonctions organiques ont de particulier, et des nouveautés qu'elles introduisent dans le règne des lois physico-chimiques. La nutrition, la circulation, non plus que la forme propre aux corps organisés, ne s'y trouvent éclaircies. La domination d'une monade sur la masse affectée à son corps n'est pas définie matériellement; et l'on ignore comment il se fait, dans la nutrition, que des monades passent sous la loi organique, d'autres non, et que d'autres encore, un petit nombre d'élues, dans la conception, traversent l'état sensitif animal, pour s'élever jusqu'à la représentation rationnelle. Sans doute c'est à l'observation qu'il faut demander la connaissance de ces lois, ou de ce qu'il est donné d'en obtenir, et on ne saurait prétendre que la série entière des phénomènes doive se déduire d'une vue générale des êtres. Mais il est permis d'exiger que le philosophe ne laisse pas un abîme infranchissable entre le domaine universel et le domaine physiologique. Cet abîme existe tant que les monades se conçoivent simples, sans étendue, sans parties dans l'espace, et que les composés sont au contraire soumis à toutes les conditions de l'existence sensible. D'un côté, c'est la prétendue essence, que nulle représentation n'atteint; de l'autre c'est l'infini de composition, contradictoire. Dans l'essence siègent l'appétition et la force, mais sans action sur le dehors, ni du dehors sur elle; et les mouvements, les modifications passives quelconques, s'expliquent non comme des rapports de causalité dont il suffirait de constater la vraie nature par l'analyse, mais comme des actes disposés primitivement en une seule fois par cette autre unité simple, éternelle, absolue et cause de toutes les autres, en qui se retrouvent accrues et désormais insolubles, à l'état de contradictions flagrantes, toutes les difficultés qu'il était question d'éviter. La cause substantielle et transitive, expulsée du monde, s'intronise à l'origine du monde; des lois que toute la science possible consisterait à reconnaître sont contraintes d'entrer dans une loi première, inexplicable, imaginaire, contradictoire; et c'est le même métaphysicien qui reproche à ses prédécesseurs l'usage d'un *deus ex machina*, dans le système des *causes occasionnelles*, qui met ainsi toutes les causes en acte, à la fois et en bloc dans un être extérieur, afin de les mieux concevoir.

Ainsi donc Leibniz imagine les corps comme des machines tellement construites, que, à tout instant, de la série interminable de leurs modifications, chacune de leurs parties dernières, en nombre infini, forme spontanément certaines représentations, ou exécute spontanément certains mouvements, représentations et mouvements concordant pour le plan total avec ceux qui sont propres aux autres parties; les monades âmes agissent suivant les lois de causes finales, par appétitions, fins et moyens; toutes les autres se conforment aux lois des causes efficientes, ou des mouvements. Ne pensons plus maintenant à cette loi universelle, en tant que *préétablie*; considérons-la comme un fait suprême, et sans lequel aucun autre fait ne se comprend, comme l'harmonie donnée entre des phénomènes appartenant à des centres divers de représentations. Une difficulté reste pour le système, c'est l'opposition mise entre les deux ordres de causes, d'où, logiquement, une diversité essentielle devrait s'ensuivre entre les monades qui exercent les unes et celles qui ne font qu'obéir aux autres. Mais puisque toutes les *entéléchies* sont représentatives et appétitives, et c'est là leur définition même, comment pourraient-elles agir sans poursuivre des fins appropriées à la nature et à l'étendue de leurs vues? Et si les *âmes* sont toujours liées à des corps, c'est-à-dire aux monades composantes de ceux-ci, ne faut-il pas qu'elles se meuvent, et leurs mouvements sont-ils moins assujettis que ceux d'une monade quelconque au principe général de la causalité efficiente? Le sens que Leibniz donne à cette distinction nous échappe. Peut-être n'y doit-on voir qu'un reste d'attachement pour le mécanisme cartésien qu'il avait embrassé dès sa jeunesse, un désir de conserver dans la nature, ainsi que dans la science, un règne séparé de la figure et du mouvement, et, en faveur de la théologie, un règne des finalités entièrement consacré aux âmes. Cependant la puissante unité du système aurait exigé que la direction des modifications intérieures et spontanées de toutes les monades fût attribuée aux causes finales, différentes, il est vrai, les unes des autres, par la nature et la conscience plus ou moins distincte des fins, tandis que les causes efficientes externes rentrent toutes dans la loi d'universelle harmonie.

En résumé, quand on sépare de la conception des monades un certain résidu de théologie et de psychologie courantes, on y trouve encore un vice capital : c'est l'exclusion donnée à toute une partie des lois nécessaires de la représentation ; Leibniz éloigne toute fonction d'étendue et de figure de la constitution de cette unité radicale dont il admet pourtant la multiplicité d'attributs, de facultés et d'actes. Par là, le système, étranger à la nature, est impuissant à descendre jusqu'aux faits, et l'expérience lui échappe.

L'impossibilité de rendre compte des évolutions naturelles des âmes, et de la génération et de la mort, engagea l'auteur de la monadologie à prendre un grand parti; et lui-même convint naïvement du motif. On peut dire qu'il renversa de ses propres mains ce qu'il y avait de faussement abstrait dans ses conceptions, et qu'à une hypothèse de chimères il substitua une supposition compatible avec les réalités. Il n'est point d'âmes entièrement séparées, dit-il, point de génération ni de mort, à parler rigoureusement. L'entéléchie d'un être vivant quelconque, même végétal, est liée à un corps organique naturel, inséparable et impérissable, dont les éléments varient sans doute, et varient continuellement, mais qui persiste à travers ses modifications et ses métamorphoses. La génération est le développement d'une forme organique préexistante; la mort en est l'enveloppement, le repliement et la diminution. Le germe, où une certaine préformation est nécessairement donnée, est déjà, s'il s'agit du règne animal, un animal, un tout indissoluble de corps et d'âme. Tantôt l'être naît, se reproduit et meurt, sans changement d'espèce; tantôt la conception dispose l'animal spermatique à une certaine grande transformation, et l'espèce change. Ce dernier cas a lieu dans la génération des grands animaux.

Il est aisé de faire deux parts de cette grande hypothèse : la part des généralités, en admettant certaines métamorphoses profondes et encore inconnues dans l'histoire de la génération et de la corruption des vivants; la part des assertions plus particulières, aventurées sur la foi d'une observation insuffisante, et que l'expérience a démenties depuis. Leibniz aurait pu se borner à supposer que les phénomènes de la fécondation et ceux de la mort s'appliquent à de certains êtres subsistants, persistants et graduellement transformés, dans une évolution dont les formes les plus élémentaires échappent à nos moyens actuels d'exploration. La science expérimentale n'eût eu à lui opposer dès lors que des faits négatifs, c'est-à-dire sans force. Mais, admettre que les germes contiennent, pour une multitude d'espèces, dès lors invariables, l'être organique préformé, dont la mort ne fait que réduire les formes que la génération n'a fait elle-même qu'étendre et développer, c'est en appeler directement à l'expérience. Charles Bonnet s'attacha à cette dernière partie de la pensée de Leibniz, et la généralisa pour l'appliquer au règne organique tout entier. Le système de la préexistence et de l'*emboîtement* des germes eut alors un grand cours; mais bientôt les observations embryogéniques le réduisirent aux expédients en rendant de plus en plus manifeste que la formation des organes procède, non par voie de grossissement, mais bien de complexité croissante dans une masse relativement simple. Cette condamnation ne saurait légitimement s'étendre jusqu'à l'hypothèse qui envisage, au fond des germes, certains êtres élémentaires : soit des organismes en puissance, et que réalise l'harmonie de ces êtres, obtenue dans des conditions données; soit même certains animaux tout formés, mais latents, antérieurs et postérieurs aux existences perceptibles. Une vaste carrière est ouverte dans cette direction à la science inductive, au défaut de ce que l'observation peut atteindre.

Une école célèbre a prétendu se fonder sur l'induction (sur l'induction baconienne, comme elle se plaisait à le répéter) pour distinguer trois sortes de fonctions des phénomènes. On peut les nommer avec elle *agrégat matériel, principe vital, âme*, en ne disputant pas sur les mots et pourvu que la conclusion qu'ils expriment ne dépasse pas les prémisses. Mais les mots ont leur danger, et ceux-ci ont été préférés, dans l'école de Montpellier, parce qu'ils affectent aux trois genres de faits leurs substances et leurs causes : des substances propres et des causes en soi. Dès lors on ne se borne pas à distinguer des fonctions et des lois; on sépare des essences, on édifie des hypothèses, et quelles hypothèses! non de celles qui portent vraiment sur des phénomènes naturels, mais des êtres incompréhensibles. Est-ce là de l'observation? Est-ce de l'induction légitime, lorsqu'il n'est pas possible de se faire une idée quelconque de la cause substantielle et séparée? On dit parfois qu'on ne se prononce pas sur la nature des causes; cependant on les distingue, et c'est déjà les déterminer, outre que si elles demeuraient dans une indétermination totale, et que l'imagination ne leur donnât point corps de quelque manière, elles n'apporteraient pas même un semblant d'appui à la science, et il n'en coûterait rien d'y renoncer.

Le sens commun pose une première distinction entre les phénomènes, la science les classe et vise à définir les rapports constants qui existent entre eux, entre leurs espèces, entre leurs genres; mais celui qui divise leurs ordres, même les plus tranchés, en les cantonnant dans certaines substances propres, celui-là se retire tout moyen rationnel d'unir ce qu'il a d'abord séparé. On sait que la métaphysique a fait naufrage sur la question de la communication des substances. Or, comment ne pas s'obliger à regarder ce problème comme résoluble, sinon à le résoudre, quand on prend l'*agrégat matériel*, le *principe vital* et l'*âme* pour des causes données dans des substances diverses? La dernière de ces causes ne se manifeste pas sans la précédente, ni celle-ci sans la première; leurs rapports ne sont pas moins constants que leurs différences, et les lois qui les unissent sont les seules données à l'observation, les seules dont les sciences relatives aux faits complexes puissent se proposer l'analyse.

Si nous nous plaçons pour un moment au point de vue de la métaphysique des substances, il nous semble qu'elles devraient être multipliées beaucoup au delà de ce qu'on a coutume de faire, et que les mêmes raisons qui portent à en distinguer deux ou trois permettraient d'en établir un grand nombre. Quant à la manière proprement dite, il est clair que les physiciens ont parlé de choses fort différentes, selon qu'ils ont admis des atomes purement mécaniques, ou des molécules attractives et répulsives (c'est-à-dire des appétits ou des forces), ou encore des fluides impondérables à propriétés spécifiques. Il s'en faut que l'*agrégat matériel* soit quelque chose de simple et d'uniformément défini pour tous. Le *principe vital*, à son tour, se modifie d'une manière grave en produisant, ici la nutrition et les sécrétions, là l'irritabilité musculaire et la sensibilité liées au système nerveux. Enfin, dans l'*âme*, il y a une telle différence entre la pensée et le penchant, que de grands philosophes ont voulu reconnaître deux âmes : encore ne s'en contentaient-ils pas. On voit que nous pouvons poser ce dilemme : ou de la diversité des effets il faut conclure à celle de leurs causes substantielles : en ce cas, l'unité de chacun des trois principes du vitalisme ne peut plus se défendre; au lieu de trois archées nous avons une mythologie complète, et on se perd dans le conflit de toutes ces essences dont la communication est d'ailleurs un fait inexplicable; ou une même cause substantielle peut donner des produits essentiellement différents, alors le matérialisme a cessé d'être absurde, l'animisme est une théorie fort probable, et l'idéalisme a chance de se faire accepter.

L'unité des forces qui intègrent le corps humain vivant et qui conspirent à une même fin, dans l'état normal ou pathologique, est un point capital du vitalisme; et c'est aussi le pivot d'une doctrine médicale. Mais cette unité ne se présente en fait et pour l'observation que comme une unité multiple (une harmonie), à supposer qu'il puisse exister d'autres unités quelque part. Il y a donc là un fait immense et complexe à définir et à décrire, une synthèse que le but de la physiologie est d'établir scientifiquement, après analyse préalable. Est-ce ajouter quelque chose à ce fait, est-ce le prouver ou le mieux connaître que d'en placer la raison dans certain principe, qu'on appelle *vital* pour en déduire la vie, *un* pour lui attribuer l'unité harmonique, *cause* afin de lui rapporter des effets, *substance* quand on y envisage des modes, et duquel on ne saurait rien dire si ce n'est qu'il explique précisément ce qu'on a besoin d'expliquer? Leibniz ne se servait pas de ces sortes de machines; qui mieux que lui, et plus grandement, a conçu l'unité du monde, et appliqué le mot d'Hippocrate, qu'il aimait à citer : Σύμπνοια πάντα? Ses monades sont hypothétiques; soit, mais l'hypothèse est d'un être défini, unique essence de la nature, et dont tous les composés seraient faits; ailleurs, je ne vois qu'une entité préposée à la direction d'un ordre spécial des phénomènes. On a beau désavouer cette entité : en posant ce qu'on appelle une cause distincte, on la pose. Pour la répudier vraiment, il aurait fallu réduire le *principe vital* à un nom de classe, et parler de lois, non de causes.

L'unité, l'harmonie, accompagnent nécessairement tout système de lois données; ou plutôt harmonie et loi sont deux noms d'une même chose qui est le monde lui-même, aperçu dans chacune des sphères de la connaissance et dans le rapport de ces sphères. C'est ainsi que le globe terrestre, afin de prendre un cas relativement simple, résulte, en tant que sphéroïde de révolution, de cela seul que nous posons le mouvement diurne et la loi de la chute des graves : nous n'infusons point dans la planète un *principe géométrique* apte à produire et à maintenir sa forme et son unité. Il est vrai qu'on remarque de plus dans les êtres vivants la disposition des parties pour une fin commune; c'est une loi qui se joint à beaucoup d'autres, en un sens les domine, en un sens les subit, une loi qui est la vie même, à laquelle la nature entière rend témoignage, mais dont l'explication générale n'est du ressort de la physiologie ni d'aucune autre science particulière.

En somme, la physiologie vitaliste est entachée du vice commun de presque toute métaphysique. Elle fait en cela ce qu'elle se défend de faire : en supposant derrière chaque ordre de faits une cause substantielle et spécifique, c'est une entité qu'elle crée. Au fond, c'est donner le gouvernement des phénomènes à une manière d'homme spécial et de machiniste qui, placé derrière le théâtre, tire certains fils de la représentation. Mais alors même que cette école ne répudierait pas, comme elle le fait de son mieux, l'idole qu'elle n'a pas su s'empêcher de consacrer, je préfère encore cette imagination naïve de l'enfance des peuples et de la science au travers présomptueux des savants qui pensent l'éviter parce qu'ils assemblent toutes les idoles en une qu'il leur plaît d'appeler matière.

Les physiologistes qui s'efforcent de ne donner accès qu'aux notions positives ne sont pas toujours exempts des aberrations dogmatiques auxquelles d'autres s'abandonnent volontairement; et les contradictions non plus ne manquent pas dans leurs ouvrages. Un auteur reconnaîtra aux cellules une vie propre dans le tout, une force génératrice de leurs semblables, une force métabolique des parties voisines; il penchera à admettre un principe de vie à l'état latent dans les parties d'un corps quelconque, et à considérer la nutrition comme pouvant apporter dans l'organisme des germes extérieurs dont la génération rassemble les conditions de développement : ces hypothèses ont un caractère scientifique et que la philosophie naturelle avoue; mais, ailleurs, le même savant assurera que, quels que soient l'engrenage et l'harmonie des organes, cette harmonie ne subsiste pas sans l'influence d'une force agissant sur le tout et préexistante dans le germe, dans le *tout potentiel*; en sorte que, suivant une formule de Kant, *la raison du mode d'être de l'organisme est dans le tout et non dans chaque partie pour elle-même*. Ici la force est posée en soi, indépendamment de la nature du corps qui agit, de ceux auxquels elle s'applique, du milieu où elle se déploie et des instruments ou organes dont elle a besoin et qu'elle doit se créer pour la fin qu'elle se propose; les forces spécifiques des diverses parties, des divers éléments organiques, ne sont plus rien pour elles-mêmes ; l'harmonie disparaît devant la création ; au lieu d'êtres associés selon certaines lois de sujétion et de métamorphose, on se trouve en face d'une abstraction chargée de tout produire et de tout gouverner, dont l'origine première mène à l'infini, et dont l'unique définition est une cause finale.

La finalité n'est certes point à rejeter de l'ordre du monde ; toute conscience la connaît et l'applique ; mais il faut l'éloigner de l'étude des phénomènes et de leurs lois, parce que ce n'est pas elle qui nous les démontre, ou nous permet de les prévoir. Chaque pas que nous ferions dans la science, en consultant le but de la nature, serait une erreur ; et de ceci la preuve est faite ; c'est dans les lois une fois connues que nous l'envisageons, que nous le reconnaissons. Une fin peut se réaliser par une association de phénomènes convergents, donnés cependant pour soi, dans des êtres pour soi : il n'est pas nécessaire qu'elle soit présente, avec une force à ses ordres, en tant que principe un et primordial de chaque organisme complexe. Loin de là, ce principe serait assignable par des effets propres, non équivoques, dans un être donné ; que si celui-ci n'était pas un véritable auteur, conscient de lui-même et de son œuvre, l'existence d'une cause finale distincte, ayant son siège en lui, serait inintelligible. L'ordre des fins, en dehors de notre conscience, est reconnaissable pour nous dans la nature ; mais que sert d'en placer le principe en un point déterminé, où, n'agissant qu'à l'aveugle, il ne s'explique pas lui-même, et n'explique rien d'autre, puisqu'il ne fait rien prévoir ! Étendons nos vues ; la formule de Kant est vraie, mais n'en limitons pas l'objet ; appliquons-la à cette loi générale de l'harmonie naturelle et de la conspiration des parties pour le tout, sans laquelle le monde n'aurait plus de sens pour nous. La véritable question des causes finales, celle de leur siège, si elles en ont un en dehors des consciences particulières, et cela dès lors dans une conscience antérieure à toutes les autres, embrasse la nature entière et non pas seulement l'organisme. La biologie ne la résoudra point.

On pourrait entendre par le *tout potentiel* situé dans le germe de l'organisme, au lieu d'une entité à la manière scolastique, une pure *puissance* dans le sens d'Aristote. Même alors, rien n'autoriserait à confiner toute la puissance dans le germe physique, abstraction faite des éléments qui, se joignant à lui, mettent leurs puissances propres au service du tout graduellement formé. Ce point de vue est moins physiologique que logique, et il n'y a point de profit à en tirer pour la connaissance de la nature. On doit avouer cependant que la théorie d'Aristote est un modèle que les modernes auraient souvent consulté avec avantage. Ce grand homme a été préconisé, méconnu, oublié, selon les temps et toujours sans mesure. Sa *psychologie* est une physiologie générale, établie sur des fondements rationnels. L'âme n'est, d'après sa définition, que *l'accomplissement d'un corps naturel organique dont la vie en puissance passe à l'acte et se réalise*. La *puissance*, avec laquelle est identifiée la *matière*, est une certaine possibilité des différents et des contraires, et n'a rien de commun avec cet être chimérique auquel tant de philosophes ont attribué des propriétés simples ou abstraites, avec la prétention d'en extraire toutes les autres. Enfin les *corps naturels* sont les seules véritables essences, les êtres de la nature, définis par leurs *formes* ou *espèces*. Lorsque ces corps possèdent la forme organique, l'âme s'accomplit en eux. Elle a des parties, c'est-à-dire des puissances distinctes qui ne paraissent ni toutes ni au même degré dans tous les êtres; c'est ainsi que la nutrition est une base commune à tous, tandis que la sensibilité, la locomotion, l'imagination, les appétits existent chez tous les animaux, et l'intellect dans l'homme. Les parties de l'âme ne sont pas séparables du corps qui les unit, si du moins nous laissons de côté l'*acte pur de l'intelligence pure*, dont Aristote n'a fait l'être un, simple, immobile, primitif et final qu'en le posant sans conscience, ni mémoire, ni sensibilité quelconque. S'il fallait, dit-il, séparer les âmes, on n'en trouverait pas seulement trois, mais autant qu'on le voudrait. L'âme, telle que la nature la réalise, est donc composée d'une série de puissances qui viennent en acte, et dont la science doit se proposer d'écrire l'histoire.

Partant de là, le philosophe procède à l'analyse des grandes fonctions que les corps organisés nous présentent, c'est-à-dire qu'il écrit une physiologie comme de son temps on pouvait l'écrire, et en s'appuyant sur un certain nombre d'observations capitales qui subsistent toujours. Des traités spéciaux sont consacrés ensuite à l'histoire détaillée de la locomotion des animaux, de la génération, de la respiration, de la mémoire, etc.

Certes il y a bien quelque illusion à prendre pour une théorie de la nature ce point de vue propre de l'entendement où la matière et la forme, la puissance et l'acte s'offrent comme la connaissance dernière des choses. Depuis que l'observation et le calcul sont descendus jusqu'à des parties d'êtres jadis invisibles, et n'y eût-il même que l'hypothèse qui nous permit de porter la pensée plus loin que les corps naturels actuellement sensibles, la science peut ouvrir d'autres horizons. La méthode d'Aristote n'en est pas moins digne d'admiration, en ce qu'elle est exempte des chimères qui ont déshonoré, qui déshonorent encore nos spéculations sur le monde.

Observations et développements.

A. En dehors des écoles matérialistes, on énonce volontiers la différence des fonctions biologiques et des fonctions physico-chimiques, en la caractérisant comme un *antagonisme*. Mais il y a deux manières d'entendre ce mot. Bichat semblait lui donner le sens le plus dur, quand il définissait la vie « l'ensemble des fonctions qui résistent à la mort », et qu'il ajoutait : « Tel est le mode d'existence des corps vivants, que tout ce qui les entoure tend à les détruire... Bientôt ils succomberaient s'ils n'avaient en eux un principe permanent de réaction. Ce principe est celui de la vie. » (*Recherches sur la vie et la mort*, art. 1.) M. Cl. Bernard a souvent relevé cette erreur dans son enseignement ; en ces termes, par exemple : « On croyait autrefois que les conditions physico-chimiques présidant aux manifestations des propriétés de la matière brute, étaient contraires aux manifestations des propriétés de la matière vivante ; les animistes et les vitalistes avaient établi une opposition complète, un véritable antagonisme entre la force vitale et les forces physico-chimiques. Mais on sait aujourd'hui que c'est là une opinion absolument erronée et que les manifestations vitales ne peuvent se produire sans le concours des influences physico-chimiques. Il y a plus : ces influences physico-chimiques nécessaires au fonctionnement des propriétés de la matière vivante sont les mêmes que celles qui président à la manifestation des propriétés de la matière brute. Ces conditions sont, d'un côté comme de l'autre, l'oxygène, la chaleur, la lumière, l'électricité, etc. » (*Revue des cours scientifiques*, n° du 30 janvier 1872.)

Je crois que parmi ceux qui continuent d'employer ce terme d'*antagonisme*, il y en a beaucoup qui savent que « les manifestations vitales ne peuvent se produire sans le concours des influences physico-chimiques », et qui ne nient pas davantage que les mêmes phénomènes physico-chimiques soient les conditions des phénomènes vitaux et des transformations des corps inorganiques. Bichat, lui aussi, devait savoir cela, et il est difficile qu'on soit assez vitaliste pour l'ignorer. Toutefois il vaut mieux renoncer à l'emploi d'un mot qui peut se prendre en un sens aussi violent et paraître aller à l'encontre de la loi la plus universelle de la nature : celle qui nous montre les phénomènes constamment conditionnés par ceux qui les précèdent dans une échelle de développement.

Quand je me servais en passant, dans la première édition de ce livre, d'un mot que j'ai mieux aimé retrancher dans celle-ci, j'avais en vue deux propositions qui, si elles sont vraies, justifient l'existence d'une opposition, en même temps que d'une harmonie entre un système vivant donné, formant un milieu spécial, et le milieu externe physico-chimique dont il est enveloppé.

La première de ces vérités, c'est que le système vivant, quelle que se trouve être son origine en remontant la suite des vivants antérieurs, n'a pas actuellement son commencement et son principe dans le milieu inorganique ; mais qu'il forme, à l'encontre de celui-ci, un groupe distinct, dans lequel des phénomènes propres et spontanés se produisent et suivent un cours tranché jusqu'à ce qu'il se décompose.

La seconde de ces vérités consiste en ce que le groupe distinct détermine en des points essentiels le mode d'action des forces physico-chimiques auxquelles il prête un laboratoire particulier avec toutes sortes de vases et d'instruments coordonnés. C'est ce qui a lieu dans le moindre des embryons. Si l'on supprimait quelqu'une des conditions essentielles à l'organisation antérieurement donnée du groupe distinct, ou si l'on interrompait par une intervention trop perturbatrice son évolution propre, ce qui est la même chose, les phénomènes externes ne viendraient plus retentir, pour ainsi dire, en lui de la même manière, et les mêmes forces physico-chimiques qui s'harmonisent avec les fonctions de sa vie, deviendraient des agents de décomposition à son égard. Il y a là certainement autant d'antagonisme qu'il en peut exister entre deux ordres de phénomènes dont l'un reste nécessaire pour l'autre.

Le terme de *force vitale* peut servir à exprimer la distinction ainsi comprise. On n'a pas moins abusé de ce terme que de celui d'*antagonisme*, et cependant M. Cl. Bernard ne défend pas de s'en servir. « Les propriétés vitales, dit-il (*loc. cit.*), considérées en elles-mêmes, sont bien le produit d'une force spéciale qu'on pourrait appeler, si vous voulez, la force vitale; mais cette force vitale ne serait que la cause formatrice ou organisatrice des corps vivants, car une fois cette organisation donnée, la matière vivante fonctionne uniquement en vertu de ses propriétés innées et déterminées. » La portée de cette dernière restriction, dans la pensée de l'auteur, est relative à l'existence d'un *déterminisme* physiologique, qu'il tient à établir comme condition de la science; mais les propriétés spéciales de la matière vivante ne sont pas pour cela moins nettement posées, et elles descendent d'une innéité dont le principe appartient à la cause organisatrice.

Cette cause organisatrice, s'il s'agit de son origine, M. Cl. Bernard renonce avec raison à la scruter. Quant à la manière dont elle se manifeste, il reconnaît, avec tous les philosophes qui ne ferment pas les yeux à l'existence d'une finalité naturelle, que c'est une évolution dirigée vers un but. « Ce qui caractérise la machine vivante, il le dit excellemment, c'est la création de cette machine qui se développe sous nos yeux dans les conditions qui lui sont propres... Ce qui n'appartient ni à la chimie ni à la physique, ni à rien autre chose, c'est l'*idée* directrice de cette évolution vitale. » (*Introduction à l'étude de la médecine expérimentale*, p. 162.) Et enfin en ce qui touche la nature la plus profonde d'un organisme, le même physiologiste envisage le milieu spécial, le « milieu intérieur » qui enveloppe les éléments histologiques et conditionne leurs propriétés, comme celui dans lequel il est exact de dire que nous vivons, bien plutôt que dans le grand milieu, le monde extérieur, avec lequel nous n'avons pas de contact direct. Et les éléments plongés dans ce milieu sont des êtres eux-mêmes vivants et associés pour l'évolution du tout : « Les éléments organiques des corps vivants sont de véritables organismes élémentaires, existant pour leur propre compte, ayant leurs propriétés spéciales, possédant leur autonomie, ayant leur façon de vivre et leur façon de mourir. Ces éléments sont associés et harmonisés pour un résultat commun, qui est la vie de l'organisme total, comme des milliers de rouages qui concourraient au fonctionnement d'un mécanisme des plus complexes. » (*Revue des cours*, 13 janvier 1872.)

Telle est la manière la plus vraiment scientifique de considérer le rapport des fonctions organiques et des fonctions physico-chimiques. Et remarquons bien qu'en définissant l'essence d'un organisme par sa composition harmonique et son évolution de finalité, on ne renonce nullement à déterminer certaines séries de ses phénomènes par des phénomènes physico-chimiques correspondants, durant le cours de cette évolution. Et non seulement physico-chimiques, mais même mécaniques, puisque c'est définitivement à des lois de figure et de mouvement que la physique moderne tend à rattacher tous les phénomènes possibles de sa circonscription. Les négateurs de la finalité cherchent à tirer parti de cette nouvelle direction scientifique en nous présentant les *faits* spéciaux soit de l'organisation, soit même de l'intelligence, comme des faits *mécaniques transformés*, conformément au principe de la conservation de la force. Mais cet usage qu'ils font de l'idée de *transformation* n'est point avoué par l'interprétation correcte de la loi d'*équivalence* des forces là où elle est praticable. Ce n'est qu'un nouvel abus de la métaphysique dite de *force et matière*.

B. Depuis que les observations embryogéniques ont prouvé que le développement d'un germe se fait par voie d'*épigénèse*, et non de simple agrandissement d'échelle, ainsi que l'avaient supposé les naturalistes disciples de Leibniz, il est passé en usage de regarder l'hypothèse de la préexistence animale comme une de celles qui ont perdu le droit de se présenter, et qui sont, pour ainsi dire, exclues du concours à tout jamais. Les savants, dans cette occasion comme dans plusieurs autres, s'exposent au double reproche de faire des inductions vicieuses, c'est-à-dire de s'abandonner à une généralisation trop prompte dans le sens où certaines préventions les portent; puis de manquer d'esprit de généralisation, en ne voyant pas d'autres inductions, d'autres hypothèses également possibles, et qui seulement s'éloignent davantage du terre à terre des observations praticables.

C'est faire une induction trop prompte que de conclure sur les faits d'épigénèse, que le développement d'un germe ne peut pas être le développement d'un animal parfait dans son genre, antérieurement existant : et, en effet, s'il est prouvé que les organes qu'on voit se former ne sont pas de simples agrandissements d'organes similaires préalablement donnés avec d'autres proportions, rien ne démontre que ces organes et ces tissus ne résultent point de la transformation et de l'organisation d'un certain milieu physique, sous l'action d'animaux préexistants, insensibles pour nous, qui se l'annexeraient en passant eux-mêmes à un autre genre de vie, sous lequel nous commencerions seulement à les apercevoir. Et c'est ne point généraliser assez les concepts, dans ce sujet si nécessairement obscur, que de ne tenir aucun compte de ce qui peut exister dans les sphères réelles, quoique inexplorables, des phénomènes qui nous échappent par la petitesse.

L'obligation de laisser une place à de telles possibilités devrait d'autant plus être sentie par les savants, que la plupart d'entre eux ne répugneraient point à admettre, s'il le fallait, la division à l'infini des phénomènes matériels. Mais d'ailleurs, qu'on l'admette ou non, les calculs qu'on peut établir aujourd'hui avec assez de vraisemblance sur les grandeurs et les distances des molécules, offrent une marge bien suffisante pour l'établissement des hypothèses touchant le monde animal invisible. Et je vais le montrer.

M. Cournot, qui n'admet pas la descente à l'infini par la division (mais ce n'est point de peur de tomber dans la contradiction de l'infini actuel, car il admet d'autre part l'ascension à l'infini par la multiplication des phénomènes cosmiques), M. Cournot donne, pour limiter le monde dans l'ordre de la décroissance, une raison qui, si elle était fondée, devrait couper court à toute hypothèse sur ce qui peut se passer dans les sphères infinitésimales. J'entends *infinitésimales* dans le sens physique du mot, c'est-à-dire soustraites par leur petitesse à toute investigation directe; car je n'admets pas qu'il puisse n'y avoir point de terme à la progression des phénomènes, en quelque direction que ce soit. Voici comment s'exprime M. Cournot (*Traité de l'enchaînement des idées fondamentales*, t. Ier, p. 294) :

« La raison ne serait nullement choquée si l'observation, en pénétrant de plus en plus dans le monde microscopique, y rencontrait un arrangement et des phénomènes parfaitement comparables, sauf la différence d'échelle, à l'arrangement et aux phénomènes du monde pour lequel nos yeux ont été faits, ou même à l'arrangement et aux phénomènes du monde télescopique. Dans cette hypothèse, qui n'a rien, je le répète, de contraire à la raison, la force de l'analogie nous porterait à admettre que rien ne limite cet emboîtement des mondes les uns dans les autres, et que nous nous trouvons à cet égard intercalés dans une série qui n'a son milieu et ses bouts nulle part.

« Or, en dépit de certaines déclamations éloquentes, l'observation, la science, démentent positivement l'hypothèse qu'autrement la raison ne rejetterait pas. A chaque échelle de grandeur, ou plutôt de petitesse (puisqu'en ce moment nous sommes censés aller du plus grand au plus petit), correspondent des phénomènes d'un certain ordre et non d'autres. On ne voit pas des cristaux gros comme des planètes ou des montagnes, et nous avons beau augmenter la puissance de nos microscopes, nous ne trouvons dans un cristal ou une goutte d'eau rien qui ressemble à un sytème planétaire, pas plus que nous ne trouvons parmi les végétaux ou les animalcules microscopiques, des miniatures de chênes, de palmiers, d'éléphants ou de baleines. Les phénomènes d'ondulations lumineuses, les phénomènes capillaires, les phénomènes chimiques, ont leurs échelles respectives distinctes, n'empiètent pas les unes sur les autres, ne se reproduisent pas périodiquement à tour de rôle, comme il le faudrait dans l'hypothèse d'un emboîtement indéfini des phénomènes cosmiques. Et la conséquence que la raison doit en tirer, c'est qu'en fait la série est limitée, qu'il y a un point de départ, un commencement dans la petitesse, au point de vue de la structure du monde et de l'échafaudage des phénomènes cosmiques les uns sur les autres... »

L'argument est ingénieux et judicieux, mais judicieux en partie seulement. Les observations alléguées le sont justement, mais les inductions sont toutes illégitimes et même de la façon la plus grossière, oserai-je dire. Et d'abord parler de la « force de l'analogie » qui porterait à admettre un emboîtement infini, là où s'observerait un emboîtement très prolongé, c'est affirmer qu'un chemin longtemps suivi ne s'arrête plus nulle part, et qu'une induction tirée du fini à l'infini, dans l'ordre des faits, vaut quelque chose. La raison, celle du moins qu'on ne prétend pas opposer aux lois régulatrices de l'entendement, exclut l'existence d'un infini numérique actuel, quoi qu'en dise M. Cournot, en sorte que l'analogie qu'il invoque n'est pas même admise rationnellement à se présenter.

Mais il ne suit pas de là que les *emboîtements* dont on parle soient impossibles dans une série qu'on supposerait suffisamment prolongée, quoique finie; et de ce que les phénomènes varient d'espèce en passant du grand au petit, de ce que le monde microscopique et le monde télescopique sont hétérogènes, il n'est pas juste d'induire qu'on ne verrait pas en plongeant beaucoup plus loin dans le petit, un retour s'effectuer vers l'espèce des phénomènes observés dans le grand. Une telle induction est, au contraire, complètement arbitraire. Il se pourrait aussi, à ne consulter que la logique, que, s'il nous était donné d'embrasser dans une seule observation une existence qui comprendrait en son sein quelques trillions de voies lactées, nous fussions appelés à reconnaître que cette existence a la forme d'un animal dont les parties liquides ou solides admettent des éléments, ou, comme on voudra, des interstices occupés par ces voies lactées. Mais ne nous occupons que du petit.

Des physiciens estiment aujourd'hui, en vertu de raisonnements au moins plausibles, que les diamètres des molécules des corps divisent le millimètre par des nombres qui vont à des milliards de milliards. Ces molécules sont séparées par des interstices assez grands, eu égard à leurs diamètres, pour qu'elles puissent s'y mouvoir avec de grandes vitesses, et de manière à se heurter mutuellement, à des intervalles de temps dépendants de la nature de ces associations physiques par lesquelles sont constitués les trois états : gazeux, liquide, solide. Ces interstices, dont l'étendue descend, comme celle des molécules, à des valeurs qui ne peuvent jamais nous devenir sensibles, de quelques instruments que nous aidions jamais nos puissances perceptives, rien n'empêche de les assimiler à des bassins immenses, en les comparant eux-mêmes à certaines autres échelles d'existence qu'on s'y représenterait contenues. Si, par exemple, on voulait dans ces interstices des millions de voies lactées, avec leurs systèmes stellaires, ayant tous et leurs éthers, leurs planètes, leurs terres, et leurs natures animale et végétale, semblables aux nôtres ou différentes des nôtres, ceci n'importe en rien, il serait facile d'assigner des échelles de grandeur pour ces systèmes, réduites au point qu'il faudrait pour que nulle action de leur ordre ne devînt sensible pour nos molécules, et que nulle action de nos molécules, quelque considérable qu'elle fût, ne se fît sentir dans l'état relatif des parties de leur ordre. Ce n'est certes pas l'arithmétique qui serait en peine de fournir des chiffres au développement des mondes enveloppés ou enveloppants, respectivement incomparables et sensiblement incommunicables. Quiconque réfléchira seulement un moment à la nature relative de nos idées d'étendue et de grandeur, entrera aussitôt dans l'esprit de ces sortes de suppositions que rien ne limite et qui, entièrement étrangères à la notion chimérique de l'infini de quantité, donnent une satisfaction plus que complète à ce que nous possédons de force imaginative du grand et du petit. On pourrait introduire des considérations toutes pareilles, en songeant non plus aux interstices des molécules, mais à ceux des atomes qui les composent, puisque ces derniers ne peuvent plus être affectés qu'à des points mathématiques envisagés comme centres d'actions dynamiques, et que, par suite, leurs distances mutuelles ouvrent aux subdivisions de quantité des champs indéfinis. Mais je suis loin de vouloir proposer ici des hypothèses sérieuses. Celles que j'avance sont évidemment trop arbitraires. Leur seul objet véritable est d'enseigner à l'esprit humain la modestie et la retenue en matière de négations, ce qu'elles peuvent parfaitement faire au simple titre d'*extrêmes possibilités* qui ne leur est point déniable. Aussi n'avais-je pas l'intention de les faire servir à l'examen de la question de savoir si les phénomènes se trouvent hétérogènes en passant du grand au petit et du petit au grand, comme le pense M. Cournot, ou si l'homogénéité peut se rétablir en imaginant d'autres échelles de proportion au delà de celles qui s'offrent de prime abord à la pensée. Mon seul but, dans cette note, a été de faire concevoir au lecteur des théâtres d'action possible dans les champs d'une étendue diminuée et descendue au-dessous de toutes dimensions microscopiques : des théâtres où rien ne s'oppose à ce que des êtres réels, des animaux, servent d'origine et fournissent des sièges concrets, physiologiques, aux phénomènes d'organisation que nous voyons s'étendre peu à peu dans la sphère accessible à nos observations. Je dois ajouter que cette dernière hypothèse elle-même, je ne lui accorde qu'une valeur *défensive* contre d'autres hypothèses. C'est une possibilité alléguée dans le but de réfuter des doctrines négatives qui ne peuvent avoir la moindre valeur scientifique, tant que cette possibilité ou d'autres possibilités analogues ne sont pas détruites.

III

DE L'HOMME COMME SENSIBILITÉ

Il faut donc bannir de la science la considération des substances, qui est chimérique, et la recherche de ces causes qui ne pouvant se fixer dans certains êtres définis tels que l'homme et les animaux, ou dans le déplacement de certains mobiles, ni enfin se rapporter à des lois connues, n'expriment rien de plus que la notion abstraite de l'activité. Il faut étudier les conditions relatives des phénomènes, décrire les faits comme distincts et comme unis, conformément à l'expérience et selon les diverses catégories. La distinction et l'union forment un double point de vue sous lequel tout rapport et toute loi apparaissent.

La première grande distinction a lieu entre la loi mécanique et l'ensemble des lois physico-chimiques, d'ailleurs si étroitement liées. Cette distinction dépend entièrement de ce que, d'une part, les lois physico-chimiques, régissent des phénomènes qui sont en partie définis par la sensibilité animale, c'est-à-dire par les rapports qu'ils soutiennent avec des faits psychiques ; et de ce que, d'une autre part, pour les expliquer, on imagine dans les corps, à tort ou à raison, des propriétés du genre de la force ou des appétits (attractions et répulsions) complètement étrangères à la matière inerte, objet supposé de la mécanique. Mais si l'on parvenait, à l'aide d'abstractions convenables, à réduire tous ces phénomènes et propriétés à des conditions de figure et de mouvement, et c'est le but de la physique moderne, dans la direction instituée par Descartes, cette science serait formellement réduite à la mécanique. Au fond, la distinction de l'ordre mécanique, ou abstrait, et de l'ordre concret des phénomènes physiques, ne laisse pas de subsister. Mais ces deux ordres distincts s'unissent par opposition et à la fois en harmonie avec la loi suivant laquelle un organisme est constitué. Cette dernière implique des causes finales, tandis qu'ils pouvaient encore être envisagés exclusivement dans leur détermination par voie de causalité efficiente. Les organes se forment sous des modes spéciaux d'accord et de dépendance : d'où la centralisation et l'individualité composée. Les fonctions organiques présupposent les précédentes, se développent sur le théâtre où celles-ci règnent déjà, et, en partie, avec les mêmes données, qu'elles transforment, gouvernent et subissent. Nutrition, accroissement, excitations diverses, propagation, décadence, décomposition, ce sont autant de rapports des organes à leurs propres éléments, aux corps extérieurs, à l'organisme entier, et aux êtres ses semblables qui, sous certaines conditions en lui et hors de lui, s'engendrent et se développent à leur tour. Ces fonctions, relativement simples dans le règne végétal, se spécifient de plus en plus, et en même temps la loi de concentration individuelle prend plus d'empire, à mesure qu'on avance dans la série animale : des organes propres existent pour les sécrétions ou excrétions diverses, pour la respiration, pour la circulation. Alors aussi paraît un organe nouveau, le système nerveux, et avec lui des fonctions nouvelles, la sensation, l'intelligence, la passion, la volonté. Ajoutons encore pour l'organisme la contractilité musculaire, et dans l'animal entier, l'autolocomotion. Occupons-nous ici de la sensibilité.

Entre ces deux points de vue de l'animal, l'animal organique doué d'un système nerveux, et l'animal sensible, la même loi de distinction et d'harmonie ne doit être posée qu'entre l'organisme et les lois physico-chimiques, ou encore qu'entre celles-ci et les pures lois mécaniques. Toutes les fonctions antérieures se réunissent pour établir la base sur laquelle la sensibilité s'élève ; et, par exemple, les lois mécaniques, les plus éloignées de toutes, prennent une part essentielle aux lois de production de certaines sensations, et probablement de toutes. Nous reconnaîtrons cependant que le problème de la réduction de la sensibilité aux lois inférieures n'a aucun sens raisonnable.

On peut envisager la sensibilité de deux manières : en elle-même, et par rapport au système nerveux, intermédiaire constant entre elle et les fonctions moins élevées.

Il y a une sorte de sensibilité vague, ou *sentiment de soi* sans détermination, conscience obscure qui s'oppose à la masse indistincte des phénomènes caractérisés comme non-soi, et principalement du corps. C'est la forme enveloppante des sensations confuses actuelles.

En toute sensation déterminée, la conscience se produit avec des formes clairement spécifiées. Le soi et le non-soi s'opposent en se formulant. Jusque-là les premières catégories, nombre, étendue, durée, la figure et le mouvement qui en dépendent, occupaient toute la place dans les phénomènes et dans les lois de leurs variations : les qualités ne s'y montraient que liées extérieurement avec les autres formes, sans que leurs éléments représentatifs fussent envisagés comme tels ; et si la causalité, la finalité, y prenaient un rôle avec la conscience, c'était, non point observables directement, mais invoquées pour l'explication des faits, du point de vue de l'homme. Maintenant la loi de conscience se dégage de la représentation, qui n'est jamais rien sans elle; on l'y reconnaît comme élément formel, immédiat et direct, et cela sous forme de sensation et d'expérience interne.

La loi de conscience présente dans la sensibilité un certain nombre d'espèces de soi et de non-soi des phénomènes. Ces espèces sont irréductibles, indéfinissables. Tout ce qu'elles ont de général, quant au soi, c'est la forme même de la conscience avec des rapports de durée; quant au non-soi, l'extériorité, des rapports d'étendue :

et le corps de l'animal est lui-même localisé comme extérieur à sa conscience.

L'expérience paraît en même temps que la sensation et comme le nom d'un seul et même phénomène, mais sous la forme la plus élémentaire, à savoir particulière, unie à la mémoire, et sans mélange de volonté.

Les espèces irréductibles de la sensation paraissent être les suivantes : 1° l'attouchement (pression, traction, choc, froissement, selon le degré ou la succession des effets); 2° la chaleur et le froid; 3° le plaisir et la douleur; 4° la saveur; 5° l'odeur; 6° la douleur; 7° le son. On ne sait si elles existent toutes, à quelque degré, chez tous les animaux, mais elles appartiennent aux animaux supérieurs; et avec elles doit exister pour eux une opposition de soi à non-soi, une conscience plus ou moins distincte.

Le goût, l'odorat, la vue et l'ouïe correspondent à des organes particuliers du corps de l'animal. Le toucher et le sentiment de la chaleur semblent surtout liés à un seul et même organe répandu, quoique inégalement, à la périphérie entière du corps (et toutefois il y a des chaleurs que la conscience ne rapporte à aucune partie de l'épiderme, et il y a des sentiments, dits musculaires, qui sont des espèces de pressions ou de tractions, à siège plus profond, et par conséquent des attouchements éprouvés par voie d'intermédiaires. Le plaisir et la douleur sont très spécialement unis au toucher, et se joignent aussi aux autres sensations et enfin à des impressions physiques plus vagues ou moins bien définies.

Par cela seul que tous ces modes de sentir impliquent une extériorité quelconque, on peut dire que tous aussi sont fonctions de l'étendue. Les rapports de position y entrent, plus confus dans l'odeur et le son, un peu moins dans la saveur; ils ne se témoignent pas exclusivement, mais se montrent clairs et déterminés dans les attouchements, mieux encore et sous un mode plus simultané, dans les couleurs : c'est là surtout que la distance, la figure et le mouvement sont nettement représentés avec une forme sensible. A la notion d'étendue se joint, pour le toucher, celle d'effort et de résistance (force mécanique), qui est incontestablement un élément de jugement de solidité. J'examinerai ailleurs si ces notions, relatives à ce qu'on appelle qualités premières des corps, peuvent se caractériser proprement comme sensations.

Quant au dur et au mou, au rude et au poli, qualités que Reid a prétendu se rapporter à des sensations distinctes, il est manifeste que nous en jugeons d'après une série de modifications de l'attouchement, soit brusque, soit répété, et prolongé en pression et en froissement ; or, une telle série n'est pas sentie en bloc et simplement ; il y a expérience régulière à l'aide du toucher : le corps dur est celui qui résiste à l'effort fait pour séparer ou comprimer ses parties ; le poli permet à l'attouchement de glisser sans obstacle, etc. On voit que l'attouchement est ici l'unique élément sensible original, mais il a ses degrés ; le plaisir et la douleur y entrent souvent, et, d'autre part, des jugements de figure et de résistance.

Telle est la sensation, vue en elle-même. L'imagination et la mémoire la reproduisent d'une certaine manière et y suppléent ; elle est en outre accompagnée ou suivie des phénomènes de la passion et de la volonté. Nous traiterons plus tard de ces choses.

L'étude des rapports des sensations avec les fonctions élémentaires, inorganiques, est du ressort de la physique. On ne sait rien sur le goût ni sur l'odorat, rien sur la chaleur, si ce n'est cependant que sa quantité, mesurée sur ses effets externes, correspond à celle d'une somme de mouvements entre les particules des corps. Mais ces mouvements ne sont pas encore exactement définis. Les phénomènes lumineux sont rattachés savamment aux vibrations d'un milieu élastique dont l'existence n'est encore qu'une hypothèse probable. Il n'y a de définitivement connues que les conditions extérieures de la production des sons. On peut regarder comme acquis, cependant, que tous les phénomènes sensibles ont cela de commun de se rapporter à certains mouvements des corps externes, transmis par tel ou tel intermédiaire à l'organe ; des analogies le font croire ; mais surtout il est dans l'esprit de la science de supposer un ordre mécanique en rapport avec l'ordre sensible, et de travailler à en obtenir la vérification : les modes chimiques, qui jouent peut-être un rôle essentiel à l'égard des sensations du goût, doivent concorder eux-mêmes avec certaines lois de figure et de mouvement des corps.

Quoi qu'il en soit, la solution complète du problème physique ou mécanique n'aurait pas pour résultat de réduire la sensation à n'être qu'une espèce de mouvement : la diversité radicale des deux ordres subsisterait toujours. Une réduction par voie de causalité s'appuierait, qu'on le voulût ou non, sur la métaphysique des entités, ou n'expliquerait rien, n'établirait rien au delà d'une loi de succession constante des phénomènes de genre différent, dans l'un desquels ne saurait s'enfermer séparément le rapport spécifique qui les lie.

Passons aux rapports de la sensation avec le système nerveux. Voici quels sont les faits essentiels :

1° Existence de nerfs spécifiques pour les fonctions locomotives, d'une part, et pour la sensation, de l'autre ; parmi ces derniers, systèmes divers pour les sensations diverses, notamment pour l'odorat, la vue et l'ouïe ;

2° Existence d'un organe central, le cerveau, dont la présence est une condition constante de la production des faits de conscience, et, par conséquent des sensations comme telles (il faut joindre au cerveau la moelle allongée, spécialement pour les impressions tactiles) ;

3° Apparition d'une sensation à la suite de l'excitation d'un nerf : les excitations les plus variées correspondent, pour un même nerf, à une même sensation; et des sensations différentes correspondent à une même excitation de nerfs différents;

4° Sensation toujours rapportée par la conscience au même lieu, en quelque partie de son cours que le nerf soit excité. Le lieu est généralement la périphérie du corps.

Ces dernières lois permettent d'exclure tout d'abord les systèmes anciennement accrédités, d'après lesquels la sensation consisterait en une sorte de propagation de formes ou qualités, extérieurement existantes, jusqu'à un *sensorium* où elles tomberaient pour s'y témoigner représentativement; soit que la conscience même se trouvât constituée par la série de ces formes, aux divers instants, ou qu'on l'assimilât puérilement à un miroir animé. Il n'existe pas une sensation dont les éléments ne puissent apparaître sans objet extérieur et sous la seule donnée d'une certaine perturbation des nerfs. Je parle de l'état normal et de l'état de veille, et non pas même des hallucinations et des rêves, non de ces phénomènes qu'on pourrait appeler de sensibilité inverse, où les modifications sensibles procèdent des variations spontanées de la conscience. En se bornant à considérer la sensation proprement dite, on doit reconnaître que ses conditions indispensables sont l'organisme et la conscience, et que les modifications des corps et des milieux n'y interviennent qu'en tant qu'elles affectent le système nerveux dans les fonctions qui leur sont communes. Telle est même la véritable définition de l'*excitation* des physiologistes.

On cherche à se rendre compte des propriétés des nerfs. Souvent il arrive alors qu'on en cherche le principe dans une fonction physique; et l'électricité obtient la préférence. Il est possible que la sensation implique l'existence d'un courant électrique dans le nerf conducteur, il est possible aussi qu'il n'en soit rien. On ignore la fonction du courant constaté entre le filet nerveux et le tube enveloppant. On a mesuré le temps nécessaire à la transmission d'une sensation, ou à celle d'une volonté, mais on ne sait quelles vibrations, ou de quel milieu, correspondent à cette propagation en un sens ou en l'autre. Quels que soient les progrès réservés à la science, dans cet ordre d'explorations, le grand problème qu'on persiste à se poser ne sera jamais que reculé : l'intervalle qui sépare la sensation comme telle d'avec les fonctions physiques d'un appareil nerveux ne se comblera point; il faudra continuer à distinguer, autant qu'à unir selon les faits, des phénomènes que ni l'espèce ni la causalité ne permettent de réduire analytiquement les uns aux autres. En ce sens, aucun *fluide nerveux* n'expliquera la sensibilité.

Le même genre d'illusions est à noter dans les formules qui définissent la sensation par une qualité ou un état propre des nerfs, état, qualité causés par les lois générales externes et transmis à la conscience. Ni cette transmission, ni cette cause ne sont claires et positives. S'agit-il de fonctions physiques ou spécialement organiques, on peut, on doit se proposer de les déterminer, ce qu'un énoncé vague ne fait point. Il en est de même de la *qualité* ou de l'*état propre*. Si donc la formule signifie seulement que l'état quelconque des nerfs, et les fonctions extérieures et la conscience sont choses liées dans la sensation, elle est vaine autant que vraie; si, au contraire, on croit expliquer les phénomènes avec des termes généraux, tels que qualité, propriété, cause, transmission, ces termes servissent-ils même à lier des fonctions toutes connues (mais qui seraient toujours essentiellement diverses), on se perd dans la métaphysique de la substance et des causes substantielles.

A côté des lois physiques ou chimiques, encore inconnues, dont l'application variée dans les appareils nerveux doit correspondre aux espèces de la sensation, on suppose aussi quelquefois des *forces* ou *énergies spéciales* des nerfs. S'il s'agissait ici d'une fonction organique à rechercher, intermédiaire de la conscience et des lois externes, la question serait légitime. Le système nerveux peut bien avoir des propriétés vitales, à la manière des autres organes, et d'une portée plus décisive pour les fins de l'organisme. Mais un physiologiste ne devrait pas apporter, pour l'explication d'un phénomène, un principe tout exprès et qui n'a qu'une valeur nominale : attribuer aux nerfs des énergies proprement sensorielles, des qualités dites vitales et cependant définies par de véritables sensations, couleurs, sons, etc., c'est confondre les fonctions, c'est envisager une chose dans une autre, la conscience dans le nerf, et encore une fois revenir à la fiction des substances. L'énergie ou fonction spéciale des nerfs, quelle qu'elle soit, et la conscience, sont choses qui s'ignorent mutuellement, et entre lesquelles une loi, une harmonie est donnée. De même que, sur un théâtre inférieur, les molécules organiques obéissent aux lois de leur vie propre, et ignorent les organes qui résultent de leurs communs efforts, et que, à son tour, l'organisme tout entier fonctionne, et ne possède point la représentation des rapports dont son unité se compose ; ainsi l'organisme par lui-même n'a pas la conscience des sensations. Et cette conscience à son tour ne s'étend nullement aux lois de l'organisme desquelles sa production et son exercice dépendent. Il y a harmonie donnée et ignorance réciproque.

Passons à la question du *sensorium* et de l'organe central. Un *sensorium* peut s'entendre en deux sens : ou ce mot désigne une partie de l'organisme, spécialement nécessaire pour que des phénomènes sensibles se produisent ; ou il s'applique au *sens commun* pris en lui-même, c'est-à-dire à une synthèse active des sensations. Toute autre signification est imaginaire. Or, le *sens commun* est la conscience même, avec la mémoire, avec tous les phénomènes dont elle est le lien; et il n'y a point là d'autre problème. Quant aux organes ou parties d'organes indispensables pour la sensation, il appartient à la biologie de les déterminer : tout indique que la question est complexe et qu'on doit distinguer, sous ce rapport, entre les sensations de différentes espèces. Dès lors il n'existe pas de *sensorium*.

La conscience, comme conscience, n'a pas de lieu, quoique les rapports par lesquels elle se détermine soient liés directement ou indirectement à des lois de position. Si l'on persiste à lui assigner un *siège*, que ce soit du moins dans l'acception positive et définie que l'expérience autorise, et sans fixer de position propre à des phénomènes qui n'en ont aucune quand on les considère abstractivement et pour eux-mêmes. On peut dire aussi : le représentatif et le représenté sont inséparables de la représentation où ils s'unissent, et, sous ce point de vue, laissant de côté et les distinctions logiques et les conditions physiologiques, la représentation admet des sièges tout autant qu'elle en fixe à ses objets. Le représentatif occupe donc le lieu que le représenté correspondant occupe, et point d'autre. Dès lors le *siège de la conscience*, quant à la sensibilité, est là où la sensation est sentie ou rapportée. Une thèse à peu près semblable a été soutenue par d'Alembert.

Une acception rationnelle du *siège de la conscience* lève les difficultés (difficultés pour ne rien dire de plus), que les systèmes idologiques trouvent dans la loi de la génération et dans celle de la divisibilité des animaux inférieurs. Il suffit que la science prenne pour premier et dernier fait, explication suprême, l'harmonie donnée entre le système des organes et l'apparition des phénomènes représentatifs : la multiplication de la conscience (conscience de degré quelconque) est alors inhérente à la multiplication des organismes, dès que ceux-ci sont complets ou suffisants, et de quelque manière qu'ils se trouvent tels. Les termes antécédents de la vie et de la représentation sont déjà probablement réalisés et peuvent avoir leurs effets, dès avant la séparation, dans celles des parties des animaux qu'on voit vivre après qu'elles ont été détachées du tout.

Je n'ajouterais rien au sujet du rapport des fonctions animales avec les fonctions inférieures, ni du rôle du cerveau dans les phénomènes sensibles; la question me semble élucidée : mais il faut lutter contre des préjugés très tenaces, très vulgaires, et qui sont de tous les temps. Ces préjugés appartiennent à l'enfance de la raison, dont nous ne sommes point sortis, c'est-à-dire qu'ils ont leur source dans les instincts mal réfléchis de la nature humaine. L'instinct ne trompe pas, la raison ne trompe pas ; mais ils n'ont ni le même objet ni la même portée, et l'illusion commence au moment où la raison, s'arrêtant sur les premiers objets que l'instinct lui personnifie en manière de substances, ou en manière de causes, s'en fait des entités, et croit tenir dans cette vaine mythologie l'explication des faits. La science donne un corps à l'illusion, à mesure que par ses observations régulières elle institue des groupes circonscrits de phénomènes, que l'on sépare des autres en les agglomérant, et dans lesquels on envisage ensuite ces derniers à titre de modes ou à titres d'effets : c'est la matière mobile, substance ou cause des fonctions physico-chimiques; c'est la matière confondue avec ces dernières fonctions, substance ou cause de l'organisation; c'est la matière que l'on pose organisée (soit le cerveau), substance ou cause de la sensation; c'est enfin la sensibilité (la matière sensible), substance ou cause de toutes les représentations possibles, intellect, passion et volonté; et il se passe des siècles avant que quelqu'un s'avise de remarquer que la cause n'est point séparée, qu'elle est inintelligible sans l'effet, et ne l'explique pas plus qu'elle n'en est expliquée, et que la substance, ou ce qu'on nomme ainsi n'offre jamais, en déroulant ses modes, que les propriétés qu'on a bien voulu renfermer dans le premier concept qu'on s'en est formé.

Un physiologiste estimé, et de la nation qui produit le plus de philosophes, Jean Müller, s'est demandé *si l'aptitude aux phénomènes intellectuels n'est pas inhérente à toute matière, aussi bien que les forces physiques générales, et si ce n'est pas par l'effet des structures existantes qu'elle arrive à se manifester d'une manière déterminée.* Qui d'entre les savants ne se pose la question, ou tout au moins ne pense la comprendre? Elle est insignifiante pourtant si, au préalable, on ne déclare pas ce qu'on entend par *toute matière* et *effet des structures*. Ceci est de la métaphysique, et de la moins claire. Conçoit-on une substance unique, appelée matière, à laquelle toutes les propriétés possibles sont inhérentes? Alors la question est résolue par la question même; seulement, ce n'est plus un problème, c'est un dogme. Ou veut-on que *toute matière* soit quelque chose de distinct et de défini? Ajouter à ce quelque chose l'*inhérence de l'aptitude aux phénomènes intellectuels*, c'est tirer d'un sujet des propriétés que sa définition ne contient pas; ce qui est absurde. Quant à l'*effet des structures*, si ces mots n'exprimaient que la condition nécessaire, conforme à l'observation, ils seraient ici sans intérêt. Il s'agit donc de présenter une *structure* comme possédant la puissance d'une manifestation intellectuelle, et cette causalité vague n'ajoute rien d'intelligible aux phénomènes connus.

Autre doute du même genre : *la distinction des fonctions organiques et des fonctions animales n'est-elle pas artificielle, alors que les premières sont la cause du système nerveux, lequel, une fois formé, tirerait ses effets d'une force autre que celle qui l'a produit?* Ici on nomme artificielle une distinction entre des choses qui n'ont spécifiquement rien de commun; on se fonde pour cela sur l'ordre des causes, et, de même que tout à l'heure, on considère les fonctions animales comme des effets du système nerveux. Il suffirait de réduire les rapports de causalité à ce qu'ils ont de positif, pour que les phénomènes apparussent dans leur harmonie et leur dépendance mutuelle. Mais, quand nous posons les forces dans des substances, il nous devient impossible de comprendre comment telle substance inconnue produit des effets qui, par le fait, dépendent du cerveau, tandis que le cerveau lui-même est engendré par la substance commune de l'organisme. La difficulté qui nous trouble est tout entière dans les entités dont nous surchargeons les lois de la nature.

Le physiologiste qui se laisse mener par la métaphysique des causes substantielles sur le penchant du matérialisme est le même que la même métaphysique a conduit ailleurs à attribuer la génération des organes à un « principe vital qui produit toutes les parties d'un organisme conformément à une idée », et cela très probablement sans être lui-même composé de parties. La contradiction n'est pas du savant, mais elle est de sa fausse philosophie. Une double tendance existe, également justifiée dans les deux sens, ou également erronée : les fonctions inférieures précèdent les fonctions supérieures (dont elles sont les conditions), et, sous ce point de vue, la substance et cause par excellence est donnée dans la matière la plus simple et la plus élémentaire; mais la matière est disposée d'ordre en ordre pour une fin, dont la sensibilité et l'intelligence font partie, et à cet égard l'esprit doit préexister à toutes choses et à lui-même, en sorte que la cause et la substance sont en lui et en lui seul. Il n'est pour la science qu'une solution possible de cette contradiction : l'harmonie des phénomènes, l'élimination des substances et des causes substantielles. Cette doctrine est rigoureuse; aucune autre n'est logique; mais l'ancienne philosophie se prêtait à la construction d'un système sur une base donnée quelle qu'elle fût, parce que les phénomènes des genres les plus divers s'impliquent mutuellement, et que c'est arbitrairement, dès lors, que l'on donne à certains d'entre eux la puissance d'engendrer tous les autres.

Observations et développements.

Des assertions comme celles-ci, que la représentation sans la loi de conscience n'est rien, ou que, avec une sensation quelconque, il doit exister une opposition de soi à non-soi plus ou moins distincte, admettent toujours deux réserves sous-entendues.

La première est déjà indiquée par ces mots : *plus ou moins distincte*. Il faut admettre en effet l'existence des représentations obscures et des perceptions indistinctes, c'est-à-dire dans lesquelles l'opposition du sujet et de l'objet, essentielle à toute conscience, n'arrive pas encore à la clarté. Ce qui n'existe pas clairement existe cependant. Si toutes les fonctions sensitives et intellectives de l'homme s'accomplissaient dans le domaine de la réflexion, à la parfaite lumière de la conscience, et si, étant ainsi constitué en raison, sans rien observer chez lui des phénomènes de l'instinct, de l'habitude, des passions à l'état vague et des notions pour ainsi dire sourdes, il était mis en face des animaux, comme il l'est d'ailleurs, pour se rendre compte de la nature des connaissances qu'ils ont et des mobiles qui les font agir, assurément il n'y parviendrait jamais. La nature animale serait à ses yeux bien autrement mystérieuse encore qu'elle n'est, et, chez les animaux inférieurs, complètement incompréhensible. Mais comme nous possédons une expérience de nos sentiments faibles et confus, de nos actions machinales, et de toutes ces représentations fugitives qui nous *informent* à la fois assez pour déterminer des multitudes de nos actes, même volontaires, et trop peu pour en éclairer les motifs et les procédés, nous sommes très bien placés pour nous rendre compte de l'état d'une conscience que la réflexion n'illumine jamais et dont les représentations, quoique très réelles, n'atteignent pas le degré de distinction et la durée de souvenir voulus pour se témoigner franchement à elle-même. Le fait seul de la brièveté de mémoire à l'égard de la multitude de nos *petites perceptions*, comme les appelait Leibniz, qui le premier a appelé sur ce sujet l'attention des philosophes, nous explique déjà comment il se fait qu'elles s'impriment si faiblement en nous. Ne voyons-nous pas que, dans nos songes, nous avons souvent une conscience bien marquée de notre individualité, et en même temps autant de mémoire qu'il en faut nécessairement pour former des séries de pensées, comme nous le faisons, et que cependant cette mémoire est si courte, si fugitive, que le rêve en suivant son cours se détourne à tout moment, change de route, perd pour ainsi dire pied dans le souvenir, en se gouvernant sur l'imagination seule, et nous laisse le plus souvent hors d'état de retrouver et de classer ses éléments, au retour de la réflexion? Il en est jusqu'à un certain point de même dans la rêverie. Ces phénomènes bien observés ne fournissent aucune raison d'admettre l'existence des représentations indéfinissables qui seraient sans conscience ni mémoire : ils nous font, au contraire, apprendre, et de la façon la plus sûre, par l'expérience, que la conscience peut s'affaiblir et la mémoire s'accourcir au point que les représentations, sorties du moment même où elles se produisent, s'évanouissent. On dit alors volontiers qu'elles sont *inconscientes*, mais ce mot doit se rapporter à ce qu'elles sont *actuellement* devant la conscience et le souvenir, et non à ce qu'elles ont été, ce qui serait ridicule et contradictoire.

La seconde réserve qu'il faut apporter à cette assertion que la conscience et la représentation sont inséparables, est relative à la nature intime d'un organisme animal, essentiellement d'un système nerveux, et aux phénomènes dans lesquels paraît une finalité manifeste sans que non seulement la réflexion les suggère et la volonté les dirige (loin de là, elles ne peuvent que les troubler si elles y interviennent), mais même sans que nous ayons aucune représentation des moyens par lesquels s'obtient la fin de la nature. Dans l'état actuel de la physiologie, on doit attribuer une grande probabilité à l'hypothèse qui fait envisager, dans certaines parties du système nerveux, des sièges distincts de sensibilité et d'appétition, des points de départ spéciaux de celles de nos déterminations actives qu'on appelle réflexes, et qui ne peuvent s'expliquer ni par un pur mécanisme, ni par l'intelligence, dont le siège exclusif, le cerveau, n'y est point intéressé. Cette hypothèse rejoint en quelque sorte l'idée fondamentale de la monadologie leibnizienne, l'idée d'une harmonie entre des organes combinés dont les vies, nécessaires à la vie du tout, ont des déroulements particuliers, et dépendent des mêmes principes, au degré de développement près, qui constituent toute véritable existence : perception, appétition et force. Les représentations localisées, suivant cette manière de voir, en différents points de l'organisme ne sont pas *nos représentations*; aussi n'en avons-nous pas conscience, mais nous éprouvons dans un grand nombre de cas des sentiments sourds qui sont les retentissements en nous de ces consciences *extérieures, non étrangères*, dans lesquelles les nôtres propres ont des conditions nécessaires d'existence. Ni ces sentiments ni les états de représentation qu'on peut supposer dans les différents sièges organiques où se trouve la direction réelle de nos modifications instinctives, ne répondent certainement à aucune détermination nette du sujet et de l'objet, ni par suite à une franche opposition de l'un à l'autre et à la pleine conscience qui en résulte. Leurs fonctions de finalité ne s'en accomplissent que plus sûrement et invariablement. Mais imaginer qu'on pourrait aller jusqu'à l'extrémité logique de la décroissance du caractère conscient des phénomènes, introduire l'hypothèse d'un *inconscient* pur, et continuer à attribuer à ce dernier les mêmes effets qu'on reconnaît à la représentation plus ou moins consciente, c'est sortir du champ de l'intelligible et contredire les seules notions sur lesquelles on a pu s'appuyer en entrant dans la spéculation qui vous mène là.

Les partisans de la *philosophie de l'Inconscient* ne peuvent, à vrai dire, exiger ni discussion ni prise en considération de leur principe, avant de nous avoir expliqué ce qu'ils entendent par une représentation qui peut être absolument inconsciente et cependant produire, dans le sujet qui la reçoit, les mêmes effets que nous connaissons chez ceux qui se distinguent assez de leur objet pour *se* déterminer suivant ce qu'ils en aperçoivent. N'est-ce pas comme si l'on imaginait que la chambre obscure se modifie spontanément elle-même selon qu'une image ou une autre se forme au foyer de son objectif?

IV

DE L'HOMME COMME INTELLIGENCE

Toute sensation implique *soi* et *non-soi*, à quelque degré : la *conscience*.

J'ai considéré la sensation comme une expérience de phénomènes objectifs, en m'attachant à ce qu'ils offrent de spécifique, et, d'autre part, aux relations qui existent entre eux et les faits physiques et organiques. J'ai fait abstraction, autant que possible, dans la sensation, de la conscience elle-même et de ses objets comme différents d'elle.

Poursuivre l'analyse en abordant la sensibilité, ce qu'on appelle entendement et ce qu'on appelle raison, ce sera passer la revue des premières catégories, et se rendre compte de leur intervention distincte dans les représentations sensibles assemblées sous la loi de conscience.

Ainsi, pour le dire d'abord en abrégé, la *relation* et le *nombre* paraissent comme formes essentielles de toute sensation distinctement consciente; la *position* est la forme même de l'extériorité, immédiatement unie à quelques sensations, et médiatement à toutes; les rapports de *succession* et de *changement* sont tels, que, hors d'eux, la sensibilité, resserrée dans le pur instant, sans développement ni suite, ou toujours donnée ou soustraite aussitôt, échapperait à la conscience; enfin la loi de *qualité* ou d'espèce apporte une règle de coordination nouvelle aux phénomènes. Ceux-ci passent ainsi des modifications sensibles aux modifications intelligibles de la représentation.

Nous avons vu plus haut l'organisme se produire sous la condition de fonctions physiques préexistantes, et, toutefois, comme une série de faits qui en sont parfaitement distincts. Entre l'organisme et la sensibilité, même relation. Mais il en est autrement des rapports de l'entendement avec la sensibilité. Ici nous ne pouvons pas dire que la sensibilité existe seule et que, sur ce fond une fois établi, l'entendement paraît. A quelque degré que la représentation descende, les catégories, certaines d'entre elles au moins, y prennent un rôle nécessaire, dès que l'on suppose une conscience vraiment distincte et qui s'oppose extérieurement ses objets.

En d'autres termes, il n'y a point de sensation sans quelque perception, si nous adoptons ce dernier mot pour exprimer la *thèse de l'objet* posé dans la conscience; il n'y a point de perception sans application claire ou obscure des catégories.

C'est ici le lieu de revenir sur une question que je n'ai fait ailleurs qu'effleurer (*Logique*, § XXVI) : la question des *idées innées*. Bien que puérile, selon la méthode que je suis, ses vestiges s'étendent sur trop d'esprits pour qu'on la néglige. Le mot *inné*, d'abord, n'a plus de sens. *Dans* quoi les formes de l'entendement seraient-elles *innées*, s'il n'y a ni âme ni substance? Mais on demande si ces formes précèdent l'exercice de la sensibilité ou le suivent et s'y ramènent. L'innéité est alors une question, soit de préexistence dans le temps, soit d'enveloppement logique. A quelque point de vue qu'on veuille se mettre, la solution dépend de ces deux faits :

Premier fait : l'entendement suppose la sensibilité. Sans l'expérience externe et les formes sensibles qui y sont attachées, couleurs, sons, saveurs, attouchements, etc., la conscience ne pourrait que rouler sur elle-même et sur ses formes propres et pures. L'expérience interne serait donc uniquement représentative de soi, ce qui supprime la conscience même, à laquelle une opposition est indispensable. Tout au plus elle s'attacherait à des objets abstraits qui ne composent point des êtres, à des nombres, à des figures, etc., alors que, pour les déterminer complètement, aucune unité particulière ne pourrait lui être donnée. Or, ce n'est là ni la conscience humaine ni aucune autre conscience imaginable. Notre unique ressource pour constituer quelque chose, hors des phénomènes les plus constamment et les plus indissolublement liés, serait une fiction d'essences hypothétiques unies par des rapports hypothétiques comme elles.

Second fait : la sensibilité suppose l'entendement. Je parle de la sensibilité comme on l'observe dans l'animal, où certaines formes générales, certains rapports régulateurs accompagnent toujours les données spécifiques des sens. On peut bien concevoir et combiner des rapports de distance et de position, abstraction faite des attouchements et des couleurs, mais on n'éprouve pas ces dernières sensations, que les éléments de la catégorie d'étendue n'y interviennent, tout en n'y étant pas contenus pour l'analyse. Il est vrai que, de l'avis de certaines écoles, nous sentirions l'étendue, la figure et le mouvement, comme nous sentons le rouge ou le chatouillement. Ceci serait une question de mots, non de doctrine, s'il pouvait être permis de désigner par un nom commun des choses distinctes (aussi bien qu'unies) pour s'autoriser ensuite à les confondre. C'est arbitrairement qu'on appelle tout à la fois sensation la forme de conscience relative à des données particulières, comme la couleur, et celle qui soumet ces mêmes données à des rapports généraux tels que les rapports de position. La vue et le toucher impliquent l'étendue, mais, de leurs objets propres et particuliers, on ne saurait conclure analytiquement à la fonction qui embrasse ces objets. De même on s'exprime inexactement en voulant qu'une *sensation de la succession* s'établisse sur une série de sensations qui impliquent précisément la succession pour être représentées successives. La *sensation de la solidité* n'est pas mieux fondée, parce que les spécificités sensibles par elles-mêmes, ne supposent point un jugement, surtout si complexe. En général on ne peut se refuser à distinguer certaines données (ce sont les anciennes qualités secondes) d'avec certaines autres qui les groupent sous des lois; et leur commune synthèse n'est pas due aux *sens*, à moins qu'on ne veuille appliquer très arbitrairement ce nom de sens à l'animal, à l'homme tout entier : cette synthèse est l'ensemble des fonctions représentatives externes de l'animal.

La question de l'innéité, comme nous l'avons posée, se résout donc ainsi :

Chronologiquement, la sensibilité ne précède pas l'entendement, puisque dès son moindre exercice, autant que nous la connaissons, elle le suppose; et l'entendement ne précède pas la sensibilité, car il ne se produit en fait qu'avec l'expérience, constamment liée aux formes sensibles. Seulement, si nous considérons la série des animaux, il est manifeste que l'entendement n'obtient pas, à beaucoup près, la même clarté, la même explicité chez tous, quoique les plus élevés possèdent tous les mêmes éléments de sensibilité. Mais aucun d'eux, à quelque degré que l'on descende, n'est compris sous l'idée d'une sensibilité pure.

Logiquement, la sensibilité semble suivre, étant plus particulière et subordonnée; si cependant nous nous rappelons que l'entendement n'existe pas seul, il faudra reconnaître que ces deux fonctions ont leurs puissances unies dans le développement des phénomènes.

D'après cela, et pour résumer encore, on donnerait, je crois, une rigueur parfaite à la formule célèbre de Leibniz, en la modifiant ainsi : *Nihil est in intellectu quod non sit etiam in sensu, nisi ipse intellectus*; c'est l'expression exacte de la distinction de deux ordres eu égard à leurs objets communs. Mais, comme les formes sensibles appartiennent aussi à la conscience, toutes liées qu'elles soient aux fonctions organiques et physiques, on dirait également : *Nihil est in sensu quod non sit etiam in intellectu, nisi ipse sensus*. Il n'est possible d'admettre la réalité ni du général, dans l'entendement, sans les particuliers de l'expérience, laquelle pourtant ne le renferme pas; ni des particuliers, dans la sensation, sans le général qui est leur forme régulatrice, et pourtant ne donne pas l'expérience.

Nous avons reconnu dans le cours de cette analyse : des fonctions mécaniques et physiques formant des groupes séparés : pour l'observation praticable du moins; des fonctions organiques, inséparables des premières, mais, à leur égard, nouvelles; des fonctions sensitives, également liées à toutes les précédentes, mais ne les impliquant pas; enfin des fonctions intellectives, mais celles-ci telles que toute sensibilité dans une conscience donnée en suppose l'application. Maintenant les fonctions intellectives, ou de l'entendement, nous présenteront autant de divisions qu'il y a de catégories différentes.

J'ai dit que toute sensibilité, dans la conscience, reçoit l'empreinte des catégories. Il en est ainsi de l'homme, éminemment, et de l'animal, à quelque degré. Une comparaison et une numération quelconques (*relation* et *nombre* ou *quantité*) interviennent dès que les formes sensibles sont liées les unes aux autres; la *position* est immédiatement inhérente aux fonctions des principaux sens, et la *succession* ainsi que le *devenir* accompagnent le témoignage de conscience; sans la *causalité*, la connaissance des forces ne se joindrait pas aux impressions, particulièrement à celles du toucher; enfin, la *finalité* est une forme de la passion, et la passion, dans l'animal, s'éveille avec la sensation. Ces formes catégoriques, si nettement accusées chez l'homme, ne se formulent pas distinctement, ne se dégagent pas pour la réflexion, mais restent à l'état d'enveloppement dans la conscience des animaux même supérieurs : cependant, sans elles, sans leurs racines, pour ainsi dire, sans les synthèses confuses dont elles sont les éléments formateurs, les actions de ces êtres, suite de leurs représentations, seraient inexplicables pour nous.

Par exemple, en déniant à tel animal toute notion de causalité, on ne comprendrait pas comment il peut distinguer entre l'action des agents inanimés et celle des agents animés qui ont affaire à lui, et qu'il sait fort bien être les auteurs volontaires de ce qui lui arrive : ses actes ou passions à propos en témoignent indubitablement.

Je réserve quant à présent la catégorie d'*espèce*, souche de la raison, dont le rôle dans la sensibilité semble moins nécessaire. (Voy. § v.)

Kant, en posant et démontrant le premier l'intervention des formes générales et nécessaires jusque dans les plus simples données sensibles, a voulu toutefois maintenir la séparation usuelle entre la sensibilité et l'entendement. Il a donc mis à part deux catégories : l'*espace* et le *temps*, sous le nom de *formes générales de la sensibilité*, et réservé aux autres, qui sont pour lui les catégories proprement dites, le titre de *concepts de l'entendement*. En général, l'abus des divisions psychologiques est dangereux parce qu'il accoutume l'esprit à faire de la science avec des rubriques, ou, ce qui est pire, à se contenter d'une sorte de mythologie des facultés pour l'explication des phénomènes; mais ici la distinction est tout à fait arbitraire : si l'espace est une forme du toucher et de la vue (du toucher développé, qui suppose, lui aussi, une intuition), le nombre et la quantité s'y joignent indissolublement, car il n'est pas possible qu'une étendue se détermine pour la perception sans être limitée par une autre étendue. Ensuite la notion de résistance n'entre dans le toucher que moyennant la catégorie de causalité, qui dès lors en serait aussi une forme; et, en sens inverse, les concepts de cause et de quantité sont liés aux *formes de la sensibilité*, celui-ci naturellement localisé dans l'espace, celui-là tout au moins dans le temps. Des rapports si intimes expliquent l'illusion des philosophes qui ont cru pouvoir caractériser comme sensations tous les actes de la conscience; or, ce n'est pas au moyen d'une vaine classification qu'on peut les réfuter: c'est en distinguant l'élément général et ordonnateur, quel qu'il soit, espace ou cause, temps ou quantité, d'avec les données particulières de l'expérience.

La plus générale des catégories et la plus abstraite, la *relation*, est aussi la première à signaler dans la conscience, en présence de la sensation. Si en effet il n'y a quelque rapport représenté, il ne saurait y avoir représentation ni conscience, et la sensibilité elle-même s'évanouit. Le phénomène senti est donc nécessairement distingué, ne fût-ce que du sentant, auquel en même temps il est uni. A cette première relation se joignent celles qui définissent les deux termes du rapport, décomposés en leurs propres éléments. Puis, les sensations se multipliant, elles sont rapportées les unes aux autres et à la conscience. La conscience doit alors se nommer elle-même *Relation*, ou *Comparaison* (Relation en acte), et elle se divise en *Composition* et *Décomposition* (*Synthèse en acte*, *Analyse en acte*). Il est clair, d'après ce qui précède, que les autres catégories déterminent tous ces rapports : elles sont présentes à la sensibilité, et, en effet, l'animal ne saurait être une comparaison abstraite de non-soi à soi, ni borner les sujets de la relation aux pures qualités sensibles.

C'est dans cette première fonction de l'entendement qu'il convient de chercher aussi une première différence entre l'homme et l'animal. On l'y trouve facile à définir dès que la fonction est bien définie elle-même.

Il ne paraît pas douteux que l'animal ne *compare*, c'est-à-dire ne perçoive des rapports : il compose les phénomènes, puisqu'il se détermine selon les synthèses qui lui sont présentées, et il les analyse, puisqu'il les distingue, et qu'un objet joint à un autre ne l'empêche pas de reconnaître celui-ci. Enfin les rapports sont présents à sa conscience avec toute la clarté possible, et ses déterminations promptes, sûres, constantes, en sont la preuve. Tout cela est de l'animal comme de l'homme. Mais *rapporter des rapports, en tant que tels, à la conscience;* les concevoir par l'abstraction d'éléments naturellement inhérents ou adhérents, ou même d'une manière tout à fait indépendante et générale; *en comparant, se représenter la comparaison même, et distinguer, composer les rapports ainsi abstraits, au lieu des groupes naturels ou immédiats*, c'est le fait de l'homme seul. La *comparaison* a, sous ce point de vue, une autre portée, et la conscience, même en négligeant ici ce qui dépend de la volonté, obtient un développement tout nouveau, définissable par ce fait : qu'*en elle se posent, déterminés comme non-soi, les phénomènes mêmes qui se caractérisaient d'abord comme soi, et qu'elle les soumet à ce procédé d'analyse et de synthèse dont la portée, chez l'animal, ne paraît point dépasser les objets empiriques, immédiatement posés autres que lui-même.*

Cette conscience de la conscience, cette relation des relations comme telles, a reçu le nom de *réflexion*. Elle est aussi la *raison*, en tant que la catégorie d'espèce y intervient d'une manière toute particulière et comme loi essentielle de ses applications. Mais ce dernier point sera traité séparément.

Le nom de *réflexion* est très exactement approprié à la fonction que je viens de définir. En l'appliquant à la simple conscience, on tomberait dans la puérile hypothèse qui assimile le *moi* à une plaque polie où se réfléchissent des rayons envoyés par les sujets externes. Mais envisageons cette loi par laquelle des phénomènes que l'expérience donne, et que les diverses catégories règlent et déterminent, sont par-dessus tout coordonnés : la loi d'opposition et de synthèse de soi et de non-soi. Nous verrons la *réflexion*, ou, plus généralement, le *retour*, paraître au moment où, la limite qui les sépare venant à se déplacer, le soi se tourne en non-soi, et le représentatif en représenté. La conscience revient sur ses propres formes et les prend pour objets. On se sert ici de symboles, mais justes, autant que symboles peuvent l'être. Si cette remarque est fondée, il est facile de voir que le mot *représentation* et ses congénères devraient appartenir de droit à l'ordre de la réflexion, tandis que les mots *présentation, présenté, présentatif,* conviennent à la simple conscience. Mais, en fait de langue, on est contraint de renoncer aux innovations les plus légitimes.

Quoique les catégories reçoivent du jeu de la réflexion leur dégagement d'entre les phénomènes, et leurs formules, et, par suite, comme leur *existence*, la conscience ne change pas de nature. Une même loi s'applique, tantôt simplement et dans un ordre fixe par nature, tantôt d'une façon plus libre et sur un théâtre mouvant.

On ne trouvera pas, en y pensant bien, et pourvu qu'on ait l'esprit délivré de l'obsession des choses en soi, chimères qui ont d'ailleurs pour effet de rendre toutes sortes de représentations également inintelligibles, on ne trouvera pas que la conscience soit autre, comme fonction, quand s'oppose au soi tel groupe de phénomènes donnés dans le non-soi, et quand s'y oppose tel autre groupe dont les éléments étaient d'abord enveloppés dans le soi. Or, c'est bien là toute la différence entre une sensation et une réflexion ; entre la simple perception d'un objet, et cette connaissance prolongée où la perception se pose elle-même objectivement. Il serait donc difficile de dire pourquoi les animaux n'atteignent pas à la réflexion, si ce n'est que tout exercice de cette fonction serait vain, quoique logiquement possible, pour un être qui ne jouirait point de cette volonté mobile et libre par laquelle nous nous représentons nos propres actes comme dépendants de nous. Ce qui est vain, c'est-à-dire sans but et sans effet, ne saurait se produire. La différence de l'homme et des animaux, bien qu'essentiellement marquée dans le jeu de la conscience, se ramène, on le verra mieux encore par la suite, au problème de la volonté.

Voyons maintenant comment les diverses catégories déterminent les actes de la conscience. Nous obtiendrons tout autant de fonctions de l'entendement, et qui seront distinctes les unes des autres comme le sont les catégories elles-mêmes. Les catégories s'unissent par des jugements synthétiques ; de même les fonctions de l'entendement sont impliquées dans des synthèses que nos pensées les plus simples nous offrent toutes formées. Il ne faut pas oublier que l'analyse, en séparant les parties constitutives de l'intelligence, ne les établit point comme effectivement séparées. La représentation réelle est toujours synthétique, et même l'analyse d'une synthèse donnée suppose l'emploi des autres synthèses.

Après la catégorie de relation, qui enveloppe éminemment les autres, la catégorie de nombre se présente, et la détermination qu'elle opère est un élément de tout rapport. On peut donc assigner une première fonction de l'entendement, dans la *conscience des phénomènes comme uns, plusieurs et touts dans leurs relations*. J'ignore pourquoi la psychologie n'a pas admis une faculté de *numération*, aussi bien qu'elle en a admis une d'*imagination* à toutes les époques. Quoi qu'il en soit, cette fonction est très distincte. Elle se développe chez l'homme en une science spéciale. Elle existe aussi chez l'animal, mais avec la différence signalée ci-dessus d'une manière générale : l'animal perçoit assurément le nombre, mais non *comme tel* et à part des objets de la sensibilité ; *il ne le réfléchit pas* et ne l'abstrait pas ; il ignore l'unité et la pluralité, la partie et le tout, bien que discernant et assemblant selon ses besoins les choses éparses sous ses yeux.

L'imagination proprement dite dépend de la catégorie de position et doit se définir *une conscience des phénomènes comme limités, séparés d'espace et déterminés d'étendue dans leurs relations* : d'où la représentation des distances et des figures. En ce sens, c'est cette fonction de l'entendement qui, attachée à toutes les sensations, est une forme inséparable des principales. Il faut dire même que, à l'état synthétique, avec des éléments distingués moins nettement, mais très réellement impliqués, elle accompagne l'expérience sensible, à quelque degré de simplicité que celle-ci se réduise : les odeurs et les sons, que l'homme a contracté l'habitude de goûter séparément et d'une manière désintéressée, révèlent clairement et instantanément à l'animal le monde extérieur, comme font les attouchements et les couleurs. Peut-être aussi n'y a-t-il pas une sensation qui ne participe du toucher; les lois physiques et mécaniques qui leur sont communes porteraient à le penser : tous les sens seraient alors des développements originaux d'un sens primitif, lié aux plus simples des fonctions externes, et qui se spécifierait d'abord dans ces fonctions, puis dans l'organisme et dans la sensibilité, par un fait de correspondance et d'harmonie.

L'imagination n'est pas seulement une forme des sensations : elle s'étend à la production du monde imagé ou figuré dans la conscience, indépendamment de l'expérience actuelle; et nous savons qu'on ne doit pas tenter de la ramener à la sensibilité pour l'expliquer, car tout exercice de la sensibilité la suppose. Or, il n'est pas plus incompréhensible que l'imagination se déploie sans l'expérience externe qu'avec elle, cette expérience demeurant toujours une condition générale des faits de conscience. La représentation ne laisse pas d'avoir ses deux éléments constitutifs, le subjectif et l'objectif; mais le sujet représenté peut ne l'être pas comme actuellement extérieur : il peut l'être comme passé, alors la mémoire s'y joint; il peut l'être comme futur; il peut l'être seulement comme possible, et c'est un cas très fréquent, même chez les animaux; il peut l'être enfin comme volontaire et avec réflexion. Cette dernière espèce d'imagination se joint d'ordinaire à des efforts marqués de mémoire; elle se développe à l'état le plus abstrait chez le géomètre, qui construit idéalement toutes sortes de figures dans l'espace, et, plus bornée, chez le joueur d'échecs par exemple, dont tout le talent repose sur le pouvoir d'envisager les pièces du jeu dans une série d'arrangements qu'il n'a pas maintenant sous les yeux.

L'imagination, selon l'acception vulgaire du mot, n'est pas limitée à la production des figures, au jeu des lois de position. On l'étend jusqu'à l'apparition combinée, dans la conscience, de toutes sortes de phénomènes et sous toutes sortes de lois : phénomènes qui pourraient être donnés par l'expérience (et dont les éléments sensibles ont dû l'être), mais qui ne le sont point actuellement. Mais ici je distinguerai deux cas : si la représentation est successive, impliquant un devenir de conscience, le caractère dominant est ce changement même, avec la série qu'il suppose (association des idées), et cette fonction se retrouvera sous un autre titre; si nous restons dans le présent, le caractère de position est toujours fondamental, et l'imagination, quoique étendue alors et généralisée, s'y appuie essentiellement; toutefois le nom de *production* conviendrait mieux dans cette acception si agrandie.

La *production* doit appartenir aux animaux, et à tous, puisque tous ont des tendances relatives à des images, au moins confuses, de choses qui ne tombent pas maintenant sous leurs sens, et qui posent un but à leur activité : l'instinct constructeur de tant d'animaux peu élevés, et les cas de prévision touchant leurs fonctions à venir (par exemple génératives ou de métamorphose) sont des faits universellement connus. Mais la production volontaire est propre à l'homme, aussi bien que la réflexion, et on pourrait y affecter un nom spécial, comme on a fait à la mémoire volontaire. Le nom de *reproduction* conviendrait, et serait exactement analogue à celui de *remémoration* (*anamnèsis* d'Aristote). (Kant s'est servi du mot *reproduction* pour désigner l'imagination ou fantaisie d'une manière générale.)

Dans le fait de perception, la conscience se trouve donnée à elle-même, à l'état d'expérience, et avec la conviction des existences externes. Cet état est fondamental, et, même quand d'autres états s'en distinguent au fond, ils supposent naturellement celui-là. De là vient que si un représenté n'est expressément lié dans son apparition à aucun caractère conscient de temps passé ou futur, ou de simple possibilité, s'il n'est l'objet d'aucune réflexion touchant ses rapports réels avec les autres, il se pose par lui-même comme donné; et il se pose hors de la conscience, puisqu'il est assujetti à la loi d'étendue. Alors la *production* simule la sensation. C'est ce qui arrive dans les rêves et jusqu'à un certain point dans la rêverie, pour quelques personnes. Tant que les fonctions propres du corps humain liées à la sensation dans l'ordre de la nature ne se produisent pas, il ne saurait sans doute y avoir illusion complète; mais lorsqu'elles viennent à paraître, soit les premières, comme dans certains états morbides, soit à la suite d'un état de la conscience, ce qui se voit aussi, il y a vision, hallucination, c'est-à-dire sensation véritable, quoique illusoire en ce que le monde extérieur n'y est point intéressé. La réflexion d'un esprit assez fort peut redresser l'erreur, mais non pas toujours empêcher l'illusion de se reproduire.

Au reste, la nature et les fondements de la perception, comme distincte de la sensation simple et de tous les faits d'imagination ou de production, sont des questions étroitement liées à celles de la volonté et de la certitude, et nous y reviendrons plus d'une fois (§ viii, ix, x).

Passons des fonctions de l'étendue à celles de la durée. De même que des phénomènes paraissent dans la conscience et s'y représentent sous des rapports de position, sans être pour cela perçus et donnés comme réellement ou actuellement extérieurs; de même ils y viennent sous des rapport de succession, soit vagues, soit nettement déterminés. Au lieu d'être envisagé à sa place dans une série de modes figurés, le représenté se classe dans une série de termes successifs, à telle limite, avec de tels intervalles, relativement à d'autres représentés situés en arrière ou en avant de ceux qui sont actuels : et cette représentation même est posée actuelle.

Il n'y a pas alors d'objet proprement perçu et il ne peut y en avoir. En supposer un, ce serait détruire la synthèse que nous abordons : celle de la loi de succession avec les autres éléments donnés sous la loi de conscience. L'objet rangé sous la catégorie de temps peut être donné comme ayant été ou devant être perçu exclusivement à l'époque où il se fixe : il le sera d'une manière ou de l'autre selon qu'il s'agit du passé ou de l'avenir, et si son caractère propre est d'être senti; il ne le sera nullement s'il se présente comme un fait d'imagination pure ou de réflexion.

Cette fonction est plus étendue que la mémoire. J'ignore quel nom on pourrait lui donner dans nos langues faites pour les usages communs, et rebelles à toute classification logique; mais la définition tiendra lieu de nom : je parle donc de la *conscience des phénomènes comme limités, séparés de temps et déterminés de durée dans leurs relations.*

Le phénomène objet de cette fonction est-il déterminé comme passé, nous avons la *mémoire*. L'objet peut alors être un acte de la conscience, en tant que déjà une fois donné; on dit, dans ce cas, comparativement à l'acte présent, qu'on se le rappelle. L'objet peut être une sensation éprouvée, une perception; alors le représenté de cette dernière s'y substitue, on dit se souvenir de la chose, et, quand elle est perçue de nouveau, la reconnaître. Au contraire, le phénomène est-il déterminé comme futur, le nom de la fonction est *prévision*.

Il est clair qu'en supposant ici des faits envisagés dans l'avenir, faits extérieurs ou faits de pure conscience, je n'ai point à tenir compte des erreurs qui peuvent accompagner la prévision, comme aussi je laisse de côté celles dont la mémoire n'est pas toujours exempte. Mais, de plus, je dois avertir que je n'admets de phénomènes prévoyables que ceux qui se rangent sous une loi naturelle enveloppant des futurs prédéterminés. La loi assignée à cet effet sera exacte ou non, elle se vérifiera par l'événement, ou ne se vérifiera pas; mais la prévision en exige une, au moins hypothétique, et n'a rien de commun avec cette prescience que la scolastique appliquait à des futurs qu'elle regardait comme indéterminés.

Les deux fonctions, mémoire, prévision, sont analogues et se correspondent parfaitement ; elles ne présentent d'autres différences que celles qu'entraîne la thèse de l'objet, posé dans le passé pour un cas, posé dans l'avenir pour l'autre. Le phénomène de la reconnaissance a également lieu, soit quand la comparaison se fait entre le souvenir et la perception présente, soit quand elle rapproche la perception présente de celle qui était attendue avant de se produire.

On voit que la représentation de la durée est essentielle aux faits de mémoire. Aristote, qui le reconnaît on ne peut plus nettement, ne laisse pas de se demander, et toute la psychologie se demande après lui, comment il se fait qu'on se souvient d'un objet absent, la modification de l'âme étant présente. Il n'y a pourtant pas là de problème lorsque, dans cette modification, on introduit comme élément une condition de temps. Qu'a de plus étonnant la conscience d'un fait donné comme *antérieur*, et à telle époque, que celle d'un fait donné comme *éloigné*, et en tel lieu ? c'est seulement une autre catégorie. Vouloir s'expliquer l'existence et l'usage des catégories, c'est chercher la raison de la représentation, comme si l'on pouvait sans la supposer rendre compte de quelque chose. Aristote, en fondant la solution du problème de la mémoire sur l'hypothèse des traces que la sensation laisse dans l'organisme, décèle clairement le préjugé qui le porte à poser ce problème, et qui aussi le rend insoluble : il considère la perception comme une sorte d'information ou de possession prise de l'âme par l'*espèce* de l'objet imprimée sur le sens. Mais, même en admettant cette théorie, autant qu'on peut la comprendre, expliquer la mémoire par un double point de vue de l'esprit, qui envisagerait, dans les traces formant *portrait* de l'objet, tantôt l'image conservée et tantôt le portrait de la chose qui est là, c'est résoudre la question par la question : il resterait toujours à savoir comment ce double point de vue est possible. On ne voit pas non plus pourquoi, nous trompant quelquefois, il ne nous tromperait pas toujours, ou ne nous laisserait pas dans le doute.

Il est très probable que la mémoire des perceptions et des pensées est liée à la prolongation ou à de certains effets persistants des fonctions organiques et physiques qui accompagnent l'actualité de ces mêmes phénomènes. La question des *traces* ainsi généralisée, est du ressort de la physiologie, qui ne l'a point encore résolue. Mais les lois de cet ordre qui pourraient être découvertes ne jetteraient pas plus de lumière sur la mémoire, comme fonction de la conscience, que la théorie la mieux établie de la physique des nerfs n'en apporterait à la sensation elle-même et comme telle.

La mémoire et la prévision sont inséparables de la conscience. Que serait une perception instantanée, sans la représentation d'aucune autre qui eût précédé ou qui dût suivre? Le plus simple phénomène, si nous ne l'imaginons conservé pendant un certain laps de temps, si petit soit-il, nous échappe et fuit la pensée, comme cette limite même de durée que nous voudrions saisir indépendamment de tout intervalle. La conscience sans durée n'est donc rien qu'une pure abstraction de la conscience; et, d'un autre côté, la durée sans la mémoire n'est rien pour la conscience : en effet, celle-ci ne pourrait être dite *durer*, lorsqu'elle se décomposerait en une infinité de fractions instantanées qu'elle ne se représenterait pas comme successives et *siennes*. Ce sont là des énoncés, mais positifs, de la loi que les doctrines substantialistes appellent *identité personnelle* et *permanence du moi*. Cette loi est la représentation même, en tant que divisée, unie et ordonnée selon la durée.

On peut juger maintenant de la profondeur de ces philosophes, et ce ne sont pas les plus amis du merveilleux, qui ont fait de la mémoire un mystère, ou même une fonction tout à fait inintelligible. Le mystère n'est pas autre que celui de l'existence de phénomènes sous des lois. Cependant, Reid a été si loin que de soutenir qu'il ne serait pas plus étonnant que telle conscience perçût un objet qui n'est pas encore, un objet que rien ne détermine, qu'il ne l'est que l'homme connaisse un objet qui n'est plus. C'est regarder comme logiquement absurdes, les phénomènes qu'on a la prétention d'étudier. Voilà à quelles aberrations se prête une psychologie purement descriptive et qui ne suit aucun principe, croyant éviter les aprioris, parce qu'elle n'en fait un usage constant que sans les reconnaître.

Tous les animaux doivent avoir quelque conscience du temps, quoi qu'en dise Aristote, puisque tous ont des appétits et un lien plus ou moins obscur entre leurs états successifs. Ils ont donc aussi quelque mémoire. On ne doit pas être surpris que les animaux supérieurs nous la manifestent seuls, puisqu'ils ont seuls avec nous de véritables rapports, et que d'ailleurs les relations où cette fonction doit intervenir sont, chez eux, plus multipliées et plus complexes. Au reste, une mémoire sans reconnaissance réfléchie est si éloignée de la nôtre, que nous pouvons difficilement nous en faire une idée; et les déterminations animales accompapagnées de mémoire sont assez constantes et quasi automatiques pour qu'on ait pu les réduire au pur mécanisme, sans s'exposer à une autre réfutation que celle qui ressort de l'analogie et des croyances communes.

Ainsi que l'imagination, la mémoire reçoit de l'usage un sens plus étendu que ne le comporte sa définition rigoureuse. Il n'entre pas dans mon plan de pousser jusqu'au bout des analyses qui abondent ailleurs : les linéaments principaux me suffisent. Je remarquerai seulement que la mémoire appliquée à l'enchaînement des idées et des mots se confond en grande partie avec la fonction connue sous le nom d'*association des idées* et que j'exposerai bientôt.

A la mémoire se joint réflexivement la conscience de la mémoire comme telle, ce qui est autre chose encore que la conscience des phénomènes en tant que passés. En ce sens, la fonction est propre à l'homme, qui se représente, là comme ailleurs, sa propre représentation ; elle serait sans suite et sans objet pour un être dont les volitions ne s'emploient pas à travailler sur ses états donnés de conscience, afin de passer à de nouveaux actes, et en vue d'un but proposé librement. Il en est de la prévision comme de la mémoire. C'est donc à la présence d'une volonté libre qu'il faut rapporter ce nouveau développement de la conscience, ainsi que je l'ai dit en général à propos de la réflexion. Mais il y a là des questions réservées quant à présent.

L'intervention directe de la volonté donne lieu à un acte particulier de mémoire pour lequel le nom de *réminiscence* est consacré. Mais celui de *remémoration* serait plus exact. Il s'agit des souvenirs où nous nous réintégrons par un certain effort, et à l'aide des données que nous possédons déjà. L'opération consiste à déterminer des phénomènes inconnus (oubliés), au moyen de leurs rapports avec les phénomènes actuellement représentés. Ceux-ci ne suffisant pas, nous en suscitons toute une série, jusqu'à ce que nous parvenions à une relation dont l'un des termes est l'objet cherché, et que la reconnaissance ait ainsi lieu. Quelquefois aussi le souvenir est présent, mais l'époque n'est pas déterminée ; on suit alors pour la découvrir des règles plus régulières et plus sûres que je ne m'arrêterai pas à décrire. Il y a deux points à marquer touchant la série que parcourt la conscience à la recherche d'un fait oublié : d'abord l'attention constante de l'agent, sa volonté de produire des représentations successives qui sont des tâtonnements, des *règles de fausse position ;* ensuite la loi d'enchaînement de ces mêmes représentations. Cette loi est l'*association des idées*, mode de succession et de groupement dont les séries sont presque toujours habituelles ou machinales, et que la volonté peut aussi diriger.

Au reste, Aristote a décrit la réminiscence d'une manière très remarquable, et beaucoup mieux qu'aucun philosophe moderne. C'est avec raison qu'il la signale comme tout à fait propre à l'homme, impliquant volonté et raisonnement.

La mémoire a ses illusions comme l'imagination. Nous distinguons un représenté d'avec les rapports de temps dont il s'accompagne, et le rapprochement entre l'époque et l'objet peut nous paraître incertain; dans ce cas la fonction de conscience n'est déterminée nettement, ni comme fait d'imagination, ni comme fait de mémoire, et c'est ce que nous exprimons en disant ignorer si, tandis que nous pensons telle chose, nous ne faisons que nous en souvenir. Il peut même arriver, dans les rêves, que nous doutions si nous percevons actuellement, ou si nous imaginons, ou si nous rêvons; et ensuite, dans la veille, mais plus rarement et fugitivement, si nous rêvons ou si nous veillons. En présence du doute, il y a un travail à opérer, quelquefois prompt et quelquefois difficile, pour obtenir une conviction fondée sur la comparaison des phénomènes actuellement proposés à la conscience avec ceux dont nous regardons les rapports et les conditions comme bien connus. Ce travail est la recherche du réel. Mais lorsque l'affirmation anticipe sur l'enquête, soit que le doute ne se prononce pas assez, soit qu'il se dissipe trop vite, la détermination du représenté quant au temps se pose arbitrairement, et c'est ce qu'il faut entendre quand on dit que l'imagination se prend pour un souvenir ou le souvenir pour une imagination.

L'erreur a lieu de même dans le cas où la fausse reconnaissance et le prétendu souvenir se substituent à une sensation purement actuelle. Dans le cas inverse, celui où le souvenir est pris pour une sensation, il est clair que la mémoire n'étant pas réfléchie fonctionne à la manière de l'imagination, et j'ai déjà parlé de ces sortes d'illusions.

J'aborderai ailleurs ce que ces questions offrent de délicat; mais je crois pouvoir remarquer dès à présent que la réflexion et la volonté n'ont à intervenir pour redresser les jugements qu'autant qu'elles ont pu avoir part à leur constitution première. De là vient que les animaux sont moins sujets aux illusions de l'imagination et de la mémoire que ne le sont les hommes. Il me resterait à parler ici des illusions de la prévision, phénomènes d'un très haut intérêt et généralement peu connus. Mais comme ils impliquent encore d'autres fonctions, je les remets à un autre chapitre.

La mémoire avec la catégorie de durée, l'imagination avec la catégorie d'étendue, forment deux systèmes tout semblables et de même valeur; l'un, à l'égard des phénomènes en tant qu'objectifs, qu'il rend possibles et qu'il ordonne, l'autre, à l'égard des phénomènes en tant que sujets représentés. La première loi est essentielle à la synthèse de la conscience; la seconde, essentielle à la synthèse du monde externe. D'ailleurs la durée s'applique aux choses de l'espace, comme soumises à la conscience, et l'étendue aux choses du temps, que nous avons généralement à assujettir à un ordre de position. On voit que ces deux catégories et ces deux fonctions sont des formes également nécessaires de l'entendement. Les fonctions de numération et de comparaison, décrites ci-dessus, y prennent une part non moins indispensable et universelle. Nous avons à considérer maintenant la loi de changement.

J'ai expliqué ailleurs comment la catégorie de devenir est distincte de celle de durée et par quel jugement synthétique elles s'unissent (*Logique*, § xxvi); mais, au point de vue des représentations réelles, la synthèse est constante, et les éléments qui la composent ne se séparent que par une abstraction violente. Je veux dire que, en fait, des rapports de succession ne viennent à la conscience que liés à des rapports de devenir. L'entendement ne fonctionne que sous condition d'une expérience quelconque, et toute expérience est un changement.

Aucun nom particulier n'a été affecté à cette fonction de l'entendement qui attache une loi de devenir aux phénomènes successifs, et les unit sous ce rapport. Cependant, et malgré l'inhérence de la représentation des limites et intervalles de durée à celle du changement, on ne saurait voir dans celle-ci une simple succession de phénomènes dans la conscience, avec connaissance de leur diversité. Il faut de plus *un variable*, et il n'y a de variable que ce qui demeure constant à quelques égards. *Le même seul peut être dit varier*. Ce *même* se détermine par certains rapports supposés fixes, par un ensemble de caractères tirés du lieu, de la figure, des formes sensibles, ou des faits propres de conscience, si la conscience est le sujet posé : entre tous ces rapports qu'on envisage il s'en trouve un qui, affirmé maintenant, est nié pour une limite de temps aussi rapprochée qu'on veut de la première, mais toujours distincte, et ceci en vertu de l'expérience ; or, la fonction qui rapporte ainsi le *même* et l'*autre* à un sujet unique n'est pas l'expérience elle-même, ou la sensibilité, qui donneraient des faits détachés ; l'imagination, la perception des distances et des figures, y jouent un rôle essentiel, quand il s'agit de ce changement spécial qui est le mouvement, mais c'est un point de vue fixe d'où le mouvement ne résulte pas ; il faut que la succession intervienne, mais succession n'est pas encore changement ; enfin ce n'est pas tout de faire à un même sujet deux attributions diverses et contraires, il faut de plus que la diversité s'applique sous la condition d'un intervalle de temps quelconque, et c'est cette dernière synthèse qui constitue proprement la fonction par laquelle l'entendement juge du devenir des choses.

La fonction de changement, pour lui donner maintenant ce nom, est ou passive ou active. Passive, c'est-à-dire sans réflexion ni volonté, elle gouverne la perception du mouvement et des autres variations des corps, et elle préside aussi à la distribution des états de la conscience dans le temps, obscurément rapportés à cette conscience même (ou à ce qu'on appelle l'unité du moi) : dans l'une et l'autre de ces sphères, il serait difficile de ne l'accorder en aucune manière aux animaux. Active, dégagée de l'instinct, synthèse clairement aperçue, elle peut porter sur les mêmes phénomènes, comme observation réfléchie et volontaire; mais alors le devenir fondamental est sous la dépendance de la conscience : ensemble de lois permanentes et de phénomènes régulièrement distribués dans le temps, celle-ci s'apparaît en outre comme la cause de modifications pour lesquelles la loi de changement est subordonnée à la loi de volonté. Je n'ai à considérer ici que le devenir passif, qui peut aussi être l'objet de la réflexion, et qui est tel chez l'homme.

Si la fonction que je viens de définir n'a jamais été nommée, la raison en est simple; c'est qu'elle est à ce point fondamentale en tout exercice de la pensée, que les hommes la possèdent également et universellement. Il en est de même de la mémoire et de l'imagination réduites à leurs principes, mais le sens de ces deux derniers mots dans toutes les langues se rapporte au développement variable que présentent l'énergie de *production* des images et de beaucoup d'autres relations, et la puissance des souvenirs pour différents objets, à de plus ou moins longs intervalles. Sans doute on n'observe pas non plus dans tous les esprits la même promptitude et la même acuité de perception des changements, mais on a trouvé commode d'exprimer les différences de cette nature en les envisageant dans la sensibilité ou dans l'imagination, quoique les attributs du mouvement ne conviennent pas à ces fonctions considérées à part.

Nous venons de considérer la conscience comme un devenir, mais sous le rapport de la représentation qu'elle a des changements donnés en elle ou dans le monde extérieur (expérience interne ou externe). Occupons-nous de ce devenir même et de la loi d'enchaînement de ses éléments, abstraction faite de toute volonté.

La matière du devenir, dans la conscience, est nécessairement déterminée aux divers instants par d'autres catégories; elle est par exemple image ou qualité, et, essentiellement, sous toutes ses formes, relation. Ainsi la conscience, de ce qu'elle change, ne laisse pas d'être imagination, mémoire, jugement; et, de quelque manière qu'elle se caractérise, un rapport posé la constitue maintenant, un autre la constituera tout à l'heure. Il ne saurait être question de se rendre compte du changement en lui-même; le fait est primitif; mais on demande sa loi. Si on la cherchait hors de toute relation donnée, actuelle, on détruirait la conscience, qui, sautant d'un objet à un autre, manquerait de lien entre ses formes successives. Mais dans la relation, elle se découvre au premier examen. Tout rapport a deux termes, chacun desquels, en dehors de ce rapport qui les unit, est ordinairement définissable par quelque autre rapport à quelque autre terme. Cela posé, lorsque la conscience est actuellement appliquée à un terme quelconque, un rapport apparaît; avec celui-ci se présente un nouveau terme qui amène un nouveau rapport, et ainsi de suite. Développons dans les temps cette série de représentations, caractérisons-les comme images, comme qualités, ou enfin sous une catégorie quelle qu'elle soit, et nous obtiendrons le devenir de conscience tel que l'observation le fait connaître.

On a donné le nom d'*association des idées* à cette fonction de la conscience considérée dans l'ordre du devenir des rapports qu'elle pose successivement : appellation à la fois insuffisante et trop peu simple pour une loi fondamentale, et qui, de plus, a le tort de rappeler la dynamique des idoles volantes, s'attirant, se repoussant et se groupant. On a dit *suite des pensées*, suite ordonnée, cela va de soi, et l'on pourrait dire *connexion de pensée*, ou, plus simplement, *pensée*, en avertissant que la conscience caractérisée par une catégorie quelconque, mais en tant que devenante et mobile, est comprise sous ce nom. La pensée, en ce sens, désignerait indifféremment la mémoire, l'imagination, la raison, toutes les fonctions, du point de vue représentatif, mais sous la condition expresse du développement en une série de rapports dans le temps.

Hobbes est le premier qui se soit rendu compte de l'importance de la *pensée* dans l'étude de l'homme : il l'appelle *série des imaginations, succession des pensées, discours mental;* mais il pose ce principe faux, *qu'il n'y a point de passage d'une pensée à une autre dont le pareil n'ait eu lieu antérieurement dans la sensation*, et tout se réduit pour lui aux mouvements internes du corps, aux traces qu'ils laissent, et à la chaîne qu'ils forment par l'effet de la cohésion de la matière mue. Une explication analogue fut tentée depuis, dans l'hypothèse des vibrations du fluide nerveux. La solution physiologique du problème établirait, là comme ailleurs, une correspondance entre deux ordres; mais les *fantasmata* de Hobbes ont beau être par définition des mouvements, autre chose est la série des mouvements, autre chose la série des *fantômes* représentatifs, phénomènes d'imagination, de mémoire, de raison, etc.

Hume aborda la question par l'analyse des données de conscience; mais il en aperçut si peu la généralité, que, voulant énumérer les espèces de l'*association*, il en compta trois. Reid, son antagoniste, reconnut que *toute espèce de rapport peut conduire l'esprit d'une pensée à une autre*, et *il en est de même*, dit-il, *de toute espèce d'opposition et de contrariété*, comme si les contraires n'étaient pas aussi des relatifs. Faute de généraliser la notion de rapport et d'envisager dans une représentation quelconque une relation, ce philosophe ne parvint pas encore à voir dans la loi de la pensée ce qu'il y a d'irréductible, la conscience même en tant que devenir, et il tenta de ramener les associations soit à l'habitude, quand elles ont été répétées, soit, primitivement, *aux principes actifs de notre constitution, aux appétits, à la raison*, etc. Cependant ces dernières fonctions n'expliquent l'association qu'autant qu'elles l'impliquent; car comment concevoir le jeu naturel d'un *principe actif de notre constitution*, s'il n'y a pas dans la conscience un passage naturel d'une idée de fin à une idée de moyen, d'une idée d'effet à une idée de cause, ou réciproquement; d'une qualité à une autre qualité voisine, ou à son genre, à ses variétés, etc., etc? Il n'est donc pas possible d'opérer une véritable réduction à cet égard. Quant à l'habitude, on ne saurait y placer le premier principe de l'association, à moins d'admettre qu'il n'existe point d'association naturelle, ou que la nature et la pensée sont déjà des habitudes acquises, ce qui nous jetterait dans l'infini et hors de toute connaissance logique[1]. Un autre psychologiste, D. Stewart, a soutenu tout au contraire que *le pouvoir de l'habitude peut se résoudre en faculté d'association*; mais ici je ne trouve une vue à la fois nette et générale ni de ce pouvoir ni de cette faculté; et c'est un exemple de plus des vices de l'empirisme grossier qui, en présence des faits complexes de l'observation, ne sait jamais comment et en quel ordre il faut conduire l'analyse et former la synthèse.

Aujourd'hui l'*association* est le principe constitutif

---

1. M. Ravaisson a certainement pris l'*habitude* dans l'acception la plus générale de ce mot, équivalente à celle de *manière d'être* ou *état*; ou bien il a pris l'*association des idées* dans un sens très étroit, quand il a écrit dans un beau travail que j'aurai encore occasion de citer : « C'est par la loi, c'est par le principe de l'habitude que s'explique l'association des idées. » (*De l'habitude*, p. 46.)

de deux doctrines, de deux écoles qui ont cela de commun entre elles qu'elles rapportent les connexions qui s'opèrent entre nos idées à celles que l'expérience seule a primitivement établies en fait. Elles n'admettent point de lois premières et fondamentales des liaisons. L'habitude les remplace toutes, l'habitude est tout, et le fond de la nature est nul ou introuvable. Seulement, l'une de ces écoles fixe dans la vie individuelle le théâtre où s'établissent pour la première fois toutes les associations possibles, et celles-là mêmes que nous jugeons absolument nécessaires et qui semblent indissolubles. Ce système, dit de la *table rase*, est impuissant à expliquer certaines catégories de jugements, comme d'habiles critiques l'ont montré. L'autre école a des conceptions tout autrement vastes. Elle s'étend dans le champ infini de l'expérience des générations et des races, puis des espèces successives et transformées, telles que les envisage le système dit de l'*évolution*. Elle remonte ainsi, non plus à la table rase de l'individu, mais à la table rase de la nature. C'est en partant du *rien* qu'elle prétend expliquer le tout, car le rien de l'esprit, qu'elle suppose, implique le *rien* du monde, à cause de l'impossibilité de définir un élément d'existence quel qu'il soit sans y rien introduire des éléments caractéristiques de la représentation. Mais revenons à notre exposition.

La conscience étant considérée comme pensée, c'est-à-dire avec le changement qui lui est inhérent, nous voyons d'abord qu'elle peut offrir autant de modes de transition qu'il y a de rapports essentiels entre une représentation donnée et des représentations possibles : chaque élément d'une catégorie amènera son corrélatif opposé : autre, même; un, multiple; point, espace; instant, temps; acte, puissance, etc.; ou son terme synthétique : partie, tout; différence, espèce, etc.; ou son contenu logique : étendue, figure; cause, effet; fin, moyens, etc. Les termes quelconques joints dans une catégorie s'amèneront de même réciproquement, à savoir : les parties, les semblables, les contigus, les qualités comparables entre elles, etc. Les jugements qui unissent les catégories donneront aussi leurs transitions, comme de l'étendue à la durée, de la durée au devenir, du devenir à la cause, etc. Enfin les représentations les plus complexes pourront s'appeler les unes les autres par des rapports d'analogie ou de contrariété, alors même que la comparaison porterait sur les caractères les plus extérieurs, comme ceux qu'établissent les mots, les conventions du langage.

Mais comment se forme une série de pensées? comment un objet se pose-t-il en rapport avec tel autre objet, lorsque d'autres objets s'ensuivraient tout aussi logiquement? L'expérience externe a souvent formé des suites que la mémoire et l'imagination ne font après que répéter; la volonté, s'il s'agit de l'homme, en a disposé d'autres qui se reproduisent ensuite spontanément : ici vient l'habitude. Mais ni la volonté ni l'expérience ne renferment les instincts et les appétits; or, ces fonctions enveloppent des séries de modifications de conscience, dont elles sont inséparables. Antérieurement à l'expérience acquise, à l'habitude contractée, chez l'animal et chez l'homme, elles inscrivent dans la pensée la nature, les pensées naturelles. L'appétit de l'animal est, en vertu de ses fins et moyens, le principe d'une série dont la double expérience, interne et externe, déroule les termes; et il n'est pas possible de remonter plus haut sans se perdre dans d'insolubles questions d'origine. D'autre part les sensations, les perceptions, amènent des modifications de conscience, principalement en tant qu'elles posent des fins, ou les favorisent, ou les contrarient. Ainsi la loi de finalité est celle qui préside avant tout aux séries de pensées. La raison et la volonté, quand elles paraissent et s'exercent d'une manière formelle, n'ont elles-mêmes, en fait, aucune activité, qu'elles ne se proposent un but à atteindre.

Ce résultat pouvait se prévoir, car la catégorie formée d'une synthèse de l'état et de la tendance, implique précisément le changement de la pensée avec une loi de ce changement. Les autres catégories ne donnent que des possibles, des actes arbitraires, des représentations dont l'enchaînement demeure indéterminé (habitude à part, mais la finalité est aussi un élément ordinaire de l'habitude).

Une suite de pensées donnée dans l'instinct primitif, ou dans la passion actuelle de l'animal, emprunte ses formes aux autres fonctions, sensibilité, comparaison, imagination, mémoire, telles au moins qu'elles peuvent exister pour chaque conscience. L'homme a de plus la réflexion et la volonté réfléchie. Dès lors sa pensée peut suivre un cours logique, et se développer volontairement dans l'une quelconque des directions comprises sous les rapports généraux qui composent les catégories ou qui les relient entre elles.

Lorsque la série n'a pas son origine immédiate dans les fonctions de la conscience, ordonnées par la passion ou par la volonté, c'est de l'habitude qu'elle résulte; et ce cas est très ordinaire, tant pour l'homme que pour l'animal. Mais j'exposerai ailleurs la loi de l'habitude. Il suffit ici de poser en fait que la pensée se reproduit d'un mouvement spontané dans l'ordre quelconque une fois donné ou répété, primitivement dû à l'expérience, à la passion, à la réflexion, à la volonté.

Une question peut s'élever au sujet de l'intervention de la volonté dans les séries de la pensée. La reproduction et la remémoration qui y sont en jeu (imaginations et souvenirs suscités à dessein) sont-elles jamais proprement volontaires? le sont-elles en ce sens que les objets appelés dans la conscience ne s'y trouvent déjà de quelque manière auparavant? On a souvent nié ce pouvoir de la volonté, par la raison qu'une idée absente, ne pouvant être l'objet d'aucune faculté, ne saurait nous plus être évoquée par l'exercice d'aucune : ou l'on sait, dans ce cas, ce qu'on cherche et ce qu'on veut atteindre, ou on ne le sait pas : si on le sait, il est donc présent, et n'est point à chercher; si on l'ignore, on ne sait donc pas ce qu'on cherche, et, par le fait, alors, que cherche-t-on? Mais ce dilemme prouve trop : toute opération de la pensée serait impossible. Reid a cru devoir s'y rendre, il est vrai sans l'énoncer avec vigueur, et sans en comprendre la portée; mais que sert de se réduire, comme il l'a fait, à nous reconnaître une *influence sur la suite et la disposition de nos pensées?* cette influence n'est rien si elle ne se signale par la production de faits de conscience qui n'étaient pas et qui deviennent présents, je veux dire précisément de cette *suite* et de cette *disposition* mêmes, lesquelles consistent en pensées, vis-à-vis de la volonté. On échappe au dilemme en définissant l'absence et la présence des pensées, le savoir et le ne pas savoir qui s'y appliquent. Les pensées que la volonté appelle ou rappelle sont absentes, en ce qu'elles ne sont pas dans la conscience de la manière qu'elles vont y être; elles sont présentes confusément et virtuellement, comme la science possible et la connaissance en général, par les rapports logiques qu'elles ont avec celles qui sont actuellement et nettement données. On ne peut contester que les termes latents n'arrivent à l'actualité, tandis que la volonté s'exerce : il s'opère donc une véritable production de pensées qui d'abord n'existaient point, ou qui n'existaient pas telles, ce qui est exactement équivalent. En ce sens, on sait, on cherche, on trouve, en voulant, ce qu'on ne sait pas; le fait est certain, et il y a là une sorte de création, inexplicable, comme tout ce qui est à la racine des choses. Mais les sentiments obscurs, les pensées confuses, l'état des organes, et probablement aussi les perceptions qui leur sont propres et qui retentissent sourdement dans la conscience générale, aident à concevoir si ce n'est le passage de la puissance à l'acte, au moins la manière d'exister de la puissance pour un grand nombre de nos déterminations intellectuelles volontaires.

Je ne dirai qu'un mot ici des illusions de la pensée ; ce sont aussi celles de la production et de la mémoire, mais étendues à des suites entières de faits de conscience. Elles se rencontrent dans les songes et dans la folie, c'est-à-dire dans ces états où la réflexion et la volonté ne s'appliquent pas suffisamment à la critique des objets de la représentation.

V

SUITE. — LA RAISON, LES SIGNES, LE LANGAGE

En assignant une place à part à la raison parmi les fonctions de la conscience, il ne faudrait pas croire que sa loi diffère des autres plus essentiellement que les lois de la durée ne diffèrent de celle de l'étendue, par exemple. Mais l'intervention des termes abstraits et généraux dans la représentation confère à tous les rapports, et aux fonctions qui les rassemblent, un caractère que ne présentaient point la sensation, l'imagination, la mémoire, la série des pensées, quand elles n'avaient que les particuliers pour matière. Ce n'est pas que le rapport de genre puisse n'être pas donné en principe dans le jeu de tous les autres, même chez l'animal, qui certainement *distingue*, *unit*, et *détermine* : mais l'homme seul réfléchit, et fait passer volontairement à l'état réfléchi les termes qu'il *différencie*, *généralise*, et *définit* ; sa conscience explique ce qu'elle implique, et ainsi commencent les classifications et les conventions, fondements de l'œuvre de la science.

On a coutume d'envisager dans la raison un pouvoir qui la séparerait plus profondément de l'ensemble de la représentation, ou plutôt la poserait en contradiction avec elle ; c'est en un mot la puissance de l'absolu. Avec la raison ainsi entendue, la conscience n'arrive pas à son apogée, mais à sa ruine. Ceci est prouvé logiquement, prouvé historiquement aussi par l'étude des doctrines.

Kant a maintenu cette séparation au moment même où sa critique la renversait. La raison est, selon lui, une faculté de poser, au delà des *concepts de l'entendement*, des *idées*, il les nomme ainsi, qui en dépassent les bornes. L'*idée* est la *conception de la généralité absolue ou inconditionnelle ;* et la raison cherche la *condition inconditionnelle* des phénomènes dans chacun de ces trois ordres : *Dieu*, le *Monde*, l'*Ame*. Kant démontre que ces objets poussés à l'absolu ne sauraient être atteints, bien plus, que leurs idées sont incompatibles avec les fonctions de l'entendement appliquées à l'expérience possible ; et il n'en maintient pas moins la poursuite comme légitimée par la faculté indéfinie de former des chaînes de conditions, et de s'élever de principe en principe. Cependant, comment la raison ne se tournerait-elle pas contre elle-même, en même temps qu'elle procède contre l'entendement? Ces termes dont elle parcourt la série ne s'établissent que par la catégorie de relation. La détermination est la forme synthétique de cette catégorie. Tout s'efface donc de la conscience, du même coup que les conditions sous lesquelles tout s'y pose. La condition inconditionnelle est un pur indéterminé, et l'indéterminé ne saurait déterminer quelque chose pour nous. L'abstraction appartient sans doute à la raison, elle peut en faire usage, mais il n'est pas pour cela raisonnable de feindre que les termes abstraits soient quelque chose à part des rapports sous lesquels ils se sont présentés, et *grâce auxquels on a pu précisément les abstraire*. Plusieurs de ces termes, comme l'un, le simple, n'ont de sens qu'avec leurs corrélatifs ; d'autres, l'infini, l'absolu, se forment par la négation des synthèses de détermination, de relation ; si on prend ces valeurs abstraites pour des formes de la réalité affirmée, qu'on ne manque pas d'ériger aussitôt en substances, les antinomies se présentent, la science est impossible. (Voy. la *Logique*, § XVII, XXI, XIII, XIV, etc.)

Cette même erreur ou plutôt ce vertige, est au bout des analyses du plus savant philosophe de l'antiquité, dans sa psychologie, dans sa physique, dans sa métaphysique. La doctrine de l'absolu, moteur immobile, intellect pur, devint la religion des siècles après Aristote. Descartes et les novateurs la respectèrent sur le point capital, et Kant ne s'en est pas affranchi. On ne saurait la présenter d'une façon plus radicale et en termes plus nets que ne fit l'auteur de la *Métaphysique*, lorsque, bien loin par-dessus l'entendement vulgaire, il entreprit de placer, à l'extrémité du monde des phénomènes, l'*acte pur de l'intelligence pure*, l'esprit dégagé de toute condition sensible et même de tout objet autre que lui-même, la *pensée de la pensée*, sans multiplicité, sans composition ni changement d'aucune sorte. Quelle réfutation ne resterait au-dessous de la simple exposition de cette prodigieuse chimère ! un miroir sans matière ni forme qui se réfléchit lui-même ! L'opposition de cette conscience absolue à la conscience que nous connaissons n'est pourtant que la formule ontologique de celle qu'on voudrait établir psychologiquement entre la raison et l'entendement.

Venons à l'analyse de la raison conforme aux catégories. Il s'agit de cette fonction que nous avons souvent supposée dans les pages précédentes et qui consiste dans l'application réfléchie de la catégorie de qualité aux objets de la conscience. La réflexion rapporte l'attribut distinctement et sciemment comme tel à un sujet. Par cette relation, celui-ci est différencié, généralisé, spécifié. De là deux faits concomitants chez l'homme : l'un l'établissement des espèces, la *spécification*, l'autre que je nommerai la *signification*. Mais le premier est logiquement antérieur au second, lorsque le signe s'applique à l'espèce et non pas seulement à l'individu.

J'ai décrit ailleurs le passage de la distinction à l'abstraction, de l'identification à la généralisation, et montré comment s'opère la détermination spécifique. (*Logique*, § xxxiii.) Il me reste à parler des signes au moyen desquels les objets de ces fonctions se fixent et s'enchaînent pour la conscience.

La signification est l'attribution faite à chaque terme défini d'un certain objet sensible, correspondant, destiné à occuper l'imagination et la mémoire, ou, s'il se peut, la sensation directement, tandis que la raison pose le terme même. Cet objet est le *signe* de la pensée. Dans les communications entre les hommes, le signe s'adresse à la sensation; et la pensée à laquelle il est affecté frappe aussitôt la conscience. Une association très étroite s'établit entre la pensée déterminée et son signe constant. Dès lors l'homme qui pense en réfléchissant suit une série de signes combinés qui soutiennent ses pensées, en représentent les rapports et les changements, et le placent vis-à-vis de lui-même dans l'état où il serait avec un interlocuteur. Dès lors aussi les termes que la conscience aborde successivement semblent ne pouvoir subsister ou persister qu'avec l'appui de leurs signes; et, en effet, quand la signification vient à défaillir, tout se trouble; non que la pensée actuelle manque par là de vivacité ou de profondeur, quand son objet est simple; mais la comparaison des complexes et la réflexion qui s'y applique n'ayant plus de base dans l'imagination ni pour la mémoire, les distincts retombent à chaque instant dans la confusion. On voit que le pouvoir des signes est celui d'unir des fonctions diverses de la conscience : et si le jeu de la raison en réclame l'emploi, c'est que cette fonction ne se développe point sans intéresser les autres.

Le signe est à la fois un objet de la sensibilité ou de

l'imagination, et une espèce : c'est-à-dire que la raison, à peine posé, l'envisage comme exprimant tous les particuliers d'une classe, et compris lui-même sous une signification plus étendue, qui est celle du genre. Des signes propres et rien que propres ne seraient de rien à la conscience, ne permettraient seulement pas les premiers linéaments du langage et n'auraient plus de raison d'être. Dès que le signe exprime l'espèce, il a la valeur d'un terme général et abstrait. A ce titre, il s'introduit dans toutes les catégories. Les lois de nombre, d'étendue, de durée, de changement, etc., tous les phénomènes de quelque généralité, les êtres et leurs rapports, sont représentés par des signes spéciaux dont la combinaison doit correspondre à celle des espèces elles-mêmes, au moyen d'un système convenable. Ainsi se produisent le langage et l'écriture, premiers instruments des sciences.

Deux sortes de qualités sensibles s'offraient pour être des signes, et toutes deux, presque également utiles ont été employées : les sens et les figures. Les sensations de l'odorat et du goût ne possèdent pas un assez grand nombre de variétés suffisamment distinctes, et faciles à produire et à reproduire à volonté. Le toucher seul supplée jusqu'à un certain point la vue, et c'est en s'appliquant aux mêmes objets qu'elle, aux formes de l'étendue. Les pressions et les chocs ont servi, dans quelques cas rares, pour communiquer avec des aveugles-sourds-muets de naissance. Mais on comprend que si un ordre quelconque de qualités sensibles, dépendantes de la volonté, peut servir de base à un système de signes, d'une autre part, la difficulté du premier établissement serait d'autant plus grande que, demandant plus d'art, ce système impliquerait déjà l'emploi des signes pour se constituer, et cela entre des êtres qu'on supposerait n'en avoir pas encore de convenus. L'existence d'une sensibilité délicate et variée, jointe à une imagination propre à en rappeler les objets, est donc chose essentielle aux développements de la raison.

Un système de signes, fondé sur certaines suites de sons, est la parole ; un système fondé sur des suites de figures est l'écriture. L'homme produit à volonté les unes et les autres ; il peut donc les employer également à l'expression de ses pensées pour l'imagination et les sens, vis-à-vis d'autrui et vis-à-vis de soi-même. L'une des méthodes paraît d'abord plus essentielle à l'humanité, mais l'autre l'est autant à la civilisation.

Selon ces définitions générales, la mimique, ou langage du geste, est une écriture, quoique fugitive, surtout si les signes figurés par le mouvement du corps (de la main, par exemple) sont constants, précis, et plus artificiels et abstraits que naturels, imitatifs ou allégoriques. Les sourds-muets se servent ainsi d'une écriture gesticulée, et il faut se rappeler que les mots tracés sur un tableau, ensuite par leurs doigts, lettre par lettre, dans l'espace, sont pour eux les signes abstraits des choses, nullement les signes des sons qu'il ne sauraient connaître.

De même, le chant serait une véritable parole, encore qu'obtenu sur un instrument étranger au corps humain, et par des exécutants qui n'auraient que l'ouïe, sans l'usage de la voix. Il se prêterait sans peine à la signification de la pensée, des séries de notes musicales sur différents tons formant des mots et des classes de mots.

Mais ce que la voix a de remarquable, et que certains animaux présentent seuls, c'est que, sans mesure ni rythme, sans différences tirées du degré d'élévation ou de gravité des sons, ou de leur intensité, ou de leur timbre quoique certains de ces caractères se trouvent aussi dans les langues parlées, elle admet les variétés, les unes de *voix* proprement dite, les autres d'*articulation*, dont le nombre des combinaisons simples surpasse tout ce que pourra jamais réclamer un système de signes, quelque développé qu'on l'imagine. Cet instrument si varié, si abondant, toujours à portée, facile à manier, facile à imiter, agréable aux sens, et qui déjà, avant toutes conventions, exprimait plus d'un sentiment naturel, a dû se présenter immédiatement à la puissance significatrice de l'homme. Il est certes probable que le geste, accompagnant la voix, facilita l'établissement des premières conventions sur la valeur des signes oraux : mais la mimographie, par elle-même, se serait mal prêtée à revêtir un caractère abstrait; elle aurait difficilement dépassé l'expression des sentiments et des besoins individuels et présents. Si des sourds-muets, vivant en société isolée des autres hommes, parvenaient à organiser de véritables communications intellectuelles, ce serait sans doute, en commençant par l'usage des tracés symboliques; et l'écriture du geste, j'entends avec une valeur véritable de généralisation, pourrait suivre chez eux l'écriture proprement dite, plutôt qu'elle ne la précéderait. On observe quelque chose de cela dans les conversations de ces lettrés de la Chine, qui figurent rapidement en l'air, du bout du doigt, les caractères dont ils ont besoin pour corriger, à l'aide du rappel de leurs signes écrits, dont la nomenclature est fort riche, l'insuffisance de leurs signes parlés et vulgaires.

Autant la voix et la parole ont d'importance pour les communications premières, à l'origine des sociétés, à celle de la vie de chacun de nous, et dans nos rapports journaliers; autant l'emporte l'écriture des tracés, quand il s'agit de la conservation et de la tradition prolongée de la pensée, et de la formation d'un savoir régulier. La civilisation ne commence qu'avec l'écriture. Mais ici nous devons distinguer deux ordres de tracés : le mode direct et le mode alphabétique.

L'écriture établie en rapport direct avec la pensée (sans l'intermédiaire des sons) exprime les objets de la pensée par des symboles ou par de simples copies-images, selon leur nature intellectuelle ou sensible; elle tourne en allégories les relations qu'elle ne peut aborder autrement; et il ne paraît pas possible qu'elle forme de prime abord un système purement conventionnel et abstrait. Mais il peut arriver que les caractères et leurs groupes divers soient et demeurent hiératiques, c'est-à-dire fixes, et bornés à l'expression d'un ordre de conceptions à peu près immobile ; et ce fut longtemps le cas de l'Égypte ; ou qu'ils deviennent plus abstraits par l'usage, multiplient leurs groupes et s'étendent peu à peu à la signification des pensées quelconques, si variables et complexes qu'elles soient. Ce développement s'est produit en Chine, et dans les proportions les plus vastes, sans que pour cela il s'y soit établi un lien de correspondance autre qu'extérieure entre la langue écrite et la langue parlée : celle-ci est restée pauvre, équivoque, resserrée, tandis que l'autre s'élevait à une richesse inouïe, malheureusement embarrassante à cause du vice originel de sa méthode.

Ce système d'écriture a présidé partout aux origines de la civilisation, et conduit les premiers pas de la science. Mais partout il a eu cet effet inévitable de créer, en même temps que deux instruments de communication, deux nations en une, le peuple et les lettrés. D'ailleurs, quelque perfectionnement que reçoive le symbolisme primitif, il maintient une certaine immobilité du savoir, en formant et consacrant l'étroite union de la philosophie et de la morale avec les études grammaticales et lexicographiques, ordinairement regardées comme invariables.

La méthode alphabétique, qui nous semble aujourd'hui si naturelle, fut une véritable découverte et très difficile à faire ; elle réduisit à l'unité les instruments de la pensée. Le but était de fixer la parole par l'écriture en subordonnant l'écriture à la parole ; le moyen fut l'analyse des éléments de la voix, après quoi il devenait aisé de traduire les signes oraux par des signes écrits limités à un petit nombre. On ne sait si l'inventeur comprit qu'il tenait un procédé pour mettre fin aux écritures symboliques, ou s'il ne songea qu'à travailler dans une sphère inférieure en offrant un procédé pour faciliter les relations populaires ou commerciales; mais, quoi qu'il en soit, l'alphabet eut toute la valeur d'une révolution sociale pour les peuples qui l'adoptèrent; l'écriture se trouva vulgarisée, comme les écrits devaient l'être par l'imprimerie après plusieurs milliers d'années; l'étoile des théocraties pâlit; la civilisation grecque fut possible : et ce fut la Grèce même qui mit le sceau à l'invention phénicienne en poussant jusqu'aux lettres (consonnes et voyelles) la décomposition vocale qui s'était arrêtée aux syllabes. Cette analyse, quoique fort imparfaite, eut des effets considérables. Nous n'en possédons pas encore une meilleure.

Il est vrai que, dès ce moment, la langue des sciences, exposée aux variations et à tous les hasards de la parole, eut part aux anomalies de celle-ci, la suivit dans ses désordres, et avant tout reçut et conserva l'empreinte de ses vices originaires. Je dis vices, en tant que la parole aurait eu premièrement pour objet réel d'exprimer correctement des vérités stables, et non pas, comme c'est le cas, de communiquer des impressions, des désirs ou des volontés. La possibilité d'un système vraiment logique des signes de la pensée put donc paraître avoir reculé.

Il y a plus de déclamation que de profondeur dans tout ce qui a été dit et répété sur la dépendance où la pensée serait d'une parole préexistante, et sur l'impuissance où se trouverait l'homme de parler autrement que par tradition. Et d'abord ce n'est pas tant la parole qu'un système quelconque de signes qui est nécessaire pour penser, et la pensée, à son tour, n'est pas moins indispensable pour l'invention des signes, ou seulement pour leur intelligence. On échappe aisément à ce cercle vicieux en distinguant entre la pensée implicite et confuse et la pensée claire, développée, expliquée. L'existence de la pensée à l'état confus dans la conscience est incontestable : chacun peut s'en assurer en portant son attention sur ce quelque chose qui est en lui avant qu'il ne parle, et dont il voudrait réussir à rendre un compte exact en parlant. Cela posé, les signes et la pensée se trouvant simultanément en puissance chez l'homme vis-à-vis de lui-même et d'autrui, celle-ci déterminable et signifiable, ceux-là d'abord naturels, ensuite artificiels et arbitrairement éligibles, les deux pouvoirs se développent en acte, graduellement, l'un portant l'autre et l'aidant.

Au reste, on énumérera sans peine les conditions nécessaires de l'établissement d'un système de signes pour servir aux communications des hommes. Je trouve :

1° L'existence des sens, au défaut desquels il ne serait possible ni de produire le signe ni de le percevoir; d'un côté donc, le mouvement ou la voix, de l'autre, la vue ou l'ouïe;

2° L'imitation, à la fois comme disposition organique et comme penchant de la conscience;

3° La signification, c'est-à-dire cette pensée de reproduire en manière de signes les qualités sensibles naturellement jointes à nos affections ou aux choses;

4° L'abstraction, par laquelle un signe possède une valeur générique;

5° Enfin la volonté, qui permet les conventions proprement dites, et substitue les signes arbitraires aux signes naturels.

Ces conditions, elles-mêmes analysées, se trouveraient impliquer toutes les catégories et toutes les fonctions de la conscience. Elles sont nécessaires pour l'institution de la parole, et elles sont suffisantes aussi : suffisantes pour l'inventer et l'organiser pas à pas, comme pour la recevoir transmise. Tout se développe ensemble. Il est absurde de séparer certaines des données premières qui composent l'homme, et de se demander comment les unes pourraient provenir des autres. Plus les signes sont indispensables à la raison, plus il est clair que la raison n'a pas dû exister sans la signification. Supprimons cette dernière puissance, et l'homme qui reste n'est pas plus capable d'apprendre à parler par enseignement que par invention.

D'ailleurs nous avons vu que si la parole s'est établie à l'origine, et de préférence à toute autre espèce de signes, ce n'est pas qu'elle ne pût être suppléée logiquement ; mais sa facilité relative et les conditions favorables de l'organisme lui donnaient des avantages très grands, et peut-être, en fait, nécessaires pour arriver à une certaine perfection dans l'établissement d'un système de communications entre les hommes.

Il existe une preuve historique de l'invention des langues. Entre les variétés qu'elles présentent, il y en a deux dont la diversité est radicale. On pouvait suivre, en effet, deux modes d'expression des rapports par les mots, ceux-ci devant désigner, d'une part des sujets, d'une autre part des attributs, actes ou états de ces sujets ; et on n'en pouvait suivre que deux : ou les mots eux-mêmes prenaient différentes formes vocales, par voie d'inflexion ou de groupement, pour se prêter à l'expression de ces relations ; où ils restaient invariables, et alors leurs rôles n'étaient déterminés que par la loi de leurs positions respectives. La première méthode réunit les langues à flexions et les langues dites agglutinantes ; la seconde appartient à la tradition chinoise. Or on trouvera, en y réfléchissant, que le choix entre ces deux systèmes est inhérent aux premiers pas et aux conventions les plus élémentaires de la parole ; il n'est pas possible d'imaginer qu'on ait parlé sans en adopter un, et ils sont tellement tranchés que ce n'est que fort arbitrairement qu'on supposerait un passage de l'un à l'autre chez certains peuples : des révolutions spontanées de la grammaire traditionnelle, surtout graves et radicales à ce point, sont contraires aux faits constamment observés. Les philologues qui passent par-dessus cette difficulté obéissent à un parti pris de trouver l'unité en toutes choses : unité d'essence, unité d'origine. Il en est même qui ne se guident pas en cela sur des motifs philosophiques, bons ou mauvais que ces motifs puissent être. Mais pour celui qui n'accepte aucun apriorisme à ce sujet, et qui se rend compte de la nature et de la marche historique des langues, il n'est guère permis de douter que la parole n'ait été constituée par l'homme, au moins deux fois, avec une indépendance entière.

Il faut distinguer dans les premiers signes convenus du langage (comme de l'écriture d'ailleurs), l'image, ou symbole naturel de la chose signifiée, et la convention elle-même, qui seule, une fois réfléchie, peut constituer les éléments logiques d'une langue. Le symbolisme a d'abord fait les frais de l'invention. On a dû choisir, parmi les sons vocaux et articulés, ceux que produisait l'imitation instinctive de certains bruits liés aux objets de la pensée, ou que suggérait les premiers quelque lointaine analogie : il est certain, en effet, que les assimilations les plus vagues entre des choses de genre très différent s'emparent de l'imagination, et d'autant plus que la raison est moins cultivée; on croit reconnaître aux sons des caractères semblables à ceux qu'on prête aux autres sensations, force, douceur, mollesse, aspérité, grandeur, petitesse, profondeur, rapidité, lenteur, éclat, obscurité et beaucoup d'autres; ces mêmes caractères s'appliquent aux objets de la conscience, quoique non sensibles, et à ses états propres, à l'intelligence, à la passion, à la volonté; d'ailleurs on ne se pique pas d'exactitude, et c'est par la poésie que l'homme commence. Ainsi des choses ou idées quelconques ont pu être qualifiées au moyen des sons, et, par suite, rappelées et désignées. Le symbole du geste venait en aide à celui de la parole jusqu'à ce que la répétition et l'habitude établissent des conventions.

Les mots portés à ce premier vocabulaire étaient des

noms de sujets représentés par leurs attributs (et comment en trouver d'autres, même pour les personnes?) ou des noms d'attributs, c'est-à-dire de qualités considérées comme telles, lorsque leur séparation d'avec le sujet s'offrait naturellement, ou enfin des noms de ces autres attributs qui expriment des états ou actes de ce même sujet. Ces noms, noms véritables malgré les distinctions ultérieures des grammairiens, comprenaient donc le substantif, l'adjectif et la forme infinitive du verbe attributif. Le substantif n'était que l'adjectif, entendu comme un nom du sujet dont cet adjectif énonçait un attribut. L'adjectif ou *attributif*, avec le sens d'un nom séparé, signifiait soit des qualités faciles à abstraire et à généraliser (blanc, brillant, dur, poli, etc.), soit des états passifs ou actifs d'une personne ou d'un animal (aller, crier, dormir, porter, etc.), dont l'abstraction s'opère tout aussi spontanément, soit enfin des relations également généralisables, comme le où, le quand, le pour, le par, etc. Ainsi les radicaux, ces vocables élémentaires qui désignèrent essentiellement des attributs ou manières d'être et de faire, furent tout d'abord des concepts, des termes généraux, non des signes d'objets individuels. Leur nature, bien constatée par la philologie, démontre que l'homme fut animal généralisateur dès la première origine des langues.

Mais, outre le sujet et l'attribut, la proposition implique un troisième élément, la thèse de leur rapport. Ce moyen terme, ou copule, toujours et nécessairement présent à la pensée, a été probablement sous-entendu à l'origine et compris mentalement sous l'énoncé de l'attribut ou sous celui du sujet. L'analyse seule devait le séparer et lui donner une place distincte dans le jugement, dont il unit constamment les termes variables. De là des propositions suffisamment claires quoique très condensées, dans lesquelles le terme copulatif *est* intervint ensuite, soit explicitement, soit confondu avec le développement du verbe, dans les langues à flexions.

A l'égard du verbe *être*, non plus comme copule, mais avec la valeur d'existence en général, il est tout simple que la copule ait servi d'attribut aux sujets auxquels on n'en rapporterait pas de définis, mais que l'on se bornait à poser actuellement. Le verbe dit *substantif* n'est autre chose que le verbe attributif laissé dans l'indétermination, et n'a rien de commun avec la doctrine de la substance. Aussi les Chinois, qui omettent fréquemment le signe de l'*être*, le remplacent d'autres fois par les signes de l'*avoir*, et du *faire*. Nous avons nous-mêmes quelques formes analogues.

Je viens de dire que les langues à flexions avaient fait entrer le sens et le terme même de la copule du jugement, dans la formation de leurs verbes. C'est précisément de cette manière que ces langues ont créé la forme spécifique (spécifique chez elles) du verbe, et distingué cette *partie du discours*, comme on a dit alors. Le nom de l'attribut a ainsi reçu certaines adjonctions ou flexions, afin de se prêter à l'expression de quelques rapports essentiels des jugements : les personnes qui en sont les sujets, leurs situations d'action ou de passion et certaines autres conditions. Les termes attributifs qui restaient affectés à la pure énonciation de qualités ou relations, sans recevoir ce développement comme verbes, et ceux d'entre eux qui désignaient simplement des sujets par leurs qualités (à savoir les substantifs), ont pris de leur côté des désinences, déterminées en raison des rapports de dépendance dans lesquels on les envisageait et que les verbes exprimaient. Puis d'autres parties du discours se sont constituées avec des formes séparées, pour servir à des indications plus particulières ou plus précises. Ces procédés ont donné longtemps à croire aux savants, chez les peuples qui les ont mis en usage, qu'il existait une grammaire imposée par la nature à tous les hommes; et c'était la leur. Les progrès de la philologie nous permettent aujourd'hui de ramener philosophiquement le langage à ses seuls éléments nécessaires, tandis que les philologues ont à voir de quelles manières ces éléments se sont exprimés, distingués, combinés chez les différentes nations.

La question de savoir lesquels d'entre les noms furent établis les premiers est une question vaine : un sujet, un attribut ou verbe attributif, la copule exprimée ou impliquée, sont des parties intégrantes de la proposition ; or les hommes n'ont pu ni parler sans juger, ni se servir de noms quelconques sans chercher à parler et sans y réussir de quelque manière ; ils ont donc nécessairement nommé l'attribut et le sujet aussitôt qu'ils les ont rapportés l'un à l'autre par la parole, et ils ont nommé le verbe en même temps qu'ils ont pris pour attribut l'acte d'une personne, ou celui d'une chose qu'ils ont personnifiée. Mais le développement du verbe en *personnes*, *temps*, *modes* et *voix*, est une autre affaire, de même que le dégagement de la copule. Tout cela est si peu nécessaire, qu'une immense nation s'en est passée et s'en passe encore, tandis qu'il est bien certain que jamais homme n'a pu parler ni penser distinctement sans impliquer à la fois tous les éléments logiques du discours.

Au point où nous en sommes, il existe un certain vocabulaire très restreint, avec une idée grammaticale pour ainsi dire instinctive, qui ne dépasse pas la portée des jugements les plus simples. Mais un même objet peut se prendre souvent pour sujet d'une proposition, pour attribut d'une autre, pour verbe d'une troisième. Par exemple la *parole* est un sujet, une langue est *parlée*, et un homme la *parle*. Il était naturel que le même mot fût conservé dans ces divers emplois, mais il fallait qu'on pût reconnaître en quel sens il se prenait. Ici commence véritablement la grammaire. Il en existe deux tout à fait distinctes. L'une tire la valeur du mot de sa seule position, elle n'admet ni flexions, ni compositions d'aucune sorte, mais le même signe (qui est un son monosyllabique) y reçoit de la place qu'il occupe, en vertu de règles fixes, le rôle qu'il joue de sujet, d'attribut ou de verbe, dans la proposition. L'autre plus poétique, moins abstraite, modifie la forme des mots, soit en les infléchissant selon les rapports qu'ils doivent affecter, soit en y incorporant de certains autres mots, les mêmes pour les mêmes cas, lesquels ou se fondent définitivement avec eux, ou continuent à s'en distinguer plus ou moins par la suite.

Le passage de la proposition simple à la proposition complexe est facile à comprendre dans le système de la grammaire de position. Le nom de la personne occupera telle place, comme sujet par exemple, et ne modifiera point le nom verbal pour le rapporter à *moi*, à *toi*, ou à *lui*. Si un sujet s'offre sous le *régime* d'un autre, on n'en altérera pas pour cela la forme, on le jettera en avant; ou, s'il dépend d'un verbe, on l'introduira à la suite de ce dernier, comme complément attendu par la pensée. Les pluriels s'exprimeront par la simple addition externe des syllabes indicatives du nombre ou du tout, et les genres par celles du sexe, quand il y a lieu. Les temps et les modes n'entreront point, non plus que les personnes, dans la constitution des noms verbaux, mais on marquera au besoin par des particules distinctes ces sortes de relations entre les parties de la pensée. Il en sera de même de la *voix passive*. Enfin les prépositions et les conjonctions étant des signes condensés, soit du rapport de deux mots (position, réunion, ablation, appartenance, causalité, finalité, etc.), soit de celui de deux propositions partielles (réunion, temps, modalités, etc.), le système des juxtapositions rendra leur usage on ne peut plus facile et élémentaire.

Cette méthode est logique et facile. Quoique l'Allemagne linguiste ait introduit la mode de la mépriser, par amour-propre indo-germanique sans doute, il ne me paraît pas que le signe serre de plus près la pensée dans les langues si laborieuses de la tradition sans-critique. Au fond les deux procédés rentrent dans un genre commun, car il ne peut exister d'autre moyen radical que celui de la juxtaposition. La pensée ne s'énonce pas, ne se traduit pas à la rigueur par des mots; on doit la suppléer, la deviner sur des signes convenus. Le sanscrit et ses branches collatérales ou dérivées parlent comme le chinois, avec cette différence qu'ils introduisent la modification dans le mot plutôt que dans la phrase (ou en même temps, ne parvenant pas à se passer tout à fait de particules). Cette marche peut faire illusion : elle simule une sorte d'*organisme* et de *vie des mots*, que l'on croit analogue à la formation de la pensée; mais il n'en est rien, et l'intussusception, pas plus que la simple addition, ne va au delà du rapprochement des signes distincts affectés aux éléments distincts de la pensée. Seulement, de part et d'autre on rapproche les mots suivant un procédé fixe qui a la vertu d'établir une convention, sans même qu'elle soit formelle à l'origine, et d'engendrer des habitudes.

Quoi qu'il en soit, il suffit d'avoir compris comment une langue peut se former progressivement et se compléter, dans le système monosyllabique, pour que le même phénomène s'explique dans le système incorporant. Il faut seulement supposer de plus une sorte de constructivité poétique, sous l'influence de laquelle, au lieu de ranger les mots dans un ordre fixe à mesure qu'il les ajoute, un peuple les modifie les uns par les autres, les *compose* afin d'en exprimer les rapports, et peut dès lors se permettre toutes les *inversions*. C'est ainsi que paraissent les déclinaisons, les conjugaisons, les cas, les temps, les modes, les voix, les régimes divers, non toutefois sans variétés, ni exceptions, ni anomalies. C'est encore ainsi que s'établissent les *parties du discours*, dont la classification est fort arbitraire.

Un vocabulaire grossier, fait de symboles naturels, complété par le geste, improvisé d'un côté, deviné de l'autre, tel fut sans doute le langage au commencement. On se bornait pour toute grammaire à jeter en avant, dans l'ordre qui s'offrait à l'imagination, les signes que la pensée devait unir. Ces signes étaient génériques pour la pensée, encore que liés étroitement aux objets sensibles dont ils rappelaient des qualités, et aux impressions actuelles qu'ils servaient à communiquer. L'usage et l'habitude fixèrent des mots et les assujettirent à des lois de succession ou de groupement à peu près invariables. Au moment où une grammaire se constituait ainsi, quelque peu réfléchie que fût la marche par laquelle on y parvenait, les mots devenaient plus abstraits, plus propres à l'expression des relations générales ; leur valeur symbolique s'effaçait à mesure qu'ils s'étendaient ou au contraire qu'ils se précisaient ; enfin, les symboles épurés se dégageaient pour devenir des catégories grammaticales : tels les particules, propositions et conjonctions, les pronoms démonstratifs et relatifs, les articles. La parole, due à l'instinct de la raison, devenait la raison même, et une langue qui semblait le produit de l'inspiration avait presque les effets qu'on aurait attendus d'une convention formelle entre les hommes.

Ici et dans ce qui suit, j'entends par symbole le symbole primitif et naturel, et je l'oppose au signe de pure convention. En ce sens, l'algèbre est la moins symbolique des langues, bien que, dans une acception tout autre, on ait pu la nommer très justement une *symbolique*. Les symboles mathématiques expriment des rapports définis et abstraits, et ne sont pas fondés sur l'imitation ou sur de vagues analogies, sur la personnification universelle, sur les mythes.

Plus les langues s'éloignent de leur origine, plus elles perdent de leur poésie, pour autant que la poésie est dans l'image ; mais aussi plus elles gagnent en logique. Cet affaiblissement du symbole est grand dans les idiomes dérivés, mêlés, altérés et tourmentés de mille manières, où la conscience vulgaire de la composition et de la valeur étymologique des mots est perdue, où, par conséquent, le signe est purement habituel, et comme conventionnel. Ces mêmes idiomes ont une syntaxe assez analytique, parce que la forme du mot n'y marquant plus suffisamment les rapports grammaticaux, on doit recourir à l'emploi de particules qui les expriment, et en même temps se soumettre à une loi de position. Cependant les vices du symbolisme primitif s'y remarquent encore. Le principal, si ce n'est l'unique, est la nécessité de personnifier les noms de choses, d'attribuer passion et volonté à tous les sujets du discours. De là cette règle des *genres*, qui nous oblige à distinguer par le sexe des objets qui n'en ont point, usage parfaitement ridicule aujourd'hui, et que l'empire de l'habitude nous rend seul supportable dans toutes nos langues (l'anglais seul excepté). A ces défauts, dont l'importance surpasse tout ce qu'on pourrait croire d'abord, il faut joindre ceux qui proviennent des caprices de toutes sortes qui ont gouverné la formation et l'altération successive du parler et de l'écrire : c'est le désordre d'une maison en ruine dont les parties ont été abandonnées, relevées ou réparées au hasard ; on n'y voit que distinctions arbitraires ou confusions choquantes ; ici la surabondance, ailleurs la pénurie des formes et des mots ; la flexion conservée quelquefois bien qu'inutile, d'autres fois supprimée et non remplacée ; les accords en nombre et genre, qui sont une superfétation ; les modes des verbes, qui font double emploi avec les particules exprimant les mêmes conditions ; les exposants de rapports, dont le sens n'est jamais propre, en sorte que les prépositions se croisent, et que chacune d'elles s'applique à une foule de relations différentes ; une même racine tournée, tantôt en manière de verbe, tantôt d'attribut, tantôt de sujet, non pas à volonté, selon la logique, mais exclusivement comme l'usage le veut ; enfin, peu de règles dont on puisse rendre compte, presque point que les exceptions ne démentent. Le pédantisme des grammairiens a déclaré lois cette anarchie, et il est reçu que les absurdités les plus palpables ont des raisons profondes, qu'à force de subtilité l'on découvre. Comment une philosophie vraiment organisée s'accommodera-t-elle d'un pareil instrument? et comment la logique prévaudra-t-elle sans que le langage se modifie profondément? La philosophie est la raison, et la langue devrait être la philosophie même.

Et cependant tel de ces jargons, qu'on me passe le mot, car je mets très haut l'idéal, a été si longtemps travaillé et précieusement cultivé, d'abord manié par un peuple vif et de bon sens, qui fixé par des écrivains de génie, à tendances très rationnelles, que les noms et les formes y ont acquis une précision, une détermination rares : chaque assemblage de mots, chaque tournure, les modifications les plus légères ont reçu force de loi pour exprimer des nuances de la pensée. Ainsi l'usage a suppléé à la logique en prescrivant contre elle; le désordre est devenu classification, et la pauvreté richesse. Il est beau sans doute de se faire avec de grands défauts de grandes qualités. Une langue dérivée, et de si loin, et à travers tant de révolutions, ne pouvait trouver mieux. Mais il est déplorable qu'un si bel instrument soit si difficile à manier, et n'admette aucune règle fixe; que l'esprit le plus rigoureux s'en serve le plus incorrectement, s'il n'est averti pour chaque rencontre et longuement exercé, et qu'enfin l'instruction générale, sérieuse mais nécessairement limitée, qu'on peut espérer de donner un jour aux hommes de toute condition, soit manifestement insuffisante pour les initier aux beautés d'une littérature de cette espèce. Là sera quelque jour la condamnation de la grammaire française.

Le remède aux vices des langues demanderait, quel qu'il fût, une action prolongée. Les réformes brusques de parti pris ne sont pas possibles, quand il s'agit de la chose de tous, et dont tous usent toujours et librement : jamais ces trois conditions ne se trouveront réunies quelque part : une exacte connaissance des changements à introduire, une ferme volonté d'en exécuter de suffisamment radicaux, un plein pouvoir de les imposer d'une manière efficace. D'un autre côté, la spontanéité, en pareille matière, exige des siècles pour se déployer, et ses effets sont très bornés quand c'est contre l'habitude et les traditions littéraires qu'ils doivent se produire. Enfin, pour pousser la supposition à l'extrême limite, voudra-t-on jamais, peut-on même raisonnablement imaginer que la chaîne de transmission du langage se rompe, que toutes les littératures deviennent mortes, que les langues mythiques et poétiques disparaissent, que le langage familier se tourne au scientifique, et qu'une même parole, logique, rationnelle, imperturbablement fixe, établisse son empire d'un pôle à l'autre sur des hommes et des peuples jetés dans un moule invariable ?

L'humanité semble s'acheminer vers l'unité de langue, entre certaines limites, et dans ce sens où l'on peut dire déjà que l'ensemble des langues romanes, y compris même l'anglais, en réalise un premier degré, et tend vers un second. Au point de vue d'un homme de l'Orient, ce ne sont tous là que de simples dialectes de l'Europe occidentale. L'unité future, ainsi entendue, serait étroitement liée au fait de l'extension croissante des communications entre toutes les nations du globe, et à la prépondérance de quelques-unes. Il se pourrait encore qu'un dialecte obtînt l'universalité à la longue. Mais cette langue universelle, de formation fatale, non réfléchie, spontanée, non volontaire, serait toujours une langue poétique, usée et barbarisée seulement, et ne serait pas la langue philosophique. Tout au plus est-il permis d'espérer que, se constituant sous l'influence du progrès de la pensée publique en tous genres, elle arriverait naturellement à se simplifier et à se régulariser jusqu'à un certain point ; et il y aurait à cela des obstacles, et puis des compensations fâcheuses.

Quoi qu'il en soit, je conclus : 1° qu'il n'est ni désirable ni possible de substituer aux langues naturelles et mythiques une langue artificielle et rationnelle créée de toutes pièces ; 2° que la marche des choses ne peut résoudre que lentement le problème de la langue universelle, et ne résout point celui de la langue philosophique. De là cette double conséquence : si une langue philosophique universelle est possible dès à présent, l'humanité ne devra cet instrument de la raison qu'à un acte formel de la raison, à la réflexion, à la volonté ; et cette langue ne doit pas remplacer les idiomes poétiques vulgaires, qui servent et serviront aux relations privées de famille, de commune, de nation ; à l'expression littéraire de la pensée, à la conversation familière, aux créations de l'imagination ; c'est assez, si, se plaçant à côté des autres, plus simple et positive qu'aucune, plus souvent écrite que parlée, enseignée dès l'enfance à tous les hommes et chez tous les peuples, elle devient à la fois le moyen des communications générales et scientifiques, la mesure commune des idées, et pour ainsi dire l'étalon des signes de la raison, la norme de toute pensée correcte.

Une langue de cette espèce, comme philosophique, est nécessaire pour la constitution des bases de la science première et générale ; comme universelle, pour les relations internationales de travail ou d'intérêt. J'entends par ces bases de la science, non point une doctrine, car une langue doit être impartiale et se prêter à l'expression des combinaisons quelconques du jugement, mais une logique, une classification des idées grammaticales et des formes du savoir. Le jour où ce système des connaissances formelles existera et sera reconnu, on cessera de parler sans se comprendre, et de se perdre dans les disputes de mots ; le déraisonnement deviendra difficile, et l'énoncé jugera souvent la pensée : le mythe de Babel, qui a sa réalité visible et persistante dans toutes les communications de la pensée humaine, ne sera plus que de l'histoire.

Mais cette langue si nécessaire est-elle possible? et peut-elle s'élever d'un bond à la perfection? La possibilité de l'invention d'une langue n'est pas douteuse, s'il est vrai que la parole est un produit de la raison; car alors pourquoi l'homme n'instituerait-il pas librement et régulièrement un de ces systèmes de signes que sa spontanéité a su produire au hasard des symboles et des rapprochements les premiers venus? L'histoire de l'écriture nous offre même des productions plus réfléchies, plus savantes, qu'on se ferait aujourd'hui un jeu de dépasser. Quant à la perfection, il faut y viser en toutes choses et ne l'espérer en aucune. Une question plus sérieuse est celle-ci : peut-on prétendre obtenir du premier coup un système suffisant, en théorie comme pour la pratique, et qui s'attribuerait la fixité? ou la langue philosophique doit-elle s'organiser pour le progrès, et rester en quelque sorte ouverte aux amendements? Ici, distinguons entre ces deux parties essentielles d'une langue : la grammaire, le vocabulaire; la loi de composition et de syntaxe des , les racines ou signes primitifs des objets et des pensées simples.

A l'égard de la grammaire, on établira quand on voudra, plus ou moins heureusement, mais sans obstacle majeur, une série de signes fixes, en petit nombre, tirés des catégories, dont nul ne contestera la valeur grammaticale : relation, personnalité, finalité, causalité, etc., et qui simples ou combinés, adaptés aux racines, en détermineront la signification, en formeront des dérivés et en arrêteront les rapports dans la phrase. On s'attachera, pour y parvenir, soit au système des flexions, soit à la loi de position des Chinois, dont il serait facile d'étendre le principe et d'éviter les équivoques, surtout par écrit : le dernier procédé serait préférable en effet pour les tracés, comme l'autre pour une langue parlée, et la raison philosophique en est sensible. C'est que les rapports de position dans l'espace s'adressent à la vue essentiellement, au lieu que les combinaisons de lettres et de syllabes sont plutôt du ressort de l'oreille.

La grammaire que l'on pourra construire ainsi, d'une manière ou d'une autre, sera la première digne de ce nom, une vraie science, tirée de la logique, simple, rigoureuse et sans exceptions, enfin aux règles si constantes et si claires qu'elle puisse entrer dans l'enseignement primaire, où les langues néolatines ne sauraient être enseignées *par principes* comme on le prétend, à moins de n'y être pas effectivement comprises de cette manière (et c'est ce qui le plus souvent arrive), ou de fatiguer et de fausser le jugement des élèves. Le langage aurait alors son étalon normal dans le monde entier, comme les mesures ont déjà le système métrique. Il est d'ailleurs indispensable que la langue philosophique soit à la portée de tous, afin que tous possèdent l'instrument des sciences et de la communication universelle, qui, entre les mains de quelques-uns, pourrait n'être plus un jour que l'instrument de leur domination.

La question du vocabulaire est plus difficile, quoique simplifiée par l'établissement d'une bonne grammaire. Après qu'on a retranché de la langue le nombre immense des mots composés ou dérivés qui y entrent ou peuvent y entrer, et dont la formation dépend des lois grammaticales, avec des racines données, il reste ces racines elles-mêmes, qu'il faut créer ou prendre quelque part : le nombre en est assez considérable encore. On pourrait se proposer de le réduire, au moyen du classement rigoureux de tous les éléments de la connaissance en tous genres, et de leur subordination aux catégories. Les mêmes signes, très bornés, qui suffisent à l'institution d'une grammaire, donneraient alors, en se combinant, une partie du vocabulaire. Ceux des objets qui proviennent de l'expérience pure y entreraient à leur place, en menant avec eux, quand il y a lieu, les systèmes de classification propres aux sciences particulières auxquelles ils ressortissent. Les grands philosophes qui ont abordé l'idée de la langue philosophique, Descartes et Leibniz, l'ont ainsi conçue dans le fond, sans aucun doute. C'était beau, c'était parfait, et l'enthousiasme de ces rénovateurs de la pensée allait sans hésiter aux dernières limites, et les croyait presque atteintes. Mais ce plan, quoique le seul rationnel, suppose les sciences définitivement organisées, et la science des principes de la connaissance arrêtée, reconnue sans contestation. Il y faut donc renoncer.

Puisqu'une classification empirique est seule possible, la plus empirique sera la meilleure, car il ne serait pas juste de la fonder sur une doctrine, et d'imposer des opinions en proposant une langue; d'ailleurs on se condamnerait d'avance à ne point réussir. C'est donc par la simplicité, et j'oserai dire par la grossièreté des divisions qu'on devra juger de leur mérite, pourvu qu'elles soient complètes toutefois. On pourrait se contenter de moins, savoir de l'énumération sans classement de ceux des éléments d'une langue vivante et cultivée qu'on jugerait ne pouvoir être ni suppléés par d'autres, ni formés par voie de composition et selon les lois grammaticales : il n'y aurait alors de place distincte et de coordination établie que pour les termes exprimant des catégories, ou des idées qui en dépendent immédiatement ; ces termes sont indispensables pour la grammaire et fondent le système de la langue.

Si l'on s'arrêtait à ce dernier procédé, le vocabulaire pourrait consister en une série de racines monosyllabiques, empruntées à quelqu'une des langues les plus répandues, soit à l'anglais, soit au fonds commun des langues romanes; et ce vocabulaire serait fort court.

La précision et la régularité des lois de formation et de dérivation des mots rendrait l'immense dictionnaire des mots composés presque superflu, si ce n'est à l'égard des dénominations techniques des sciences ou des arts, qui réclament souvent un éclaircissement plus étendu que celui qui résulte du nom même, quelque bien fait qu'on le suppose.

Si au contraire on voulait s'appuyer sur une classification, quoique empirique, on aurait tout avantage à ne se rattacher, pour la détermination des racines, à aucune des langues connues, mais plutôt à établir des séries de monosyllabes arbitraires. La mémoire serait aidée par une lettre commune affectée à tous les mots qui feraient partie du même tableau partiel dans le tableau général des classes, et il est facile de voir que la simplification méthodique ne se bornerait pas là. Mais cette marche aurait le grave inconvénient de simuler la science accomplie, et de traiter un vocabulaire empirique avec la méthode qui conviendrait à la classification rigoureuse et définitive des connaissances.

Dans tous les cas, l'économie de la langue universelle devrait être entendue de telle sorte que, lorsqu'une science serait regardée comme vraiment organisée, c'est-à-dire posséderait sa classification propre, et y persisterait, la série des objets qui en font partie prît place dans le vocabulaire, et substituât ses signes systématiques et rationnels aux racines arbitraires et sans ordre qui en auraient tenu lieu. Certaines sciences pourraient même composer dès à présent leurs fragments de la langue universelle. Celle-ci, constituée définitivement quant à sa forme, qui est la grammaire, et provisoirement pour sa matière et son contenu, qui est celui du vocabulaire, ne se fermerait point qu'elle n'enfermât en elle en quelque façon l'esprit et la nature accomplis, réglés et signifiés sans retour. C'est dire qu'elle demeurerait ouverte à tous les progrès.

Ces hypothèses, tout aventurées qu'elles peuvent

paraître, ne m'éloignent pas de mon sujet, puisqu'elles concernent l'essor possible de la raison humaine, dans l'adaptation de son instrument immédiat; mais les éclaircissements qu'elles appellent me mèneraient trop loin, et je dois m'en tenir aux généralités. Revenons à l'analyse de la raison en elle-même.

En définissant la raison : *fonction de spécification*, c'est aussi le jugement que nous avons défini, car il ne peut y avoir ni jugement sans établissement d'espèce, ni établissement d'espèce sans jugement. L'espèce peut n'avoir pas le caractère positif que comportent les objets des sciences constituées : elle n'en est pas pour cela moins impliquée partout où la pensée enveloppe un sujet dans la compréhension d'un attribut; et les jugements les plus particuliers ont cette forme comme les autres, sous quelque catégorie que se range d'ailleurs le terme spécifique. Par exemple, les propositions : *La ville a cinq kilomètres de tour*, *Vous agissez*, envisagent une quantité et un agent comme espèces, quoique ces termes n'appartiennent point directement à la catégorie de qualité ou spécificité, et que l'expression de cette dernière se trouve dissimulée grammaticalement. La première de ces propositions implique l'idée qu'un circuit donné est une espèce dont le tour de la ville est un individu; la seconde, qui signifie : *vous êtes agissant*, classe une certaine personne dans l'espèce de celles qui sont les agents de quelque chose. C'est une grave erreur de l'école empirique, d'imaginer que l'esprit rapporte une marque ou propriété à un sujet sans penser que cette propriété a une *extension* capable d'envelopper ce sujet avec d'autres. On ne prend pas une mesure, par exemple, sans songer qu'elle pourrait appartenir à plusieurs objets.

On donne quelquefois aussi le nom de jugement à la faculté d'appliquer à chaque cas sa règle, en jugeant; et avoir du jugement, dans l'acception vulgaire du mot, c'est n'émettre communément que des propositions vraies. Mais il est clair que la considération de l'erreur ou de la vérité des jugements est étrangère à la fonction même de juger. La raison aussi se prend en un sens analogue et qui embrasse l'homme tout entier : Raison *raisonnable* et non plus raison *raisonnante*. L'analyse nous oblige à suivre les catégories sans les mêler, jusqu'au moment où, cette revue étant terminée, d'autres questions se présenteront.

Lorsque deux jugements sont rapportés simultanément à la conscience, et que de cette comparaison un troisième jugement résulte, par le moyen d'un terme spécifique commun, il y a raisonnement et, à proprement parler, syllogisme. De nouveaux jugements se déduisent aussi de ceux qui sont donnés dans une dépendance hypothétique l'un de l'autre, ou comme membres d'une alternative, pourvu que certains d'entre eux soient posés de fait. La série des pensées, ainsi dirigée par la catégorie d'espèce ou par le principe de contradiction, est le *raisonnement*. On peut donc définir le raisonnement, la loi de la raison en mouvement. Je me borne ici à des définitions, puisque j'ai donné ailleurs une étude complète des lois de la proposition et de la déduction, comme conséquences des relations catégoriques. (Voir *Logique*, § XXXIII et suiv.)

La raison est quelquefois dite aussi la faculté des principes. Et, en effet, toute série de jugements enchaînés suppose des jugements originels. Ceux qui dominent ainsi les autres et les enveloppent syllogistiquement sont leurs principes. C'est donc une fonction de la raison de déterminer les thèses primitives ou irréductibles de tout ordre.

Les éléments du jugement, termes abstraits et généraux, les jugements eux-mêmes, leurs séries et les principes qui les commencent, composent un ordre de représentations qu'on distingue des simples appréhensions d'objets (sensibilité), et des productions ou reproductions dans l'espace et le temps (imagination, mémoire), et enfin des séries de la pensée, dont les termes s'enchaînent sous d'autres catégories que celle de l'espèce. On pourrait les désigner sous le nom de *conceptions*, s'il paraissait utile de conserver cette dénomination dans le vocabulaire philosophique. Mais la conception, en général, ne serait guère qu'un autre nom de la raison. Il est peut-être bon de rappeler que distinguer n'est point séparer, et que les fonctions relatives aux différentes catégories sont unies de fait dans l'histoire de la conscience.

Après ce que j'ai dit ci-dessus de la *signification*, je n'ajouterai qu'un mot sur le rôle essentiel que remplissent les signes pour fixer et enchaîner les termes, les jugements et leurs séries. Des raisonnements peuvent se produire sans l'emploi formel d'aucun signe convenu, et pourtant d'une manière exacte et sûre autant que rapide. Du moins il en est ainsi du syllogisme simple et des applications immédiates du principe de contradiction : mais dans tous les cas, la sensibilité, ou l'imagination et la mémoire fixent les termes qu'on envisage, et leurs objets présents tiennent lieu de signes. Lorsque les signes proprement dits sont une fois intervenus, l'habitude ne nous permet plus de les séparer entièrement des choses auxquelles nous les avons attachés; de là vient que plusieurs philosophes ont pu se faire illusion sur l'importance déjà si grande de la signification, au point de croire que nulle pensée n'est possible sans elle, opinion qui, si elle était vraie, rendrait la signification elle-même impossible. Mais raisonner pour ainsi dire élémentairement ne suffit pas; les thèses veulent être fixées, conservées, étendues et transmises; et il ne saurait exister ni communication régulière ni science autrement que par l'institution des signes.

A la théorie des signes se rattache une question

longtemps agitée : Que doit-on penser de la nature de ces termes généraux qui sont la matière du jugement et du raisonnement? Il n'y a plus là de problème pour nous : l'analyse de la catégorie de qualité, et des fonctions de la conscience qui s'y rapportent, établit le sens de la représentation d'espèce; on se rend compte de l'intervention du signe et de ses conséquences, et tout est dit, sans qu'il y ait de *nature* à déterminer.

Trois opinions se sont produites : le réalisme, le conceptualisme, le nominalisme.

La querelle dure encore, et la question est si mal posée que les *sages* écossais ont pu s'y partager, D. Stewart tenant pour le nominalisme, et Reid pour le conceptualisme avec Locke, à ce que dit D. Stewart. Des philosophes plus récents et français sont naïvement revenus aux universaux en soi. Le réalisme admet la substance et la multiplie : je n'en recommencerai pas la réfutation. Si le sens de cette doctrine consistait simplement à voir dans l'espèce une représentation dont les rapports constituants sont réels comme ceux que nous offrent les êtres individuels, il n'y aurait pas d'objection à faire, car la réalité appartient également aux relations les plus différentes. Le Bien, le Vrai, sont des espèces réelles, c'est-à-dire qui touchent, informent et déterminent la conscience, qui les envisage à propos des faits particuliers. L'homme, l'Animal, la Cuvette, sont aussi les objets de cette conscience, objets autres que les individus, autres que leurs ensembles. Mais, sans individus représentés et qui soutiennent des rapports communs, tout cela ne serait rien, pas même des mots, car on n'a pu nommer que ce qui existe de quelque manière.

Le conceptualisme rapporte les espèces à la conscience : il est aussi vrai que le vrai réalisme, s'il se borne à poser la réalité des relations envisagées comme des formes de l'entendement; aussi faux, s'il fait de la conscience un être en soi, et des termes généraux les modes de cette substance. De plus, on ne doit pas oublier, quand on se place au point de vue conceptualiste, que l'espèce n'a pas une valeur purement objective, mais que la conscience se l'oppose dans la nature comme un sujet *sui generis*, sous des conditions non moins nécessaires que celles des individus eux-mêmes.

Reste le nominalisme, opinion qui a rendu de longs et éminents services et dont la valeur repose sur une juste idée de l'importance des signes. En identifiant avec l'espèce le mot, c'est le signe qu'on entendait, le signe, dont le mot, *flatus vocis*, est l'expression la plus habituelle. Mais cette identification est exagérée, et, prise à la lettre, rendrait l'établissement même des signes incompréhensible. Si ce qu'on appelle un signe était l'individu quelconque présent à la pensée sous une détermination imaginative, et qui accompagne toujours la conception de l'espèce, il est certain qu'un signe est requis pour abstraire et généraliser; mais alors l'espèce et le signe sont distincts et même opposés. Le signe est autre chose : un sensible (un composé de sons, par exemple) que l'habitude ou la convention fournissent à l'imagination et à la mémoire pour représenter les individus en ce qu'ils ont de commun; il n'est donc pas de lui-même l'espèce que l'on dit qu'il signifie; mais l'espèce, l'*identique des différents*, se pose d'une manière logiquement préalable au mot appelé pour l'exprimer. La signification est nécessaire au développement de la raison, comme je l'ai déjà expliqué, et elle est inhérente à la pensée dans l'homme, dès l'origine; elle n'en suppose pas moins la généralisation, sitôt qu'elle porte sur les espèces, tandis que la généralisation ne la suppose pas essentiellement.

Les derniers nominalistes ont vu dans le signe l'instrument indispensable de la conception généralisante. S'il en était ainsi, le mot ne viendrait pas pour l'expression de l'espèce; c'est l'espèce, au contraire, dont il faudrait que la notion se fondât sur l'institution antérieure du mot. En ce cas, que serait d'abord celui-ci?

un nom propre, et qui ne s'étendrait jamais à d'autres objets du genre du premier, puisqu'on ne veut supposer aucune représentation préalable de ce genre. Mais nous voyons l'enfant nommer par imitation un individu, par exemple, et étendre si spontanément le nom aux individus semblables, qu'il est à croire que ce signe lui a tout d'abord convenu pour exprimer un attribut, plutôt que pour marquer très utilement un être particulier et unique. Concluons de l'enfant à l'homme primitif, car la question est la même. Ainsi l'apparition du signe ne saurait guère s'isoler de la conception de l'espèce; ou tout au moins la signification ne devient générale qu'autant que la représentation générale existe.

Au reste, il faut prendre garde de faire aux nominalistes une querelle de mots. S'ils entendent que les objets de la raison ne s'arrêtent dans la pensée, ne s'y posent clairement et ne s'y coordonnent sciemment que par le moyen des signes, c'est là une vérité d'expérience, et jamais on ne comprendra qu'il puisse en être autrement; mais nier la représentation confuse de l'espèce, c'est-à-dire de l'attribut, distingué d'un sujet et joint à un autre, ce serait se mettre hors d'état d'expliquer les progrès de la signification, et d'entendre même la question de l'établissement des signes comme généraux. Cette représentation confuse est donnée dans l'enfant, qui ne tarde pas à signifier avec distinction et conscience et à généraliser avec force et rigueur; elle est aussi donnée dans l'animal, selon toute apparence; mais l'animal n'arrive pas à réfléchir et à se poser volontairement ses objets.

Les animaux possèdent les simples éléments de la raison, s'il est vrai qu'ils jugent des attributions et distinguent une chose d'avec les qualités qui n'y sont pas invariablement unies. L'animal supérieur, par exemple, ne se laisse pas tromper par les circonstances accessoires de la chose à lui connue. Le maître d'un chien, ce maître qui a changé d'habit, ce maître qui a pris sa canne pour sortir, ou qui le menace de l'en frapper, sont aux yeux de ce chien un seul et même objet affecté d'attributs différents: cet objet, il le reconnaît, et ces attributs lui causent des impressions diverses; il est donc capable de discerner et d'identifier les phénomènes qui forment différents groupes. Une connaissance analogue appartient à tout animal qui a seulement des relations distinctes avec ceux de son espèce, et, pour ne pas la qualifier de jugement, il faudrait adopter les explications forcées du mécanisme cartésien.

Le système de Descartes se résume dans l'hypothèse suivante : « Une loi *a priori*, enveloppant la nature entière, détermine et coordonne des séries de figures et de mouvements dont les modifications des fluides animaux sont une simple dépendance. Le jeu des organes avec tous ses effets s'enchaîne à ces modifications. Il en est ainsi de l'animal, ainsi de l'homme, et l'organisme n'est que mécanisme. Mais, chez l'homme, à chaque moment de la fonction mécanique, il peut s'adapter, et il s'adapte on ne sait comment, dans un certain nombre de cas, un moment de la fonction intellectuelle. Cela ne serait point nécessaire, mais cela est, et nous le savons; chez l'animal, cela n'est pas nécessaire davantage, et nous ne savons pas que cela soit; cela n'est pas : nulle fonction représentative n'est donnée aux animaux. »

Je ne pourrai motiver qu'en traitant des principes de la certitude, la condamnation de cette puissante mais monstrueuse hypothèse qu'adopta si facilement la dévotion étroite du xvii° siècle. En la rejetant pour suivre l'analogie et la croyance naturelle, j'admettrai ici que, partout où les objets de nos représentations sont présents, l'animal, que nous voyons agir comme il le ferait en raison de ces représentations à notre point de vue, les possède aussi, non pas réflexivement sans doute, mais du même genre, à la clarté près, et dans la mesure au moins que nous estimons nécessaire. Il juge donc; il distingue, unit, détermine, compare. Certains actes d'abstraction et de généralisation sont inséparables de ceux par lesquels un attribut est divisé d'avec un sujet et rapporté à plusieurs autres, quoique successivement : l'animal abstrait donc et généralise au degré nécessaire pour juger. Quel est ce degré?

Nous pouvons nous en faire une idée en portant notre attention sur ceux de nos jugements irréfléchis, très prompts et presque instantanés, qui sont suivis d'une action immédiate. Il est difficile de nous les représenter après coup, par cela seul qu'étant formés sans réflexion, la réflexion qui survient les altère; ils existent toutefois, et si nous n'y supposions la présence implicite des éléments de la raison, nous ne comprendrions pas qu'ils existassent.

Les animaux ne réfléchissent pas sur leurs jugements; ils les composent et les décomposent pour en former d'autres, mais ne les analysent pas; ils emploient les notions générales et ne les considèrent pas; c'est pourquoi aussi ils ne sauraient instituer des signes, et cependant ils en ont.

Les animaux *signifient et parlent*, ceux du moins dont nous voyons les familles posséder des séries de sons et de mouvements, constants pour les mêmes cas et correspondant aux états passionnels des individus : d'où résultent pour eux de véritables communications de conscience; mais ces signes demeurent à peu près invariables et ne se scindent ni ne se combinent pour s'appliquer à des pensées plus restreintes ou plus étendues; le symbole ne s'élève jamais à la pleine universalité abstraite, le jugement n'étant pas lui-même réfléchi? enfin la parole animale est naturelle dans chaque famille, et s'applique fixe à des groupes fixes d'impressions; elle n'est ou ne devient artificielle en aucun temps, et c'est en cela qu'on doit dire que les animaux *ne signifient pas et ne parlent pas*, bien que communiquant par signes et quelquefois capables physiquement de produire des sons articulés.

Les animaux raisonnent et ne raisonnent point, tout comme ils parlent et ne parlent point. Si raisonner, c'est-à-dire conclure par le principe de contradiction ou par le syllogisme, c'est opposer clairement les membres d'une alternative ou discerner les moyens termes d'une suite d'espèces, il est plus que probable que le raisonner n'est pas où ne se produit ni progrès ni science. Mais s'il s'agit seulement de l'intuition d'un contraire dont le contraire est exclu de la conscience au moment même, ou de l'intuition d'objets qui s'enveloppent (c'est-à-dire sous forme imaginative et non de comparaison réfléchie de jugements), ce raisonner qui n'en est proprement pas un, appartient aux animaux : les plus simples observations nous le donnent à penser, sans tenir compte de celles que le vulgaire rapporte et rapporte mal, ou que des savants ont faites et n'ont pas interprétées correctement. Il existe, même chez l'homme, une sorte de déduction par voie d'imagination et de prévision : nous envisageons une suite d'actes qui mènent à un but, et, sans les enchaîner autrement que par leur représentation comme successifs, nous réalisons les premiers pour atteindre les autres. Il ne faut rien de plus pour expliquer les traits les plus remarquables d'industrie non instinctive qu'on a constatés chez certaines espèces, et particulièrement chez les quadrumanes. Ce même procédé de raisonnement intuitif rend suffisamment compte des variations que les animaux introduisent parfois dans l'ordre constant de leurs instincts, et dont on s'est prévalu abusivement pour nier ces instincts mêmes, ou la fixité qui les caractérise par opposition aux vues de l'intelligence. Ajoutons maintenant les effets de la mémoire, de l'imitation et de l'habitude, et s'il nous reste un sujet d'étonnement, ce sera l'état encore si obtus et si borné des animaux les plus développés.

Mais l'imagination, quoique puissante chez quelques-uns, est très circonscrite chez tous et ne s'étend pas loin dans l'avenir.

On a dû songer souvent à comparer l'entendement de l'animal à celui de l'enfant. Mais l'enfant, dès les premiers efforts de la vie de relation, et bien avant que ses organes aient tous atteint l'état propre à leurs fonctions définitives, manifeste une spontanéité d'un ordre nouveau : certaine impulsion le porte à attacher un nom à l'objet ou à la passion qui l'affecte, et c'est la raison pour laquelle il se prête si bien à accepter et à reproduire avec conscience les signes communiqués. La plupart de ces signes ont cessé d'être naturels; il se laisse donc conduire à des conventions, et contracte pour les accepter, de cela seul qu'il comprend et qu'il parle. L'usage des noms appellatifs suppose la représentation distincte de l'espèce, ou de ce que renferment de commun des objets qu'on oublie quelquefois être différents; aussi l'enfant généralise-t-il beaucoup, et bientôt vaillamment et sans réserve. Dès qu'il est maître de la parole, il pense aux jugements arrêtés dans sa mémoire; il les compare, il raisonne, et avec d'autant plus de force et de liberté qu'il a moins d'habitudes formées; il se fait des principes, et toujours très rigoureux; enfin ce n'est que peu à peu qu'il s'accoutume à voir un problème demeurer sans solution, à substituer à la vérité logique le dire convenu, au jugement le préjugé, et au raisonnement la série des opinions acquises. Un très grand nombre d'hommes raisonnent plus et mieux à douze ans qu'à cinquante.

Tous les phénomènes de la raison se produisent donc chez l'homme, et avec la plus grande intensité, même avant l'âge qu'on appelle *âge de raison*. Ce dernier période, dont les traits se forment graduellement, est marqué dans la personne par l'établissement d'une somme d'expériences faites ou dont elle a profité, et de plus par le point final d'attention et de réflexion que chacun est capable d'atteindre; c'est pourquoi l'entrée en est fixée, si tant est qu'elle puisse l'être, au moment où la vivacité et la mobilité des impressions venant à diminuer, l'homme arrête plus décidément ses objets et forme son caractère.

La faiblesse de l'attention, celle de la volonté, autrement que sous l'impulsion passionnelle, sont les traits communs de l'animalité et de l'enfance humaine, mais à des degrés bien différents, puisque l'animal témoigne ou d'une telle inertie ou d'une telle mobilité dans ses représentations, qu'il n'arrive jamais à la considération réfléchie de ses jugements; tandis que nous avons vu l'enfant atteindre tout d'abord à la fonction de signification et à ses conséquences. Aussi la plus grande variabilité des mouvements représentatifs, des impressions et des actes s'accorde chez l'un avec une stabilité réelle des modes d'appétit et de connaissance (voyez le singe, par exemple), là où cette fixité que l'attention seule impose aux phénomènes conduit l'autre à modifier ses actes et finalement sa nature. Je m'efforcerai, en traitant de la volonté, de pénétrer jusqu'à la racine du développement de conscience que j'ai résumé jusqu'ici dans le mot *réflexion*.

Observations et développements.

A

« Qu'on ne dise pas : Si l'homme a inventé le langage, pourquoi ne l'invente-t-il plus? La réponse est bien simple : c'est qu'il n'est plus à inventer; l'ère de la création est passée. Les grandes œuvres des temps primitifs, improvisées sous le règne absolu de l'imagination et de l'instinct, nous semblent maintenant impossibles, parce qu'elles sont au-dessus de nos facultés réfléchies. Mais cela prouve seulement la faiblesse de l'esprit humain, dans l'état plein d'efforts et de sueurs qu'il traverse pour accomplir sa mystérieuse destinée. On serait tenté, à la vue des prodiges éclos au soleil des jours antiques, de regretter que l'homme ait cessé d'être instinctif pour devenir rationnel. Mais en se console en songeant que si, dans l'état actuel, sa puissance est diminuée, ses créations sont bien plus personnelles, qu'il possède plus éminemment ses œuvres, qu'il en est l'auteur à un titre plus élevé; en songeant surtout que le progrès de la réflexion amènera un autre âge, qui sera de nouveau créateur, mais librement et avec conscience. Souvent l'humanité, en paraissant s'éloigner de son but, ne fait que s'en rapprocher. Aux intuitions puissantes mais confuses de l'enfance succède la vue claire de l'analyse, inhabile à fonder : à l'analyse succédera une synthèse savante, qui fera avec pleine connaissance ce que la synthèse naïve faisait par une aveugle fatalité. Un peu de réflexion a pu tuer l'instinct; mais la réflexion complète en fera revivre les merveilles avec un degré supérieur de netteté et de détermination. » (E. RENAN, *De l'origine du langage*, 2ᵉ éd., p. 246.)

On ne peut que louer la conclusion d'un auteur qui a le sentiment si profond de la poésie créatrice des langues, et que la sécheresse croissante du temps présent serait bien faite pour rebuter. Mais cette sécheresse même a sa place marquée, son œuvre à faire dans le développement du génie humain, et la crainte de l'augmenter ne doit pas nous porter à voir avec déplaisir ce qui pourrait être tenté pour rationaliser le langage et l'écriture. D'abord chacune des œuvres de l'homme doit se poursuivre de confiance : l'accord de toutes existe sans doute au fond et à la fin, et ne doit pas nous préoccuper. La raison a donc à remplir sa tâche jusqu'au bout sans se laisser détourner par l'intérêt de l'art. D'ailleurs l'art trouve aussi un appui dans la vérité, quelque éloignée qu'elle semble de ce qu'on voudrait poursuivre comme beau. Les mathématiques aussi sont sèches, mais le géomètre ne fait pas obstacle au peintre : il le soutient. Ajoutons que la poésie des anciens jours, inimitable en plusieurs points, et vainement regrettée, se lie à des illusions et à des erreurs qui lui survivent et qui nous nuisent, quoique affaiblies. Si la poésie, dont le sens paraît presque oblitéré chez les peuples rationnels, à regarder du moins le plus grand nombre des actes et des caractères, est destinée à renaître et à s'épanouir comme la fleur d'une humanité future, ne pouvons-nous penser qu'elle différera de l'imagination de nos premiers pères autant que notre raison s'éloigne de leur sagesse. Enfin, si, comme il est probable, la grande aptitude à la mythologie, à la création des images et des fictions, la tendance à animer et personnifier les forces naturelles doivent demeurer toujours les dons poétiques par excellence, qu'avons-nous à faire qu'à les admirer sans rien craindre de ce qui pourrait les décourager? Ils n'auront d'influence sur les hommes qu'autant que le poète qui leur empruntera l'inspiration de la *forme du beau* proprement dite, tiendra, d'un autre côté, de la société où il vit, des connaissances *vraies* et une capacité rationnelle qui lui permettront d'être utile aux hommes (en ne cherchant pourtant qu'à plaire à tous et à lui-même). Ne voyons-nous pas, malgré la sécheresse dont nous nous plaignons, les grands poètes de notre époque manquer trop souvent de rationalité et de science, et choquer notre amour de la vérité sans aucune nécessité pour l'intérêt de la beauté?

B. Des facultés des animaux.

Un éclaircissement ne sera pas de trop sur la question de la manière dont les bêtes raisonnent, car il n'en est guère sur lesquelles il règne plus de confusion et de préjugés; et pourtant elle ne me semble pas des plus difficiles. Je me souviens qu'Étienne Geoffroy Saint-Hilaire racontait dans une de ses leçons, comme exemple à l'appui de l'existence du raisonnement chez les animaux, le trait suivant d'intelligence, dont l'avait rendu témoin un chimpanzé récemment arrivé au jardin du muséum. Cet animal se suspendait à une corde qui portait un nœud dans sa longueur, et il cherchait à défaire ce nœud au-dessus de sa tête, tandis que son poids tirant au-dessous tendait à le serrer. Après quelques efforts, il s'avisa du véritable état des choses, et alors, remontant le long de la corde, au-dessus du nœud, et se tenant renversé, la tête et les bras en bas, il parvint à faire passer dans le lacs le bout de la corde demeuré libre. Est-il possible d'expliquer cette opération mentale, une des plus remarquables assurément qu'on ait citée en ce genre, sans supposer l'emploi du syllogisme chez le sujet de l'observation? Il me paraît que oui, et tout simplement par l'intuition, c'est-à-dire, ici par l'imagination et la prévision qui représentent à l'animal la situation de la corde et de son propre corps dans des conditions autres que celles qui sont actuellement réalisées. Il a d'autre part l'idée de ce qu'il peut faire lui-même pour modifier ces conditions et les mettre à profit. Des fonctions intellectuelles d'ordre élevé sont en jeu dans tout cela; je n'y contredis pas, et même je crois que le talent de tirer des conclusions, chez la plupart des hommes ignorants et peu exercés à se rendre compte de leurs opérations intimes, ne va pas souvent au delà de cette forme intuitive. Mais enfin ce n'est pas le syllogisme, c'est-à-dire la notion claire d'une vérité tirée du rapprochement de deux autres à la faveur d'un terme enveloppant d'une part et enveloppé de l'autre. Si l'on en doute, qu'on cherche à mettre en syllogisme le procédé déductif ou inductif du chimpanzé : il y faudra quelque attention et quelque recherche. Si c'était un vrai raisonnement, il se présenterait aussitôt sans peine. Mais nous-mêmes, gens accoutumés au mouvement de l'induction ou de la déduction formelles, en logique ou en mathématiques, nous ne raisonnons pas plus que ne fait le chimpanzé, dans les cas analogues, et c'est pour cela que nous ne réussirions pas aisément à assigner d'une manière exacte et complète les termes des jugements enchaînés par lesquels on peut arriver péniblement au résultat que l'intuition atteint si bien et si vite. Le raisonnement formel a de tout autres emplois.

On voit que l'erreur commune touchant le raisonnement des bêtes n'a d'autre fondement qu'une confusion d'idées, un manque à définir. On ne se demande pas ce que c'est *formellement* que le raisonnement, et l'on réunit sous ce nom tous les procédés quelconques à l'aide desquels l'intelligence humaine ou animale est apte à tirer des conclusions.

Un autre exemple achèvera d'éclaircir ma pensée sur la manière dont l'intuition et l'instinct obtiennent des conclusions sans le raisonnement proprement dit, et en n'accordant au principe de contradiction qu'une existence implicite ou confuse. On suppose (à tort ou à raison, mais cela n'est point incroyable) qu'un chien qui, suivant une piste, arrive au point de rencontre de deux chemins, n'a besoin de flairer l'entrée que d'un seul, et, celui-ci exclu par cette exploration, prend aussitôt l'autre de confiance. N'est-ce pas, dira-t-on, faire usage du principe de la disjonction logique et conclure, *A étant B ou C*, de ce que *A n'est pas B*, que *A doit être C*? Assurément, mais avec cette différence que la conscience animale compare deux possibles imaginés, l'un desquels étant éliminé par l'expérience, il arrive que l'autre agit avec toute sa force et sans obstacle, à la manière d'une sorte de contradictoire intuitif; tandis que l'homme capable de poser des alternatives réfléchies s'élève à la notion d'un principe, et affectant des signes aux hypothèses qu'il fait, est apte à construire des sciences. On peut dire que c'est là une simple différence de degré, mais n'est-ce pas aussi ce qu'on peut dire d'une différence quelconque, au moins partout où il n'est pas impossible de concevoir au-dessus des caractères spécifiques un caractère générique quelconque?

M. Darwin, dans son ouvrage de la *Descendance de l'homme*, a cité des cas fort acceptables d'opérations intellectuelles et d'affections morales analogues (analogues est le mot vrai) chez l'homme et l'animal. Il a eu le tort de rapporter aussi des cas suspects, sur des récits de chasseurs. Mais le vice le plus grave de cette partie de ses théories se fait sentir quand, après avoir énuméré des traits d'ingéniosité animale, dont il ne songe point à analyser le principe, il écrit une phrase comme celle-ci (t. I, p. 49) : « Si de pareils faits ne suffisent pas pour convaincre que l'animal peut raisonner, je n'en saurais ajouter d'autres plus convaincants. » Ils seraient plus convaincants si l'auteur se préoccupait de définir exactement ce que c'est que *pouvoir raisonner*. Faute de telles définitions, on ne peut attacher aucune valeur sérieuse à cette affirmation (p. 36), qu' « il n'y a aucune différence fondamentale entre l'homme et les mammifères les plus élevés dans leurs facultés mentales ». Qu'est-ce, en effet, qu'une différence fondamentale? L'esprit de la méthode évolutionniste paraît être de nier les *différences fondamentales* partout où s'observent des différences qu'on peut diviser en différences moindres par l'établissement d'une échelle de progression. On aurait aussitôt fait de dire que là où les différences s'échelonnent il n'y a point de différences. C'est la négation des divisions en vertu de l'existence des subdivisions, c'est le calcul différentiel employé à prouver qu'il n'y a point de différences finies. Mais, encore une fois, qu'est-ce qu'une différence fondamentale? Est-ce celle qui existe entre des objets qui n'ont rien de commun? Il est trop clair alors qu'il n'y a point de différence fondamentale entre l'homme et l'animal. L'*homme est animal*, donc aussi l'*animal a de l'homme*.

Le même défaut de définitions psychologiques oblige un lecteur vraiment logicien à ne voir qu'un non-sens dans cette affirmation vague, arbitraire et toute banale, qu'on ne devrait pas trouver dans un livre de science « qu'il y a un intervalle infiniment plus considérable entre l'activité mentale d'un poisson de l'ordre le plus inférieur, tel qu'une lamproie ou un amphioxus, et un des singes les plus élevés, qu'entre celui-ci et l'homme ». Cet intervalle, ajoute M. Darwin, « est cependant rempli par d'innombrables gradations » (p. 35, trad. franç. de M. Moulinié). Sur quel étalon le naturaliste mesure-t-il ces intervalles du poisson et du singe, du singe et de l'homme pour les comparer? Quand il parle d'*activité mentale*, doit-il ne penser qu'au nombre et à la vitesse des impressions, ou faut-il aussi qu'il s'occupe de la valeur des sentiments et des idées dont cette activité se compose? Possède-t-il une définition exacte, universellement acceptée, de l'homme comme agent moral? S'il ne la possède pas, est-il obligé de se faire une doctrine et des convictions en psychologie pour examiner le problème qu'il tranche? Ensuite, si l'intervalle du poisson et du singe est rempli par d'*innombrables gradations*, et s'il y a quelques gradations assignables entre le singe et l'homme, ce sont des questions; mais toutes les gradations possibles qu'on imagine n'empêchent pas les différences spécifiques mentales qu'on observe, et qui paraissent à plusieurs plus profondes entre l'homme et le reste des animaux qu'entre les différents ordres de ces derniers.

Au reste, M. Darwin, après bien des arguments sans précision à l'appui de sa thèse, finit par subordonner le développement exceptionnel de l'intelligence humaine à l'emploi des signes, à l'instrument du langage. La question revient alors pour lui à celle de l'origine du langage articulé. Mais en soutenant la possibilité de cette origine chez l'animal, M. Darwin ne se rend pas compte d'une vérité essentielle que M. Max Muller a établie avec beaucoup de force et une rare compétence : à savoir que toutes les langues humaines, différentes en cela du langage animal, qui est un langage d'émotion ou de sentiment, supposent essentiellement la faculté d'abstraire et de généraliser, d'instituer des genres formels et par là d'obtenir des signes tout autres que ceux qui servent aux animaux. Les radicaux sont en effet des idées générales, des concepts, et non pas simplement des modes d'expression relatifs à des objets individuels et nés de sensations particulières. (*Lectures on Mr Darwin's philosophy of language*, 1873.) Je crois qu'il est bon d'ajouter que la généralisation, l'induction naturelle et la tendance à nommer les objets en leur appliquant des noms déjà donnés à d'autres objets qui ont un rapport d'analogie quelconque avec les premiers, sont des dons tellement naturels et si puissamment développés chez l'homme enfant, qu'une grande partie de son éducation morale est employée à les contrebalancer. Ce fait serait entièrement inexplicable s'il s'agissait de facultés sorties graduellement du fonds de l'intelligence animale. La différence spécifique de l'enfant le moins intelligent et de l'animal adulte le plus élevé est extrêmement frappante dans l'aptitude à recevoir et à créer des signes et à tirer des inductions.

VI

DE LA CONSCIENCE EN GÉNÉRAL ET DES MÉTHODES PSYCHOLOGIQUES. FORMES ESSENTIELLES DE LA CONSCIENCE.

En distribuant selon les catégories la série des fonctions intellectuelles dont l'homme forme la synthèse, je n'ai pu que reprendre ou continuer sur un théâtre moins abstrait l'analyse des catégories elles-mêmes. Les lois que j'ai parcourues, quoique données dans notre conscience, et intelligibles seulement là, résident essentiellement dans des sujets représentés; elles semblent avoir hors de nous leur origine entière et une existence indépendante, aussi bien que plus vaste. L'homme se croit volontiers le spectateur passif de ces nombres, de ces images, de ces espèces, qui composent un monde opposé à lui; et sa représentation se subordonne aux objets qu'elle se peint. Toutefois, dans ce domaine objectif où la philosophie aussi n'a vu longtemps qu'une chambre noire et des idées qui pénètrent du dehors et s'assemblent à un foyer optique, je me suis efforcé de ne point perdre de vue l'unité de représentation et de conscience, au milieu des distinctions nécessaires.

Maintenant les catégories de causalité et de finalité vont s'offrir à nous, la conscience revêtir un autre caractère et se reconnaître mieux dans ses objets. Les causes et les fins sont encore, il est vrai, données en des sujets qui occupent la scène du monde; mais on reconnaît plus facilement la valeur objective de leurs lois constituantes, ou combien elles sont inséparables d'une conscience qui s'oppose des objets. En les étudiant d'une manière abstraite, autant qu'il était possible, nous n'avons obtenu qu'une critique des questions générales d'origine et de destination des choses. (*Logique*.) Rapportées à un centre d'expérience, qui est celui des phénomènes humains, elles devront éclairer pour nous les mêmes problèmes, sous des conditions finies, touchant des sujets compréhensibles, et nous conduire aux conséquences certaines, à tout le moins probables d'une bonne définition de l'homme. La question de la certitude est elle-même immédiatement dépendante de celle des rapports de puissance et d'acte, de tendance et d'état, donnés dans la sphère de la conscience.

La méthode que je suis est donc une analyse des

fonctions humaines rattachées aux groupes catégoriques de Relation, Nombre, Position, Succession, etc., et sous la loi de Personnalité, qui forme du tout un seul faisceau. Dans cette sorte d'anthropologie abstraite, j'ai dû laisser de côté les recherches du ressort des sciences spéciales et constituées. Mais, en traitant de l'entendement et de la sensibilité, je n'ai pas négligé de fixer le rapport de ces mêmes sciences avec l'étude générale de l'homme, et de montrer en quoi elles en forment une base nécessaire, en quoi insuffisante et subordonnée, par le fait même de la gradation des phénomènes, qui s'enveloppent les uns les autres sans que pour cela la réduction des derniers aux premiers soit seulement concevable. Le mot définitif sur ce sujet viendra naturellement à propos des effets physiques des passions et de la volonté. Là le problème de la hiérarchie des fonctions composant l'homme se présentera dans un ordre inverse.

Cette marche, que je crois rigoureuse, doit rencontrer trois sortes d'adversaires, trois méthodes différentes, deux desquelles ont régné dans le passé, se sont toujours combattues et se combattent encore. La troisième, toute récente, est la seule qui se dirige par un esprit scientifique, ou à peu près ; mais elle n'a guère produit que des tentatives, et semble, par son principe même, incapable de se fixer, à moins de se confondre avec celle que je propose.

Il y a d'abord la méthode matérialiste, un dogme au fond et qui a ses mystères, ses variations et ses hérésies, depuis l'*eau* de Thalès ou l'*infini* d'Anaximandre, jusqu'aux idoles de Démocrite et aux atomes d'Épicure, et depuis le naturalisme de Hobbes ou de Diderot, jusqu'au sensisme de Condillac, ou au vitalisme de Bichat, ou au cérébralisme de Cabanis, de Broussais et d'Auguste Comte, ou au transformisme des forces physiques, en dernier lieu. Le vice commun de ces écoles, qui admettent généralement la substance, est, en outre, de raisonner par l'extension d'un même nom à des phénomènes logiquement différents, en supposant de prétendues transformations ou des fonctions inobservables et peu intelligibles. Ce procédé éminemment naïf se comprend encore chez les anciens. Les modernes, qui leur sont presque toujours inférieurs pour le métaphysique pur, devraient au moins les surpasser en esprit positif : ils ne devraient pas ignorer les bornes des sciences; et, depuis Kant, ils pourraient savoir que les objets prétendus les plus matériels, demeurent sans définition, deviennent insaisissables, lorsque l'on essaye de se les représenter indépendamment des caractères dont les affectent les lois de la conscience. Or comment expliquer la conscience et ses fonctions au moyen de principes qui impliquent la conscience et ses fonctions : l'espace et le temps, par exemple?

La psychologie spiritualiste, dite *rationnelle*, fondée par Descartes et Leibniz, systématisée par Wolff, admet l'âme, la substance de la pensée, ou encore les monades inétendues, qui sont également des pensées substantialisées, à cela près qu'elles constituent plusieurs degrés de pensée au lieu d'un seul. Mais ces choses n'étant pas connues en elles-mêmes, le philosophe est forcé de se réduire à l'analyse des fonctions intellectuelles et morales. Si donc on laisse de côté les prétendues démonstrations basées sur le principe de la substance, la psychologie, de rationnelle qu'elle se disait, devient empirique. C'est la marche suivie de Descartes à Locke, à Hume, à Kant et aux Écossais. On n'est pas plus avancé que ne l'était Aristote, et on ne possède point d'instrument qu'il ne possédât. Un autre défaut de la méthode cartésienne, et qu'Aristote avait évité, c'est la séparation de substance établie entre les fonctions physiques et les fonctions psychologiques, d'où résulte l'impossibilité de les unir comme le veut l'expérience. Il est vrai que le panthéisme n'encourt pas ce reproche;

et le panthéisme est un dogme qu'on trouve au bout de tous les dogmes : mais quelle valeur démontrée peut-on accorder à ce système, à ce monstre fait d'un seul bloc sur l'hypothèse de la *substance unique* emportant celle de l'*enchaînement unique* des phénomènes ?

La psychologie empirique croit pouvoir observer et classer les faits internes. Mais il faut à l'observation des objets qui se tiennent, et il faut un fil conducteur à l'analyse. Des antécédents synthétiques sont inévitables ; les faits généraux qu'on appelle catégories constatent leur présence à chaque moment de l'observation prétendue, et c'est vainement qu'on voudrait les déduire ; les jugements irréductibles qui sont inhérents à ces faits se trouvent impliqués dans la forme et dans le fond d'une exposition de pensées quelconques ; il serait donc juste de poser nettement et dès l'abord les relations partout supposées dans l'analyse psychologique. Le fil conducteur serait alors donné par les catégories. Mais comment établir et légitimer celles-ci ? où sera le fil conducteur de l'analyse préliminaire elle-même ?

Cette difficulté a visiblement arrêté les Écossais. Ils ont pensé ne pouvoir procéder qu'au hasard, et, se tenant au milieu des données confuses de l'esprit humain, ils ont essayé de constituer un certain nombre de familles naturelles : aussi leur dernier disciple en France assimilait-il la philosophie à la botanique. Ces esprits honnêtes ne voyaient pas qu'en réfutant au début de leurs écrits les principes de Berkeley ou de Hume, ils se supposaient à eux-mêmes des principes dont on pouvait leur demander un compte rigoureux que leur méthode interdisait. Il est vrai qu'ils ne commençaient pas l'analyse en posant des définitions et des données : en cela ils se croyaient fidèles à la méthode expérimentale et à l'abri de toute accusation de dogmatisme, fiers du mot de Newton qu'ils s'appliquaient : *Hypotheses non fingo*. Mais pouvaient-ils raisonner, prouver, seulement parler, exposer une idée, préférer telle manière de voir à telle autre, et ne point se référer à des vérités antérieures? Ces vérités n'étant pas clairement et distinctement accusées, la méthode écossaise roulait dans un cercle vicieux honteux, et non seulement n'établissait rien à proprement parler, mais même ne permettait aucun contrôle de ce qu'elle semblait établir. C'est qu'il y a entre l'histoire naturelle et la science première cette différence : un savant spécial admet tous les principes convenus et toutes les vérités reçues en dehors du champ limité de ses propres analyses; un philosophe ne connaît point de principes *en dehors*, et toutes les vérités qu'il veut atteindre, il doit ou les déduire, ou les poser par définition et par hypothèse. Or, on ne saurait tout déduire. Donc la philosophie la plus attachée à la méthode analytique commence par faire ses catégories, qui sont des postulats, des *demandes* qu'elle livre à la vérification et à la critique. Si elle ne les fait point, elle les implique. Ou elle se contredit, en les démentant, ou ses discours pour les établir ne sont qu'une longue pétition de principe. Les Écossais se sont donné beaucoup de peine pour n'arriver guère qu'à ce résultat, savoir que nous possédons un certain nombre de faits primitifs de conscience dits de *sens commun*, ou d'*intuition*, ou de *croyance*, ou encore autrement; mais la meilleure preuve qu'ils eussent pu donner de leur thèse, si imparfaitement élucidée, c'est l'existence de tant de volumes consacrés à la philosophie et dont les auteurs se comprennent et se font comprendre (à peu près), sans rien définir à la rigueur. Leurs propres livres mettent le sceau à la démonstration. Mais où manquent l'ordre et les définitions exactes, il peut y avoir esprit, finesse et bon sens; il n'y a pas science.

On a souvent pensé à adopter, pour ordre de l'analyse, l'ordre chronologique observé dans le développement de la conscience. Mais toute observation de ce genre est impossible, à raison de la complexité avec laquelle se produisent dès l'origine les phénomènes que l'on voudrait les plus simples. Tout concourt à prouver que des synthèses sont d'abord données, dans l'établissement des fonctions de conscience. L'analyse seule exige des efforts. Aussi les travaux dans lesquels se marque la tendance à construire la chronologie de la pensée ne sont point parvenus à s'appuyer sur l'expérience : la *statue* de Condillac et de Charles Bonnet est une fiction; et le système qu'elle met en œuvre est incompatible avec les faits. Pour rattacher à la sensation tous les phénomènes de conscience, il ne suffit pas de méconnaître les jugements aprioriques, il faut encore oublier l'ensemble des lois de l'instinct, qui sont fondamentales dans le règne animal, l'homme compris.

Les dernières limites de la direction empirique en psychologie ont été atteintes par Herbart; du moins si nous regardons comme non avenus les absolus que ce philosophe superpose à sa phénoménologie. Nous ne comprenons de ceux-ci ni l'essence ni les rapports avec les phénomènes. Il en était de même de l'*unité* des éléates et des *idées* de Platon, chimères dont une métaphysique soi-disant nouvelle se réclame encore. En les rejetant nous sommes en présence d'un empirisme franc et résolu. Au lieu de facultés plus ou moins délimitées, propres à lier les faits, nous envisageons ces faits internes eux-mêmes, tous les distincts possibles de la représentation, et nous en cherchons les lois d'adhérence mutuelle et de succession. La conscience est alors identique, à un instant donné, avec celle des représentations qui est la plus réelle, c'est-à-dire la plus vive à cet instant (ceci date de Démocrite); et le moi peut se définir un résidu des représentations qui, s'obscurcissant ou se neutralisant à la rencontre les unes des autres, laissent à leur place une abstraction de ce qu'elles ont de commun entre elles. Les autres idées générales, formées d'une manière semblable, donnent en s'enchaînant les jugements et les raisonnements. L'association, ou développement sériaire des pensées, résulte de ce que, dans la succession des représentations qui arrivent tour à tour au maximum d'intensité, et s'assimilent plus distinctement à la conscience, puis se trouvent supplantées et s'évanouissent, le mouvement est propagé dans un certain ordre. Cet ordre est celui des idées affectées de rapports moyennant lesquels elles s'appellent les unes et les autres; c'est aussi l'ordre de celles qui ont été rapprochées de fait antérieurement, ne fût-ce qu'une fois. Il se produit donc une sorte d'ondulation : chaque représentation vibrante revient au repos, ou, pour mieux dire, retrouve peu à peu son équilibre avec les autres, après qu'elle a transmis sa tension aux représentations voisines : mais l'équilibre n'est jamais parfait, tout demeure et se conserve à l'état latent : c'est ce que nous appelons oubli, et le retour à l'activité et au mouvement est un fait dit de mémoire ou de réminiscence.

On comprend que les volitions et les penchants peuvent s'envisager de la même manière, en tant que représentations, ou comme caractères des idées dont ils sont inséparables et dont ils qualifient les *masses*, les *forces*, les *mouvements*.

J'ai voulu faire honneur du nom d'empirisme à ce système; avec raison, je crois, si l'on veut bien le dégager du luxe d'images et de comparaisons mécaniques dont il s'enveloppe. Mais pourquoi faut-il qu'on soit obligé de demander pardon de la figure? est-elle donc indispensable? Si je dépouille la psychologie de Herbart de ce cortège de métaphores, je n'y vois plus qu'une description générale des faits de conscience et de leurs séries : mais, après la description, la classification se fait désirer, c'est-à-dire qu'il faut nécessairement construire des catégories, ou revenir aux anciennes rubriques des facultés humaines. Au contraire, si je prends au sérieux la statique et la dynamique des représentations, la pression, la tension, l'ondulation et l'équilibre des idées, je me vois jeté dans un mystérieux symbolisme que je pourrais admirer dans le siècle d'Empédocle, mais que je cesse de comprendre après le siècle de Kant.

Au lieu de distribuer les phénomènes par espèces, unique procédé qui doive accompagner l'analyse et conduire à la science, Herbart les rapporte à des monades absolues : dès lors il substitue à sa psychologie empirique une psychologie rationnelle, obscure si ce n'est contradictoire, et qui n'est qu'une corruption de celle de Leibniz. La conciliation de l'unité et de la simplicité des êtres avec l'existence de leurs rapports, et avec la multiplicité des phénomènes qui les modifient, devient impossible, lorsque les changements ne naissent pas de son propre fond à la monade, mais qu'elle doit laisser *entrer et sortir les représentations*. L'imagination du philosophe a encore ici recours au mythe et se tire de difficulté par des comparaisons. Les monades ont, dit-il, des natures contraires, d'où résultent des pressions et des résistances, des perturbations et des efforts de conservation de soi. Cependant il avoue que nous ne connaissons pas ces natures, et qu'il n'y a en réalité ni action, ni passion, ni mouvement : les efforts ne sont pas des efforts, la multiplicité n'est pas une multiplicité, le changement n'est pas un changement. Qu'est-ce alors que tout cela? Des *notions auxiliaires*, comme l'espace, le temps, et le mouvement, qui ne sont de rien aux êtres; des *vues accidentelles* comme la décomposition fictive d'une force en mécanique, ou celle d'une figure en géométrie. Ainsi, on commence par me proposer un mythe, on me défend ensuite d'y croire. Que ne dit-on simplement : *l'un est un, et le monde est une illusion?* Xénophane et Parménide s'exprimaient plus clairement que cet homme de notre âge.

Herbart reproche à la psychologie vulgaire les personnes mythologiques dont elle écrit l'histoire sous le nom de facultés de l'âme : ses mythes, à lui, sont d'un autre ordre, et beaucoup plus fantastiques. Il remarque aussi que l'histoire naturelle des notions sous lesquelles on classe les phénomènes de conscience est une entreprise vaine, à cause de la continuité des transitions entre ces phénomènes : la psychologie expérimentale, qui suppose des facultés diverses, s'approcherait tout au plus de la vérité comme le polygone inscrit s'approche de la courbe. La réflexion est juste, la comparaison ingénieuse ; mais la science peut-elle davantage, et ce défaut prétendu n'est-il pas la condition de toute analyse ? Sans doute les divisions et les classifications sont ordinairement vicieuses ; mais le vice de la division en elle-même disparaît quand on pose la continuité ou, plus exactement, la synthèse, comme origine et fin de l'analyse. Les naturalistes ne laissent pas de distinguer des ordres et des familles entre lesquels il est d'inévitables liens de similarité ou de transition. Les sciences elles-mêmes sont inséparables, et cependant les confondre serait les anéantir. Or l'analyse qui établit des classes de phénomènes de conscience, fondées sur des distinctions logiques et primordiales, constate des espèces plus tranchées, dans un genre donné, que ne peut le faire l'observation appliquée à l'un quelconque des ordres de la nature.

Il est également vrai que la conscience du moi pur est une chimère, et que toute conscience est unie à des représentations déterminées ; mais la représentation de la conscience elle-même n'enveloppe-t-elle pas toutes les autres, et n'en est-elle pas la forme la plus générale et la plus essentielle ? Toute idée particulière est fonction de l'idée de conscience, au moins à quelque degré, tandis que celle-ci ne suppose nécessairement aucune idée particulière. Il ne suffit pas, pour lier les phénomènes, de composer le symbole de leur soi-disant mécanique. Chaque étude poursuit ses lois propres ; mais cette mécanique ne donne point de lois positives, et l'intervention des êtres simples en éloigne plus encore. L'étude des représentations humaines trouve ses lois dans les catégories, puisque les catégories sont les formes générales de la représentation. La plus essentielle de ces formes, la première de ces lois est donc la personnalité, la conscience ; et les fonctions animales ne s'offrent à l'analyse que sous une personne d'une étendue et d'une intensité variable, d'une durée inconnue, mais logiquement nécessaire, ou nécessairement supposée.

J'ai appliqué aux premières catégories cette méthode de classification que je m'étonne de trouver nouvelle. On peut juger si elle donne des résultats faciles et bien coordonnés. Elle n'aurait point échappé à Kant, sans la préoccupation singulière qui porta ce grand homme à admettre les données de la psychologie vulgaire au moment même où il se proposait de soumettre à la critique tout le contenu de l'esprit humain. Il crut pouvoir obtenir les catégories par voie de déduction, et ne s'aperçut pas que, pour éviter de poser comme des faits aprioriques ces notions d'où toutes les notions dépendent, il en acceptait d'autres que l'autorité seule lui recommandait et dont la définition était même fort imparfaite.

Les divisions que j'ai proposées jusqu'ici portent sur des lois qui, réunies sous la loi de conscience dans l'homme, cependant caractérisent essentiellement le non-soi : relation, nombre, position, succession, devenir, qualité. Les fonctions dépendantes de ces catégories, comparaison, numération, imagination, mémoire, séries de la pensée, raison, ont un caractère commun : la subordination de l'élément représentatif à l'élément représenté dans la représentation. Sous ce point de vue, il est permis de leur attribuer un même nom. Nous adopterons celui d'*intelligence*. Au reste, cette subordination échappe à toute autre définition. Tout ce qu'on peut faire, c'est de rappeler une image qui la peint, et qui est d'ailleurs trop commune et se comprend trop vite pour n'être pas exacte (comme symbole, sans ombre d'explication) : L'intelligence est un *reflet vivant des objets*, un *miroir qui voit ses images*. C'est ainsi qu'elle se pose vis-à-vis d'elle-même en empruntant à une perception particulière un signe sensible de la fonction qui la constitue.

Une remarque très simple peut mettre en relief le ridicule achevé du sens matériel attribué si souvent à ces termes, et en même temps constater leur valeur symbolique : c'est que la donnée des images visuelles n'est possible que par celle d'une fonction représentative, objective ; or on ne saurait ni expliquer le général au moyen du particulier (la représentation et l'objectivité par la vision), ni expliquer le particulier au moyen de faits qui n'offrent pas trace de son caractère générique (la vision par des fonctions physiques où rien n'apporterait la faculté d'objectiver).

L'intelligence est donc éminemment la représentation : éminemment, ainsi que dans le sens le plus figuré de ce mot. Quand nous abordons ensuite les catégories de causalité et de finalité, et par elles la volonté et le penchant, fonctions humaines dont elles sont *in abstracto* les racines, nous reconnaissons cette même représentation comme y étant inhérente. En effet les fonctions affectives cesseraient d'exister si elles n'étaient représentatives d'elles-mêmes à quelque degré, et d'autre part, elles se supposent des objets qui doivent être en même temps représentés. Ainsi l'unité des formes de la conscience, est bien sensible. Mais il ne s'agit que de l'unité multiple c'est-à-dire de la synthèse, et celle-ci pourrait présenter ses éléments dans un ordre différent où domineraient soit le principe des fins, soit le principe des causes. C'est une question dont la solution demande à être préparée.

La suite de ces études, en nous conduisant à définir la nature et la portée des faits de passion et de force dans l'homme, montrera en quel sens et jusqu'à quel point le principe affectif et le principe volitif doivent être distingués l'un de l'autre et de l'intelligence. Admettons ces éléments comme logiquement irréductibles, ce que notre analyse des catégories a déjà constaté d'une manière générale ; l'homme nous apparaîtra dès à présent comme une synthèse de trois formes essentielles à l'existence et aux lois de la conscience et de ses variations. Il faut y joindre les formes sensibles, la sensibilité, quatrième condition nécessaire, généralement inhérente à la production des phénomènes de l'expérience sous les lois de l'étendue, et unie dans la nature humaine aux diverses fonctions organiques et physiques qui font partie de ces phénomènes.

Un ancien à qui l'on demandait : *Qu'est-ce que l'homme ?* répondait : *L'homme est ce que tout le monde sait*. Mais ce que tout le monde sait, les savants, en général, ne l'ont pas su. La raison en est que, voulant se faire jour au milieu des données confuses d'une définition à dégager, le philosophe retranche celles qui le gênent ou dissimule celles qui le contrarient. Le peuple savait, bien que confusément ; le dogmatisme métaphysique, fier de sa fausse clarté, l'évidence, que chacun invoque, et de sa fausse unité, pleine de lacunes ou de contradictions, ignore ; il laisse échapper, au moment de formuler une définition, cet objet qu'il possédait avant de l'avoir défini, et ne tient plus, au lieu du sujet véritable et total, qu'une abstraction insuffisante et mal formée.

Plusieurs ont dit, et de tout temps, en différents termes : l'homme est une matière organisée. Nous savons ce qu'ils ont trouvé de difficultés : les uns, à définir la matière soit inerte, soit vivante, et son principe d'organisation, pour en tirer le surplus de la nature humaine ; les autres, à s'absoudre d'un cercle vicieux quand ils impliquaient dans la définition cela même qu'ils voulaient en déduire, l'intelligence, la volonté.

L'homme est un composé de matière et d'âme; l'âme, une idée composée d'idées : c'est en deux mots la doctrine de Platon. L'homme est un composé d'âme et d'étendue figurée et mobile; l'âme, un esprit, une pensée : termes génériques : nouvelle formule que Descartes a donnée aux modernes pour tenir lieu de la première. L'homme est une double série harmonique, mais bornée et transitoire, de modes de l'étendue et de modes de la pensée : formule plus claire apportée par Spinoza. Ainsi, laissant de côté la matière et la vie, sur lesquelles ces philosophes ne s'entendent pas, penser, connaître, ce serait, suivant eux, tout ce que nous sommes. Le peuple en sait plus long. Il est vrai que parmi les idées, et à leur tête, le philosophe grec introduit un principe moteur et dominateur, une idée, plus qu'une idée, *le Bien*. Les modernes appellent la pensée la chose qui proprement pense, et aussi celle qui sent, qui s'affecte et qui veut. Il ne faut pas disputer des mots; cependant de telles définitions ne se sauvent de l'inexactitude que par la confusion. Elles embrassent *ce que tout le monde sait*, mais dans la synthèse vague de tout le monde, et, ce qui est pire, sous une appellation arbitraire empruntée à l'une des parties de cette synthèse. Sans doute la volonté et les affections sont des pensées, puisqu'elles sont représentatives, mais est-ce là tout? L'idée d'un triangle, un fait de volition, un sentiment de tristesse appartiennent-ils aux mêmes genres? La doctrine de la substance peut bien répondre affirmativement; mais la solution qu'elle offre est illusoire.

Leibniz est plus exact et plus complet que ses prédécesseurs, quand il propose une classification ternaire des puissances de la monade : *perception, appétit, effort*; mais il est loin de s'expliquer suffisamment sur la division et la coordination de ces trois espèces de la représentation. Aussi les philosophes reviennent après lui aux anciens errements et se montrent inférieurs à Descartes même, qui, dans le fond, reconnaissait trois états de la conscience : *aperception de l'entendement, détermination de la volonté, émotion ou agitation de l'âme.* Les uns ramènent sans preuve les faits de volonté aux états passionnels, et il n'y a pas jusqu'à Kant qui ne sacrifie à la division binaire. D'autres, ce sont les panthéistes, suppriment radicalement le principe d'individualité, et, comme Spinoza, ne voient dans le développement de tous les phénomènes du monde que celui des propriétés contenues dans une première substance, ou une première idée; en sorte qu'on ne trouve aucune différence entre la vie de l'homme et la théorie de l'ellipse, par exemple. D'autres, au contraire, rattachent la série des représentations à un centre spécial de spontanéité productive : Fichte, Maine-Biran, Emerson. Il s'en trouve qui donnent la prééminence à l'amour sur les autres facultés, et consentiraient volontiers à prendre les idées de tout genre pour des désirs transformés. Enfin la phénoménologie de Herbart a la prétention d'expliquer le penchant et la volonté par les *masses de représentations* et, comme toujours, se paye de métaphores. Tout cela est arbitraire.

Nous ne pourrons apercevoir le fondement réel de la classification ternaire des fonctions humaines (sensibilité à part) qu'après avoir traité la question de la liberté, question bien débattue, mais encore neuve pour qui veut y apporter une véritable rigueur. Essayons cependant de formuler par les abstractions convenables, et au besoin par l'emploi de ce style figuré que les philosophes ont si peu le droit de récuser, les trois éléments généraux que nous devons reconnaître dans la conscience.

Comment concevoir un être constitué par le mobile assemblage de représentations pour ainsi dire scéniques, et exclusivement telles? Cet intellect pur assisterait au développement des phénomènes; appliqué aux faits et à leurs lois, il ne comporterait ni effort, ni activité; et sans activité point de passivité, car ce sont deux termes corrélatifs. De là une identité parfaite du percevant et du perçu, de l'intelligent et de l'intelligible ; et en effet, les philosophes qui ont réduit l'essence de l'être à l'idée se sont vus conduits à cette conséquence. Qu'on imagine donc un miroir magique où chaque image s'anime et devient sa propre vision ; une scène, un spectacle et un spectateur confondus ; et voilà tout ; ni le vrai, ni le bien, ni le faux, ni le mal n'ont de place possible dans la série des phénomènes. Tout est indifférent devant l'intelligence pure.

Il y a plus ; si les autres êtres sont pareils, le changement se trouve incompréhensible. Leur nature étant simplement intellectuelle, d'où, comment, pourquoi leurs représentations varieraient-elles ? Les motifs et les causes sont d'une autre sphère. Ainsi le temps et la sensibilité disparaissent, et le philosophe qui s'est fait un idéal absolu de l'intelligence, peut ne plus trouver dans les dernières profondeurs de son ontologie que la contemplation invariable, éternelle, la contemplation de la contemplation, inintelligible à son tour. On est parti de l'homme, et c'est au néant qu'on arrive.

Voyons maintenant ce que peut donner la volonté pure. Nous ne la ferons pas rouler sur elle-même, car la volonté de la volonté n'aurait pas plus de sens que la pensée de la pensée. Elle présidera donc à la production des phénomènes, et c'est bien ainsi qu'on l'entend quand on la pose en principe du mouvement représentatif, ou qu'on la fait intervenir pour rappeler ou éloigner les idées. Mais la volonté pure est aveugle, elle ne connaît point, ne désire point ; elle produit par hasard. Ce mot même, *hasard*, est un des noms de la volonté pure, ou de la force que rien ne guide. Ainsi la volonté, conçue à part de l'intelligence et à part des affections, n'apporte dans les choses aucun caractère de vérité ni de bonté. Veut-on la considérer comme un *nisus* libre et détaché qui modifie, sans intelligence et sans passion, les résultats du désir et de la pensée? Cette volonté indifférente suscitée miraculeusement à la suite de jugements dans lesquels on ne lui accorde point de rôle, ne possède pas le moindre principe de rectitude ou une ombre de moralité. Et quand on la place à la racine de l'homme, ou à celle de l'être en général, avec la prétention de l'envisager seule, ne fût-ce qu'un instant, on trouve qu'il ne devait exister en cet instant, ni un intelligible quelconque ni un motif d'agir. Le philosophe qui attribuait au premier être une liberté sans antécédents était conduit à soutenir que si Dieu l'avait voulu il y aurait eu des cercles carrés et des touts moindres que leurs parties : c'est un paradoxe célèbre de Descartes.

En réunissant l'entendement et la volonté, nous obtiendrons ce que la plupart des psychologistes ont pris pour l'homme. Est-ce là vraiment tout ce que nous sommes? La pensée guide l'acte, et l'acte produit la pensée; la cause s'illumine, l'intelligence se meut, la raison mobile engendre la recherche, l'affirmation et la négation réfléchies, le doute, la science. Mais dans cette succession d'idées et de volitions unies, où que la mystérieuse chaîne aille se rattacher d'ailleurs, il n'y a qu'ignorance ou indifférence vis-à-vis du bien et du mal. En effet, l'entendement et la volonté combinant leurs fonctions, c'est assez pour que le vrai et le faux prennent naissance, car il peut s'établir dès lors une comparaison entre les phénomènes posés et composés dans la conscience, et ceux que l'expérience sensible révèle dans le monde extérieur. Mais la bonté n'est pas réductible à la vérité, ni le mal à l'erreur. Ce n'est pas la volonté seule qui confère aux actes un caractère de bonté; ce n'est pas l'entendement, devant qui tout est égal à la seule condition de lui être représenté; enfin ce n'est pas la sensibilité par elle-même, quelque nécessaire que puisse être le rôle qu'elle y joue. La sensibilité apporte le plaisir et la douleur, et les joint aux autres phénomènes; mais si le plaisir et la douleur demeuraient de pures impressions, des états *physiques*, comme on dit; s'ils ne venaient à se caractériser comme états mentaux (et je considère ici l'animal aussi bien que l'homme), les noms de bien et de mal ne sauraient leur convenir. Il faut donc que l'animal poursuive des fins; il faut que les phénomènes se classent pour lui en tant que favorables ou contraires à ces fins, et que, avec ou sans conscience, une manifestation se produise et de l'attachement qu'il a pour de certains états, et de l'appétence ou de la répulsion qu'il éprouve pour d'autres. Or ces choses nommées en principe comme on voudra, amour, passion, affection, sentiment, ne sont point contenues dans la sensibilité. Cette dernière fonction se borne par définition aux formes de la conscience qui sont immédiatement données sous des conditions externes, et, autant que possible, abstraction faite des lois qui régissent la représentation complexe (catégories). Avec toute autre définition, il n'est point de phénomène qu'on ne pût ramener à la sensibilité; avec celle-ci, on détermine clairement une fonction dont la distinction logique est manifeste.

Ainsi, ce que plusieurs langues ont appelé le *cœur*, dans l'homme, ce que quelques philosophes intitulent *sentiment*, et quelques autres *amour*, se rapporte à l'expression générale d'un ordre de phénomènes que les fonctions d'entendement et de volonté ne comprennent ni séparément ni ensemble. L'entendement ne sent pas, la volonté ne sent pas; et cet être qui sent, cet être moral répugne à recevoir le simple nom de sensibilité, parce que l'attachement et l'attrait, non plus que les affections contraires, ne sont point de simples données, à la manière des sons, ou des chatouillements ou des images, mais s'érigent en formes vivantes de la loi de finalité. Cette loi est inséparablement inhérente au sentiment, à la passion. Sans doute, quand on fait abstraction de l'espace et du temps dans une couleur ou dans un son, la couleur et le son cessent d'appartenir à une représentation de l'expérience sensible. Pourtant un élément clair et déterminé subsiste pour l'analyse, et chacun sait bien ce que c'est que *rouge* ou *strident*, toutes catégories de côté. Il n'en est pas de même de la passion, que ne constituent nullement les sensations concomitantes, mais dont l'essence propre s'évanouit toujours, sans laisser de résidu, aussitôt qu'on en retranche toute supposition de fins. C'est encore ainsi que la volonté n'est intelligible que confondue avec la cause.

Dès que la fonction de volonté est abordée directement, et définie par la catégorie de force ou de causalité, qui lie les faits assujettis à une loi de consécutivité constante, on n'y voit rien qui implique nécessairement attrait, ou préférence, ou complaisance quelconques. Suivant cette marche irréprochable, il est difficile de comprendre que tant de philosophes aient identifié la volonté avec le désir. Envisageons cette dernière passion en elle-même, elle ne nous paraîtra pas moins distincte. Il suffit d'observer que le désir peut se produire à l'égard d'un objet dont nous ignorons si la réalisation est possible, et qu'il peut persévérer sans être suivi d'aucun effet soit extérieur, soit pour la seule conscience. Au contraire, on n'a jamais donné le nom de volonté qu'à des représentations jointes à l'effort d'un acte qui vise à réaliser un objet interne ou externe, et suivies de celles des conséquences de cet acte que permet la nature. S'il n'en était pas ainsi, tous les hommes entendraient-ils clairement qu'on puisse désirer volontairement, et vouloir sans désirer; et peut-on nier qu'ils l'entendent?

Je sais bien que dans le système des déterministes on affaiblit la portée du langage vulgaire et des idées communément reçues à ce sujet; mais ce langage et ces idées sont de tous les temps et de toutes les nations, et ce système, d'ailleurs indémontrable, est démenti par les convictions naturelles de ses propres adhérents.

Ramener l'opposition des passions et de la volonté à celle des passions entre elles, est chose facile en arrangeant les noms pour un moment et pour le besoin d'une théorie : il n'est pas si aisé d'expliquer comment certains désirs deviennent effectivement des causes, c'est-à-dire passent à la volonté, et comment un si grand nombre d'autres demeurent suspendus. C'est se payer de mots que de prétendre que les passions les plus fortes l'emportent, et se nomment alors des volontés; car qu'est-ce que cette force, et d'où sort-elle? Et si je prétends que la volonté en est un élément? Ainsi, sans aborder encore la question du déterminisme et de la liberté, et en supposant, si l'on veut, que l'indétermination apriorique du vouloir soit une pure illusion, il reste que l'analyse doit distinguer profondément entre le désir, passion produite en présence d'une fin, et la fonction volontaire propre à assurer la réalisation de cette fin dans certains cas.

Le désir a cela de commun avec les autres passions, que la finalité est un caractère essentiel de toute définition qu'on en voudra donner. C'est à ce titre qu'elles rentrent toutes dans la fonction affective. Or si nous considérons plusieurs de ces autres passions, et principalement la joie, nous verrons la volonté s'effacer encore plus de la représentation que nous en avons. Les affections qui tiennent de la tendance pouvaient encore être rapprochées spécieusement des volitions, qui ont comme elles un but à atteindre, souvent le même; mais celles qui tiennent de la complaisance dans un état donné s'éloignent tout à fait de l'effort et ne marquent point de causalité. L'amour, pour user maintenant de ce nom, est une passion tantôt de fièvre et de mouvement, tantôt de calme et de repos. La première forme est sans doute celle qu'on observe et décrit le plus, celle qui entraîne l'homme et mène le monde; mais la seconde est un idéal toujours présent, dont on croit se rapprocher dans les accès mêmes de l'autre, et sans la réalité de laquelle, si éphémère qu'elle soit pour nous, le changement n'aurait point d'objet. Ainsi, l'amour de satisfaction, le plaisir contemplatif, la tendresse, les joies douces, sont des affections qu'on ne peut s'empêcher de rapporter à une fonction bien distincte des autres dans la nature humaine. La volonté y est aussi étrangère que le permet l'unité de l'homme moral. Enfin le désir et toutes les passions motrices sont essentiellement de même nature que cette passion à l'état de repos, parce que le mouvement ne commence et ne se justifie que par la représentation affective de son but, et qu'une même fin, poursuivie, donne la passion dans le changement; atteinte, la passion dans la quiétude.

La passion pure est loin d'avoir obtenu dans les systèmes une place comparable à celle de l'entendement pur. Ce dernier fut toujours la chimère des penseurs. Cependant, si l'on consent à voir une école philosophique dans le quiétisme et les sectes analogues, on aura quelque idée de ce que devient l'homme, pris du point de vue exclusif de l'affectivité. Le pur amour, la contemplation, l'adoration, l'extase, la soumission entière aux lois divines, avec abandon du jugement et résignation de la volonté, sont les formes de la doctrine quiétiste. De cette disposition morale il faut rapprocher ici, quoique très différente, celle qui, admettant le libre mouvement des passions, recommande le sentiment, l'enthousiasme et les sympathies naturelles comme des principes d'activité supérieurs à la raison, à la justice et à la volonté. La seule existence de ces doctrines, ou mobiles de conduite et de vie, confirme la distinction entre un élément qu'on peut chercher de la sorte à faire prédominer dans l'homme et d'autres éléments qu'on s'efforce d'effacer ou d'atténuer. Si cette distinction n'était rien, il faudrait dire que le quiétisme et le sentimentalisme ne sont rien eux-mêmes, et n'exercent pas la moindre influence sur ceux qui, par caractère ou par système, y conforment leurs actes. Mais une telle opinion serait trop démentie par les faits.

Le principe erroné de ces doctrines tient à l'importance trop sentie d'une fonction souvent et singulièrement méconnue. Entre l'intelligence et la volonté, la passion est comme un centre des phénomènes humains, un lien de toutes nos lois objectives, l'accomplissement de l'homme. Elle marque profondément chaque plein moment de notre existence, et elle domine toutes les représentations, dans ces passages obscurs, dans ces intervalles qui séparent les pensées nettes, les actes déterminés; car alors la conscience, enveloppant à l'état confus le passé, le présent et l'avenir, est avant tout l'instinct d'une fin à atteindre. Sans la passion, on peut dire que les éléments de la nature humaine seraient comme désunis, l'entendement glacé, la volonté indistincte et machinale; les phénomènes, que la logique seule enchaînerait, n'affecteraient pas la conscience autrement que ces images, ces fantômes que Démocrite imaginait traversant la pensée des morts. Mais, en présence du sentiment, la logique est vivante, et la volonté se manifeste par la lutte. C'est d'après les mouvements divers de la passion en nous que nous apprécions la nature relative des biens, et que, par suite, le bien même nous est révélé; c'est au genre de contentement ou de peine qu'elle nous met au cœur que nous jugeons le plus sûrement de la valeur morale de nos déterminations, et si, de tous les biens proposés, nous avons choisi le plus fécond, le plus durable, le plus propice à la vie, le plus conforme à l'ordre.

Les trois fonctions que j'ai distinguées sont unies. Après avoir montré que l'intelligence et la volonté se distinguent nettement, et pourtant ne sauraient composer l'homme, ni l'une sans l'autre, ni sans la passion, il n'y a qu'un mot à dire pour constater que cette dernière, également distincte, manque d'appui et de soutien quand on l'envisage hors de sa synthèse avec les autres. Tout sentiment, en effet, suppose un objet et les conditions de cet objet; l'intervention des catégories intellectuelles, relation, nombre, étendue, durée, qualité, devenir, est donc inévitable. D'autre part, s'il ne se joignait aux rapports de tendance et d'état, qui caractérisent la passion, ceux de puissance et d'acte, avec lesquels paraissent la causalité, la force représentative, nous n'obtiendrions pas l'homme réel; ainsi la volonté s'ajoute à la passion.

Il faut enfin rappeler que la sensibilité n'est pas moins essentielle à l'homme que l'expérience : la sensibilité, c'est-à-dire la représentation des phénomènes donnés immédiatement comme indépendants de la conscience, et pourtant soumis à ses lois. Et, avec ces phénomènes, nous savons que les fonctions organiques et les fonctions physico-chimiques, auxquelles ils sont constamment liés, doivent paraître à leur tour. Ainsi se compose le tout indissoluble de l'homme. Toutes les fonctions, toutes les lois, tous les phénomènes connus ou même possibles pour notre connaissance y interviennent.

Les fonctions représentatives, quoique inséparables, dans la synthèse humaine, ne sont pas réductibles les unes aux autres; je crois l'avoir prouvé autant que le permet une analyse exacte et serrant les faits, sans chimères, mais nécessairement affaiblie dans sa rigueur par l'imperfection et le désordre d'un vocabulaire philosophique que je n'aurais pu abandonner ou réformer radicalement sans trop d'inconvénients. Toute exposition est tenue de parler la langue connue des lecteurs. Mais je crois que le sens des noms principaux dont j'ai fait usage paraîtra suffisamment précis, si l'on veut bien se reporter à celui des catégories auxquelles se rattachent les fonctions que j'étudie. C'est ainsi que le sens du mot *volonté* doit s'interpréter conformément à l'analyse de la catégorie de causalité, et le sens du mot *passion* conformément à l'analyse de la catégorie de finalité. (Voir le *Traité de logique*.) La distinction de ces deux fonctions revient à celle de ces deux catégories, laquelle est manifeste. Au surplus, je n'ai encore jeté que des notions préliminaires sur ces deux fonctions, active et affective, qui réclament un examen approfondi et impliquent la plus grave des questions que la philosophie ait jamais agitées.

Toute cette analyse des fonctions humaines serait vicieuse, si je regardais comme effectivement séparé ce qu'elle distingue. Mais j'ai posé dès le début l'indivisibilité de l'homme comme un fait, une vérité d'expérience, et l'analyse ne peut supprimer les faits sur lesquels elle porte. Si donc on m'objectait que cette volonté, cette passion, cette intelligence, cette sensibilité dont je détermine des sortes de représentations propres, sont naturellement unies dans nos actes, je me bornerais à tourner l'objection contre les théologiens, auteurs de la trinité des personnes : ceux-là seuls professent des dogmes qui les conduisent à poser l'unité et la multiplicité sous un mode contradictoire (sinon dans l'homme, au moins en un patron supérieur idéal sur lequel l'homme est formé). Mais ce n'est point une trinité ou une tétrade mystique que je propose, c'est une simple classification quaternaire, fondée sur l'analyse, propre à faciliter l'intelligence des phénomènes, et qui ne trompera pas le philosophe averti de l'indissolubilité des lois composantes de cette synthèse appelée l'homme.

Quand je dis que les grandes fonctions humaines sont inséparables et indissolubles, je parle du composé normal que nous offre la nature, et de l'ensemble des phénomènes qui s'y développent. Je ne prétends pas qu'un acte quelconque les implique formellement toutes, ni qu'il intéresse au même degré celles qu'il suppose. Ce serait méconnaître et les gradations que comportent les divers caractères de la représentation, soit d'une personne à l'autre, soit chez une même personne, à des moments différents, et le fait incontestable de la prédominance plus ou moins marquée de chaque fonction partielle dans la fonction totale, selon les temps, les circonstances et les actes. Nous verrons même dans la suite que l'une de ces fonctions, la volonté, qui n'atteint que dans l'homme sa forme nette et définitive, demeure sourde chez lui, pour des actes nombreux ou durant des périodes entières, et peut enfin s'oblitérer comme s'exalter. La volonté n'est possible que sur le théâtre des passions, de l'intelligence et de la sensibilité, de même que l'intelligence sur celui de la sensibilité et des passions, et ces dernières dans l'ordre de la vie, qui a ses conditions propres et inférieures. Telle est l'indissolubilité prouvée par l'expérience externe, et par les lois mêmes de la représentation, comme elle est donnée en nous. On ne doit pas conclure de là que le jeu des fonctions inférieures entraîne toujours l'intervention, surtout égale et au même degré, des fonctions supérieures, car on s'interdirait ainsi la distinction et la classification des êtres, et jusqu'au moyen de se rendre compte des évolutions de chacun d'eux. Mais en séparant les uns des autres les groupes de phénomènes d'un même être, dans la mesure autorisée ou prescrite par l'observation, il faut se garder de cette séparation réelle qui engendre les entités et dont la source est dans l'imagination, jointe aux abus du langage qui personnifie toutes choses. La discussion du problème de la liberté morale nous offrira bientôt une occasion importante de voir comment certaines logomachies célèbres en métaphysique proviennent de l'habitude d'accorder une sorte de réalité propre, absolue, à telle des fonctions humaines.

Observations et développements.

A. De quelques divisions des fonctions mentales.

Après avoir introduit une forte réserve en faveur de l'indissolubilité réelle des fonctions mentales, et avec autant de conscience de la portée de cette réserve, je puis le dire, que n'en a eu qui que ce soit jusqu'à ce jour, il ne doit pas m'en coûter d'avouer que la base psychologique familière aux théologiens, qui toutefois ne l'ont point inventée, et qui l'ont combinée avec des mythes plus anciens, est moins éloignée de la vérité que celle qu'adoptait le plus grand nombre des philosophes. La classification binaire : entendement et volonté, a presque toujours tenté ceux-ci. Quand les facultés de l'âme revenaient pour eux à des entités juxtaposées, ils ne pouvaient sans doute en compter que trop; mais s'ils eussent réglé les distinctions sur leurs simples valeurs logiques, et jugé des séparations naturelles d'après ce que l'observation peut constater chez les différents êtres vivants, ils n'auraient pas trouvé plus facile de confondre la passion avec la volonté, dans l'homme, que l'une ou l'autre avec l'entendement. Même en admettant, ce dont la doctrine déterministe faisait une loi à Descartes, à Leibniz et à tant d'autres, que la volonté n'est que l'expression du désir passé à la réalisation de son objet dans l'esprit et dans les organes ; ou, ce qui est la même chose, avec Kant, que *la cause qui réalise les objets des représentations, c'est la faculté de désirer* (*Critique de la raison pratique* : préface), ils auraient senti le besoin de tracer, dans l'emploi de la terminologie, une ligne de démarcation entre les sentiments ou désirs qui ne passent pas à l'acte de réaliser leurs objets (encore que possibles, au moins en apparence) et ceux qui arrivent à l'activité. M. Bain, philosophe aussi déterministe que pas un, s'est aperçu de cette convenance.

« Les phénomènes de l'esprit sont habituellement répartis en trois classes, dit M. Bain.

» 1° Le *sentiment*, qui comprend les plaisirs et les peines et bien d'autres choses. Les mots émotion, passion, affection sont des synonymes du sentiment;

» 2° La *volition* ou *volonté*, qui embrasse toute l'activité en tant qu'elle est dirigée par les sentiments ;

» 3° La *pensée*, intelligence ou connaissance. Les sensations se rangent en partie dans la classe du sentiment, en partie dans celle de la pensée.

» Chacune de ces trois classes de phénomènes a ses caractères distinctifs; en réunissant ces caractères on a une définition de l'esprit au moyen de l'énumération positive de ses qualités les plus compréhensives. Il n'existe pas un fait ou propriété qui embrasse les trois classes. Nous pouvons les désigner toutes les trois par un même *nom*, nous pouvons appeler cet ensemble esprit, sujet, substance, inétendue, conscience, mais cela ne fait pas qu'une propriété unique l'absorbe tout entier. La volonté est un fait distinct du sentiment, bien qu'elle le suppose ; la pensée n'est pas nécessairement renfermée dans l'une des deux autres propriétés. » (*Les Sens et l'Intelligence*, trad. de M. Cazelles, p. 2.)

Le parti pris principal et, selon moi, très juste de cette classification m'engage à quelques remarques sur les explications dont l'accompagne M. Bain.

D'abord la division ternaire n'est pas la plus répandue, même aujourd'hui, quoi qu'en dise M. Bain, et la brève notice historique qu'il donne sur la question n'établit pas qu'il en soit ainsi. Mais laissons ce point accessoire.

M. Bain dit que les sensations se partagent entre le sentiment et la pensée, et cela est vrai, en ceci que les sensations externes impliquent les formes de la pensée et que les sensations internes se définissent exclusivement par l'expérience intransmissible qu'on en a, comme les sentiments. Mais il faudrait ajouter que les sensations les plus liées de toutes à la pensée se distinguent cependant de la pensée proprement dite par des éléments empiriques, tels que couleurs ou sons, etc., dans lesquels il n'y a certainement rien qui mérite le nom d'intelligence. Quand on se place à ce point de vue, il est indispensable d'admettre, pour la *sensibilité externe*, une quatrième division des fonctions mentales. La division ternaire ne vaut que comme psychique, en laissant à part ceux des phénomènes qui représentent des impressions purement objectives et passives où nous n'avons conscience de mettre rien du nôtre.

Au reste, il ne faut pas que la division ternaire elle-même nous fasse illusion, car il arrive souvent qu'elle ne répond pas à des classes identiques chez les philosophes qui semblent l'adopter. Ainsi, chez Brown, cité par M. Bain, la volonté disparaît dans le sentiment ou l'émotion, et c'est la *sensation* qui fournit avec l'*intelligence* et l'*émotion*, les trois classes admises par cet auteur. Chez Hamilton, le *désir* est classé avec la *volonté* au lieu de l'être avec le *sentiment*, ce qui donne à la division ternaire un sens très différent de celui que, pour mon compte, j'ai adopté. Chez Kant, encore cité par M. Bain, la *faculté de désirer* et, par suite, l'ensemble des passions vont aussi avec la volonté, qui se trouve ainsi ne point former une classe à part ; et le sentiment, qui, avec la *faculté de connaître*, complète la triade, est appelé simplement le *sentiment du plaisir et de la peine*. (Voyez *Critique du jugement*, trad. J. Barni, t. I, p. 23.) Enfin, chez Horbart, le sentiment n'étant qu'un effet de la lutte ou de l'accord des représentations qui se pressent au seuil de la conscience, et la volonté consistant en une impulsion qui s'y joint aussi dans certains cas, les trois éléments admis par ce philosophe se réduisent à un seul :

se réduisent nominalement et par usurpation de noms, comme le remarque fort bien M. Bain (*Ibid.*, p. 630.) Tout cela est fort différent d'une classification qui pose comme mutuellement irréductibles un principe intellectuel, un principe passionnel et un principe actif ou volontaire.

Une assertion qui me surprend chez M. Bain, mais peut-être est-ce que je la comprends mal, c'est celle qui porte qu' « il n'existe pas un fait ou propriété qui embrasse les trois classes ». Les actes humains délibérés, par exemple, ne sont-ils pas des faits qui embrassent ordinairement une volition déterminée, un exercice intellectuel et un mobile passionnel? Si M. Bain n'entend rien là de plus que ce qu'il explique mieux un peu après : qu'il n'existe pas une propriété unique embrassant ces trois propriétés, c'est aussi ce que je prétends, tout en ajoutant que leur réunion à des titres et degrés divers est nécessaire à l'intégration de l'homme, et même de l'animal en acte. L'expérience seule nous apprend quels rapports de subordination et quels états respectifs de manifestation ou d'éclipse sont possibles pour ces trois propriétés suivant la nature et le cours de chaque existence mentale.

Quelques mots sur les philosophes français maintenant. Il se sont en général partagés, suivant leurs inclinations personnelles entre les trois grandes propriétés dont je viens de parler, et ils ont donné la suprématie de l'esprit à l'une ou à l'autre. C'est ainsi que Maine-Biran mettait certaine propriété active, pour ainsi dire, en vedette, s'étant persuadé que l'esprit saisissait sa propre essence en s'observant produire le mouvement musculaire. Un philosophe contemporain tout autrement profond, M. Secrétan, place au fond et au premier commencement de l'existence une liberté (ou volonté pure) qui ne doit encore à la nature intellectuelle aucune détermination quelconque. De leur côté, M. Ravaisson et ses disciples donnent à l'attrait ou amour (à la passion) le premier rang dans l'essence et dans la cause. La plupart des philosophes, ensuite, ou plutôt des diplômés en philosophie, ce qui n'est pas tout à fait la même chose, suivant les errements du vieux rationalisme et ne connaissent bien que la propriété intellectuelle, attendu que le rôle de la passion dans les jugements échappe à leur pénétration, et que celui de la liberté dont ils font étalage, n'est pas pour eux un objet de croyance réelle. On s'en aperçoit sitôt qu'ils s'expliquent.

En dehors des professeurs, il s'est produit, de notre temps, une tendance marquée vers l'adoption de la division ternaire. Les tentatives les plus remarquables ont été celles de Lamennais, dans l'*Esquisse d'une philosophie*, et de P. Leroux, dans ses ouvrages de l'*Éclectisme* et de l'*Humanité* notamment. Lamennais a donné à sa conception un caractère trop mythologique et des formes qui rappellent le dogmatisme de la philosophie alexandrine. On y trouve cependant de fort beaux développements littéraires, et la triade *force, intelligence, amour,* s'y prête à l'expression de plus de vérités profondes sur la marche de l'esprit et du monde que les froides divisions de la psychologie vulgaire. La sensibilité n'a pas, chez Lamennais, une place assez distincte auprès de la triade psychique. Au contraire, chez Pierre Leroux, la *sensation* obtient l'entrée du ternaire lui-même, et les phénomènes de la volonté sont tenus de se confondre avec ceux du *sentiment* ou avec ceux de la sensation, puisqu'ils ne peuvent évidemment rentrer dans la *connaissance*, troisième terme de la triade de ce philosophe. Pierre Leroux ne s'est pas montré meilleur critique, dans ce remaniement de la vieille classification des théologiens, que dans tant d'autres élucubrations historico-dogmatiques où il a pris à tâche de confondre tous les temps et tous les systèmes. D'autres écrivains moins connus se sont exercés à combiner ou interpréter des triades pour les transporter du sens chrétien au sens saint-simonien. Nous ne pouvons donc plus même nous féliciter de voir le ternaire psychologique entrer dans les habitudes du public philosophe, quand nous sommes en même temps forcé de constater que le respect superstitieux du nombre *trois* est le principal mobile de la réforme tentée, et que, hors ce nombre sacré, on ne trouve souvent rien de commun entre les classifications qu'il inspire.

B. De la psychologie mécanique.

L'herbartisme est, de toutes les doctrines allemandes des successeurs de Kant, celle qui a gagné chez nous le plus petit nombre de prosélytes, ce qui toutefois tient moins au bon esprit de nos philosophes qu'à leur esprit de routine et à leur attachement aux idoles métaphysiques de la substance et des facultés de l'âme. En Angleterre, où l'associationnisme a fait table rase non seulement des anciens procédés qu'on avait pour enchaîner les phénomènes psychiques, expliquer leurs assemblages et leurs successions dans l'esprit, mais encore des synthèses aprioriques et des lois sous lesquelles les envisage le criticisme, il y avait une place à prendre pour le système de la psychologie mécanique.

L'associationnisme pur et rigoureux a sa dernière expression dans la loi de l'habitude, substituée à toutes les autres lois possibles pour l'agencement des phénomènes ; soit qu'on se renferme dans la sphère de l'individu et de son expérience, comme dans toute l'école de Locke, soit qu'avec M. H. Spencer on remonte la série indéfinie des générations et des espèces pour rendre compte de la formation des connexions et correspondances des faits de l'ordre mental, et même de leur origine. Cette réduction de l'association à l'habitude, la philosophie de Hume la faisait déjà présager, mais la formule la plus nette en a été trouvée, il y a peu d'années seulement, par M. Murphy dans son livre très intéressant intitulé *Habit and intelligence*[1]. En attendant que le point de vue ainsi obtenu se confirme, ce qui ne peut manquer d'arriver, le besoin se fait sentir d'attacher l'associationnisme à quelque chose, savoir, en donnant le mot de l'association elle-même. La *discrimination*, la *similarité* et la *retentivité* de M. Bain ne donnent pas ce mot, car si ce ne sont là des synonymes de certaines des anciennes facultés de l'âme, on ne peut y voir que *voces prætereaque nihil*. Il est donc naturel qu'on recoure à la physiologie ou à quelque mécanique spéciale pour répondre au desideratum de la doctrine empirique.

De la physiologie on tire sans doute tout le parti dont on est capable ; mais cette science, dans son état actuel, qui menace de se prolonger, n'offre au psychologiste que des ressources tout à fait insuffisantes. M. Bain fait beaucoup de physiologie dans tous ses ouvrages. Il en fait, je dirai même, le plus qu'il peut ; mais après qu'il a décrit des faits et des rapports anciennement ou nouvellement avérés, il a toute sa psychologie à faire, absolument comme si de rien n'était : les lois de l'organisation et le fonctionnement des organes se tiennent à côté de ses explications et de ses théories, et ne les dictent point.

Le philosophe dont je veux parler maintenant, M. J. D. Morell, a dû s'apercevoir de l'impossibilité de rattacher la science de l'esprit, comme science naturelle, aux sciences des corps organisés. Après avoir posé les généralités physiologiques, enflées des hypothèses à la mode c'est-à-dire après avoir parlé de la *conversion* graduelle de trois forces mutuellement convertibles, qu'il avoue être inconnues : conversion de *force vitale* en *force nerveuse*, conversion de *force nerveuse* en *force mentale* ; après avoir spéculé sur une certaine attraction et répulsion qui aurait la valeur d'une gravitation de l'ordre mental, et puis sur les mouvements atomiques qui produisent, ou plutôt qui composent

---

[1]. On lit textuellement dans la préface de ce livre, page 6 :
« The law of association of ideas which is justly regarded as a fondamental law of mind *is only a case of the law of habit.* »

les sensations, tant inconscientes que conscientes, et puis enfin sur les *résidus* que toutes les actions physiques doivent laisser comme impressions permanentes et traces indestructibles dans la structure cérébrale, ce philosophe est arrêté tout à coup. Il se détourne de la physiologie de son auteur, M. Carpenter, vers la psychologie de l'Allemand Herbart, et au lieu de lois scientifiques, c'est une vraie mythologie qu'il nous offre. Faute de pouvoir définir le *résidu* physique, M. Morell prend ce parti; mais en vérité, on le lui définirait, qu'il ne se trouverait pas plus avancé pour convertir intelligiblement ce résidu en mémoire et la liaison des traces cérébrales en idées de position, de succession, de causalité et autres [1].

« Si on me demandait positivement ce que c'est que des résidus, dit M. Morell, je confesse mon incapacité à fournir une réponse *complète*, au moins sans supposer quelque théorie de l'esprit qu'il serait actuellement impossible de justifier. Si nous ne regardions que le côté *physique* de la question, et si nous disions : « Nous entendons par résidus certains chan-
» gements permanents qui se produisent dans la substance céré-
» brale, en connexion avec les différentes actions mentales;
» certaines cellules ajoutées à la structure du cerveau, et qui
» ensuite restent là comme des représentants matériels de nos
» idées », cette explication ne nous apprendrait rien de tout ce qui a lieu dans la sphère de la *conscience*. Et nous ne sommes pas même encore assez instruits de ce qui se fait dans la substance cérébrale pour avancer de telles affirmations, excepté à titre d'hypothèses provisoires.

» D'une autre part, si nous ne regardions que le côté spirituel de la question, et si nous définissions les résidus comme de certaines traces laissées sur l'âme, lesquelles peuvent se revivifier grâce à une stimulation convenable, il n'en résulterait non plus aucune lumière pour notre sujet. Nous ne savons rien de l'esprit ontologiquement parlant, et nous devons être considérés comme donnant aux mots une signification toute *théorétique*, lorsque nous faisons usage, à propos de l'esprit, de la phraséologie substance et attribut. » (Ouvrage cité, p. 94.)

Voilà donc pourquoi ce philosophe entreprend de faire rétrograder la psychologie jusqu'à un moment analogue à celui où se trouvait la physique quand les savants imaginaient des forces toutes nominales investies, des propriétés expressément voulues

---

1. *An introduction to mental philosophy on the inductive method*, by J. D. Morell, London, 1862. — Voyez aussi la brève et fidèle analyse de M. Ribot dans la *Psychologie anglaise contemporaine*.

pour produire les phénomènes observés. M. Morell appelle d'abord *résidu* ce quelque chose qui n'est ni corps ni âme, perçu ou non perçu, *qui se dépose en nous* quand nous recevons une impression mentale. Une fois ces résidus posés, quels qu'ils soient, s'ils se ressemblent entre eux, ils *se fondent* ensemble, et voilà l'explication de la force d'une image. Avec des identités partielles et des différences, ils fournissent des idées abstraites et générales; puis, comme chaque impression laisse son résidu, et que l'esprit ne peut jamais être occupé que d'une seule à chaque moment, *la plus forte* de celles-ci, quand elles sont différentes et impropres à la fusion comprime *la plus faible* et la réduit à l'état de résidu, en attendant qu'une autre survienne et lui fasse éprouver le même sort, ce qui se fait d'autant plus facilement qu'elle a déjà perdu de sa force dans la lutte précédente. Ainsi, sans rien savoir de ce que c'est qu'un résidu, ni qu'une impression forte ou une impression faible, un conflit ou une fusion d'impressions, une conscience possédée ou non possédée, etc., etc., on compose une caricature de mécanique mentale qui n'explique rien et ne démontre rien, hormis le pouvoir des mots et l'aptitude de bien des savants ou des philosophes à forger des mythologies au lieu de rechercher les lois réelles des phénomènes réels.

J'ignore ce que les associationnistes ont pensé de la tentative de M. Morell, ou même s'ils s'en sont occupés. Ce philosophe leur reproche, et non sans raison, par un côté, de ne pas rendre compte du principe interne qui détermine les associations. Mais ce principe ne peut se trouver que, d'une part, dans les relations que soutiennent entre elles *a priori* les diverses formes constitutives de l'esprit, et, d'une autre part, dans les rapports déjà établis empiriquement entre les phénomènes, et reproduits en vertu de la loi de l'habitude dans tout le cours de l'expérience. La seconde partie de l'explication est aussi importante par son étendue que solide en son fondement. L'associationnisme n'a que le tort de s'y tenir exclusivement. Mais quand M. Morell propose de définir la *force d'association* une quantité d'action et de réaction qu'exercent l'une sur l'autre deux idées à l'état de conflit, il ne tend certes pas à faire avancer les questions. Ce qu'il considère comme un essai moderne de psychologie scientifique aurait pu déjà être qualifié de rétrograde dans la philosophie de l'ère socratique.

VII

DE L'HOMME COMME PASSION. — LES PASSIONS.

La passion ne saurait être définie généralement. On peut la nommer une impression interne, ou dont la matière est le soi modifié ; on l'oppose ainsi à la sensation qui est une impression externe, c'est-à-dire représentée dans le non-soi : mais ce mot *impression* désigne une donnée quelconque de l'expérience relativement à la conscience, et ne définit rien de plus. Le *sentiment* est un terme encore plus vague. Tout ce qu'on peut dire de la passion pour elle-même, c'est que l'impression qui la constitue se sent, et que, sentie, elle se distingue de toute autre.

Mais joignons à l'expérience les catégories, qui en sont les formes et les règles inséparables : de même que la sensation, posée dans l'espace et le temps, est naturellement rapportée à la causalité, sans qu'il soit besoin de lui attribuer une fin quelconque ; de même et à l'inverse, la passion, envisagée plus particulièrement dans le temps et dans la conscience, la passion quelle qu'en puisse être la cause, soutient un rapport essentiel avec la finalité. Toute passion existe sous condition d'une fin proposée ; et, avec les fins, les passions varient, comme les sensations varient avec les causes.

L'expérience seule nous apprend que telle sensation a pour cause telle donnée extérieure et non telle autre, et que telle passion correspond à telle fin. Nous savons que, du fait extérieur, lequel se réduit toujours au regard de nos organes à une certaine vibration moléculaire, il n'est pas possible de déduire l'impression sensible, interne, ou comme elle est pour la conscience : une fin donnée ne révèle pas non plus une passion, autrement que par le fait. Toutefois, les fins étant posées dans la conscience même, ce qui n'a pas lieu pour les causes des sensations, l'analyse peut fonder la nomenclature des passions sur celle des principes de la finalité.

De plus, une fin quelconque est présente, possédée avec une certaine stabilité; ou obtenue au moment même; ou aperçue dans un éloignement plus ou moins grand. La conscience est diversement affectée dans ces trois cas, et c'est là que je trouve une première base de la classification générale des passions.

Supposons d'abord que la fin s'offre à distance comme possible, ou réalisable par des moyens quelconques. La conscience compare deux états d'elle-même : l'un, relativement initial, où elle se trouve; l'autre final, où paraît inclus un élément qui manquait au premier, ou duquel est exclu, au contraire, un élément que le premier contenait. Les deux états sont réunis par une tendance positive ou négative, et cette synthèse est la forme logique de la passion. L'état initial est marqué du caractère d'*imperfection* (je comprends sous ce mot les besoins et défauts d'être de tout genre), et l'état final comporte une plénitude, une *perfection* relative; ou l'imperfection apparaît future, dans l'état final, et c'est alors l'état initial, actuel, qui se présente comme relativement parfait. L'état parfait répond donc à un accroissement quelconque, soit donné, soit possible, des phénomènes ou fonctions qui composent l'être dont s'entoure la conscience, ou auxquels il lui plaît de s'unir; et l'état imparfait répond à toute privation, spontanée ou violente, naturelle ou factice, portant sur quelques-uns de ces phénomènes, et par suite au dépérissement, au néant relatif. Cela reconnu, la tendance est positive quand le passage est représenté de l'imperfection à la perfection; négative quand il est représenté en sens inverse : le premier cas comprend les passions qui se rangent sous le *désir*, et le second celles du genre de l'*aversion*.

Il y a ici deux remarques à faire.

On pourrait se demander en quoi le désir et l'aversion diffèrent des simples tendances, mais il faut se rappeler que la *tendance* a été définie comme antithèse pure de l'*état*, c'est-à-dire comme un terme privatif qui exclut dans la conscience, envisagée du point de vue de la finalité, et le point de départ et le point d'arrivée. (*Traité de logique*, § XXIX.) Positive, la tendance se reconnaîtrait, autant du moins qu'une abstraction peut se fixer dans les faits, à ce détachement qui se produit par rapport à l'état imparfait, et senti tel, avant même que la fin soit nettement aperçue et que la perfection se définisse dans l'imagination; négative, on doit l'entendre de ce même détachement appliqué à un état imparfait futur, et, par conséquent, nié de l'état actuel quel qu'il soit, tant que d'autres fins ne surviennent pas. C'est unie à l'état, sous la double forme limitante, initiale et finale, que la tendance donne et détermine la passion.

Cette distinction n'est pas vulgaire, et cependant l'analyse y conduit rigoureusement, comme à celle de la puissance et de la force. Au reste, cette dernière, quoique plus répandue, grâce à la terminologie d'Aristote, ne laisse pas d'être violée quelquefois par les géomètres et même par les philosophes.

En second lieu, j'ai supposé et, pour plus de simplicité, je supposerai le plus souvent dans la suite que les phénomènes sont propres à poser la perfection ou l'imperfection, selon qu'on les considère comme ajoutés à l'être de la conscience ou comme retranchés de cet être. Mais il arrive tout aussi bien qu'un phénomène ajouté apporte l'imperfection, parce que, de cela seul qu'il est présent, une série d'autres se trouvent irréalisables ; et que, retranché, il rende la perfection possible ou actuelle, en cédant la place à ceux que sa présence excluait. Au surplus, tantôt la fin que pose le désir dépend pour sa production, en tout ou en partie, du développement propre de la conscience, ou des conséquences attachées à ce développement; tantôt elle n'est qu'une expectative de faits extérieurs, plus ou moins connus, plus ou moins probables. Le désir s'applique également à ces deux cas et reçoit quelquefois les noms de *vœu* et de *souhait* dans le second. L'aversion est plus particulièrement relative aux fins dont les moyens sont indépendants de la conscience ; s'il arrive qu'elle s'adresse à des objets que la conscience elle-même se propose, c'est qu'il y a conflit de passions dont les buts sont divergents, et alors nous sortons de la passion pure, car la réflexion intervient.

La perfection et l'imperfection, états corrélatifs, doivent être considérés, non en eux-mêmes et selon qu'une doctrine les qualifierait tels en décidant de ce qui convient ou ne convient pas à l'homme, mais bien en tant qu'ainsi posés dans une représentation actuelle. Le caractère de la passion dépend de cette apparence, nullement de la conformité à l'ordre, à la vérité, ou à la juste prévision de l'avenir. Il s'agit ici de l'analyse de la passion pure, sans intervention de la réflexion et de la volonté pour la comparaison et pour le choix des fins. Je puis donc appeler *bien* toute *fin favorable*, c'est-à-dire qui s'annonce comme devant combler une imperfection de nature quelconque, et *mal* toute fin contraire ou dont la réalisation est supposée incompatible avec une perfection en vue. Il sera entendu que le bien et le mal n'ont encore que la passion pour juge, et ne qualifient que des phénomènes regardés maintenant, à tort ou à raison, comme propices à l'accomplissement de la sphère de l'être.

Ces définitions sont assez générales pour comprendre, avec le bien et le mal, le *beau* et le *laid* ; et, en effet, il me paraît incontestable que ces derniers caractères appartiennent aussi, et quelquefois exclusivement, aux objets du désir et de l'aversion : autrement il faudrait nier la disposition de l'homme à rechercher un certain ordre de représentations par cela seul qu'elles sont belles, et à éloigner celles que marque un caractère opposé. Le beau n'est pas seulement un produit de la réflexion ; il existe comme sentiment immédiat, et toujours avec quelque passion, puisqu'il ne nous laisse pas indifférents : or la passion ne demeure jamais strictement désintéressée, et dès que nous nous sommes une fois complus dans une certaine fin imaginée, nous poursuivons par la suite cette même fin ou des fins semblables. Antérieurement à l'expérience, il faut bien admettre chez l'homme une fonction, du genre du désir, par laquelle il s'attache à réaliser dans ses œuvres, en usant de la nature ou en la transformant, des séries de phénomènes dont le beau seul est la fin. Si l'on dit que le désintéressement est une condition des représentations esthétiques, ce n'est pas que le *jugement du beau* soit purement contemplatif, étranger à la pratique et à tout désir de l'existence de son objet. On peut affirmer, sans restriction aucune, que tout ce qui éveille dans la conscience un sentiment quelconque est d'un certain intérêt pour elle. Le caractère le plus général du beau consiste à plaire, et le caractère le plus général de *ce qui plaît*, ou même le signe unique auquel on puisse le reconnaître, c'est une disposition intime à se le proposer pour fin, ou à se le reproposer après que l'expérience en a été une fois faite. Le désir et l'intérêt sont en ce sens des traits essentiels du beau comme du bon, par rapport à nous. La thèse essentiellement juste et profonde de l'esthétique de Kant doit donc se prendre en un autre sens.

Puisque ce n'est pas dans l'opposition de l'intérêt et du désintéressé, c'est dans la distinction des genres d'intérêt que nous chercherons celle du bon et du beau.

L'intérêt se trouve d'abord dans le *nécessaire*, dans l'*utile*, dans l'*agréable*. Le nécessaire est toute fin au défaut de laquelle, possédée ou atteinte, la conscience se prévoit anéantie dans ses phénomènes intégrants ou inséparables, soit que l'expérience, soit qu'un instinct direct la portent à en juger ainsi. L'utile est un nécessaire partiel, j'entends ce dont la suppression, étendue de proche en proche aux fins du même genre ou de genres semblables, à tous les autres utiles, semble conduire de même à l'anéantissement. Enfin, je prends pour agréable, en bornant le sens du mot, ce qui apporte un plaisir bien déterminé : savoir des sens, et spécialement du toucher, du goût ou de l'odorat. Toutes ces fins appartiennent au bien.

Un autre genre d'intérêt est celui des fins qui plaisent et attirent indépendamment des précédentes, quoiqu'elles y soient très souvent mêlées. Ces fins de surérogation et en quelque sorte de luxe peuvent être supprimées par la pensée, les unes après les autres, sans que l'on aperçoive au bout l'évanouissement de l'être lui-même. Nous les poursuivons en vue de réaliser une série de phénomènes, d'accomplir ou de modifier en nous une classe de représentations complexes, qui pour s'allier quelquefois avec l'utilité et le plaisir ne laissent pas de s'en concevoir aisément séparables. Il se joint presque toujours à leur appréciation un travail plus ou moins rapide de la réflexion, travail dont l'analyse est délicate et difficile. Les fins considérées sous ce point de vue appartiennent au beau. L'élément qu'elles empruntent au sentiment réfléchi de l'ordre et des lois de la nature et de la conscience explique comment les animaux sont dénués du sentiment du beau, ou du moins des développements auxquels on peut sûrement le reconnaître.

Il suffira de dire, quant aux fins contraires, que les unes sont nuisibles, ce sont celles qui, posées, suppriment l'utile ou le nécessaire; d'autres désagréables, c'est-à-dire propres à nous apporter la douleur à quelque degré ou la privation du plaisir : tout cela rentre dans le mal. Les fins, en tant que définies par le laid, sont des objets d'aversion avec un caractère d'innocuité.

Quoique l'intérêt le plus marqué soit caractéristique de la passion qui tend vers le bien, cette passion est souvent *désintéressée*. C'est alors en un sens tout différent, mais qu'il est impossible de ne pas marquer ici. Il est de fait que la conscience attache à l'être propre dont elle poursuit le développement, des fins de tout genre, intellectuelles et morales aussi bien que physiques; la passion s'y applique; et, en outre, à cet être même elle joint des êtres qu'elle fait annexes du sien et dont les fins particulières, toute raison à part, peuvent la toucher autant et quelquefois plus que celles qui lui seraient à elle-même agréables, utiles, nécessaires. Ce dernier cas est celui du sacrifice et du dévouement. Ainsi, les fins étant plus étroitement liées à d'autres personnes qu'à celle qui les envisage et peut-être en dispose, ou tout le contraire, cette distinction en amène une très considérable dans l'intérêt. Si l'on ne considère que la passion, l'intérêt a toujours le même principe et ne fait que se transporter, grâce à l'identité qu'une personne établit spontanément entre elle et des objets dont la réalisation semblerait d'abord lui être étrangère ou ennemie. Mais si l'on se place au point de vue moral, si l'on a égard à la raison qui explique une telle assimilation ou de telles préférences, à la réflexion comparative des fins de divers ordres, à la volonté délibérante, dont le but est l'accomplissement du meilleur, et non plus seulement des biens, alors un désir éprouvé, une fin poursuivie seront dits intéressés dans certains cas, et désintéressés, plus même que désintéressés dans d'autres.

Au reste, de plus amples explications sur ce point, aussi bien que la critique des espèces du bien, appartiennent à la morale [1]. Posons seulement ici que l'inter-

---

1. Depuis la publication de la première édition de cet Essai, j'ai présenté, dans mon livre de la *Science de la morale*, une analyse systématique des formes générales de la passion, plus développée que celle que je conserve ici, et améliorée sans doute. Le caractère des émotions esthétiques est aussi considéré de plus près

vention de la raison transforme les fins passionnelles de l'homme et présente à son activité des fins nouvelles. Par là, l'intérêt change de caractère. La perfection et l'imperfection ne sont plus ce que nous avons défini; mais, au lieu de porter sur le développement de l'être, en vertu de vues spontanées et de passions quelconques, elles s'appliquent essentiellement à la réalisation d'un ordre réfléchi dans le système des représentations et des actes du ressort de la conscience. Dans cette sphère de phénomènes, le bien et le beau concordent toujours. Aussi les prend-on volontiers l'un pour l'autre quand on qualifie des actes moraux.

Le vrai est aussi une fin de l'homme, mais sous l'influence de la réflexion, sans laquelle on ne saurait même le distinguer du faux. Là où tout est vrai, rien n'est vrai pour la conscience de l'animal, puisque rien n'est faux pour lui de ce qui lui apparaît spontanément, et que rien autre ne lui apparaît.
Il y a souvent opposition entre la fin passionnelle, morale ou non, et la vérité à connaître ou à découvrir. Aussi dit-on que la recherche du vrai doit être désintéressée. Mais un autre intérêt, un intérêt double, et très grand, remplace celui dont le sage s'efforce de faire abstraction. C'est étendre la sphère de la conscience, et par conséquent de l'être tout entier, que d'obtenir la connaissance des phénomènes et de leurs lois, quelque fâcheux, ou nuisibles ou seulement inutiles qu'ils puissent paraître; et la raison peut toujours présager de cette connaissance une utilité ultérieure, en plusieurs sens, souvent imprévus. On peut donc affirmer d'une manière

---

dans ce dernier ouvrage. Je n'ai pas cru devoir transporter maintenant à cette place des chapitres qui sont bien à celle qu'ils occupent, et auxquels je me permets de renvoyer le lecteur. Une analyse un peu plus sommaire et le principe général de la nomenclature des passions peuvent suffire dans un traité de psychologie rationnelle pure.

générale que la vérité est bonne. De plus, la vérité est belle, car on ne fait jamais difficulté d'appliquer ce nom de beau à tout système de connaissances assez étendu pour qu'un ordre et des lois s'y révèlent. Comme bon et comme beau, le vrai peut donc être un objet de désir, et le faux peut être un objet d'aversion. Ainsi la passion s'applique à ces fins élevées dont il a fallu d'abord écarter les passions ; et, jusque dans les choses que nous appelons de pure curiosité, règne la passion d'acquérir des éléments nouveaux pour la conscience agrandie.

Le désir et l'aversion, d'après la définition générale que j'ai avancée, sont des noms de la passion attractive ou répulsive : savoir, en présence d'une fin représentée comme possible. Ces noms se prennent souvent dans des acceptions plus déterminées, mais assez variables, parce que les langues fixent différentes valeurs de chaque mot à la rencontre des autres, et, au lieu de noms catégoriques, ne créent guère que des séries de locutions. A la passion attractive répondent également l'amour, l'appétit, l'attrait, le penchant, etc., et, à la passion répulsive, la haine, la répugnance, l'éloignement, etc., autant de mots qui se prêtent à exprimer plusieurs espèces, et qui recevraient au besoin un sens général, comme ceux que j'ai adoptés, et sans plus d'arbitraire. Ces espèces doivent se déterminer par la nature des fins, suivant que celles-ci touchent principalement ou l'organisme, ou les sensations, ou l'entendement, ou se rapportent d'une manière plus particulière à telles fonctions de l'homme social. C'est ainsi que les appétits et les répugnances s'entendent, mais non toujours, des seules fins de la vie organique ; le désir et l'aversion semblent plutôt réservés aux fins de la vie animale, et ne laissent pas de s'étendre à des objets divers et complexes ; l'amour et la haine s'appliquent plus communément aux personnes, et pourtant le premier de ces termes se généralise sans limites, et tantôt se restreint au point de n'exprimer que l'attrait des sexes, attrait moral ou seulement sensuel ; la passion attractive ne reçoit des noms strictement déterminés que par rapport aux objets les plus spéciaux, cupidité, ambition, lasciveté, etc., quand il s'agit d'argent, de pouvoir, de certain plaisir, etc.; enfin les divisions n'offrent aucune régularité, les contraires se trouvent marqués rarement avec quelque rigueur, et les noms manquent presque toujours pour les passions honnêtes.

Au sujet des mots *attrait*, *penchant*, etc., et de plusieurs autres moins vagues que ceux-ci, il faut remarquer que l'usage introduit volontiers un caractère de degré ou d'habitude, plutôt que de précision ou d'actualité dans la passion qu'ils expriment.

Après qu'on a reconnu le désordre des termes convenus et des caractères ou nuances de la passion auxquels on les affecte, il y aurait puérilité à vouloir établir une nomenclature régulière sous des étiquettes fixes, à moins qu'on ne se donnât carrière pour refondre le langage, ce qui n'est pas sans inconvénient. Je m'attache à marquer les traits généraux de la classification passionnelle ; la poursuivre dans les détails et la terminer, ce serait composer un chapitre de la langue philosophique.

Les deux genres de fins, c'est-à-dire le bon et le beau (ou le mauvais et le laid), sont souvent liés dans la passion attractive (ou répulsive), mais surtout dans tout ce que l'on appelle amour. Elles se séparent dans les appétits organiques, où le beau n'entre guère, et, en sens inverse, dans le goût qui nous attire vers ces combinaisons d'idées ou de sensations, visuelles, sonores, etc., dont le caractère de bonté est nul ou n'est pas immédiatement appréciable.

Les passions du genre du désir sont relatives à des fins possibles. Or, la possibilité a des degrés. Sous l'influence de la passion, une fois prononcée, et d'ailleurs plus ou moins conforme à la raison, toute fin paraîtra probable, ou improbable, ou certaine, ou impossible. La passion revêt à cet égard des formes nouvelles : devant la fin probable, au désir se joint l'*espoir*, et, devant la fin moins probable, la *crainte*. Si la réalisation de la fin, soit par nous, soit hors de nous, semble impossible alors que nous la désirons vivement, il y a *résignation* ou *désespoir*; et si, au contraire, elle semble certaine, il se produit une passion d'attente qui n'a point reçu de nom quoique plusieurs de ses caractères ou développements soient aisés à qualifier : *sécurité*, *insécurité*, *patience*, *impatience*, etc. Les mêmes phénomènes passionnels répondent en sens inverse aux fins d'aversion, selon le degré de probabilité qu'on attache à leur production. Au reste toutes ces passions participent de celles qui s'attachent à la possession même des fins, et qu'il me reste à caractériser.

Supposons une fin présente, réalisée depuis quelque temps et avec quelque durée dans la conscience qui se sent la posséder. Alors cette fin est acceptée, voulue, ou imposée, subie; c'est dire qu'elle est jugée favorable ou contraire. Dans un cas, la conscience est affectée d'éléments qu'elle pense convenir à la perfection de l'être qu'elle se joint; dans l'autre elle en est privée, ou, ce qui revient au même, elle est enchaînée à des phénomènes exclusifs de ceux qu'elle se proposerait librement. A cet acte prolongé de la possession en tant que sentie appartient la passion de la *joie*, si la fin est favorable; j'entends ici cette joie permanente, paisible, cette satisfaction, ce contentement empreint de sécurité qui suivent en nous ce jugement, savoir que l'objet désirable nous est donné, et cela sans perspective d'aucun changement fâcheux. Lorsque la fin est contraire, la passion correspondante est la *tristesse*, dont la définition serait exactement analogue.

Il faut distinguer profondément la joie et la tristesse, plaisir et peine de conscience, d'avec le plaisir et la douleur, pures sensations. Ceux-ci sont des fins auxquelles se rapportent beaucoup de passions, et auxquelles beaucoup d'autres se lient partiellement : mais ils ne sont pas eux-mêmes des passions. Il y a des joies sans plaisir et des tristesses sans douleur ; réciproquement, rien de si aisé que de citer des plaisirs sans joie et des douleurs volontaires sans tristesse, pourvu qu'intervienne la raison.

La joie et la tristesse, malgré la stabilité qui les caractérisent au point de vue de notre définition, exigent cependant que la conscience oppose l'idée d'une possession à l'idée de cette même possession perdue ou manquée. Si la fin obtenue n'était jamais imaginée absente, c'est qu'elle serait inhérente au sujet, ou que du moins, passée pour lui à l'état d'habitude, elle cesserait d'éveiller ses passions. Tout au plus un certain bien-être indistinct ou un certain malaise vague seraient sentis, dans cet état d'ignorance où l'on ne supposerait ni la comparaison des fins, ni l'opposition de celles qui sont à celles qui pourraient être réalisées. Tel est sans doute l'état passionnel des animaux, en dehors de leurs passions actives et de leurs émotions actuelles.

On voit maintenant pourquoi j'ai dû classer le désir et l'aversion, ces *passions développantes*, avant les *passions possédantes* dont il est question ici, la joie et la tristesse. La comparaison voulue entre la possession ou la privation données, d'un côté, et la privation ou la possession possibles, de l'autre, implique les éléments passionnels, désir et aversion ; si donc ceux-ci n'existaient pas, il ne saurait y avoir non plus de comparaison avec passion, et dès lors les passions possédantes seraient elles-mêmes sans conscience. Ainsi le développement de l'être est la première condition de la passion, non la stabilité. Sans doute la permanence dans le bien est l'idéal, la fin dernière que poursuit l'homme : mais cet idéal n'est atteint que relativement, et, même en ce sens, rarement, passagèrement. Toute passion implique le sentiment des contraires, et la stabilité relative ne se comprend qu'obtenue après le désir, maintenue durant l'aversion que d'autres états inspirent. On qualifierait, ce semble, assez exactement la joie la plus assurée selon l'expérience, en la rattachant à une suite de *redésirs* et de *repossessions* imaginatives semblables et sans obstacle en présence des mêmes objets.

De nombreux modes passionnels suivent les modifications du désir et de la passion possédante, liées l'une à l'autre conformément à notre analyse, et dues à la présence de telles ou telles fins obtenues. On pourrait les caractériser d'une manière générale, les uns par la *complaisance* dans un état donné ou vis-à-vis d'un certain objet, et leurs contraires par la *répulsion* permanente sous les mêmes conditions. S'il s'agit du rapport des personnes entre elles, ces passions s'intitulent quelquefois *sympathie* et *antipathie*, et, dans des circonstances plus déterminées, *amour* et *haine*; *amitié* et *inimitié*. Au reste, les mêmes termes, mais celui d'*amour* surtout, et dans toutes les acceptions possibles, s'offrent volontiers pour qualifier les passions stables, après s'être affectés aux passions du mouvement, non encore satisfaites. Telle est la logique si vantée du langage! On trouve moins d'incertitude dans l'application des mots *bienveillance* et *malveillance* (envers les personnes), *goût* et *dégoût* (pour les choses), *estime* et *mépris*, *attachement*, *égoïsme*, *avarice*, *orgueil*, etc. : tous ces noms de passion impliquent des sentiments plus ou moins durables. Je ne puis m'arrêter à les définir, encore moins à définir des passions plus composées, telles que l'*envie*, la *jalousie*, la *vengeance*, etc. D'une part, tout cela est bien connu : la littérature et la conversation portent certaines analyses au delà de ce que les philosophes ont jamais fait;

d'une autre part, on trouve de remarquables définitions didactiques chez quelques moralistes, dans l'éthique de Spinoza, par exemple, en dépit des erreurs capitales que je signalerai tout à l'heure. Ce qui nous manque, c'est une nomenclature, c'est le plan même de cette nomenclature, régulière et complète. Le plan, je m'attache à le tracer d'après la condition de présence et de nature des fins. Mais l'œuvre dans son entier exigerait un vocabulaire nouveau, parce que nos langues, faites sans système, multiplient tantôt les distinctions avec les noms, tantôt accusent les distinctions sans changer les noms, et d'autres fois manquent tout à fait de distinguer, faute d'éprouver un besoin journalier de marquer des nuances.

Lorsque l'objet de la passion possédante appartient à l'ordre du beau, cette passion est essentiellement l'*admiration*. Plus faible, elle se réduit à un sentiment de satisfaction particulière qui n'a point de noms ou qui n'en reçoit que de communs, celui de *plaisir*, par exemple.

Un système psychologique construit pour les besoins d'une doctrine d'association humaine a classé parmi les passions, outre les sensations élémentaires (que la moindre réflexion apprend à en distinguer, et qui pèchent, là, par excès de simplicité), certaines dispositions extrêmement complexes : la *papillonne*, la *cabaliste*, la *composite*. Ces noms ingénieux pourraient bien demeurer célèbres et trouver même un jour leur utilité, car Charles Fourier les a créés avec une merveilleuse intelligence des besoins de la société domestique-agricole, telle qu'il la concevait, et qui font droit à la réalité dans une certaine mesure. Ils expriment en somme des manières d'être et de fonctionner moralement des associés sous des conditions données. Mais ce ne sont pas là des passions ; ce sont ou des dispositions *caractérielles*, ou des effets produits, dans les relations de société ou de travail, par le développement des caractères. Le caractère est cette combinaison plus ou moins variable, plus ou moins cohérente des passions en puissance chez chacun de nous, et que la nature et l'instinct, le tempérament et le régime physique et moral, l'usage antérieur de la volonté, les habitudes prises, modifient et règlent dans leur succession et leurs développements.

Le caractère, ainsi défini, se réduit lui-même à un *goût*, quand on le considère partiellement, ou comme une simple disposition à se complaire dans un certain ordre de fins, celles-ci pouvant d'ailleurs être très simples ou se rattacher à des exercices complexes de l'activité.

J'ai considéré la passion, d'abord dans le désir d'une fin possible, c'est-à-dire dans ce mouvement de conscience qui nous porte vers elle, quand elle nous est représentée possédée par anticipation; puis je l'ai considérée dans la joie et la complaisance qui accompagnent la possession même, quand elle est stable et assurée : passion développante, passion possédante. Mais la passion se marque par des traits différents et originaux au moment même de l'acquisition, au moment de la réalisation d'une fin favorable ou contraire. Il se produit alors dans la conscience, comme passive et affectée, une *émotion*, c'est le nom le plus ordinaire des impressions de ce genre; et dans la conscience, comme active et se soulevant d'elle-même, ce que j'appellerai un *transport*. Le langage n'a consacré ni un nom commun ni des noms spéciaux à ces phénomènes passionnels que l'on exprime cependant lorsque l'on parle d'un transport de joie ou d'un transport d'amour, ou que d'une action quelconque on dit qu'elle est faite *avec transport, avec passion*. Le mot *enthousiasme* est quelquefois usité, mais s'applique plus correctement au sentiment du beau qu'à celui du bien. Enfin on peut citer l'*attendrissement*, mais dans deux sens singulièrement différents : l'un relatif aux passions douces que le sourire accompagne, en présence des fins heureuses ; l'autre, accès de mal et de tristesse au sujet de soi ou d'autrui. Je ne veux pas nier qu'il y ait rien de commun entre ces deux états, mais leur opposition est incontestable.

Le mot le plus vulgaire que nous offre ici la langue est celui qu'elle affecte au transport de haine : la *colère*. Lorsqu'une fin contraire, imposée à la conscience, est immédiatement acquise ou aperçue, et que, en même temps, elle est représentée à tort ou à raison comme ayant pu être évitée ou pouvant encore être détruite, la colère se produit. Il se joint à cette passion un déploiement de moyens matériels propres à la destruction de son objet, ou de tout autre objet présent, si la réflexion ne la réprime. C'est une force qui, mise en mouvement, frappe au hasard, à côté du but, qui souvent se dérobe. Dans le cas où il s'agit d'une fin morale, remédiable ou non, mais à laquelle on sent que la conscience peut seule s'opposer, la colère se réduit quelquefois à l'*indignation*, dont le caractère est de se concilier avec la réflexion. Mais si la fin nuisible est représentée comme définitivement acquise et insurmontable, et si d'ailleurs elle est, de sa nature, assez particulière et personnelle, il peut se produire un sentiment du néant de l'être qu'on voudrait être, sentiment rapide et comme précipité, quelquefois périodique à courtes périodes, convulsif en ses effets, qu'on peut nommer l'*attendrissement*. Les phénomènes organiques qui l'accompagnent sont les plus frappants de tous ceux que présentent les passions : ce sont les larmes, les soupirs, les sanglots, etc.

Toutes les langues se servent de ces traits physiques de l'attendrissement pour le décrire ; elles n'abordent point la passion même et ses nuances. Mais enfin ce transport de tristesse a tant bien que mal un nom qui manque tout à fait au transport de joie et au transport d'amour. Le transport de haine est toujours le plus richement doté ; on y marque aisément certains degrés :

l'irritation, la fureur, la rage; et de plus on exprime des types de caractère qui s'y rapportent : brutalité, violence; au lieu que pour d'autres passions on est réduit à confondre, en les qualifiant de *sensibles*, les êtres sujets à en éprouver les transports.

Cette pauvreté du langage est extrême à l'égard du rire et des passions auxquelles le rire s'allie. On distingue bien le *rire* du *sourire*, mais ce dernier mot a presque les acceptions du premier, au degré près. Cependant les passions correspondantes varient de la joie à la tristesse, de l'amour à la haine, et de la tendresse au mépris. Disons, en général, que le rire marque certaines nuances délicates d'émotion ou de transport, relativement aux fins bonnes ou mauvaises. Mais en ces sortes de cas il n'*éclate* pas.

Quand l'acquisition de la fin est imprévue, subite, sans qu'elle présente aucune utilité considérable, positive ou négative, l'émotion produite est essentiellement l'*étonnement*, que ne vient pas primer quelque autre passion plus intéressée. Si dans ce cas il y a perception vive d'un désordre singulier, d'une laideur inoffensive, circonstances accidentelles qui ne troublent au fond ni l'ordre du monde ni l'harmonie de notre conscience, nous sommes saisis du *sentiment du ridicule* et, par suite quelquefois, d'un rire plus ou moins convulsif dont les éclats semblent répondre aux retours précipités d'une même représentation et d'une même surprise. On a noté parmi les éléments du ridicule une certaine comparaison des défauts d'autrui avec nos perfections propres. Mais le rire franc est autre chose; et ce qui peut entrer de malveillant dans l'appréciation du ridicule par le rieur, étant développé, le conduirait à des sentiments de nature différente où le rire ne se trouve plus guère.

Un transport diamétralement opposé a lieu lorsque l'étonnement ne naît point à la vue du laid, du petit, du désordonné et de l'accidentel, mais résulte de la révélation subite du beau, du grand, d'un ordre vaste dont les limites de temps, d'espace ou de perfection n'apparaissent pas ; enfin de tout objet physique ou moral qui ouvre une longue perspective de possibles, ou surpasse les données communes de l'imagination ou de la raison. En ce cas, l'émotion, qui peut se lier à un certain frémissement du corps, est le *sentiment du sublime*.

Les auteurs qui, à l'exemple de Spinoza, veulent expliquer les passions par le principe de la *conservation du moi*, observent bien mal la nature de l'homme et celle des animaux. Il est visible que la tendance au développement domine partout l'esprit de conservation. Les instincts en masse posent leurs fins avant toute expérience, et les poursuivent sans même les connaître. S'il arrive que l'animal recherche ou fuie des objets qui lui ont fait éprouver antérieurement du plaisir ou de la peine, ce n'est pas toujours que ces objets soient favorables ou contraires à sa conservation ; encore moins qu'il le reconnaisse ; et il arrive aussi, et fondamentalement, que les fins naturelles utiles sont étrangères à la conscience, au moment où le plus vif désir la pousse à les atteindre : qui voudrait dire que le vrai mobile de la chasse, l'appétit pour la proie et la passion de manger sont fondés sur la crainte de mourir d'inanition ? Des désirs d'un ordre bien différent portent l'homme et l'animal vers l'inconnu, dans l'amour, par exemple. Enfin le beau sollicite notre activité, comme le bien ; et un caractère des fins, en tant que belles, est précisément de ne pouvoir être assignées immédiatement dans leur rapport avec la conservation de l'être. Les passions que j'ai nommées possédantes, passions stables, passions de complaisance et de joie, semblent d'abord plus conservatrices, de leur nature ; mais j'ai déjà remarqué combien le désir est essentiel à leur constitution. Celui qui aurait toujours possédé son bien et tous les biens ignorerait son bien et le bien même. Nous ne possédons souvent que trop de cette manière nos fins accoutumées.

Spinoza distingue, il est vrai, trois affections premières, parmi lesquelles il nomme le désir. Mais le désir, identique avec la volonté, selon lui, quand on le considère dans l'âme, est *l'effort, avec conscience de soi, par lequel chaque homme s'efforce de persévérer dans son être, et duquel découle nécessairement tout ce qui peut contribuer à sa conservation, effort qui d'ailleurs ne diffère point de l'essence de cet homme.* La joie et la tristesse sont les passions de l'âme qui passe à une plus grande ou à une moindre perfection, c'est-à-dire qui se représente une augmentation ou une diminution de la puissance d'agir du corps. Ici paraît un principe de développement. que la définition du désir ne contenait pas, mais qui, rapportée au corps seul ou à sa conservation, n'est nullement propre à rendre un compte général des passions. Descartes, Hobbes lui-même, avaient mieux saisi la nature du désir que nous ne la voyons comprise dans l'*Éthique*, ce livre étonnant, mélange admirable, mais triste, de matérialisme, de stoïcisme, d'ascétisme et de mathématiques. Mais il faut ôter à Descartes ses esprits animaux, à Hobbes ses mouvements du cerveau et du cœur; non qu'il n'existe rien de tout cela, mais la biologie devra substituer des réalités précises à ces hypothèses vagues. Au surplus, les découvertes que la science pourra faire, quelles qu'elles soient, révéleront des harmonies, des correspondances, non des causes transitives. A cet égard, Spinoza et Leibniz ont seuls tracé la voie rationnelle. Encore plus pour les passions que pour les sensations, il serait impossible d'assigner dans les phénomènes externes, tels que le physicien et le physiologiste doivent les envisager, les éléments d'une explication adéquate des formes de la conscience. Les attraits, les émotions et les affections sont des phénomènes absolument originaux, irréductibles; c'est en eux qu'est la source de toute définition première de la vie mentale.

VIII

SUITE. — LA PASSION, L'INSTINCT, L'HABITUDE.

La passion est en nous comme une donnée immédiate, quoique souvent on puisse la considérer comme préparée, fortifiée, d'une reproduction plus facile, ou au contraire affaiblie, grâce à l'existence d'une habitude que nous n'avons pas dû contracter sans intervention de la *volonté* délibérante. Ajournons cette question de la responsabilité des passions. La conscience est donc *passive*, en ce fait de la *passion* qui actuellement l'affecte? On ne saurait dire pourtant qu'elle soit sans *action* : l'homme passionné est éminemment actif et plein d'énergie, au moment où se meut en lui, et comme lui-même, une passion développante dont la fin favorable lui semble près d'être atteinte. Prendre les mots *passion* et *passiveté* à la lettre et dans toute la rigueur de l'étymologie, ce serait admettre une séparation réelle entre la conscience et ses états dominants. On ne doit opposer à des états que d'autres états ou des actes ; les uns et les autres sont la conscience même, une ou partagée, et sous des représentations diverses. Tout désir sans contrepoids obtient son effet naturellement possible, quand d'autres représentations n'intervenant pas, l'homme et la passion sont une seule et même chose : alors une suite de phénomènes impliqués dans le premier se déroulent, et l'organisme est déterminé à son tour suivant des lois dont je rendrai compte (§ xi ci-dessous). Mais s'il y a conflit de passions, si différents actes, imaginés possibles, ont différentes issues comparables, si des biens de nature diverse apparaissent en perspective et touchent diversement, on se demande sur quel fondement la détermination a lieu. Devons-nous admettre que les passions se classent selon leur intensité ou leur force, suivent des lois statiques et dynamiques, et se composent en de certains équilibres ou pour de certaines résultantes? Dirons-nous au contraire que les éléments d'une décision, en pareil cas, ne sont pas tous posés avec les prémisses passionnelles?

La première supposition n'est point intelligible, quoi qu'on en dise, dans le sens mathématique qu'on lui donne et qu'on est toujours conduit à lui donner. Qu'est-ce que la grandeur d'une passion? Quand il s'agit de passions de même nature, on comprend bien qu'elles sont égales ou inégales, et sans pouvoir fixer d'unité pour leur mesure, on leur attribue cependant une intensité quelconque, dont il est permis de juger d'après l'ampleur et l'énergie des effets, encore que complexes, qu'elles produisent sur diverses personnes comparables, ou en divers temps sur une seule et même personne. La difficulté déjà bien grande de préciser une appréciation tellement vague et presque toute symbolique, augmente singulièrement lorsque les passions sont simultanées et de différentes natures. On les considérera comme des mobiles qui ont cela de commun de pousser plus ou moins. Mais pousser quoi? Si elles luttent entre elles, comme pour occuper un certain lieu qui est la conscience, quoi de commun entre la réalité et ces images; Et d'où proviennent ces poids, ces impulsions variables vers des biens identiques ou différents? où trouver l'impulsion? où le milieu? où le but? et quelles seront les lois du choc, ou de l'attraction et de la répulsion de ces mobiles imaginaires? Autrefois on réduisait cette fantaisie à une mécanique très simple. On assimilait l'âme ou la volonté à un corps résistant que les passions s'efforcent d'entraîner : mieux, à une balance dont elles chargent les plateaux. Le symbole est grossier, mais facile à entendre. Malheureusement l'existence de cette volonté-là ne se définit pas aussi aisément. Chassant les mythes, il faut identifier la détermination quelconque avec la force prépondérante de l'une des passions en jeu : envisager cette force dans des grandeurs vagues et dénuées de mesure, les seules qu'on soit en droit d'attribuer aux passions ; et prouver sa prépondérance par le fait même d'une détermination que l'expérience constate dans les cas de conflit. C'est une pétition de principe. Au fond, dépouillée de tout recours aux substances, l'argumentation des déterministes est tout entière dans un appel au sentiment de causalité et à l'hypothèse de l'enveloppement apriorique des phénomènes dans leurs antécédents. Nous avons vu ailleurs que cette hypothèse n'a pas plus de valeur logique que n'en a l'hypothèse contraire, et que l'expérience et la loi des grands nombres la rendent peu probable. (*Logique*, § xxxviii.)

Pour adopter l'autre supposition, celle d'une certaine indétermination des actes futurs, eu égard aux passions actuellement données, il faut d'abord savoir ce qu'on doit entendre par la volonté, et de quelle manière on peut concevoir la succession des représentations dans la conscience réfléchie. La liberté ne se comprend pas dans la doctrine des substances : ce sera presque l'avoir démontrée que se l'être rendue seulement compréhensible. (Voyez §§ ix et xiii ci-dessous.)

En considérant la passion développante dans l'homme, on peut la supposer jointe à la conscience plus ou moins claire d'elle-même, de sa fin et de ses moyens, soit qu'il y ait réflexion actuelle, ou que, du moins, des représentations rationnelles soient possibles, et surgissent au besoin spontanément. Lors donc que l'activité doit se déployer en une série de quelque étendue, on observe une coordination raisonnée des moyens successifs pour atteindre la fin. Mais chez les animaux, chez l'homme lui-même, pour tout un ensemble de cas fondamentaux, la passion développante entraîne les modifications successives propres à la satisfaire, sans que la fin (surtout la fin dernière que révèle après coup l'ordre de la nature) soit aperçue, ou le soit distinctement. Que si la fin se trouve en quelque façon représentée, il arrive encore que la suite des actes par lesquels elle se poursuit se succèdent et s'accomplissent sans réflexion ni calcul, infailliblement, de manière que la raison intervenante ne puisse qu'en troubler la marche. Ces passions *aveugles* sont les instincts.

Elles paraissent d'abord intimement unies à l'organisme, presque sans conscience ou distinction aucune des fonctions vitales : exemple, les mouvements qui se produisent pour la respiration, pour la déglutition, dans les cas mêmes où ils sont dits volontaires. On les trouve plus marquées à l'égard des phénomènes vitaux qui ont pour effets la marche et ses modifications, le saut et sa mesure, l'émission de la voix et ses variétés; plus encore dans les contractions musculaires qui font saisir ou fuir instantanément l'objet favorable ou nuisible; enfin, essentiellement, dans la série des actes des animaux relatifs à leurs demeures, à leurs chasses, à la génération et à tout ce qui la prépare, la favorise et la fait s'accomplir à travers beaucoup d'intermédiaires.

Ces derniers phénomènes concordent sans doute, comme l'a si bien dit Cuvier, avec des rêves, des visions, dont les animaux sont poursuivis et qui les rendent comme somnambules. Mais quelque portée qu'on accorde à de telles représentations pour acheminer les agents à des fins immédiates, puisqu'une coordination complexe et prolongée de moyens s'établit dans certains cas et se déroule en quelque sorte *a priori*, sans expérience possible, sans raison ni réflexion, la fin dernière elle-même ne saurait se marquer distinctement, sous peine de nuire à la réalisation de ces mêmes moyens dont l'animal ignore les rapports avec elle. On sait d'ailleurs que le développement de l'instinct suit la raison inverse de celui de la passion consciente, et les animaux supérieurs sont les seuls qui paraissent éprouver nettement le désir, la joie, l'amour de complaisance et les transports dans l'acquisition des fins. Mais le beau, le sublime et le ridicule supposent la raison pour se développer, et leur sont presque également inconnus.

Parmi les faits d'un instinct bien déterminé, qui n'ignore pas ses objets, mais qui les réalise sans réflexion, les plus remarquables sont, chez l'animal, le saut mesuré; chez l'homme, en outre, les divers actes d'équilibre du corps (y compris les plus habituels qui ne sont pas toujours très simples), et aussi cette aptitude à reproduire les sons vocaux une fois entendus. Il faut faire la part de l'expérience et du tâtonnement dans ces phénomènes, mais il n'y a rien de commun entre la conscience des essais que nous tentons, et une connaissance quelconque des lois de la mécanique, ou des procédés effectifs par lesquels nous modulons régulièrement une voix nuancée. Tout ce qui serait réfléchi et calculé en ce genre deviendrait par là même moins précis et moins sûr. (Voyez § xi.)

Aux instincts se joignent les caractères natifs, c'est-à-dire ces groupes de passions prêtes à se manifester dans les circonstances convenables : tels ou tels appétits ou attachements, la peur, la défiance, la colère, etc. Ce ne sont pas là sans doute des faits instinctifs, à s'en tenir à nos définitions, mais ils sont ordinairement qualifiés ainsi, et on le conçoit, quand on considère que tels d'entre eux sont donnés en puissance dans tels animaux, de préférence à d'autres animaux et d'autres facultés, toutes choses égales d'ailleurs, et pour des circonstances où l'on ne voit rien que d'identique. Le caractère de l'animal est donc confondu avec son instinct propre, et non sans raison. Il varie d'espèce à espèce; très peu d'individu à individu, insensiblement, chez les animaux d'ordre inférieur, ou qui ne subissent pas l'influence de l'homme. La plupart de ceux qui la subissent modifient difficilement leurs instincts, même alors qu'une sociabilité native les prédispose à la domestication, et ils se troublent quand l'ordre de la nature est troublé pour eux. La réflexion est indubitablement la grande cause de la variabilité humaine. Ses effets se produisent chez les individus, puis leur deviennent habituels, puis se transmettent héréditairement, entre certaines limites, et forment des variétés passionnelles.

L'instinct, le caractère natif, la passion enfin, instinctive dans sa source, constituent dans l'ordre animal une nécessité naturelle. Si la réflexion amène la liberté, et en quel sens, c'est la question que j'ai depuis longtemps réservée et que je réserve encore. Mais, pour le moins, l'homme varie singulièrement le fonds donné de la nature. Parti de l'instinct et de la passion, au milieu de cet ordre fixe de la finalité qui l'enveloppe, il réfléchit, compare, combine et modifie en plusieurs manières les biens que lui présente une conscience en apparence libre de les admettre et de les rejeter. Il modifie jusqu'à ses premiers instincts, et jusqu'à ceux qui se confondent avec les actes vitaux les plus aveugles ; enfin il se propose des biens nouveaux qui lui sont propres et qui l'obligent à se préoccuper de fins éloignées ou générales. L'homme cherche *le meilleur*, là où l'animal ne poursuit que *son bien*.

On pourrait entendre tout d'abord par l'*habitude* un état composé quelconque, un groupe de phénomènes coordonnés, une manière d'être constante. En ce sens l'habitude serait l'animal même et, encore plus généralement, l'être, vu dans les lois qui le composent, et abstraction faite de ses changements.

Dès qu'intervient le devenir, l'habitude embrasse une suite de phénomènes dans le temps ; et ce qui motive l'application de ce nom, c'est la constance de la loi de succession ; c'est, pour nous borner à l'animal, la disposition qui est en lui à présenter le même enchaînement de modifications, toutes les fois que les premiers termes d'une série se trouvent posés en fait par un événement quelconque. L'habitude est encore ici l'être et la fixité, mais la fixité dans une loi de changement, dans une aptitude à reproduire et à répéter un nombre indéfini de fois un même développement.

Cette loi peut n'être pas donnée tout d'abord, mais se trouver dans l'animal comme acquise par lui à la suite de l'ordre empirique des faits de sa vie antérieure. Ici nous arrivons à l'habitude proprement dite, ou à la *loi de variation de l'habitude*; savoir à ce grand fait que, quand une série a été produite une ou plusieurs fois, il s'établit par là même une disposition de plus en plus marquée, facile et comme naturelle à la reproduire identiquement dans les mêmes circonstances.

En donnant à l'habitude le sens très général de la persévérance dans un état donné, mais transportée à la sphère du changement, on en trouverait la plus frappante réalisation dans cette loi dite d'*inertie* qui exprime en dynamique la conservation de tout mouvement acquis tant que les conditions ne changent pas. Les lois physiques et chimiques en présenteraient autant d'applications qu'elles nous montrent de fois les mêmes phénomènes pris pour antécédents avoir pour conséquents les mêmes phénomènes. Et on remarquera que l'habitude prend ici la forme de la causalité. Les fonctions organiques nous offrent la même constance de leurs séries de production et de développement, quoique nous ne puissions pas à leur égard réaliser aussi aisément des prémisses identiques pour les soumettre à l'expérience. Tout cela c'est la nature. Mais un organisme est déjà loin d'observer cette rigidité, cette inflexibilité qui appartient aux lois des non-vivants. L'ensemble des conditions, sous lesquelles deviennent ou demeurent possibles la naissance et le jeu des organes, peut se modifier entre certaines limites, surtout si les changements introduits du dehors sont graduels : une plante, un animal, se font peu à peu à des milieux différents de leurs milieux originaires ou naturels et à de nouvelles influences; ensuite ils s'altèrent et se transforment eux-mêmes jusqu'à un certain point, individus et races; ils prennent donc des habitudes comme on dit, ou ils en changent. C'est le passage de la nature à l'habitude, le passage du sens primitif et fondamental de ce mot *habitude* (*avoir*, *être*), au sens ordinaire et dérivé, celui d'une nature acquise et variable.

Il y a plus encore dans la vie organique : il y a l'aptitude croissante des organes à reproduire certains phénomènes qui ne sont point de leur jeu normal, ou qui l'outrepassent; et cela seulement parce qu'ils ont été déjà produits : exemples, l'afflux du sang, du lait, ou d'autres sécrétions, le retour de la fièvre, etc. On ne peut se refuser non plus, ce me semble, à voir l'habitude organique dans les faits si multipliés de l'adresse acquise dans les arts et métiers de l'homme. Les mouvements rapides, compliqués, précis, des doigts du musicien, ou des organes vocaux du chanteur, deviennent irréfléchis et comme instinctifs, chaque petite modification musculaire se reproduisant d'elle-même, à sa place, dans le cours d'une série plusieurs fois répétée antérieurement. La volonté est intervenue pour réaliser un nombre de fois suffisant la série que l'on se proposait de rendre habituelle; maintenant elle intervient d'une manière générale, appliquée à l'ensemble, encore pas toujours, et elle disparaît d'entre les termes successifs, qui se suivent machinalement ou à peu près.

S'il était permis de supposer dans un organe une conscience propre des fins de ses changements la loi de l'habitude se définirait pour lui une disposition à se proposer pour fins, dans certaines circonstances, les fins mêmes qui, dans des circonstances semblables, ont été précédemment posées et obtenues par suite de faits extérieurs à sa vie individuelle et à son développement particulier. Or c'est là précisément ce qui a lieu dans la vie animale, où paraît pour la première fois la représentation distincte des fins. La conscience est diposée à poursuivre celles qu'elle a déjà saisies : non pas seulement saisies d'instinct ou de passion pure, ou encore volontairement, mais par suite de faits indépendants d'elle-même, si ces fins sont favorables, et même sans cela. Ces derniers cas tendent à produire l'instinct et la passion ; le premier les renforce. On voit que la nature et l'instinct pourraient être considérés dans l'animal comme une habitude première et persévérante ; l'habitude, comme un instinct acquis, une nature acquise, une *seconde nature* (Aristote). Pourtant l'habitude, en tant qu'elle a une origine, est contraire à l'instinct qu'elle modifie ; aussi constitue-t-elle un progrès de l'homme sur les animaux, par la facilité qu'il a plus qu'eux de la former et, par suite, de la perdre. Mais, en tant qu'elle persévère, et, tournant à l'instinct, se soustrait à la volonté, elle le ramène à l'animal, dont elle le séparait d'abord. L'habitude propre à l'homme est cette habitude raisonnée qui se contracte et se perpétue volontairement pour la recherche et pour la possession des biens réfléchis : c'est la vertu.

Observations et développements.

Je crois pouvoir énoncer les lois suivantes comme résultats définitifs des travaux des psychologistes sur l'habitude. Cependant quelques distinctions et quelques amendements m'ont paru nécessaires.

Ces formules sont empruntées pour le fond à une belle monographie de M. F. Ravaisson. Ce sont quarante pages, une simple thèse, qui surpassent en profondeur tout ce que je connais de philosophie contemporaine en France. Pourquoi faut-il que le substantialisme entache des conclusions qui seraient si nettes dans un autre langage, et défigure de si fortes analyses ? Qu'est-ce que cet amour substantiel, identique avec la volonté, identique avec la pensée, identique avec la nature ? Et que m'apprend l'obscure révélation du mystère de cette identité universelle ? Voici l'énoncé des lois :

1° L'altération apparente, qu'un phénomène répété ou continué, venu du dehors, apporte à un être vivant, devient moins intense en devenant habituelle.

2° L'altération née d'un phénomène que répète ou maintient

spontanément un être vivant se reproduit et augmente avec l'habitude.

M. Ravaisson conclut des faits que ces énoncés résument à une opposition entre la réceptivité et la spontanéité, dans l'être vivant; puis à un affaiblissement graduel de la réceptivité et à une exaltation graduelle de la spontanéité, dans l'influence que le changement exerce sur l'être, soit par la répétition, soit par la durée. Mais il faut remarquer, ce me semble, pour le premier cas, que si l'altération en quelque sorte aiguë, due au phénomène de provenance externe, décroît, c'est bien souvent qu'une altération chronique s'établit, laquelle est profonde et plus difficile à reconnaître. Exemple, l'habitude de certains excitants ou même des toxiques. On doit supposer que l'ingestion de ces substances en se répétant, et leurs effets en se continuant modifient de plus en plus certaines qualités du sujet, quoique peut-être on s'aperçoive de moins en moins de chacune des actions prises en particulier. Mais est-ce là un affaiblissement de réceptivité? On pourrait ajouter une autre restriction, évidemment nécessaire : c'est que le phénomène, cause de l'altération, ne vienne pas à dépasser certaines limites, car l'existence même du sujet devenant impossible, il est clair que l'habitude ne pourrait se contracter.

Pour le second cas, je me demande s'il est bien juste de nommer accroissement de spontanéité l'établissement d'une habitude dans le fonctionnement d'un organisme, en des cas où les phénomènes, répétés ou aggravés, n'ajoutent rien aux manifestations régulières, à la constitution normale du sujet. M. Ravaisson allègue les retours périodiques de certaines affections une fois causées (spasmes, afflux de sang, fièvres, etc.), « sans cause extérieure subsistante, au moins en apparence ». Mais si la cause n'est point apparente, voyons-y un problème posé pour nous, et non pas une preuve qu'il n'y a point de cause. Même quand l'organisme semblerait déployer une de ces propriétés qu'on a désignées sous le nom de *vis medicatrix naturæ*, il faudrait connaître les voies et moyens de l'habitude contractée par le corps, et savoir si les conditions dans lesquelles il est placé ne déterminent pas complètement des phénomènes qui, de toute manière, en dépendent plus ou moins. Ce ne serait point un accroissement de spontanéité, que le fait de la spontanéité commune des organes qui manifestent des propriétés données sous des conditions données.

Les lois de l'habitude sont plus claires là où la conscience accompagne les phénomènes. En voici des énoncés :

3° Tout phénomène dont la conscience est donnée, quelle

qu'en soit l'origine, externe ou interne, s'affaiblit comme représentatif, à mesure qu'il se reproduit et devient plus habituel. Il en est ainsi des sensations, des idées ou de leurs rapports quelconques (associations), et des jugements formels qui, s'ils ne sont nettement et constamment réfléchis, intéressent de moins en moins la conscience et perdent leur caractère. Cette dégradation représentative d'un ordre de faits que l'attention et la réflexion peuvent dominer, et qui subsistent et agissent, indistincts et voilés, quand ces fonctions s'abaissent, est une expérience journalière de l'homme. Rien n'est si propre à nous faire comprendre la manière dont les animaux pensent, jugent et raisonnent.

4° Si une passion se joint à l'habitude, dans le cas précédent, et si cette passion est de complaisance, ou possédante, sa représentation s'affaiblit par l'habitude, non moins que celle des sensations ou jugements qui y sont liés. Si, étant de désir, ou développante, elle demeure non satisfaite, elle s'affaiblit encore et tend à s'éteindre. Mais lorsqu'elle consiste en un désir successivement satisfait et renaissant, dont le contentement définitif n'est pas possible, comme dans le jeu et pour certains plaisirs, elle se répète d'autant plus qu'elle s'est déjà répétée, et va toujours s'aggravant, s'il n'y a diversion suffisante, volontaire ou involontaire. Elle tend, pour ainsi dire, à s'approprier la conscience entière, jusqu'à ce point d'aberration où paraissent les monomanies, les *idées fixes*, où l'homme n'est plus homme mais est juge, géomètre ou poète, dans la veille, dans le songe, à l'agonie.

M. Ravaisson ne prend pas la passion en ce sens, mais dans celui d'une réceptivité tout à fait passive, quand il dit : « La continuité ou la répétition de la passion l'affaiblit. » La passion est toute autre chose, et demande, comme on voit, des distinctions. De plus, l'affaiblissement, lorsqu'il a lieu, porte sur la représentation distincte de la passion, plutôt que sur la passion même. C'est ce que prouve la loi suivante :

5° Tout phénomène suffisamment répété, tout état prolongé, deviennent des besoins, quelque habituels et, par suite, peu sentis qu'ils soient pour la conscience. Leur absence y fait vide, à moins d'une forte diversion, et cela indépendamment du genre de passion qui se liait à leur présence, si ce n'est point une aversion décidée.

6° Quand les phénomènes sont accompagnés d'attention et de réflexion autant de fois qu'ils se produisent, la répétition et l'habitude, en les rendant plus faciles, ne les rendent pas d'une représentation moins nette et d'une observation moins sûre ; tout au contraire. C'est que l'attention et la réflexion peuvent elles-mêmes devenir des phénomènes habituels : d'où une habitude opposée à l'effet amortissant des autres ; une habitude, à proprement parler, d'éviter certains effets de l'habitude, en en conservant certains autres effets. M. Ravaisson dit ici : « La continuité ou la répétition de l'action l'exalte et la fortifie. » Mais l'analyse peut aller plus loin. L'*action* n'est pas si simple. S'agit-il des passions actives, c'est-à-dire spontanées ? on a vu quelle loi elles observent ; et il ne faut pas oublier qu'elles sont très souvent opposées à l'action réfléchie, en lutte avec elle, ce qui fait qu'elles exigent un article séparé. Mais on parle exclusivement de cette action à laquelle se joignent l'attention, la réflexion, la volonté après délibération préalable ? Alors l'habitude s'établit de deux manières : d'abord elle facilite les phénomènes sensibles et intellectuels, les sensations, les associations, les jugements, et à cet égard elle tendrait à en affaiblir la conscience ; ensuite elle s'applique à la conscience distincte elle-même, comme volontairement suivie et entretenue ; et, de ces deux habitudes réunies, il arrive que les perceptions deviennent plus claires, les associations et les jugements à la fois plus nets, plus rapides et plus sûrs.

Ces quatre dernières lois se résument en une seule :

L'habitude fortifie l'établissement des phénomènes dans l'être où la conscience de ces phénomènes est donnée, en même temps qu'elle affaiblit cette conscience même en tant qu'actuelle et distincte ; mais cette conscience même se fortifie, si elle s'applique avec réflexion et persévérance à s'établir et à se maintenir.

IX

DE L'HOMME COMME VOLONTÉ, OU DE LA REPRÉSENTATION AUTOMOTIVE.

Les anciens, souvent profonds en allant droit au fait, ont défini l'âme une chose soi-mouvante. Otons le préjugé de la substance ou de la force substantielle, il reste cette vérité d'expérience : dans le cours des représentations qui se groupent ou se succèdent pour constituer ce que nous sommes, lorsque nous pensons avoir ce que nous appelons la direction de nous-mêmes, nous identifions surtout notre conscience avec celle de ces représentations qui à chaque moment semble se produire sans cause efficiente antérieure, c'est-à-dire se causer d'abord, ensuite déterminer les autres.

Je n'entends poser ici qu'une apparence, mais elle est incontestable. On peut dire que la représentation automotive, indépendamment des conditions organiques et physiques sans lesquelles elle ne se produit point, reconnaît des précédents intellectuels; qu'elle n'est jamais entièrement nouvelle; qu'elle s'élève du fonds et de la réserve des faits antérieurs, où l'imagination et la réminiscence la puisent; qu'enfin l'intelligence perçoit, compare, combine et ne crée point : tout cela peut être vrai, mais ces conditions permettraient également d'autres produits. Pourquoi telle représentation maintenant et non telle autre? pourquoi celle qui se témoigne se témoigne-t-elle comme par soi, dans la réflexion, tandis qu'il en est autrement dans la perception? On dit encore que l'apparence est fausse, et que tout est nécessaire, tout est précédé et impliqué, tout préexiste à soi-même. On dit, et comment prouve-t-on? par la *substance*, une chimère; par la *raison suffisante*, un infini ou un cercle vicieux. Ici, je ne fais point d'hypothèse, je ne démontre pas la liberté, je décris seulement l'apparence et j'en fais la théorie, sauf à chercher ailleurs la certitude, ou ce qui est possible sous ce nom.

La spontanéité de la vie est toujours une loi donnée : dès que certaines conditions sont réunies, la vie se manifeste invariablement, la même pour les mêmes (les réserves faites à l'article de l'habitude n'excluant pas une prédisposition fixe dans le sujet qui se développe). La spontanéité s'observe encore dans la production des faits de conscience, qui naissent, se suivent et s'éloignent d'un cours continu, comme dans nos rêves. Ici, les phénomènes semblent plus variables, relativement à des conditions dont l'analyse complète est d'ailleurs impraticable; mais enfin nous regardons chaque série comme préordonnée. La spontanéité continue à nous apparaître dans celles des modifications des animaux et de l'homme qui s'ensuivent immédiatement de leurs passions : mouvements locaux et changements internes, organiques et physiques. Ces phénomènes impliquent passage d'un ordre à un autre; mais, nonobstant les diversités que le passage peut offrir, on doit admettre que la succession des faits est prédéterminée par une loi donnée avec chaque individu à la fois physique, organique et personnel. L'habitude seule modifie jusqu'à un certain point la spontanéité : l'habitude que forment ou de nouvelles conditions extérieures ou, dans le sujet même, la volonté, s'il s'agit de l'homme.

Il y a donc loi, nécessité, être anticipé, dans tous les faits que je rappelle. Et cette nécessité n'interdit point la spontanéité, tout au contraire; poser celle-ci c'est dire sans doute qu'il ne s'agit pas de productions réalisées mécaniquement, ou par une juxtaposition d'éléments extérieurs; mais le groupe évoluant, depuis le grave qui tombe jusqu'à la conscience qui se passionne, suit sa loi et ne la fait point. Tout cela n'a rien de commun avec la volonté.

J'examinerai plus loin s'il est permis de faire intervenir la volonté dans les faits de locomotion des animaux ou de l'homme, faits qui se produisent constamment en présence des passions, et j'espère prouver, contre le langage reçu, que la volonté n'a ni rapport exclusif, ni même rapport direct à ces sortes de faits. (Voyez § xi.)

Mais, quant aux autres représentations de conscience se joint celle d'appeler, suspendre ou bannir ces mêmes représentations; quand le pouvoir qui résulte de la généralisation de ce phénomène paraît établi, grâce à ces faits d'attention, d'abstraction systématique, de réflexion soutenue et variée, dont l'ensemble est une véritable analyse automotive; quand l'indépendance de la représentation appelante, suspensive ou bannissante trouve une confirmation spécieuse dans la divergence des actes humains, dans leur opposition et dans l'imprévu de leurs conséquences; quand une passion est retenue et neutralisée, puis vaincue, puis extirpée jusqu'à sa racine par l'appel et le maintien constant de quelque motif pris de plus haut ou de plus loin, d'ordre différent : alors il faut dire qu'il y a volonté.

Un grand fait est donc celui-ci : que la représentation se pose, en puissance, comme suspensive d'elle-même, et comme suscitative de telles autres qu'elle envisage dans l'avenir. Ce fait qui paraît dans l'attention, la réflexion et la délibération, s'éloigne plus ou moins de la pensée simple, où les séries s'offrent purement spontanées. Maintenant, si la puissance, si les possibles dont je parle sont ambigus dans le monde réel empirique, c'est ce qu'il faudrait, et c'est ce qu'il est impossible d'éprouver et d'expérimenter. La représentation les pose ainsi, et le fait que je demande ne va point au delà.

Ceci admis, *j'entends par volition le caractère d'un acte de conscience qui ne se représente pas simplement donné, mais qui se représente pouvant ou ayant pu être ou n'être pas suscité ou continué, sans autre changement apparent que celui qui se lie à la représentation même en tant qu'elle appelle ou éloigne la représentation.*

La volonté est le terme général qui répond à la volition.

Cette définition paraîtra obscure peut-être. Elle exprime pourtant le fait même, et c'est ainsi qu'il faut l'entendre. Nous sommes au nœud de la conscience humaine. Au reste, on trouvera des éclaircissements au chapitre de la liberté. (§ xiii.)

On a donné à l'autogénèse représentative le nom de **spontanéité absolue** (Fichte, par exemple). Ce mot dit trop peu si l'on entend que la spontanéité ne cesse pas alors d'être une production déterminée et constante sous des conditions données ; il dit trop, si l'absolu est placé là pour exclure toutes conditions antérieures ou concomitantes : le phénomène ainsi isolé sortirait du domaine de l'expérience et des lois quelconques.

Entre les représentations successives, entre la représentation et elle-même, quand il y a caractère de volition, se place la relation de cause à effet, dont je ne reprendrai pas ici l'analyse. Toutes les difficultés qui pourraient nous arrêter dépendent de la substantialisation des causes et de leur séparation d'avec les effets. Cet écueil enlevé, restent des faits très constants et une loi très simple. Au sein de la représentation volontaire se fait cette synthèse de l'acte et de la puissance que nous appelons la force. En vertu d'une figure que j'ai expliquée ailleurs et que j'ai cru devoir conserver pour le langage, on a coutume d'envisager la force, la cause et la volition, dans l'acte d'une représentation antécédente; le produit, l'effet et le voulu dans un acte conséquent; mais tout cela est inséparable quand on ne sort pas de la conscience. Vouloir penser à telle chose et y penser en effet se confondent dans le temps, sitôt que l'objet est déterminé; et si l'objet n'est pas déterminé, la même identification se fait pour l'objet vague qui en tient lieu, à chaque moment de la série d'une remémoration imparfaite, par exemple. On trouve, au contraire, une séparation frappante lorsque l'on considère d'un côté la conscience et ses représentations volontaires, et, de l'autre, des effets dans le sujet externe; mais cette séparation porte sur l'espèce des phénomènes observés des deux parts, et rien ne prouve entre eux l'existence d'un rapport propre et direct de cause à effet. Ce rapport exige une synthèse indissoluble ; il s'est toujours trouvé n'être pas intelligible quand on a voulu admettre des forces substantielles et transitives.

(Voir *Logique*, § xxxvii.) Au reste, je borne en ce moment l'analyse aux effets de conscience.

La force et la volonté sont des termes généraux, des noms de lois. Dans une conscience individuelle, le caractère joint à une représentation particulière, et qui la fait volontaire, peut prendre le nom d'*effort*. Toute volition bien déclarée, par conséquent réfléchie, est un effort, et l'effort est dit plus ou moins grand, selon qu'il y a plus ou moins de différence ou d'opposition entre les phénomènes volontaires internes et ceux que nous penserions avoir dû se produire selon la simple spontanéité.

On peut se demander si l'effort est suffisamment défini quand je le qualifie de caractère d'une représentation. Mais que dire de plus? De ce caractère ressort une représentation *sui generis*, et toute investigation doit s'arrêter là. L'effort est un fait de conscience, un fait représentatif et représenté, objectif et subjectif dans la conscience. Si l'on essaye de fixer le représenté, le sujet, indépendamment de la conscience, c'est une idole qu'on posera; et on se fera au fond cette illusion de placer derrière l'homme incomplet, privé de volonté, un second homme, complet celui-ci, qu'on chargera d'être la volonté du premier. Mais ne séparons pas des phénomènes qui ne se comprennent point les uns sans les autres; alors nous constaterons seulement la distinction profonde de la représentation simple et de la représentation volontaire : cette distinction sera celle du penser et du vouloir, et la seule définition possible de l'effort en résultera, puisque le sentiment en lui-même est toujours indéfinissable.

Il est donc permis d'envisager dans la conscience une représentation toujours, à tout instant possible, une représentation qui aurait ce caractère d'être sa propre cause ou d'être la cause d'une autre qui dès lors s'identifie avec elle. Cette représentation est un effort pour se maintenir, un effort pour s'éloigner, un effort pour appeler et se substituer telle représentation différente avec laquelle elle forme par cela même une synthèse causale dont il est impossible de rien dire de plus. En acte, c'est la volition; en puissance, c'est la volonté. Puisque, selon l'apparence, que je ne cesse de suivre, un antécédent a plusieurs conséquents possibles, et qu'il n'y a point de série prédéterminée que la conscience connaisse, la volonté est un principe de solution de continuité des phénomènes : elle n'obéit point à une loi *a priori*; elle modifie des lois, et elle en fait, qui ne deviennent telles que pour l'observation qui les constate *a posteriori*.

En même temps que la volonté rompt les séries naturelles, elle établit une loi d'un ordre nouveau et éminent, que les partisans des substances ont reconnue, qu'ils ont cru ne pouvoir maintenir qu'en constituant des entités, et qu'ensuite ils ont sacrifiée presque toujours en ouvrant ces entités à l'invasion des lois de la nature. Je veux parler de l'individualité du soi.

Une multiplicité de phénomènes de tout genre est la matière de la conscience : elle les prend comme de son expérience, et non comme d'elle-même. Les formes ou lois de l'entendement et de la raison lui semblent déjà mieux lui appartenir; ce sont pourtant des fonctions communes à beaucoup d'autres consciences, et souvent aussi des caractères généraux qu'elles s'accordent à rapporter à leurs objets. Ainsi, la représentation, comme simplement telle, n'est qu'à peine un principe d'individuation; la mémoire constitue, il est vrai, ce qu'on appelle la permanence du moi, mais sans obliger ce moi à voir dans le moi autre chose qu'un fragment d'un ordre total. Enfin les passions, malgré les variétés que produisent l'instinct, les circonstances, l'habitude, le caractère initial ou acquis, sont cependant autant de liens de la conscience, et qui l'enchaînent aux lois du monde. Ces choses marquent le genre et le degré de l'individualité animale. Mais lorsque paraît ce pouvoir, non point une entité, cette puissance, selon toute la valeur logique du mot, cette représentation toujours possible qui se pose avant toutes les représentations, pour elles, contre elles, pour elle-même et contre elle-même, on peut dire l'individualité humaine constituée. La synthèse de la mémoire avec ce pouvoir élève la conscience au point culminant, et constitue essentiellement ce que nos langues et nos lois nomment une personne.

En définissant la volonté, j'ai défini la liberté, puisque celle-ci est une puissance, et que je n'ai pas considéré la première autrement, ni hors de la conscience ou ailleurs que dans l'homme. Je n'ajouterai rien ici sur ce point ; mais on voit qu'il ne s'agit pas d'un pouvoir substantialisé, encore moins de cette faculté de *vouloir vouloir*, qu'on a pu reprocher aux partisans du libre arbitre. Il s'agit de la puissance des futurs, laquelle se témoigne dans certaines représentations, s'y témoigne ambiguë, selon les apparences, et devient une volition dans l'acte de la représentation qui se résout et se détermine entre plusieurs possibles. Ce n'est là que de l'analyse.

La différence est grande entre la loi que j'énonce et celles que poursuit l'auteur de la mécanique des représentations. Le phénoménisme de Herbart, autant qu'il m'est donné de le comprendre, entifie la conscience, et ne laisse pas de perdre de vue l'unité singulière, en même temps que l'ambiguïté qui résultent pour les déterminations personnelles du fait de la représentation automotive et de la puissance des contraires. Traiter les phénomènes comme des atomes, calculer leurs forces, leurs pressions, et ne voir dans le moi qu'un effort de conservation, c'est s'interdire toute explication de la volonté, et l'emploi même de ce nom, si l'on était conséquent. Il est vrai qu'on ne l'est pas.

Après avoir donné cette idée générale de la volonté, prenons, pour la confirmer et la développer, les phénomènes de conscience à leur origine. Dès la première apparition du sentiment, il y a lieu pour l'homme à distinguer entre l'impression et l'effort. Une représentation commence à poindre : l'impression toute seule peut l'élever, ce semble, à la clarté, s'il se produit une sensation vive, si surtout une passion s'y joint, par où le soi se distingue implicitement de son objet; toutefois, il nous est difficile de concevoir ce que nous appellerions une clarté véritable en l'absence de toute réflexion. Mais, du sein de la représentation obscure ou confuse, en tout cas involontaire, voilà qu'il naît un effort pour le maintien et comme pour la suscitation de ce même phénomène imparfaitement présent, pour sa position plus nette et sa division en des rapports qui en supposent d'autres. Ainsi paraissent l'attention et la réflexion. Nous parvenons à la représentation des représentations comme possibles en général, et à celle de cette puissance même, en tant que donnée dans la conscience. Nos déterminations, nos actes, nous semblent alors dépendre d'eux-mêmes, c'est-à-dire de nous, au moins quelquefois; nous tâchons de ne rien être et de ne rien devenir sans l'avoir consenti ou voulu; nous comparons les perfections relatives des fins diverses que nous pouvons poursuivre ou atteindre immédiatement; nous délibérons. Telle est la série des phénomènes de la volonté.

Un psychologiste de mérite, T. Jouffroy, a remarqué que, du point de vue de la volonté, toutes les fonctions humaines se dédoublent. Partant de là, il proposait de réserver à la fonction volontaire le nom de *faculté* pris dans toute sa force et par opposition à la simple *capacité*. En effet, à commencer par la sensibilité, personne n'ignore la distinction de voir et de regarder, d'entendre et d'écouter, de toucher et de palper, de sentir et de flairer, de goûter et de savourer, quoique notre langue ne soit pas également nette sur tous ces points. Passant à l'entendement, on aperçoit sans peine quelle transformation fait subir la volonté à la mémoire, qui devient remémoration, puis à l'imagination, au jugement, à la série des pensées, à la passion enfin. C'est la réflexion qui rend la raison possible, et les faits de réflexion sont des faits de volonté, comme nous allons mieux le reconnaître. Au reste, j'ai déjà signalé ces différences à propos de chacune des fonctions de l'entendement. Mais ces mots *facultés*, *facultés de l'âme*, admis par Jouffroy, rappelleraient toujours la doctrine de la substance et des modalités, plutôt que la coordination des phénomènes à l'aide des catégories d'acte et de puissance. Un terme général, celui de *fonction*, en tient suffisamment lieu, parce qu'on peut y ajouter toutes les qualifications convenables dans chaque circonstance.

Seulement, il est essentiel d'observer que la volonté et les fonctions volontaires ne doivent plus être comprises dans le sens mathématique du mot *fonction*. Ce sens, que j'ai suivi le plus souvent, implique des lois préexistantes à l'expérience, et une dépendance réciproque de toutes les variables dont la fonction est le lien. Mais ici, en supposant la réalité conforme aux apparences, il faut admettre des variables indépendantes qui ne soient pas seulement fictives. Les fonctions mêmes varient entre certaines limites, et le jeu des phénomènes cesse de pouvoir être constamment prévu par quelque intelligence que l'on veuille poser. En d'autres termes, les fonctions peuvent n'être pas données, mais devenir et se faire. Le sens vulgaire du mot n'exclut point cette nouvelle acception.

L'attention est, dans une représentation donnée, la représentation qui s'y joint du maintien de cette même représentation, afin que ses éléments ou ses rapports se posent plus distinctement pour la conscience. Il entre toujours dans l'attention une fin proposée quelconque, au moins celle de connaître, que nous avons vue d'ailleurs n'être point rigoureusement désintéressée. Mais la volonté en est un élément essentiel; car si la représentation est maintenue en présence de l'objet, ou sous l'empire de la passion, sans qu'il y ait conscience plus ou moins claire du vouloir, nous parlons d'une impression nette et durable, ou d'un appétit constant, comme chez beaucoup d'animaux en certains cas; mais de cette tension passive pour passer à l'attention il faut introduire un effort. L'effort proprement dit se marque d'autant plus que l'intérêt est moins sensible, la fin plus générale ou plus éloignée. A cette extrême limite l'attention est certainement propre à l'homme.

Appliquée aux objets sensibles, l'attention est observation; aux actes propres de la conscience, réflexion. Ces fonctions portent ordinairement sur une série d'actes coordonnés : sensations, jugements, raisonnements; en sorte que l'attention simple, ou qui s'appliquerait à un moment déterminé et isolé, n'est que le fait élémentaire de la réflexion prise dans toute son étendue.

Il y aurait abus manifeste à partir, comme Dugald Stewart, de l'opposition entre les sensations inaperçues et les sensations auxquelles nous *faisons attention*, pour fixer le phénomène de l'attention dans ces dernières, sans autre éclaircissement. La conscience admet des états vagues, indistincts, confus, dans tous les genres de représentations; et il ne suffit pas que ces états lui deviennent clairement témoignés pour qu'on doive qualifier d'effort et de volonté la part que son activité prend aux phénomènes. Autre est la condition d'un passant qui voit filer un bolide, et change aussitôt de pensée, autre celle de l'observateur qui attend le météore et se le tient présent autant que possible, même après qu'il a disparu, afin d'en saisir la nature et les circonstances : le premier voit et sent, le second regarde et travaille. Le langage peut bien désigner ces deux hommes comme attentifs, en comparaison d'un troisième qui aura vu sans voir et ne se rappellera l'étoile filante qu'au moment où on lui demandera s'il l'a remarquée; mais l'analyse, tenue à plus de précision, nommera les trois cas sensation confuse, sensation distincte et attention proprement dite. Il est vrai que le fait de la *distraction* à l'égard de certains phénomènes s'explique par l'application de l'attention à d'autres phénomènes au même moment, et c'est ce qu'on appelle *préoccupation;* mais alors donc la meilleure situation, pour avoir des sensations distinctes de tous les accidents qui peuvent survenir, est de n'être attentif à rien de déterminé quand ils surviennent : or, s'il ne se produit en même temps aucun effort pour retenir et étudier la conscience présente, il y a sensation nette, on ne saurait dire qu'il y ait attention. Au surplus, une sensation peut nuire à une autre sensation sans qu'il soit nécessaire de joindre une attention marquée à l'une des deux.

La confusion des deux sens vulgaires de l'attention a conduit le psychologiste écossais à cette singularité, de regarder comme des séries très rapides d'actes déterminés d'attention et de volonté les merveilles d'adresse de l'art du pianiste ou de l'équilibriste, merveilles d'où l'habitude tend précisément à bannir la réflexion et l'effort. Il se forme, en effet, des séries, et qui se reproduisent de plus en plus facilement, une fois constituées, mais les phénomènes dont elles se composent sont des sensations distinctes que suivent des déterminations d'agir aussi peu réfléchies que possible. L'attention ne s'applique que d'une manière générale à l'ensemble des faits qu'il s'agit de saisir ou de produire.

Le même auteur met en doute la possibilité que les mêmes objets se trouvent à l'égard de l'attention (et de la sensation distincte) tantôt séparés, tantôt réunis au même instant; il est tenté de réclamer l'intervention de la mémoire pour la *perception de la figure visible,* attendu la nécessité de distinguer et d'assembler à la fois les parties. Mais quelle est donc la fonction du soi que l'on puisse concevoir à part de la mémoire, et s'est-on fait l'idée de ce que deviendrait une conscience rigoureusement instantanée, c'est-à-dire anéantie à l'instant? Nous devons accorder à D. Stewart, en cela, plus qu'il ne nous demande, mais il ne s'ensuit pas que l'attention se découpe en atomes, car alors la réunion de ces atomes par la mémoire cesserait de dépendre elle-même de l'attention, ce qui n'a pas de sens. Que signifient ces spéculations sur une faculté isolée? Quand on parle d'attention, il faut comprendre la conscience attentive, avec les autres fonctions dont elle est inséparable : et on a vite fait de reconnaître, en consultant les faits, que l'attention peut *se partager* entre des objets liés par une idée commune, jamais entre ceux qui, séparés de tout point, se feraient mutuellement diversion. Quant à la sensation distincte, elle se produit simultanément pour divers sens et pour divers objets d'un même sens; et souvent aussi la conscience, possédée par telles impressions, est inabordable pour telles autres pendant ce temps. Mais toute impression forme déjà un tout; il n'en est point de simples à la rigueur. Ces questions ont peu d'intérêt aux yeux de quiconque a une fois remarqué que l'unité, la pluralité et le tout leur synthèse prennent place dans les phénomènes sans exception. Mais il est bon de savoir ce que valent les parties les plus ingénieuses d'une philosophie très analytique en apparence, très hostile aux entités, à ce qu'elle croit, mais qui ne définit rien à la rigueur et ne coordonne rien.

Rapporter des rapports comme tels à la conscience; en comparant, se représenter la comparaison même, et distinguer, composer les rapports ainsi abstraits, au lieu des groupes naturels ou immédiats; s'opposer, déterminés comme non-soi, les objets mêmes qui tantôt se caractérisaient comme soi, et les soumettre à ce procédé d'analyse et de synthèse qui chez l'animal ne paraît point dépasser les objets immédiatement donnés autres que lui-même : voilà comment j'ai décrit ailleurs les phénomènes de la réflexion, cette conscience de la conscience et, plus généralement encore, cette relation des relations en tant que telles. Il est facile de s'assurer de l'identité de ce point de vue avec celui où nous nous plaçons maintenant. En effet, si la réflexion ainsi comprise n'était jointe à la représentation de pouvoir être retenue, ou délaissée, ou compliquée d'éléments nouveaux, dans la conscience automotive, c'est-à-dire si elle n'était subordonnée à l'effort et à la volonté, elle ne pourrait que s'évanouir à chaque instant de sa production et, partant, n'existerait véritablement pas. L'homme qui réfléchit doit se dire implicitement que ses opérations sont volontaires, et agir en conséquence ; autrement l'attention lui échappe, et la réflexion avec elle, parce qu'il y a incompatibilité entre cette fonction, toujours tendue de sa nature, et la série naturelle des pensées que mènent l'instinct, l'habitude et les accidents externes. L'incompatibilité existe également avec cette autre tension plus ou moins durable d'où quelque passion très vive exclut tout ce qui n'est pas elle. Il est donc manifeste que la conscience de la conscience, distincte, soutenue, continuée, est une fonction volontaire, et que, quand nous la possédons, c'est que nous nous la donnons.

Mais il faut pouvoir se la donner. Cette puissance paraît manquer aux animaux. Le caractère distinctif que l'on s'accorde à reconnaître entre eux et l'homme, la réflexion, implique, on le voit, la volonté, la possibilité de la volonté. C'est le développement du vouloir, c'est le passage de la spontanéité simple à la spontanéité libre qui marque l'avènement de la conscience humaine au sein de la nature.

Quoi qu'il en soit, au fond, de l'existence d'une

liberté autogénératrice des moments de la conscience, illusion ou réalité, cette illusion est propre à l'homme et le distingue profondément. Le langage des animaux se mesure à leurs passions; nous le comprenons assez pour être assurés, et sa fixité si bornée le prouve, qu'il n'admet point l'idée des purs possibles, des actes indéterminés, des futurs ambigus, non plus qu'il ne suppose aucune pensée de la pensée. Eux, au contraire, s'ils venaient à comprendre nos paroles, ce que précisément cette différence empêche, ils nous entendraient avec étonnement, à chaque instant, revenir sur le passé, spéculer sur l'avenir, et supposer que chacun de nous pourrait faire ce qu'il ne fait pas et ne pas faire ce qu'il fait : pourrait, aurait pu, pourra, rien n'étant changé, d'ailleurs, aux conditions de l'acte. Voilà pourquoi il ne suffit point à nos communications de ce qui suffit à celles des animaux, d'exprimer des passions actuelles par un langage d'action, ou par de certaines émissions de voix instinctives et constantes. Pour eux, point d'analyse, point de doute, point d'hypothèses, point de conditionnel général et indépendant; pour nous, ce conditionnel indéterminé fait tout le sens de l'effort moral et le sens même du vouloir; si bien que ces mots *vouloir* et *ne vouloir pas* ne sauraient se distinguer autrement de ceux d'agir et de n'agir pas, ou encore de ceux d'agir avec plaisir ou avec peine, pour une fin désirée ou imposée : tout le monde sait que l'activité définie par de tels caractères n'est pas la volonté.

La volonté qu'on attribue aux animaux n'est que la détermination sous l'empire de la passion; c'est donc la passion même, le désir, plus un acte qui en est la conséquence; ce n'est pas la représentation automotive avec conscience de son pouvoir. Certains êtres, des moins éloignés de nous, sont, il est vrai, doués de cette mobilité, sujets à ces variations que la volonté produit chez l'homme; mais l'attention, la réflexion, l'effort moral, leur manquent d'autant plus, ce qui prouve que tout est dû à la perfection de la sensibilité et aux changements rapides des impressions de ces êtres. Les mêmes animaux nous offrent des actes raisonnés, ou qui semblent tels, mais qui s'expliquent suffisamment par les fonctions intuitives (ci-dessus, § v). Enfin nous les voyons quelquefois, c'est surtout dans les rapports que nous leur créons avec nous, hésitants, incertains, balancés entre des fins diverses. Ce balancement des passions suppose la comparaison des biens avec les maux, des biens les uns avec les autres ; et la détermination qui suit est un choix, très vraisemblablement, car il faut rejeter toutes ces comparaisons tirées de la mécanique, les impressions plus ou moins *fortes*, et l'*équilibre* et les *résultantes* : l'animal n'est pas une balance. Otons-lui cependant la conscience nette et redoublée de ses actes, que l'homme ne doit qu'à son effort propre pour modifier la passion en appelant, retenant ou éloignant tels d'entre les motifs d'agir ; il ne lui restera plus rien de ce que nous avons nommé délibération et volonté. Autrement on le verrait évoquer comme nous, au besoin, des pensées nouvelles et lointaines afin de se résoudre ; il arriverait par convention, et non plus seulement par habitude, à l'intelligence et à l'usage des signes ; les voies du langage lui seraient ouvertes. Que si l'on croit observer chez certains animaux des traces de ces fonctions, nous ne les admettrons pourtant chez eux qu'à l'état naissant, pourrait-on dire, ou à l'état évanouissant, et ce ne sera que pour continuer l'analogie d'ailleurs visible des espèces. Un degré de volonté bas et confus, difficile à définir, ne rompt pas la ligne de démarcation entre l'ordre de la liberté et celui du sentiment, ou, pour passer au point de vue moral, entre l'ordre de la justice et celui de l'innocence. A la liberté se rattachent la réflexion et la raison, au sentiment spontané l'habitude et l'instinct. Ainsi les caractères distinctifs de l'homme rentrent essentiellement dans un, qui est pris de la volonté, en n'oubliant pas que chaque degré de développement se fonde sur les précédents, et, pour les surpasser, les implique.

Dès que la volonté, étudiée dans l'homme, est un de ses caractères, et le premier, c'est abus que de l'attribuer à l'animal, bien plus à tous les animaux, comme on le fait souvent en leur accordant la locomotion *volontaire*. Il y a là au moins un vice choquant de nomenclature, puisque des fonctions si radicalement différentes se trouvent groupées sous un nom commun : d'un côté la conscience de l'automotivité représentative, de l'autre des mouvements qui s'ensuivent de passions données, avec une spontanéité simple et invariable. Nous verrons que la locomotion se rattache immédiatement aux phénomènes passionnels, et par ceux-ci à la volonté, *en tant seulement que la volonté les modifie*. C'est en confondant l'élément passionnel avec le volontaire, qu'on a perdu le véritable fil de l'analyse, dans ce cas et dans beaucoup d'autres. Il n'existe pas en philosophie d'erreur plus grossière, ni qui ait eu des conséquences plus longues et plus fâcheuses. Kant lui-même n'en fût pas exempt.

La philosophie kantienne définit le désir un *pouvoir de déterminer soi-même son activité par la représentation d'une chose à venir*, en d'autres termes, *une faculté d'être, par ses représentations, cause de la réalité des objets de ces représentations*. On a objecté à cette définition l'existence des désirs sans aucun pouvoir correspondant, et Kant n'a répondu que par une cavillation littéraire. (*Critique du jugement : Introduction.*) On pouvait dire aussi que le pouvoir dont il s'agit existe quelquefois sans désir : les faits de vertige en sont la preuve. La définition est donc aussi imparfaite que possible, et tout ce qu'elle renferme de vrai se réduit à ceci, que les phénomènes passionnels et les phénomènes de détermination physique sont régulièrement liés. Mais la dépendance des seconds par rapport aux premiers souffre deux sortes d'exceptions. En effet, 1° la représentation du futur possible, dont la production de ce même futur serait une conséquence, peut se suspendre ou s'éloigner par un de ces faits de volonté que j'ai longuement décrits ; 2° l'obstacle au phénomène envisagé dans l'avenir peut être dû à la constance des lois physiques qui ne permettent pas ce phénomène. Ajoutons que le fait représentatif dont l'objet se réalise spontanément est une imagination vive, accompagnée du désir dans certains cas, et d'une passion tout opposée dans d'autres. (Voyez le § xi ci-dessous.)

Un autre vice capital de la définition kantienne est de se rapporter à une division des *facultés de l'âme* en ces trois qui, dit-il, ne peuvent plus être dérivées d'un principe commun : *la faculté de connaître, le sentiment du plaisir et de la peine*, et la *faculté de désirer*. Le désir et la volonté se trouvant ainsi réunis forcément sous la même classe, et par un philosophe qui n'entend pas nier la liberté, chose singulière ! il arrive que l'idée du désir et de ses propriétés reste bien confuse. Et en effet, si l'on suppose que les futurs placés dans la représentation sont indéterminés *a priori*, que par suite le *pouvoir* est ambigu, que la *cause* est ambiguë, il faut convenir que la définition donnée cadre mal avec le désir, lequel existe chez les animaux comme chez l'homme, et impliquerait par lui-même un avenir prédéterminé. Au contraire, lorsqu'on admet des futurs fixes et un pouvoir forcé, sans ambiguïté dans l'application, toute liberté disparaît, il n'est plus question de volonté, et la formule, portant sur le désir seul, demeure avec les défauts que nous avons vus. (Voyez le § vi, note A, ci-dessus.)

La formule de Kant modifiée de cette manière : *être cause par ces représentations de ses représentations mêmes*, est rigoureusement vraie des actes de volition. Il y a plus ; en ne sortant pas de la conscience, on peut étendre la même formule au rapport du présent avec le futur, comme fait Kant : *être cause par ses représentations de la réalité des objets de ces représentations*. En effet, la conscience de la possibilité d'avoir une certaine représentation implique cette même représentation ; la simple idée d'un possible équivaut dans ce cas à l'acte, et elle le produit. Mais, comme nous joignons à ce premier phénomène la représentation également possible de retenir ou de suspendre l'acte, celui-ci cesse d'être nécessaire en tant définitif, ou durable ou développé dans ses conséquences. Des fins en perspective ou atteintes, des passions relatives à ces fins, sont adhérentes à chaque phénomène représentatif, appelé ou écarté, mais n'empêchent pas que tout ne se subordonne à la puissance qui comprend à la fois et ce phénomène et un autre phénomène accompagné d'une autre fin et d'une autre passion. C'est quand la représentation arrive à se fixer, et s'affirme exclusivement, que l'on peut dire qu'elle produit la *réalité de son objet* dans la conscience. C'est alors aussi que cette réalité paraît, s'il y a lieu, dans la sphère des lois organiques et physiques, en vertu de l'harmonie de celles-ci et des lois représentatives.

Une représentation produite indépendamment de la réflexion et de la volonté, si ces fonctions n'interviennent, tendra par elle-même à se poser en s'affirmant dans la conscience ; une représentation plusieurs fois reproduite tendra à devenir habituelle. La volonté, c'est-à-dire la puissance des représentations autres ou contraires, peut amener en chaque cas la négation des premières données, négation fondée sur la considération d'autres fins, et qui à son tour, produite et reproduite, s'affirmera de plus en plus facilement et se tournera en habitude. La réflexion elle-même, l'emploi, l'intervention de la volonté, deviennent plus aisés par l'exercice, en sorte que la délibération se substitue à la simple spontanéité dans une grande part de la conscience, et que les passions les premières venues ne l'emportent point. Ce sont des faits. On voit en quel sens la volonté lutte contre les passions, dont elle est inséparable pourtant ; on voit que, phénomène isolé d'abord, mais qui se répète et se généralise, fonction suspensive, négative à l'égard d'un phénomène donné quelconque, et suscitative à l'égard d'un autre, elle se pose contre l'état donné, contre l'habitude, puis engendre des états nouveaux, des habitudes nouvelles ; enfin, devenue elle-même habituelle, existe comme une habitude opposable à celles qui ont été contractées antérieurement.

Le développement de la fonction volontaire aboutit essentiellement à ce qu'on a coutume de nommer la *raison*, chez l'homme comparé à l'animal, et à l'enfant même. Il ne se produit que peu à peu chez ce dernier. De là cet *âge de raison*, dont on ne saurait fixer aucune limite inférieure, non plus que d'aucune autre habitude : et il est facile de comprendre qu'un premier acte de volonté réfléchie, pût-il être observé nettement, n'est pas encore une volonté formée. Quant à la limite supérieure, qui ne s'arrêterait que devant les fonctions invariables de la nature, et les connaissons-nous bien ? assurément aucun homme ne l'a atteinte, même dans ses heures de veille les plus lucides.

Ainsi, sous l'empire de l'instinct et des lois de l'habitude commune, l'homme, aussi bien que l'animal, suivrait naturellement des séries d'actes de conscience auxquelles se rapportent les modifications extérieures convenables. La volonté est une habitude en quelque sorte inverse, un empire sur les habitudes, une habitude pourtant. Par elle se modifient les séries logiques ou naturelles de la pensée, et jusqu'à l'instinct, jusqu'à la nature, jusqu'aux lois fondamentales de l'intelligence, puisque le libre exercice de la raison peut nier la raison. A l'avènement d'une fonction d'un genre si nouveau, on peut dire que les choses cessent d'*être* simplement, mais *se font elles-mêmes*, et qu'une nature se produit par-dessus la nature. Alors aussi, alors seulement, l'homme s'élève à la connaissance de ces lois mêmes qui ne dépendent point de sa volonté. L'abstraction devient possible, ainsi que l'expérience systématique : double fondement des sciences.

X

SUITE. — LOIS DE DÉGRADATION DE LA CONSCIENCE RÉFLÉCHIE.

Le passage de la pensée simple et de la passion, dont les forces sont fixes et invariables, aux fonctions de réflexion et de volonté, qui constituent la force libre, ne s'effectue pas d'une manière totale dans l'homme. Ce n'est ni complètement ni d'une manière durable que s'élève de l'empire des lois à l'autonomie cet individu qu'il nous est donné d'observer. Sans doute, son nouvel état, son acte, pour mieux dire, et, dans toute la force du mot, son énergie est un état normal, mais violent, et dont le constant exercice ne se rencontre point. Après le développement des fonctions volontaires il faut assister à leur dégradation. Je ne parle pas ici d'une dégradation morale, mais de ce mouvement naturel de descente qui, de la nature autonome, nous ramène par l'affaiblissement et la fatigue au repos, et, à travers la rêverie, le rêve et le sommeil, à l'oubli, à l'inaction, à la nature purement instinctive, de moins en moins consciente.

Le jeu des fonctions physiques a lieu avec continuité, j'entends sensiblement et en apparence, car, au fond, la logique nous interdit de voir dans le devenir quel qu'il soit autre chose qu'une série extrêmement rapide de phénomènes érectiles suivis de repos. (*Logique*, § XXXVI.) Les fonctions organiques nous présentent déjà, à côté de certaines actions dont les interruptions sont également insensibles, d'autres actions à périodes marquées, des mouvements rythmiques, en grande partie automatiques. Ensuite on observe des phénomènes qui ont leurs temps d'exercice, auxquels succèdent des temps de rémission, annoncés par le sentiment de la lassitude, surtout chez les êtres dont les passions surmènent l'organisme. Enfin les fonctions de la sensibilité, de l'entendement, de la passion et de la volonté ont toutes également ce caractère : que, après que la conscience que nous en avons a persévéré pendant une suffisante durée, et d'autant plus que les représentations ont été plus nettes et plus actives, cette même conscience devient plus difficile en tant que réfléchie, s'affaiblit et tend à s'effacer.

Une continuité effective de phénomènes quelconques implique contradiction. Pour qu'il en fût autrement, il faudrait que le phénomène dit continu fût de nature à ne comporter en lui-même nulle distinction de parties ni de moments. C'est ce qui n'a point lieu dans la considération d'une force, par exemple, car l'action d'une force peut toujours se diviser dans nos concepts comme le temps pendant lequel on la considère. Il est d'ailleurs bien entendu qu'il s'agit de la continuité rigoureuse et mathématique. Quand on a compris cette vérité démontrée, on ne peut composer aucun ordre naturel de changements que d'actes intermittents, de phénomènes périodiques. De là résulte une première idée très générale du sommeil considéré, dans une fonction mobile quelle qu'elle soit, comme l'intervalle de deux moments d'activité, de deux actes successifs. Cette loi n'est pas seulement une loi de fait et particulière ; c'est la conséquence d'une loi nécessaire de la représentation, dont il n'est pas permis de demander le pourquoi. L'observation ne l'atteint pas toujours ; elle l'atteint quand l'intervalle des actes se marque dans un organe observable, pendant une durée qui surpasse celle de nos moindres représentations : exemple, les mouvements péristaltiques, respiratoires, etc., et, dans une sphère d'observation plus délicate, les mouvements vibratiles de certaines parties des corps organisés ; partout ailleurs il faut la supposer[1]. Ces périodes composantes de la vie organique doivent se reproduire à peu près régulièrement dans tout le cours d'une existence individuelle. D'autres et d'un autre genre appartiennent à la vie animale, ou de relation, quoiqu'on puisse en observer des traces dans les phénomènes végétaux : elles sont formées d'actes déjà discontinus eux-mêmes, et plus que discontinus, qui n'ont rien d'oscillatoire : d'une part, les sensations et les moments de la représentation sous toutes ses formes ; de l'autre, les mouvements dits volontaires qui suivent les passions ; tous actes qui s'édifiant sur la base des variations rythmiques de l'organisme modifient quelquefois la mesure de ces dernières, mais ne peuvent normalement les supprimer. Cela posé, lorsqu'une certaine série plus ou moins inégale en nombre et en durée s'est produite dans la représentation, la conscience s'affaiblit ; et lorsque les mouvements musculaires qui président à la locomotion se sont succédé pendant un certain temps, ils deviennent plus difficiles et tendent à s'arrêter : le sentiment de la *fatigue*, le *besoin de repos*, faits d'ailleurs indéfinissables,

---

[1]. Sans doute il faut éviter de prendre à la rigueur les termes de la formule connue de Bichat : *Continuité d'action dans la vie organique, intermittence d'action dans la vie animale*. Mais quelle qu'ait été sur ce point la pensée de ce physiologiste et je ne sais si la question s'est clairement présentée à lui, toujours est-il que l'intermittence existe probablement dans la cause des mouvements organiques rythmiques, à ne juger que d'après les faits ; car, si on entreprend de la nier en imaginant quelque mécanisme adapté à une *action dynamique constante*, on fait une hypothèse gratuite. Là où la continuité est apparente, comme dans la contraction des sphincters, rien ne prouve qu'elle soit autre que serait le mouvement d'une aiguille de montre pour l'ignorant qui n'aurait pas les moyens d'en reconnaître l'intermittence. Mais ce qui doit faire rejeter entièrement la continuité des phénomènes de tout ordre, c'est qu'elle impliquerait un *nombre infini effectif* de ces phénomènes dans une durée quelconque, ce qui est absurde. (*Logique*, § vii et viii.)

se produisent dans la conscience rapportée soit à elle-même, soit surtout au corps, et tournent à la douleur distincte, si les passions prolongent la période d'activité; enfin a lieu naturellement une suspension au moins partielle, dont l'observation seule établit les caractères, et qui est proprement le sommeil chez les animaux. Le réveil est une renaissance, un retour des fonctions à leur puissance première.

Il y a un rapport facile à apercevoir et à expliquer, entre la période diurne et la période de veille des animaux; mais ce rapport est secondaire, puisque tout animal dort le jour quand aucune passion ne le sollicite, et que nul animal ne dort la nuit quand des passions, soit normales pour lui, soit exceptionnelles, le pressent pendant ce temps. On voit assez que l'explication des périodes de la vie de relation ne dépend pas d'un rapprochement si grossier.

Vouloir se rendre compte du sommeil par l'épuisement d'un fluide quelconque dont la réparation serait nécessaire, c'est se proposer le vaste problème qui, résolu, dévoilerait une harmonie des trois sortes de fonctions, physiques, organiques, représentatives; je dis résolu, mais qui même alors ne donnerait pas la raison première du phénomène : car les passions et la volonté peuvent retarder longtemps le sommeil chez un grand nombre d'hommes, et il en est aussi qui s'endorment toujours à leur gré. Un physiologiste, bon observateur, s'est cité lui-même comme exemple de ce dernier cas. (J. Müller, *Manuel de physiologie*.) Que nous apprendrait donc ici un fluide qui, abondant, n'empêcherait pas de dormir, épuisé, se réparerait sans sommeil, ou sans lequel, enfin, les fonctions les plus actives pourraient persister longtemps? Ce que je dis d'un fluide sécrété est applicable à la réintégration quelconque des conditions matérielles des viscères exercés pendant la veille.

La loi du sommeil n'est point nécessaire, comme on

peut dire que l'est *a priori* celle des périodes plus simples de la vie physique et organique, puisque tous les phénomènes de la veille sont déjà discontinus (ceux de la représentation et ceux de la locomotion) et qu'ainsi il n'y a pas lieu d'exiger une interruption autre que celle qui sépare les moindres termes de leurs séries : mais cette loi est un fait d'observation universelle, et ce fait reçoit toute la clarté logique désirable de l'existence des petites périodes élémentaires qui peuvent passer naturellement à de certaines périodes plus étendues. Comment celles-ci se forment avec les premières, et pourquoi, une science plus avancée l'entreverrait sans doute. L'irrégularité qui les distingue se rattache à ce progrès vers la variété, l'individualité, l'indépendance et la liberté, caractère du passage des fonctions inférieures aux fonctions supérieures. A considérer la loi de formation dont je parle, quelle qu'elle soit, la loi du sommeil doit paraître physiologiquement nécessaire; elle se révélerait avec les faits inconnus sur lesquels elle se fonde. Mais si l'on envisage les exceptions, la latitude singulière laissée à l'application de la loi, et surtout la nature des fonctions volontaires qui la suspendent chez l'homme, il est permis de penser qu'elle tendrait à disparaître dans la suite d'une évolution progressive des êtres. Ici je dépasse l'analyse et je dois m'arrêter.

A l'égard de la *fatigue*, liée comme on sait au sommeil, il est clair que, la prenant en elle-même, on n'en saurait trouver d'autre explication que celle qui convient à toute une série d'impressions douloureuses et de besoins sentis : elle représente un fait d'harmonie entre les fonctions sensibles et les autres fonctions, c'est-à-dire entre des lois distinctes qui président au développement d'un même être.

A cette idée générale du sommeil la biologie n'ajoute rien : on n'a pas encore découvert les lois spéciales qui se rattachent à la suspension totale ou partielle de la puissance locomotive et des fonctions représentatives ; mais tout un ordre de faits échappe jusqu'ici à l'observation, et les hypothèses qu'on veut y substituer sont la honte de la science, par le vague et l'insuffisance qui les signalent, aussi bien que par les préjugés substantialistes dont elles déposent puérilement, sans fruit aucun.

Il nous reste, à nous, à considérer la loi du sommeil et à la décrire dans son application aux représentations sensibles, intellectuelles, passionnelles, volontaires. Ces dernières fonctions, les fonctions réfléchies, tiennent le premier rang dans la théorie, quand il s'agit de l'homme, parce qu'elles sont tout d'abord et les plus essentiellement suspendues par le sommeil, et qu'elles peuvent à leur tour le suspendre. Les passions partagent, il est vrai, ce privilège d'éloigner l'endormissement, mais le sommeil une fois établi peut les laisser reparaître dans le rêve.

L'animal s'achemine au sommeil par l'absence de la passion, par l'absence ou l'inopportunité des sensations qui lui présenteraient des fins à poursuivre. Chez lui, l'imagination est faible, la mémoire attend les occasions, la série des pensées est dépendante. Quand cet état d'impassionnalité se prolonge au delà d'une simple somnolence, il se marque par la suspension des représentations nettement extérieures et des affections qui les accompagnent, mais surtout de la puissance locomotive en tant que dirigée, car le rêve prouve, chez quelques animaux, la persistance possible de la sensation ou de son apparence imaginative, tandis que la locomotion, alors sollicitée, se trouve impuissante à atteindre son but. Je croirais volontiers que l'harmonie entre les fonctions représentatives et les lois physiques n'est pas interrompue dans ces phénomènes, mais que la représentation est trop confuse, trop peu catégorique pour se rapporter à des mouvements déterminés et combinés : de là les efforts vains des membres et de la voix, le sentiment pénible de l'impuissance, et tous les caractères de certains songes. On peut se demander si l'animal arrive jamais au sommeil parfait, c'est-à-dire à la suspension totale des phénomènes représentatifs, ou s'il conserve toujours une conscience sourde, avec quelques sentiments vagues de la vie de relation. Cette question, posée sur l'homme, a pu offrir un intérêt aux partisans de la substance, et surtout dans les systèmes de Descartes et de Leibniz ; mais, nous fût-il donné de la résoudre, elle n'ajouterait rien à l'histoire des phénomènes et de leurs lois. A peine se comprend-elle, sous ce point de vue, parce qu'il est impossible de marquer une limite entre ce qu'on appellerait une suspension totale et cet état de torpeur où toutes les fonctions, principalement la mémoire et le devenir de la pensée, de plus en plus exténués ou effacés, ne laissent rien subsister que la puissance indéterminée et de moins en moins consciente. Que cet état soit celui du sommeil profond qui ne laisse aucun souvenir, on l'a contesté, mais par des inductions elles-mêmes fort contestables. Il est au moins certain que l'homme peut en approcher beaucoup, même en veillant et par un effet de sa volonté : chacun peut en faire l'expérience, et des sectes entières s'y sont livrées ou s'y livrent encore dans un but de souverain bien et de perfection morale.

La veille de l'animal comparé à l'homme pourrait déjà paraître un demi-sommeil intellectuel et une sorte de songe, si l'on n'avait égard qu'à la nature des représentations, toujours irréfléchies, qui forment sa conscience ; mais entre cet état et l'état de sommeil, ou même de rêve continuel, il s'interpose encore une certaine paralysie d'un système d'organes et comme un second degré de paralysie de la représentation : les sensations nettes, les passions infaillibles, les réalités présentes de la vie de relation cèdent la place au jeu imaginaire et obscurci des catégories directrices du jugement. L'état somnambulique a été plus justement rapproché de la vie purement animale durant la veille, mais il faut noter une importante différence : le somnambule humain est enfermé dans un cercle d'actes et d'impressions en dehors desquels il se laisse aborder difficilement par la sensation, là où l'animal est également en éveil et prêt à tout événement. Cette propriété de concentration dépend des fonctions spéciales de l'homme et des habitudes qu'elles établissent. Le somnambule ne réfléchit pas à nouveau actuellement, mais applique une puissance d'attention et d'abstraction antérieurement acquise; il touche, entend, voit, marche, travaille et suit toujours sa pensée. En dehors des accidents que cette série comporte, toute impression assez forte pour rompre la chaîne doit amener la réflexion positive et mettre fin au genre de sommeil où il est plongé. Supposons que cette réflexion ne soit pas naturellement possible, alors l'habitude et l'instinct auront leurs cours sans concentration spéciale, les sensations aborderont sans résistance et les passions se dirigeront à leurs fins naturelles. Tel est sans doute l'état de l'animal pendant la veille.

L'homme a donc, outre les sensations, les jugements et les passions, développés dans la veille, la réflexion et la volonté qui s'y appliquent, et les soutiennent jusque dans l'inaction des sens, au moment où l'animal s'endormirait infailliblement. L'abandon des fonctions volontaires marque pour lui le premier acte de l'envahissement du sommeil. Prenons-le à ce point culminant de sa vie, la volonté, négligeons l'activité animale comme satisfaite, ou sans but prochain, et suivons les phases de la suspension des fonctions.

On observe d'abord le passage de la représentation automotive, et des rapports internes ou externes qui sont matière de réflexion et de délibération, à la simple association des idées, c'est-à-dire aux séries purement naturelles ou habituelles de la pensée. On donne le nom de *rêverie* à cette forme de développement de la conscience. La volonté y est encore présente, mais non intime, seulement prête à se susciter à l'occasion. Il s'y mêle aussi des éléments sensibles qui interviennent avec la mémoire et l'imagination, et modifient les séries. Éloignons maintenant la possibilité des sensations, par le choix du lieu, du temps, de la posture; supposons que l'effort de conscience, ou se suspende par lui-même, ou devienne progressivement difficile et pénible : alors la rêverie s'obscurcit, les termes des rapports se comparent à peine, leur loi de succession échappe; s'il nous reste encore un sentiment d'exister et de pouvoir, nous nous tenons fixés à la simple possession de ce sentiment de moins en moins senti. C'est le passage à un état que j'appellerai ici le *rêve*, afin de le distinguer du *songe* proprement dit. Cet état, où la puissance de vouloir est sourde, presque pas consciente et comme nulle, consiste souvent en une suite machinale de représentations, dont le fond provient de la mémoire et dont l'ordre est tracé par les impressions antérieures tournées en habitudes. Souvent aussi la suite est incohérente : des sons, des mots, des images se jettent à la traverse, avec des rapports dont l'observation est difficile, parce que le phénomène n'est pas sitôt réfléchi pour le rêveur qu'il est altéré. On peut y saisir pourtant quelques données instantanées, assez pour constater le désordre, une marche imprévue, saccadée, et l'absence de toute règle saisissable. Le rêve est quelquefois une transition de la veille au sommeil, et il occupe tous les moments de certaines insomnies, joint à une conscience qui lutte, sans pouvoir achever de s'obscurcir.

La considération de ces divers phénomènes précurseurs rend déjà ce fait probable : que le sommeil lui-même est un état d'obscurcissement de la représentation, qui diffère peu d'une suspension totale. En preuve du contraire, on a cité l'impression qui accompagne le réveil subit; mais qu'est-ce, dans ce cas, que le sentiment allégué, le sentiment vague d'une occupation profonde où nous étions plongés, d'où nous tire violemment une sensation imprévue, qu'est-ce autre chose qu'un effet de la nécessité où nous met la réflexion qui survient de rattacher notre état présent à un état antérieur quelconque? Ce dernier nous semble doux, en comparaison de l'autre qui est pénible, et nous nous croyons détournés de nos pensées parce que nous entrons difficilement dans celles qui nous abordent. Un auteur devrait se faire ces sortes d'objections à lui-même avant de publier ses études. Le même philosophe, l'homme d'analyse de l'école éclectique, Th. Jouffroy, s'est prévalu pour sa thèse de la faculté que nous aurions de nous éveiller à l'instant préfixé par notre volonté. Si un pareil fait s'observait jamais à la suite d'un sommeil entier, en dehors de toute habitude prise aussi bien que de toute sensation survenante, il faudrait constater un véritable prodige, la mesure immédiate et directe du temps. En toute autre circonstance, il n'y a là qu'un exemple commun du sommeil imparfait qui tient de la rêverie.

L'absence de tout souvenir déterminé, au moment du réveil subit, doit naturellement passer pour une preuve de l'absence des représentations antérieures. En effet, toutes les fois qu'il y a succession immédiate de phénomènes aperçus, quelle que soit d'ailleurs leur diversité, une certaine mémoire les lie : une réminiscence au moins possible; et c'est cela même qui fait l'unité de conscience. Si donc le passage du sommeil à la veille était une exception à la loi, il faudrait dire que chacun de ces deux états a sa conscience propre et indépendante, ou encore que les impressions de la personne qui dormait n'étaient pas véritablement aperçues de celle qui veille maintenant : ainsi, à l'égard de cette dernière, la seule de qui nous puissions dire en connaissance de cause qu'*elle dormait*, le sommeil serait une suspension des représentations.

Passons aux phénomènes des songes. Ils ont pour caractères communs : de se produire dans le cours du sommeil ou vers sa fin; de former des séries quasi logiques et toutes relatives à nos fonctions connues; de simuler l'expérience; de se coordonner avec les séries antérieures de la personne, et par là de lui appartenir; enfin de laisser, au réveil immédiat, la mémoire de leurs principaux traits, en même temps que s'établit plus ou moins rapidement la conviction de leur nature illusoire. Parcourons ces différents points et précisons-les.

Le songe est une dérogation au sommeil, un retour à la rêverie, mais avec les différences qui tiennent à un abandon plus complet de la puissance réflexive, à l'éloignement de l'expérience et de ses conditions, et à l'état propre des organes dont l'exercice est depuis longtemps suspendu. Cependant des sensations vagues peuvent encore le produire ou le modifier; et au défaut de celles qui naîtraient des circonstances extérieures, la représentation trouve un fondement dans celles qui sont internes, ou dans la reproduction spontanée des sentiments qui ont occupé précédemment la conscience. (Voy. ci-dessous, § xi.)

Il n'est point de fonctions, point de catégories qui ne s'appliquent à ces données dans le songe. Les rapports de nombre et d'étendue, une succession, des changements observés s'y rencontrent toujours; les qualités s'y présentent, rapportées à des sujets stables ou instables, liées par des jugements de toutes sortes, et déroulées en raisonnements, mais intuitifs plutôt que discursifs; les causes y sont supposées à propos des phénomènes; les passions surtout s'y produisent très vives et pour des fins clairement aperçues; enfin la personne s'y retrouverait en son entier, n'était l'absence de la libre réflexion. Mais les fonctions volontaires se réduisent à de pures ombres dans les songes; c'est-à-dire que les représentations cessent alors d'être soumises à l'apparence constante d'une représentation automotive, exercée actuellement, ou qui se témoignerait nettement être en puissance. Aussi les choses, les événements, les pensées se forment et se succèdent en manière de spectacle, et nous nous offrons nous-mêmes à nous-mêmes comme sur un théâtre. De là ce caractère de toutes les fonctions intellectuelles, autre communément dans le songe que dans la veille : la comparaison instinctive et non délibérée, point de critique, des inductions rapides, jamais discutées, l'oubli d'une chose en présence d'une autre, les contradictions qui s'ensuivent; de là jusqu'à une véritable aliénation de la personne, qui arrive à se confondre avec une autre, ou à s'attribuer les phénomènes que tout à l'heure elle s'opposait. D'autres fois la réflexion semble conservée, il est vrai, mais c'est moins dans le songe proprement dit que dans une sorte de rêve, où l'effort cherche à se produire contre les impressions désordonnées qui nous assiègent. Quoi qu'il en soit, cette réflexion est elle-même songée plutôt que voulue; c'est une copie des formes de la pensée délibérative de la veille, copie souvent fautive, bizarre, dont l'habitude fournit les éléments, quelquefois exacte aussi, et même inventive, mais bien rarement. Nos raisonnements, dans cet état, s'il nous arrive au réveil d'en formuler une réminiscence fidèle, se trouvent absurdes, des ombres de raisonnement : nous pensions avoir fait de bonnes découvertes, et nous établissions des rapports sans fondement, ou tout à fait logomachiques. Quand la violence de la passion qui nous étreint sollicite un véritable effort, nous nous ressaisissons quelquefois nous-mêmes et nous réfléchissons pour nous retrouver; mais cet effort nous remet dans la veille, ne fût-ce que pour un instant.

La simulation de l'expérience dans le songe est due précisément à ce que, avec la réflexion, toute critique est écartée : alors ce qui paraît est, la croyance n'a plus d'autre base. L'opposition de l'apparent et du réel n'est en effet que celle du représenté, ici seul, et là placé dans une série de phénomènes tant antérieurs que concomitants, tous établis, reçus et concordants. Or, au défaut des sensations qui s'enchaînent et se limitent mutuellement, comme elles font dans l'état normal de la veille, la réflexion seule peut introduire des comparaisons et mettre en question la concordance des phénomènes.

La fausse expérience des songes prend place naturellement dans les séries de la personne, toujours représentée à elle-même. Mais on comprend que cette personne s'altère quelquefois par la confusion de ce qui lui appartient et des possibles qui jouent la réalité devant elle et qu'elle s'attribue. Ces derniers peuvent composer une personne nouvelle, d'où résulte une véritable *aliénation* de la première. L'absence simultanée de la réflexion et des sensations réglées par la nature doit, en effet, produire la démence.

Le réveil après le songe est un retour de ces deux sortes de fonctions qui se contrôlent l'une l'autre. Alors s'établit la comparaison entre l'ordre général des phénomènes, où tout se lie et s'explique, et l'ordre particulier déroulé pendant le sommeil. Celui-ci est jugé illusoire, c'est-à-dire que certains des rapports qui le composent cessent d'être représentés comme l'expression de faits autres que d'imagination. L'illusion consistait seulement à n'avoir pas conscience de la nature des phénomènes, et à suivre, pour les fixer, les inductions les premières venues. C'est de la différence radicale des deux états que provient la difficulté de se rappeler distinctement les songes. La remémoration exige réflexion et effort : les phénomènes qui naguère nous occupaient, s'offrant et se succédant sans critique, maintenant, nous les lions pour les reprendre ; l'interpolation inévitable glisse l'explication dans le texte ; ce qui n'était que tableau devient histoire, et le songe qu'on raconte s'éloigne essentiellement du songe qu'on a fait.

Ceci doit nous mettre en garde contre toute observation directe par laquelle nous croirions saisir sur le fait la persistance de la réflexion dans certains phénomènes lucides du sommeil : l'observateur est l'homme éveillé qui, réfléchissant pour retrouver la mémoire, ne peut pas en même temps ne pas réfléchir pour lier ses idées. L'interprétation fausse donc le souvenir. S'il arrivait alors que le passé se reproduisît fidèlement, sans mélange, c'est que le sommeil aurait repris son empire ; le songe se continuerait et ne s'observerait plus. Ce cas est d'ailleurs très commun, et je crois pouvoir assurer, d'après des expériences personnelles dont il serait difficile de contester la valeur généralisable, qu'entre la veille et le songe la mémoire n'est jamais un intermédiaire impartial.

Les preuves indirectes en faveur de la même prétention ne sont pas plus solides. Et d'abord ce n'en est pas une que cette loi très connue, partout citée, la loi du renforcement que le sommeil peut amener dans la mémoire acquise. On conçoit que la pensée contracte l'habitude de certaines séries à la suite des répétitions machinales du rêve. De là ce fait énoncé mystérieusement par P. Leroux : « Le sommeil n'est-il pas le moment principal où nos sensations se changent pour nous en mémoire et en imagination? » Tout le mystère est dans l'existence distincte des fonctions involontaires, dans la loi de l'habitude et dans l'intermittence plus marquée des fonctions réfléchies. La réflexion, le travail proprement dit, sont donc étrangers à ces phénomènes. Cabanis cite le témoignage de Condillac pour des effets d'une autre nature. Le philosophe s'endormait sur un *travail préparé mais incomplet*, et à son réveil le trouvait *achevé dans sa tête*. Une observation ainsi faite ou énoncée n'est pas sérieuse; tous les éléments d'une discussion y manquent, et il est bien facile d'en réduire la valeur en faisant la part de l'interprétation des faits qui ont pu la suggérer.

Au reste, la réflexion, telle que nous l'avons définie, n'est point inhérente au jugement. Il est des jugements et des raisonnements instinctifs ou habituels qui se retracent dans le rêve et dans le songe; il s'y en formule aussi d'entièrement nouveaux, dont les éléments sont anciens, cela va sans dire. Quelles que soient la force et la netteté de ces actes de la conscience, ils n'en résultent pas moins de la simple série des rapports auxquels elle s'applique sans critique. La preuve que la réflexion n'y intervient point, c'est qu'au réveil ils nous semblent douteux, tandis que sous l'impression du songe ils figuraient la réalité même, sans hésitation et sans partage.

L'absence de la réflexion et de la volonté, en un mot de la représentation automotive, absence imparfaite dans le rêve, absence totale dans le songe le plus lucide, se continue dans le somnambulisme naturel. Ce dernier état diffère du précédent en ce que certaines sensations et certains actes déterminés, de locomotion, par exemple, deviennent possibles, et se produisent régulièrement. Mais tous les faits connus indiquent chez le somnambule une distraction puissante par rapport à toutes les données survenantes qui ne se classent pas dans la série qu'il suit sous l'empire d'une passion; c'est même là le caractère essentiel de son état; il en résulte qu'une fin aperçue, poursuivie, domine pour lui tous les phénomènes; que l'habitude ou l'instinct seuls les enchaînent, et qu'il n'y entre ni délibération, ni comparaison volontaire, ni mémoire libre, aucune fonction dont l'effet puisse être de varier les actes. Autrement le somnambulisme et la veille ne différeraient pas. L'ignorance du danger, si souvent observée dans ces sortes de cas, s'explique parfaitement, car le danger est un possible, et l'imagination de ce possible, en dehors de la série déterminée des fins et des causes qui possèdent la conscience du somnambule, exigerait la réflexion. Enfin, si le réveil est sans mémoire à l'égard des actes produits dans l'état somnambulique, c'est que l'acte réfléchi et voulu est éminemment celui que l'homme se rappelle ; il est son œuvre, il est lui-même, et la conscience ne se connaît qu'en le connaissant. Mais l'acte instinctif et automatique, même dans la veille, est obscur et s'efface à l'instant ; il se peut bien que les circonstances en éveillent bientôt après quelque mémoire : c'est alors comme la mémoire d'un songe.

L'extase et le somnambulisme artificiel présentent ces mêmes caractères. Tout ce qu'on a écrit de plausible sur ces états confirme que la volonté y est comme anéantie, par quelques moyens qu'ils aient été produits. Seulement, les phénomènes de *lucidité* qu'on a coutume de ranger sous la ridicule rubrique du *magnétisme animal*, diffèrent des précédents en deux points capitaux. Une volonté étrangère dirige les pensées et les actes, qui cessent alors de se coordonner avec la passion propre du sujet; ou plutôt l'unique passion de celui-ci est alors sa subordination même à autrui. Je reviendrai plus loin sur cette loi très importante que je crois pouvoir éclaircir, et j'exposerai aussi le principe de ce sommeil lucide et pour ainsi dire veillant qui donne lieu aux *possessions*. En outre, des phénomènes tout à fait nouveaux et extraordinaires semblent se produire : c'est une communication spéciale du *magnétisé* avec le *magnétiseur*, et, par l'intermédiaire de celui-ci, avec le monde extérieur; c'est une exaltation, une extension, une perversion, une abolition de diverses fonctions; et c'est une dépendance plus marquée, étroite, immédiate, souvent singulière entre des phénomènes de l'organisme et ceux de la représentation imaginative. Il

paraît difficile de douter de l'existence de ces faits en
général, qui, en général aussi, ne me semblent nullement inexplicables; il ne l'est pas moins de les préciser,
car ils échappent presque toujours à l'observation correcte et à l'expérience rigoureuse. Le charlatanisme, la
crédulité et la superstition, à demi expulsés des églises [1],
démasqués devant les tribunaux, se sont fait là comme
un autre empire à peu près insaisissable; et, parmi les
hommes qui seraient naturellement appelés à définir et
à contrôler des phénomènes si complexes, variables et
fugitifs, les uns sont partiaux ou incapables, les autres,
lors même qu'ils ne rejettent pas l'étrange avec le faux,
l'inconnu avec l'impossible, sont pris de dégoût à la vue
de cet amas de mensonges où quelques vérités sont
noyées, et dont il faudrait faire avec beaucoup de peine
un dépouillement long et minutieux. Les témoignages
même désintéressés, même à peu près exacts et raisonnés, ont ici peu de valeur. Nulle part il ne serait
plus nécessaire, et il n'est plus malaisé de préparer et
de combiner avec rigueur les éléments de l'expérience,
puis de la répéter en conservant ou variant systématiquement les circonstances. Enfin la pratique personnelle des procédés dits du *magnétisme*, ne mène pas
bien loin dans la découverte : un homme qui en fit la
principale affaire de sa vie, qui aimait la vérité et qui
n'ignorait pas ce que c'est que la science et comment
elle se construit, ne parvint pas à mettre hors de doute,
je dis à ses propres yeux, les points qu'on doit juger
les plus importants. Là même où il croyait pouvoir
affirmer nettement, il invoquait des témoignages, plus
rarement ses expériences propres, dont l'interprétation
formait encore une trop grande part, et qu'il n'était
facile à personne de répéter. (Al. Bertrand, *du Magnétisme animal en France*.) Néanmoins, ce très estimable

1. Ceci était écrit en 1859! Mais avec quelle ardeur n'y sont-ils
pas rentrés, dans l'église qui se nomme ainsi par excellence,
aussitôt qu'il a paru utile de les y appeler pour un service politique?

auteur me paraît avoir établi, avec toute la vraisemblance à laquelle peut atteindre la méthode des sciences naturelles dans cet ordre de faits, l'existence d'un état particulier de la personne humaine et d'un certain nombre de caractères qui le font reconnaître. Cet état qu'il nomme l'*extase* ou le *sommeil lucide* (cette dernière dénomination entraînerait moins d'inconvénients), a été observé chez certains *inspirés* des sectes religieuses de tous les temps, chez les *possédés*, chez les *convulsionnaires*, et s'observe de nos jours, avec de légères modifications et une moindre intensité, à la suite des manœuvres des magnétiseurs. On a pu, on peut toujours le simuler ou en exagérer les récits ; mais si la fraude et l'erreur couvrent et dénaturent les faits réels, quelquefois s'y mêlent inextricablement, elles ne les suppriment pas pourtant, mais plutôt elles les supposent. En dévoilant le principe général de ces faits et de leur rapport avec ceux de l'aliénation mentale, j'apporterai, je crois, un nouveau degré de probabilité aux observations difficiles qui ont permis de les constater. (Voyez ci-dessous, § xi et xii.)

XI

DES RAPPORTS DES FONCTIONS PASSIONNELLES ET VOLONTAIRES AVEC LES DÉTERMINATIONS DES FONCTIONS ORGANIQUES ET PHYSIQUES.

Les auteurs qui ont traité des *rapports du physique et du moral de l'homme*, termes consacrés, se sont partagés entre deux erreurs capitales. Dans l'une et l'autre des fausses méthodes, les rapports qu'il s'agit de décrire disparaissent, ici par l'identité, là par la diversité des substances supposées, et deviennent insaisissables. Ceux qui admettent un corps substance, une âme substance, choses séparées et en soi, puis des causes transitives de l'âme au corps et du corps à l'âme, n'expliquent pas, ne se représentent même en aucune manière l'existence d'une communication et d'un lien quelconque entre les changements respectifs. Et ceux qui enchaînent les causes et les effets dans une substance unique, dont les modes supérieurs seraient dus au jeu des modes inférieurs, n'arrivent pas à faire comprendre que les phénomènes dits matériels *produisent* les phénomènes dits intellectuels et moraux, ou qu'ils n'en diffèrent pas essentiellement et se réduisent aux mêmes lois. Des deux côtés, les problèmes insolubles naissent d'un seul et même préjugé : la nécessité de cette substance, une ou multiple, que nul n'entend et que chacun veut définir. Mais je ne reviendrai pas sur une critique plusieurs fois épuisée.

Constater des rapports clairs et positifs, c'est, quant à l'espèce, à la nature des phénomènes, établir les genres et les différences par une simple analyse; c'est, quant à la causalité, reconnaître quelles fonctions sont des conditions générales de développement des fonctions d'un autre ordre, ensuite observer entre quels actes divers existe une loi de consécution constante, en un sens ou dans l'autre. La science, universellement parlant, se borne là, sur ce point, chaque science particulière apportant d'ailleurs pour l'analyse commune ses procédés propres. Quand l'ordre de succession de deux actes est clairement aperçu et défini, comme d'une fonction organique à une fonction passionnelle, ou réciproquement, on peut donner sans difficulté le nom de cause aux actes antécédents d'une espèce, et le nom d'effet aux actes conséquents d'une autre espèce. C'est dire qu'une force est interposée entre ces actes, de telle manière que les uns paraissent lorsque les autres sont donnés. Mais cette force n'est point quelque vertu qui passe d'un sujet à un autre pour l'informer, hypothèse inintelligible ; ce n'est pas davantage l'évolution immanente d'un sujet unique et de ses actes propres, sans que rien de nouveau, d'original et d'irréductible y prenne place; c'est le résultat de l'unité harmonique des phénomènes dans le devenir, ou d'une loi au-dessus de laquelle il ne nous est possible de poser rien d'intelligible.

Cette méthode bien entendue, et la signification de la causalité une fois arrêtée, il faut reconnaître un premier fait qui domine tout. Les fonctions inférieures sont des conditions d'existence des fonctions supérieures : les organes, et leurs lois, et les lois des phénomènes physiques et mécaniques, que les organes à leur tour supposent, sont des données acquises avant que les phénomènes intellectuels, passionnels et volontaires tombent sous l'observation. Si, au delà de ce fait universel, il est loisible d'imaginer utilement et vraisemblablement d'autres lois de la constitution des êtres, c'est ce que j'examinerai ailleurs, mais le fait lui-même est incontestable et radical, et la science n'est rien à moins de le prendre pour base.

L'organisme est donc une condition première et générale de l'intelligence, des passions et de la volonté. Considérons maintenant les modifications des organes, soit spontanées dans le milieu mécanique et physique où elles se produisent, soit elles-mêmes causées par les modifications de ce milieu, ou des agents qui s'y rencontrent : nous reconnaîtrons avec tous les physiologistes l'action de l'âge, du sexe, du tempérament, du régime, des excitants, des narcotiques, des maladies, des climats et de toutes les circonstances ambiantes, action certaine, tantôt constante ou graduelle, plus ou moins profonde, plus ou moins déterminante, tantôt brusque, rapide, inévitable, terrible. Parmi ces causes, il n'en est guère que d'obscures, je ne dis pas dans leur rapport avec les effets intellectuels et passionnels, puisqu'il suffit à cet égard de poser des faits et des harmonies, mais dans leurs modes propres d'implantation et de développement au sein des phénomènes organiques. Là s'ouvre à la physiologie un vaste sujet plein de desiderata, pour parler modérément et ne rabaisser pas trop la science. Ce sujet épuisé, s'il peut l'être, on aura défini mais non comblé l'intervalle des grands ordres de fonctions : on saura, je suppose, quelles lois physiques dernières précèdent immédiatement les premiers phénomènes organiques et sont des conditions de leur production, et quelles fonctions organiques extrêmes sont accompagnées ou suivies de telles modifications représentatives, sans intermédiaire aucun ; on n'arrivera point à confondre des faits dont la distinction fondamentale est et doit rester essentielle à leur intelligence, à leur représentation même. En un mot, la science de la vie n'a ici qu'un but possible : préciser les rapports d'espèce, de succession et de conditionnement mutuel des fonctions. Ce sont ces mêmes rapports que l'observation la plus grossière a de tout temps remarqués dans le développement naturel des êtres sensibles.

Au reste, nous savons *a priori* que les lois inférieures ne sont intelligibles elles-mêmes qu'en tant que représentations, c'est-à-dire ramenées à la conscience, extraites de la conscience. L'unité du monde se fait donc pour nous à ce point de vue. A tout autre qu'on imagine, le monde échappe à la connaissance. Il s'ensuit de là que l'énoncé correct de l'ordre de développement est celui-ci : les représentations inférieures (c'est-à-dire les *sujets* que nous leur supposons, et qui sont pour nous des *objets* représentés), précèdent et conditionnent les représentations supérieures, de plus en plus nettement et hautement représentatives en nous. Mais ce n'est pas tout, et cette loi n'est que la moitié de ce que l'expérience nous enseigne.

Lorsque l'être est envisagé à ce degré de l'évolution des phénomènes où un organisme complet est donné avec les fonctions passionnelles et volontaires, un ordre nouveau et inverse de causalité s'établit, observable, il est vrai, dans les limites de l'animalité supérieure seulement, mais cela suffit, et la loi que je constate est cela même. Les fonctions élevées à la conscience se subordonnent de plus en plus les fonctions inférieures et les dirigent, et la nature change en quelque sorte de face.

L'étude du premier ordre de développement appartient spécialement à la biologie. Celle de l'ordre inverse est de mon sujet, et mon analyse, attachée aux faits de conscience, doit les suivre jusqu'au point précis où commencent les phénomènes organiques dont ils sont les causes. Je considérerai d'abord les représentations intellectuelles et passionnelles, laissant de côté la volonté proprement dite.

Le premier grand fait de dépendance de l'organisme par rapport aux fonctions supérieures est celui que Cabanis énonce dans ces termes : « Suivant la différente nature des idées et des affections morales, l'action des organes peut tour à tour être excitée, suspendue, ou totalement intervertie. » Il suffit de rappeler les effets de la tristesse et de la joie, passions fondamentales liées à la possession des fins, soit que ces passions se produisent brusquement ou que leur empire se prolonge. La conservation, l'exaltation, la dépression, les troubles légers ou graves, le dépérissement des fonctions organiques sont des conséquences ordinaires de cet état moral, de sa prolongation ou de ses crises. Le désir et la répulsion, l'espérance et la crainte, l'attendrissement, la colère et les autres transports agissent aussi sur les organes et modifient les impressions et les forces. La santé, la maladie et la mort se trouvent donc souvent dépendre des passions soit subites, soit habituelles.

Les différentes passions ont leurs effets normaux et communs sur l'état et le mouvement de quelques organes dont l'affection se trahit extérieurement : elles font rire, pleurer, rougir, pâlir, trembler, palpiter, sangloter, etc. Les effets internes sont difficiles à déterminer nettement, surtout à leur origine et quand ils ne deviennent pas morbides; mais ils se sentent, et un groupe nombreux de métaphores en usage dans toutes les langues, en fournit la preuve sommaire, au défaut de moyens d'observation qui permettraient de suivre de près les séries des moindres modifications physiques correspondantes aux éléments de la représentation passionnelle. Ces moyens manquent tout à fait jusqu'à ce jour.

Un ordre d'effets très apparent et d'une grande conséquence, pour qui veut comprendre autant qu'on le peut les rapports délicats des fonctions de la pensée avec celles de la figure, nous est révélé par la subordination constante où se trouvent les mouvements du corps, et plus particulièrement des muscles de la face, vis-à-vis de toutes les passions. De là viennent ces symboles universels des représentations affectives, auxquels les hommes se trompent peu quand ils observent, et que les animaux mêmes n'ignorent pas. C'est aussi le principe des arts mimiques. Chaque espèce marquée de préoccupation, pour des fins nobles ou basses, élevées ou intéressées, imprime au visage un cachet momentané. Il en est de même de la tristesse et de la joie, et des transports de différente nature. L'habitude peu à peu fixe les lignes tracées par les premières impressions, et le masque se moule avec des traits qui n'étaient d'abord que des modifications passagères et pour ainsi dire des grimaces. Ainsi les caractères, les mœurs, les professions même ont leurs physionomies propres, dans lesquelles il faut seulement discerner ce qui est acquis de ce qui est natif; et si l'analyse de cette force plastique des passions et de ses effets n'a pas encore atteint cette rigueur qui ferait de la *physiognomonie* une vraie science, on ne peut du moins en contester ni le principe ni certaines observations. L'action première et intime des passions sur le cœur, le cerveau, le foie ou les poumons n'est pas plus certaine, et j'ose dire qu'elle est moins exactement connue.

En présence de ces faits qui subordonnent les catégories inférieures aux catégories supérieures (il n'importe ici entre quelles limites), on a peine à comprendre les théories qui font de la passion un prolongement des forces physiques. Les écoles de Cabanis et de Bichat regardent le cerveau comme un centre d'action et de réaction, où se séparent, sans changer de nature, des impressions reçues par les organes, d'une part, et, de l'autre, des *expressions*, si je peux parler ainsi, lesquelles sont une simple réflexion des premières. Qu'il y ait dans la nature quelque chose d'analogue à ce qu'on allègue ici (fluide, courant nerveux, circulation vitale, etc.), on doit le croire, afin d'étendre la spéculation physique aussi loin que possible ; et on doit chercher à l'établir par la méthode des sciences positives ; mais les faits de conscience prouvent qu'il existe aussi un commencement et un terme des phénomènes dans le représentatif comme tel. Entre l'action et la réaction des écoles substantialistes (matérialistes) se place, dans tout un ordre de cas, un fait que la physique et la biologie ne sauraient saisir dans l'ordre propre de leurs observations, avec leurs procédés et instruments, un fait qu'elles ne sauraient non plus nier, la conscience même. La sensibilité proprement dite et les passions ne sont pas des termes de la série des modifications centripètes et centrifuges données dans le champ des sciences naturelles ; et pourtant il arrive qu'elles marquent la fin propre de certaines de ces modifications et l'origine de certaines autres. La solution de continuité quant à l'espèce des phénomènes est inévitable. Et on remarquera que je ne parle pas encore de la volonté. Lorsqu'un rapprochement singulier de phénomènes excite le rire (l'âne qui mange gravement des figues), peut-on assigner quelque rapport d'espèce entre les éléments imaginatifs et passionnels qui accompagnent pareille sensation et les deux suites d'affections des organes : l'une donnée en condition préalable de la sensibilité, dans le système nerveux, l'autre qui se termine à la contraction des muscles de la poitrine et de la face? Et quand l'estomac se refuse à l'action digestive parce qu'on apprend une mauvaise nouvelle, comment classer le chagrin dans le genre des phénomènes qui s'étendent depuis la propagation des ondes sonores qui ont frappé le tympan, jusqu'au spasme qui détermine l'expulsion des aliments? Si le chagrin est une sécrétion comme les larmes, il faut avouer que ce produit ne se laisse atteindre ni mécaniquement, ni par l'analyse chimique, et ne tombe sous aucun de nos sens; ce n'est donc là qu'une mauvaise métaphore, de tous points indigne de la science.

La notion de réaction est très claire en mécanique, et par exemple chacun se la représente nettement dans le choc des corps élastiques. Partout ailleurs cette idée est vague et n'a que la valeur d'une comparaison. Or celui qui se paye de comparaisons pour dépasser les faits et les lois positives peut être un homme fort instruit, mais son savoir en ceci n'est qu'une vaine mythologie imitée des âges primitifs, et déguisée sous de nouveaux noms dont la poésie seule est bannie, sans profit aucun pour la raison.

On s'est préoccupé aussi de fixer le siège des passions dans l'organisme. L'examen régulier de ce problème exigerait la connaissance minutieuse et précise des dernières ramifications des organes, lesquelles conditionneraient la production d'une passion donnée. L'enlèvement de telle ou telle partie de l'animal par vivisection est encore loin de conduire à des observations suffisamment divisées. D'autre part, la suppression de tout organe essentiel amène la mort. Le moindre examen est complexe; les expériences les plus délicates, grossières; la conclusion toujours scabreuse. Pourtant cette affreuse méthode, où la curiosité scientifique fait violence à la nature, il faut bien le dire, sera la seule rationnelle, tant que de nouvelles découvertes physiques ne seront pas venues nous permettre de pousser plus avant l'étude des fonctions et de leur jeu localisé dans le corps vivant. L'observation directe des effets des passions, ou de leurs conditions apparentes et extérieures, est d'ailleurs très insuffisante. Le trouble des viscères, par exemple, est variable pour une même passion, et souvent identique pour des passions diverses. L'opinion de Bichat, qui place l'origine et le terme des passions dans les organes de la vie interne et organique, tandis que le cerveau présiderait exclusivement à la vie animale ou *de relation*, ressemble trop à l'hypothèse ancienne des âmes, et n'exprime au demeurant que des faits vagues. Ajoutons que la considération des faits représentatifs nous montre les passions et les sensations tellement unies pour constituer la *vie de relation*, dans le sens entier de ce mot, que si la biologie arrivait à leur assigner des sièges séparés, il resterait à établir sous un aspect plus général l'unité de l'organisme relativement à la conscience. Deux organes fonctionnant solidairement dans une même circonstance donnée devraient avoir eux-mêmes un lien organique, et rentreraient à cet égard dans un seul et même organe de l'esprit.

La phrénologie est fondée sur un autre genre d'observations. Mais sont-ce bien des observations que ces remarques, ces rapprochements souvent démentis entre telles protubérances du crâne et telles passions, telles dispositions intellectuelles, si arbitrairement divisées, si grossièrement classées ? Parce que des rapports de ce genre peuvent exister, ce qui est incontestable, un savant voudra d'emblée en construire le système, et il le construira, à l'aide d'observations faites et assemblées sans méthode sûre, sans instruments convenables, sans comparaisons rigoureuses, sans contrôle sérieux; et il sera suivi de tous ceux qui préfèrent à la vérité pure et sévère, longue à produire, minutieuse à émonder, une apparence de doctrine vaste et achevée, dont leur importance s'augmente à leurs propres yeux.

Au reste ces questions ne sont point de mon ressort, et la distinction nécessaire des fonctions organiques et des fonctions représentatives me permet de supposer à volonté connus ou inconnus les sièges organiques des sensations et des passions, sans que mon analyse en soit altérée. Il me suffit de rappeler que ces sièges ne peuvent être autre chose que les conditions inférieures, essentielles à chaque ordre de représentations, et correspondantes aux extrêmes fonctions de l'organisme qui se tiennent à la limite de la sensation et de la passion même.

Abordons d'une manière plus expresse la relation descendante de la représentation au mouvement des organes. Parmi les mouvements, il en est qui ne sortent pas du domaine de la biologie. Ce sont : 1° ceux qui sont partie intégrante des fonctions propres de la vie, mouvements du cœur, des intestins, des organes respiratoires, des sphincters, etc., mouvements antagonistes des muscles, tous considérés en tant que la passion ou la volonté n'y interviennent point; 2° ceux qui succèdent spontanément à certaines impressions physiques, soit à l'état normal, soit à l'état morbide, et soit qu'une sensation se témoigne ou non pour la conscience, mais indépendamment de la représentation personnelle en tous cas; tels sont les mouvements dits *réflexes*, qui intéressent des parties centrales du système nerveux sans que leur accomplissement soit précédé de conscience, et quelquefois même sans tendre à aucune fin conservatrice de l'organisme : par exemple, le vomissement provoqué par l'irritation du larynx, les convulsions causées par certaines opérations, etc.; 3° ceux qui se produisent pour accompagner des mouvements volontaires, mais en vertu d'une association étrangère à la conscience, et parfois contraire à ses fins, et que celle-ci peut se proposer d'interrompre et de supprimer à l'aide d'efforts plus ou moins heureux.

Tous ces mouvements rentrent dans une série que la science plus avancée conduirait sans interruption aux limites des lois purement physiques, en les rattachant aux seules et propres fonctions des organes. S'ils correspondent aussi à de certains phénomènes représentatifs, comme je le crois probable, ce n'est pas du moins à ceux dont la conscience humaine est le théâtre, au-dessus de l'organisme tout entier; c'est aux phénomènes radicalement inconnus qui composent la propre vie de relation de chaque organe ou élément d'organe, considéré comme un être *sui generis* en rapport avec d'autres êtres.

A la classe des mouvements dont je n'ai pas à m'occuper, mais dont je trace les limites, sont préposées les lois organiques et physiques qui leur permettent de se développer en coordination, pour un même but, dans différentes parties du corps; ou qui établissent l'harmonie entre les nerfs, les organes centraux et certains groupes de muscles; ou par lesquelles, enfin, le jeu de chaque élément s'associe et se proportionne au jeu possible des autres, de manière à répondre à un effet donné. Ce n'est certes pas la volonté qui pourrait adapter ainsi une modification organique quelconque à son tout et à sa fin, car la connaissance de ce qu'elle aurait à faire pour cela, loin d'être le point de départ de ses actes, est un but ultime des investigations scientifiques; et l'instinct, comme la volonté, implique une préordination dont il réalise certaines lois, mu par une impulsion appropriée à sa fin qu'il ignore, ou dont il n'a que le sentiment confus. Un ordre supérieur de finalité enveloppe ainsi toutes les fonctions.

Je distinguerai maintenant cinq cas de mouvements dont l'un des principes originaires est une conscience plus ou moins distincte ou effacée :

Les mouvements instinctifs, à conscience obscure

d'eux-mêmes, quelquefois plus nette, et à représentation claire ou voilée de leurs fins ;

Les mouvements consécutifs aux passions, mais qui se produisent sans avoir été envisagés d'avance, et souvent même sans être représentés au moment où ils ont lieu ;

Les mouvements consécutifs à l'imagination, et auxquels sont dus les mêmes effets que pourrait amener la présence actuelle de l'objet imaginé ;

Les mouvements consécutifs à la représentation de ces mêmes mouvements envisagés simplement comme possibles ;

Les mouvements consécutifs à la volonté.

Après ce que j'ai dit ailleurs de l'instinct, j'ai peu de lignes à ajouter sur les mouvements instinctifs. Les uns s'ensuivent spontanément de la représentation confuse d'une fin, sous des impressions données, et se développent en s'ignorant ou à peu près : telle est la succion du nouveau-né, tels et plus simples les mouvements du fœtus dans le sein de la mère. Les œuvres des animaux inférieurs appartiennent sans doute à cette classe. D'autres s'accompagnent d'une conscience plus distincte, comme les actes par lesquels des êtres plus élevés, et l'homme adulte lui-même, pourvoient à divers besoins matériels sans qu'une volonté formelle intervienne. Dans tous ces phénomènes, la fin véritable de l'acte est peu ou point connue de l'agent, et, par exemple, il est certain que l'appétit pour les aliments ne dépend nullement de l'expérience ou d'une notion quelconque de l'alimentation et de son objet. Ajoutons que souvent le but n'est atteint qu'à travers une suite d'intermédiaires, comme dans les faits de construction et de chasse. D'autres mouvements encore ont des fins nettement retracées, et ne laissent pas d'être instinctifs : ainsi pour marcher, pour voler, pour fuir, fermer les paupières, etc. ; mais alors le mouvement se produit immédiatement et spontanément, tel qu'il doit être pour le but, et sans préméditation, avant même que la conscience en soit donnée dans l'animal ou dans l'homme. Enfin, il est des cas où la fin est clairement aperçue, où le mouvement est conscient et même volontaire dans son ensemble, comme quand nous proportionnons un effort musculaire à l'effet que nous voulons produire, en sautant, en soulevant des fardeaux, en chantant, etc.; mais je dirai encore alors que l'instinct y a la part principale, parce que la mesure de l'effort et la combinaison des moyens convenables ne sont ni calculés ni enseignés par l'expérience (exemple, les mouvements proportionnés et coordonnés des jeunes animaux de certaines familles), ou que s'il y a eu expérience, éducation préalable, c'est toujours un sentiment confus, dont il ne se rend pas compte, qui avertit l'agent des moyens à mettre en œuvre en chaque cas, et du degré où ils doivent être portés.

On a beaucoup exagéré la part de l'expérience dans ces sortes de phénomènes, et l'on n'a pas songé que l'on rompait le lien naturel des animaux entre eux et avec l'homme, si, pour des cas tout semblables, on attribuait à l'instinct des uns ce qu'on veut tirer exclusivement de l'éducation chez les autres. On aurait dû voir surtout que l'expérience n'explique rien ici quand elle n'est pas elle-même expliquée. Or comment l'expérience nous fait-elle acquérir le sentiment de la nature et de la force de chaque impulsion à donner? Uniquement par l'habitude; elle ne pose donc pas ce sentiment dans le principe, elle en rend seulement les applications plus justes, plus rapides et plus sûres. Enfin l'habitude est un instinct acquis, ou en voie de formation. Quand l'habitude associe à certaines idées certains mouvements, ceux-ci entrent dans le domaine des instincts; ils y étaient déjà d'une manière générale, par la possibilité de cette association qui n'a fait que se dégager et se préciser. Et quand nous apprenons par l'exercice à lier ces mouvements avec des mouvements, et à en écarter d'autres qui accompagnaient naturellement les premiers, ce qui a lieu dans tous les arts manuels, nous nous créons des instincts. La volonté ne combat efficacement l'instinct qu'en lui substituant peu à peu cet autre lui-même qui est l'habitude. L'expérience qu'elle fait acquérir n'est ainsi dans le fond qu'une application du principe des mouvements instinctifs.

Les physiologistes étendent quelquefois le titre de mouvements volontaires jusqu'aux actes qu'ils rapportent eux-mêmes à l'instinct; et c'est au point de faire intervenir, dans la discussion des théories de la volonté, les mouvements du fœtus, qui ne peuvent être dus qu'à l'instinct le plus vague de la locomotion. L'erreur provient de la confusion de la spontanéité et de la volonté. Nous distinguons, quant à nous, ce qu'on ne peut se refuser à distinguer, et nous usons du droit de définir les mots. Nous n'admettons de volonté que là où il y a détermination réfléchie et conscience, en agissant, de pouvoir ne pas agir, cette conscience fût-elle purement illusoire. L'opposition de la volonté et de l'instinct est d'ailleurs manifeste, car un mouvement qui devient réfléchi, d'instinctif qu'il était, change ou peut changer par là même : ceci est un fait. Si nous comparons des actes différents, il est ordinaire que ce qu'on appelle instinct et ce qu'on appelle volonté se présentent à l'état de lutte, exclusifs l'un de l'autre.

J'ai déjà discuté l'origine des mouvements qui suivent spontanément les passions. Ils dépendent des lois qui lient l'organisme à l'état ou au développement des fonctions passionnelles, comme supérieures et dominantes. Mais ces lois ne nous sont révélées que par le fait; aussi se développent-elles sans nous, sans notre personne; leurs effets ne rentrent pas dans les fins que nous nous proposons, et seraient ignorés de nous si l'expérience ne nous en instruisait à mesure qu'ils se produisent. La portée de ces mouvements est grande, d'ailleurs : ils intéressent presque tous les muscles du corps, la face, les poumons, les yeux, la voix, les membres; ils se lient aux sécrétions diverses; à l'état pour ainsi dire aigu, ils peuvent amener les troubles les plus graves, et, à l'état chronique, ils semblent agir aux sources de la vie, tandis que les passions moins actives, bonnes ou mauvaises, ont encore cette puissance visible de graver et de modeler le visage en se répétant. Il est à remarquer ici que le corps humain est beaucoup plus impressionnable aux passions que ceux des animaux. Le très grand nombre de ces derniers nous présente une face impassible; et très peu, parmi les plus élevés, ont une physionomie mobile. Les signes physiques de leurs états passionnels vont s'abaissant et s'amoindrissant, quand on descend l'échelle animale.

La volonté est impuissante à retenir ces effets de la passion, ou si elle y parvient, c'est en retenant la passion même, ou en la détournant, ou en la déprimant à la longue. Par exemple, on ne saurait s'abandonner à la colère ou à la douleur, au moment même où l'on s'efforcerait d'éviter les suites physiques de ces passions, et celui qui prend l'habitude de ne point pleurer, de ne point rougir, prend en même temps celle de n'être plus possédé exclusivement ou au même degré par les affections correspondantes.

Les signes des passions ne se laissent pas plus simuler que dissimuler d'une manière directe, ou en conséquence d'une volonté immédiate. Les muscles volontairement mobiles imitent maladroitement leurs propres mouvements spontanés. D'autres fonctions résistent tout à fait à la volonté. Il faut donc ressentir la passion même, ou la feindre réellement, la feindre, c'est-à-dire se donner une passion équivalente et dont les effets soient identiques. C'est à quoi certains hommes parviennent, les uns qui sont des comédiens de profession, d'autres qui se trompent les premiers et ne discernent pas bien entre l'affection qu'ils éprouvent et celle qu'ils voudraient faire croire. Ici est le principe de bien des *scènes* qui se jouent dans le monde, dans l'ordre de l'ambition ou dans la sphère de l'intimité domestique, de l'amitié et de l'amour. L'*acteur* est-il de bonne foi? non; est-il menteur? pas davantage, si ce n'est qu'on dise qu'il ment d'autant mieux qu'il se ment à lui-même.

Au reste, le rire et les larmes se produisent quelquefois par le seul effet de l'imagination vive d'une sensation ou d'une passion quelconque, dont ils seraient les suites naturelles; et il en est de même de beaucoup d'autres phénomènes. Passons à l'examen de cette loi d'une importance capitale.

On appelle souvent, dans le monde, *imagination* (*avoir de l'imagination*), une disposition marquée à recevoir des objets simplement imaginés les mêmes impressions que s'ils étaient présents. Les faits élémentaires de cet ordre sont journaliers et continuels, et chacun les reconnaît comme essentiels dans la marche et les accidents de certains caractères. La nature de ces faits de conscience n'est pas changée, mais il s'y joint seulement des modifications organiques plus sensibles, dans les cas encore très connus, mais trop peu observés et comptés, où les impressions s'étendent au corps. Chacun sait que la pure imagination de certains phénomènes qui produisent des malaises nerveux peut amener ces malaises : par exemple, le souvenir d'un genre de frottements stridents et de vibrations sonores (vibrations *longitudinales*). Un conte tragique fera frissonner l'auditeur qui n'est point dupe; et c'est une grande source de l'intérêt dramatique. La pensée d'un aliment répugnant, celle du roulis, donneront des nausées. La peur avec tous ses effets physiques résultera de l'imagination excitée dans l'obscurité. La fièvre se déclarera dans les tourments de l'attente, et de faux indices de mauvaises nouvelles rendront un évanouissement imminent.

Quelque rares que soient de pareils faits, au degré le plus marqué, ils sont certains cependant, et leur portée dans la science ne dépend pas de leur nombre.

Ils deviennent encore plus graves et d'un plus haut intérêt lorsque à l'imagination s'ajoute une fausse croyance en la réalité de son objet. Une substance indifférente purge quelquefois le corps quand la conscience est *prévenue*, et on a vu la crainte d'une asphyxie par la présence de gaz irrespirables, qui n'existaient pas, produire une syncope réelle. Enfin il n'est guère de médecins qui n'admettent l'effet salutaire de la confiance du malade en sa guérison ou dans l'efficacité des remèdes. Cette confiance, selon le caractère et le tempérament, et dans les limites du possible, peut aller du simple effet favorable des passions douces jusqu'à l'action la plus décisive sur l'organisme.

Le rôle de la passion est manifeste dans ces phénomènes : c'est elle qui doit tout d'abord jeter un trouble sur les organes; mais un fait fondamental n'en est pas moins celui-ci : que l'imagination et la croyance peuvent quelquefois suppléer les sensations, les impressions physiques, et conduire aux mêmes conséquences. Si nous admettons le fait, et il faut bien l'admettre, nous expliquerons sans peine une partie considérable des accidents dont se prévalent les initiés au *magnétisme animal*. Il n'est pas impossible qu'un extatique éprouve effectivement ce qu'il pense devoir éprouver ou qu'on lui persuade avec autorité : de là une certaine communication des symptômes des maladies, d'un patient réel à un patient imaginatif; de là aussi les effets de l'*eau magnétisée*, etc. Il n'est pas impossible qu'après avoir annoncé imaginairement telle crise de sa maladie, en tel temps, en telles circonstances, l'extatique malade qui a conservé l'impression, sinon la mémoire nette, de ce qui d'après lui doit se produire, tombe effectivement dans l'état qu'il a prédit; de sorte que la prévision ne serait ici que le fait d'une croyance justifiée postérieurement, en apparence, par une action de l'imagination sur les organes. C'est ce que pensait Al. Bertrand. Ce genre d'explications est enfin le seul admissible pour tout ce que nous lisons de merveilleux dans l'histoire authentique des convulsionnaires de Saint-Médard, ou que nous offrent encore aujourd'hui les scènes atroces jouées par les derviches musulmans. Sous l'empire d'une imagination exaltée jusqu'à la frénésie, le corps devient capable d'une résistance étonnante à des causes de destruction même mécaniques, les douleurs se tournent en plaisirs, en *consolations*, et l'insensibilité est finalement une propriété de l'extase accomplie, de même que l'anesthésie résulte de l'emploi de certains agents physiques. Il n'est plus permis de douter que les martyrs de la foi, dans toutes les religions, n'aient souvent traversé l'épreuve des supplices dans cet état où les sensations se modifient jusqu'à ne laisser place qu'à celles que l'imagination impose à l'organisme.

Tout cet ordre de faits laisserait par sa nature une grande part d'influence à la volonté, mais alors elle ne s'exerce pas. Les personnes chez lesquelles on observe éminemment de tels phénomènes se distinguent par le développement des fonctions spontanées, imaginatives, créatrices, que ne modère point l'énergie des fonctions réflexives. L'intervention de la volonté modifierait les résultats ou les rendrait impossibles en opposant le doute à la croyance, et en jetant l'incertitude sur des impressions dont la cause externe serait mise en question.

« Pendant que nous veillons, dit Aristote, il nous semble quelquefois voir, entendre, sentir. » Tantôt des hallucinations plus ou moins rapides nous frappent aux limites du sommeil, ou en pleine veille; tantôt, mais le cas est rare, il suffit de fermer les yeux pour évoquer des figures d'une netteté remarquable et les faire varier par une impulsion à demi volontaire. Cette sorte de puissance imaginative se rencontrera chez un homme au génie bizarre, comme Cardan, ou parfaitement sain d'esprit, comme le poète Gœthe et le physiologiste J. Muller. Il est difficile de ne pas voir un phénomène analogue dans la singulière aptitude de ce joueur d'échecs qui joue et gagne les yeux fermés, loin de l'échiquier. Seulement la mémoire et la volonté s'exercent pleinement dans ce dernier cas. Les images d'objets absents acquièrent donc l'intensité et la netteté qu'elles auraient dans la sensation, c'est-à-dire qu'elles jouent la sensation même; et, comme on doit penser que l'organisme y est dès lors intéressé, c'est qu'il se trouve déterminé, entraîné à ses mouvements propres qui d'autres fois, et communément, précèdent la représentation au lieu de la suivre. Ainsi les hallucinations, les visions, les faits de seconde vue, impliquent l'action de l'imagination sur les organes. Je laisse de côté les jugements et les croyances, seuls principes moraux d'erreur ou de vérité, qui infirment ou corroborent l'existence subjective du représenté, et par là semblent revenir sur la sensation pour la combattre ou pour l'appuyer, mais qui pourtant ne la font pas et ne peuvent non plus la défaire. Il en est des images hallucinantes de la veille comme de celles des songes, où le jugement n'intervient point, du moins comme réfléchi. Seulement, la croyance, la passion, les habitudes de la pensée, peuvent influer sur la nature des hallucinations, comme sur celle des rêves, en dirigeant l'imagination; et elles peuvent y prédisposer en l'excitant et la surexcitant.

On ne conteste plus la réalité des sensations des hallucinés et des visionnaires. Toute discussion élevée là-dessus porterait sur les mots, non sur la chose. Mais on doute ordinairement que l'imagination, élevée à la valeur d'une sensation véritable, puisse précéder les effets organiques. Pour les songes, par exemple, Aristote et beaucoup de philosophes après lui, avant lui sans doute, ont admis une sorte de prolongement et de retentissement, un mouvement ondulatoire qui suit les sensations de la veille, et les porte, les reproduit dans le sommeil. Si, pour généraliser une explication de ce genre, on voulait que chaque élément représentatif d'une *vision*, dans l'hallucination ou dans le songe, fût la conséquence expresse de quelque petit mouvement conservé par l'organisme, on échouerait à comprendre pourquoi des images inattendues et arbitraires, eu égard aux sensations antérieures, s'offrent dans la série des phénomènes, et comment les propriétés d'une apparition, quelquefois étrange, s'engendrent en dehors de toute expérience faite ou faisable : il faudrait au moins chercher les caractères moraux de la représentation dans l'imagination proprement dite, et le problème subsisterait toujours, physiquement insoluble. D'un autre côté, l'excitation de tel ou tel filet nerveux, ou les affections morbides des organes quelles qu'elles soient, rendraient compte d'une hallucination, en cela seulement qu'elles en seraient les conditions générales à un instant donné; car ces affections, modifiées comme elles sont, peuvent provenir elles-mêmes d'un état antérieur de l'imagination ou de la passion; et, en tant qu'elles n'en proviendraient pas, elles ne sauraient expliquer la forme particulière du phénomène, tantôt vision mystique, tantôt apparence vulgaire, où les dispositions d'esprit du sujet sont toujours empreintes. Celui qui nierait toute spontanéité de la fonction imaginative, par rapport aux données organiques, aurait à s'attacher à l'une de ces deux hypothèses : à celle qui voudrait expliquer par voie de causalité transitive ou de métamorphose les moindres traits aussi bien que l'ensemble et la signification d'une sensation imaginaire, en les déduisant d'une série de faits physiques ou vitaux, indépendants de toute forme représentative, causes spéciales pourtant, ou essences mêmes de tous les accidents possibles de l'existence morale, intellectuelle, passionnelle, domestique, sociale; ou à celle qui pose l'harmonie des deux séries, organique et représentative, chacune avec son développement propre, en sorte que des termes de l'une aux termes de l'autre il n'y ait plus causalité transitive ni identification de substances, mais simple concordance. La première de ces hypothèses est déjà jugée pour nous. La seconde, assurément, était d'une haute valeur chez Spinoza, qui l'opposait à la doctrine des causes transitives (bien que ne se dépouillant pas encore lui-même du préjugé de la substance); mais elle n'a plus d'intérêt dès que nous réduisons le rapport de cause à son sens positif, et que nous l'appliquons selon l'expérience. Nous remarquons alors que la série représentative est la seule ici qui nous soit bien connue, et dont les termes s'enchaînent par des lois que nous puissions suivre. L'autre nous échappe en très grande partie. Or, à nous en tenir aux faits observables, nous voyons des phénomènes représentatifs précéder constamment certains phénomènes organiques et physiques (ordre de l'imagination et des passions), de même que nous voyons le contraire dans un autre cas (ordre des sensations communes et normales). Infirmer cette succession constante et la causalité qui s'ensuit selon la méthode positive, en alléguant l'existence de termes organiques latents qui seraient les vrais et essentiels précédents de ceux que nous apercevons dans les deux ordres, c'est jusqu'à nouvel ordre une hypothèse arbitraire et que la rigoureuse analyse ne permet point.

Ainsi je crois pouvoir conclure des faits que, si la forme propre, exactement caractérisée, de chaque sensation hallucinante, dans la veille ou dans le songe, exige une certaine modification correspondante de l'organe, cette modification est souvent elle-même directement consécutive à l'exercice spontané des fonctions représentatives.

Les cas que nous venons de passer en revue nous offrent des mouvements organiques manifestés à la suite de l'imagination ou de la passion, mais qui eux-mêmes, en général, ne sont pas imaginés et prévus avant de se produire. Passons à des mouvements plus simples, je veux dire extérieurs, connus, souvent même dépendants de nos déterminations volontaires, et que l'imagination peut envisager d'avance et attendre comme possibles ou imminents. L'idée de cette possibilité est présente à la conscience; une passion s'y joint, quelquefois très faible, bornée à l'effet inséparable d'une attente quelconque : de ce seul fait, le mouvement se produit. Il s'agit ici du plus intéressant des phénomènes de cet ordre, et dont l'analyse exacte me permettra de déterminer la nature, la place et les véritables limites du fait de la volonté locomotive.

La loi peut s'énoncer ainsi :

Toutes les fois qu'un certain mouvement est donné pour l'imagination et prévu comme possible, ou encore qu'une certaine fin est représentée comme pouvant se trouver atteinte à la suite d'un certain mouvement, et qu'en même temps une passion plus ou moins vive, désir, crainte, ou seulement attente anxieuse et troublante occupe la conscience, si d'ailleurs la volonté n'intervient pas aussitôt pour changer le cours des représentations, il se manifeste dans les organes une disposition à réaliser le mouvement imaginé, en tant que leur spontanéité le comporte.

Les mouvements compris sous cette loi passent pour volontaires; et en effet les mêmes peuvent être tels, et le sont souvent, ce qui explique l'erreur; mais la volonté est si bien étrangère aux cas dont je m'occupe, que tantôt la réflexion et la conscience même n'y paraissent point, et le phénomène a lieu automatiquement; tantôt, si la réflexion s'y mêle, c'est précisément pour s'opposer au mouvement ou le voir se produire contre ce qu'on voulait. L'obsession due à une représentation constante, ou qui revient sans cesse, peut dominer le pouvoir d'appeler des représentations nouvelles, c'est-à-dire, en un mot, dominer la volonté considérée dans la conscience (et où la prendre ailleurs?). Dulgald Stewart, qui a recueilli en bon observateur les faits relatifs à l'*imitation sympathique*, veut placer une *volition* à l'origine de chacun de ces phénomènes, et en même temps il les appelle *involontaires*. Le préjugé des causes substantielles et transitives mène très naturellement à cette contradiction. C'est mal s'excuser que d'admettre *une certaine propension à la volition, ayant sa source dans les principes généraux de notre constitution* ; car il faut pour cela confondre la volition avec le mouvement, ou avec la représentation passionnelle qui le précède immédiatement, et admettre des volitions sans conscience d'elles-mêmes comme telles. Voyons les faits.

Je citerai d'abord la tendance de l'organisme à des mouvements musculaires, et jusqu'à des excrétions, qui n'étant d'abord qu'imaginés deviennent inévitables. Personne n'ignore ce qui arrive à l'égard du rire, des larmes, de l'urine, de la salive ; il suffit d'une crainte marquée d'éprouver quelqu'un de ces effets pour que l'imagination se trouve par là même possédée et que le besoin ne puisse en être retenu facilement.

L'*imitation sympathique* de Dugald Stewart est une tendance à reproduire les mouvements que nous voyons faire à d'autres hommes, et jusqu'à un certain point à des objets inanimés. Pour ce second cas on cite les gestes involontaires dont un spectateur accompagne des tours d'équilibre, la danse, une épée dans un duel, une boule sur le terrain, etc. : mais tantôt les déterminations imitatives s'appliquent à ce qui a lieu effectivement, et tantôt à ce que l'on voudrait voir, parce que l'imagination peut se trouver plus affectée de la supposition et de l'espérance que de la simple réalité. Pour le premier cas, de beaucoup le plus important, un fait universel est l'imitation des caractères et signes extérieurs des passions, des physionomies, des gestes habituels, de la voix, de l'accent. Ainsi s'explique une certaine ressemblance des personnes qui vivent ensemble, en famille, au village, etc. Cette imitation involontaire, et que tous les hommes présentent à quelque degré, devient un talent pour certains d'entre eux qui y joignent l'observation et la volonté; quelquefois c'est un instinct puissant, une passion irrésistible. Je ne parle pas de l'imitation des passions mêmes, quoique liée à celle de leurs signes et dépendante du même principe, je veux dire dépendante du passage de l'imagination des possibles à l'acte qui les réalise.

A la même classe de faits appartient la contagion du rire, du bâillement, des spasmes nerveux et de plusieurs affections morbides, et, en partie, la communication de ce délire d'enthousiasme, de joie, de dévouement, de douleur, de haine, de fanatisme, de férocité, de ravissement, d'extase, qui caractérise souvent les assemblées, les émeutes populaires, les actions militaires, les réunions religieuses. Tout ceci voudrait un volume d'analyse, et je dois abréger. Mais il est indispensable de signaler les effets du même genre auxquels donnent lieu les pratiques des sectes magnétistes. Autour du baquet de Mesmer, sous l'arbre de Puységur, devant la volonté prestigieuse de Faria, en présence des *passes* venues finalement à la mode, l'imagination se frappe de la possibilité de phénomènes qu'on a ouï conter; l'incrédulité est rarement complète puisqu'elle n'est pas absolument fondée, et, le serait-elle, il arrive qu'elle cède au doute, ou à la crainte, ou à l'espérance qui prédisposent le système nerveux; si en même temps on est témoin des accidents dont ne peuvent ou ne veulent pas suffisamment se préserver d'autres personnes présentes et soumises à l'expérience, l'organisme ne commence que mieux à s'ébranler. Alors se produisent les premiers phénomènes attendus, des convulsions, ou d'autres mouvements involontaires, ou le sommeil. Une fois établi, ce sommeil dit magnétique donnera lieu ou non, selon la complexion et les dispostions de conscience du sujet, au somnambulisme, à l'extase et à tous ces accidents dont les limites sont encore mal connues. (Voy. ci-dessous, § XII.)

On voit que les phénomènes d'imitation se produisent sans volonté formelle, quelquefois contre la volonté, irrésistiblement, et souvent encore sans conscience aucune au moment où ils sont déterminés. Il faut se garder de les attribuer avec Adam Smith à une illusion de l'imagination, par laquelle nous nous mettrions en lieu et place de la personne affectée ; mais plutôt il est clair que le principe de la sympathie physique elle-même est la disposition des organes à réaliser des effets que les sens ou l'imagination soumettent à la conscience. Il suffit que cette disposition soit constatée, et elle l'est par une multitude d'exemples. Stewart n'est pas plus heureux quand il incline à remplacer l'hypothèse de Smith par une explication fondée sur *une certaine sympathie entre la constitution physique de différents individus*. Cette organisation commune est évidemment nécessaire ; l'instinct ne l'est pas moins pour mettre l'imitateur sur la trace des opérations si compliquées qui modifient la physionomie ou la voix par exemple : Stewart a parfaitement éclairci ce dernier point ; mais tout cela ne servirait de rien sans l'entremise de l'imagination, et aussitôt qu'on a égard à cette dernière fonction, aux passions associées, et à leurs rapports avec les modifications spontanées de l'organisme, rapports que ce philosophe n'ignorait pas, toute autre recherche est superflue, et l'explication résulte du dégagement de l'élément commun à tous les phénomènes du même ordre : on y reconnaît une loi primitive.

Cette loi éclate dans tous les faits de *vertige*, et d'autant plus qu'ils sont plus extraordinaires et anormaux. J'applique ce nom aux cas où, contre les fins naturelles de l'individu, et à son dommage, un mouvement physique, auxquels une volition réfléchie serait loin de s'appliquer, se produit ensuite de la représentation de ce même mouvement, dont la possibilité est imaginée avec un grand trouble passionnel. Le vertige le plus vulgairement caractérisé est celui qui, si la volonté n'intervient pas à temps, conduit un homme à se jeter dans un précipice, même bordé d'un parapet. La contemplation absorbante éprouvée par ceux qui se sont sentis aux limites de l'événement est une idée, successivement et rapidement modifiée, du fait même de la précipitation, d'abord comme possible, ensuite comme future, enfin comme imminente, et il faudrait ajouter comme réelle, si d'autres représentations n'étaient appelées pour éloigner la première. Cet effet terrible de l'imagination est l'obstacle qui nous rend impraticables certains exercices dont le danger serait nul s'il n'était imaginé : non que la crainte ne suffise pour jeter dans les organes un trouble dangereux, mais on a remarqué, et c'est le point capital, que le mouvement redouté est précisément celui qui a le plus de chances de se produire.

Il est facile de saisir l'analogie du vertige avec d'autres faits déjà indiqués, avec le rire qui résulte de la peur de rire, avec les malaises de la sensibilité éprouvés à la suite de la vue ou de la pensée de ces mêmes malaises, et avec la production imitative du sommeil magnétique et d'un grand nombre d'accidents nerveux. Dans tous ces cas, l'imagination sollicite les organes et les conduit à la production des mouvements attendus.

Les faits de *fascination* liée à la peur, ceux qui ne sont pas fabuleux, rentrent aussi dans le vertige; et la peur est aisément remplacée par la passion mal définie de l'être faible que le fort domine ou auquel il impose. Enfin il y a le vertige du crime, si le crime peut être où la liberté n'est pas. La monomanie homicide, dont l'histoire n'a que trop de documents accumulés dans les annales des tribunaux et des maisons d'aliénés, n'est autre chose que l'effet d'une possession constante ou intermittente de l'imagination par l'idée de la possibilité d'un meurtre à commettre : le monomane répond invariablement au juge qu'une pensée qui l'obsédait (sans intérêt aucun, c'est le cas frappant) a été *plus forte que lui* et qu'il a obéi. En d'autres temps, un tel homme se croyait *possédé du démon*. Il pouvait aussi se croire guéri par l'exorcisme, et l'être effectivement en conséquence. On comprend par là que certains crimes peuvent être contagieux. Enfin le mélange des pensées véritablement volontaires et criminelles avec l'obsession de l'imagination et de l'exemple est un cas qui doit être fréquent. Je reviendrai ailleurs sur la monomanie. (Voy. § xii.)

Un cas que je dirais innocent, si toutes les superstitions n'étaient pas nuisibles, est celui de ces illusions qui transforment en de nouvelles lois de la nature, ou même en actions surnaturelles, les effets de mouvements musculaires inaperçus, aux ordres de l'imagination, de la passion ou de l'extase. Une superstition physique, si l'on peut parler ainsi, a fait le tour du globe, et peu s'en faut qu'une religion n'en soit née. Le fait le plus élémentaire, et des plus anciennement connus, est ici l'oscillation d'un pendule, à fil tenu entre deux doigts, et dont les battements commencent, se succèdent, atteignent une amplitude voulue, la répètent, puis se ralentissent, le tout conformément à l'attente de l'opérateur, qui pense n'y pas contribuer. C'est ainsi qu'on fait sonner l'heure à un anneau suspendu dans un verre. La moindre contraction d'un muscle, à ce degré où elle devient insensible pour la conscience, est capable de déterminer, de modifier une impulsion; et, en vertu de la loi dont j'ai cité tant d'exemples, la représentation vive et l'attente du mouvement suffisent pour que les organes se portent spontanément à le produire. En effet, l'expérience réussit à quelques personnes, et manque nécessairement pour toutes quand le petit appareil est disposé de manière à annuler la transmission de l'action musculaire au pendule. Au reste, le phénomène prétendu merveilleux se varie de plusieurs manières, sur lesquelles je n'ai garde de m'arrêter. Les applications du principe sont faciles. Mais j'ai dû rapporter le cas le plus net, et le plus curieux par sa petitesse même, de la grande loi qui lie l'acte organique avec la représentation simple et la moins passionnelle possible du mouvement prévu.

Remarquons encore que l'explication n'est pas insuffisante, comme on pourrait le croire, pour les mouvements communiqués à des objets sensiblement résistants; mais il faut tenir compte de plusieurs autres circonstances. L'effort est souvent appliqué à l'extrémité ou dans quelque autre partie du mobile, où la loi du levier le rend efficace. D'autres fois plusieurs personnes agissent ensemble, affectées d'une même disposition d'esprit, ou prêtes à concourir involontairement à la première impulsion communiquée par l'une d'elles : on aide au mouvement en pensant le suivre. Ce n'est pas tout; une superstition plus prononcée, une passion plus excitée, un état à demi extatique disposent certains sujets à produire des efforts musculaires violents, visibles même pour les spectateurs, et à donner lieu à toutes les modifications de mouvement conformes à leur attente actuelle, pendant qu'ils sont persuadés qu'un corps se meut magnétiquement ou surnaturellement, pour répondre à des questions dont la réponse est en eux seuls. Ces phénomènes sont contagieux, et affectent les êtres dont l'esprit d'observation et les fonctions volontaires sont le moins développés. Enfin, je ne parle pas du charlatanisme, triste sujet d'analyse; mais ce serait manquer à l'élucidation complète de la question, ou connaître bien mal la nature humaine, telle qu'on peut l'observer à tout instant et partout, que de ne pas signaler cet incompréhensible mélange de conviction et de mauvaise foi, de superstition et de fraude, qui dénature presque toujours les faits de ce genre.

Quand on aura scrupuleusement observé et décrit un fait de locomotion mystérieuse qui ne rentre pas dans les classes précédentes, et ne s'explique point par la même loi, il sera temps de chercher quelle propriété nouvelle on doit reconnaître aux corps. Mais j'ose dire qu'en pareille matière il est plus difficile de constater, d'établir avec rigueur un fait inconnu et extraordinaire, qu'il ne le serait d'en apporter l'explication rationnelle après qu'on l'aurait bien défini.

Passons à l'étude de la volonté comme cause de la locomotion. Nous avons parcouru la série considérable des phénomènes qui établissent un rapport de succession constante entre la locomotion où n'intervient aucune volonté formelle, et dont la conscience est quelquefois nulle ou peu distincte, d'une part; et, de l'autre, 1° des modifications de la sensibilité peu ou point consciente; 2° des instincts et des passions; 3° des imaginations plus ou moins passionnées; 4° des représentations de mouvements possibles et attendus. La volonté peut précéder un grand nombre de ces faits de locomotion, qui se produisent d'autres fois sans elle; *et elle n'en précède aucun qui ne puisse, en certains cas, avoir lieu spontanément.* On sait d'ailleurs, et on convient universellement que jamais un mouvement n'est dû à la volonté formelle, sans que l'imagination ne l'envisage d'abord, et sans qu'une certaine fin que la conscience se propose, une certaine passion par conséquent, ne lui serve de *motif*. Sur ce simple exposé on doit conclure, ce semble, que ce que nous nommons la volonté n'est pas, à proprement parler, cause de la locomotion, et qu'il y a double emploi et vice de logique à la considérer comme telle. De là vient que la division des mouvements en volontaires et involontaires est insignifiante pour la biologie : la différence des faits est ici tout entière dans l'ordre représentatif, les uns se produisant à la suite de la conscience qui oppose entre eux ses propres états, et ainsi se fait, se fixe elle-même; les autres avec conscience irréfléchie, ou confuse, ou obscure, ou tout à fait inassignable, soit du mouvement, soit de sa fin.

Nous avons envisagé la volonté sur son véritable théâtre, au contraire, quand elle nous est apparue à l'origine et à chacun des embranchements des séries de la pensée réfléchie dans l'homme. Nous ne pouvions nous rendre compte de la fonction par laquelle il projette les actes, les enchaîne et les varie, lorsqu'il croit se sentir libre, à moins de caractériser la représentation comme volontaire, et pouvant elle-même s'appeler, se soutenir et se suspendre, au milieu de cette matière de fins et d'images que l'instinct et l'expérience accumulent pour elle, et d'où elle emprunte ses éléments. C'est bien là essentiellement la volonté.

Une théorie de la locomotion, dont on écarte les faits de volition comme tels, a pour elle, indépendamment de la raison péremptoire que j'ai donnée, l'analogie biologique de l'homme et des animaux, même les plus inférieurs. Ces derniers, des mollusques, par exemple, réalisent, en conséquence de leurs représentations passionnelles, des mouvements qu'on ne peut appeler volontaires sans nier par là même la volonté dans l'homme, ou confondre sous un nom commun des phénomènes très différents. Les animaux élevés eux-mêmes obéissent presque toujours à l'instinct, et se passent de volonté pour accomplir les faits les plus amples et les plus développés de locomotion : ils n'imaginent guère les possibles ambigus autrement qu'en flottant passivement d'une image à une autre; et comment formeraient-ils des volitions proprement dites quand ils ne se les témoignent point? Enfin, les mouvements automatiques liés à la seule correspondance des muscles et des nerfs, sans conscience personnelle, pourraient bien se rapporter à des représentations élémentaires, qu'on supposerait données dans les éléments organiques, et par suite à des sortes de *volontés inférieures*, si tant est qu'on veuille nommer ainsi de pures spontanéités ; mais il n'en est pas moins démontré que la locomotion animale, en son origine expresse et dans son caractère fondamental, quant à l'ensemble de l'organisme humain, est un fait qui n'a nul rapport direct avec ce qu'on appelle volonté dans l'esprit de l'homme.

Cette théorie ramène à l'unité le système des rapports entre les phénomènes représentatifs et les mouvements, et élève dans une autre sphère le fait de volition proprement dit, dont la biologie ne peut découvrir aucun signe, aucun fait correspondant de son domaine. Il en est bien autrement des sensations, des passions, des imaginations. Là les signes et les effets physiologiques abondent. Aussi beaucoup de savants, frappés de l'identité des phénomènes du mouvement animal, à quelque degré que la conscience corrélative de ces phénomènes monte ou descende, n'ont admis aucune distinction tirée de ce dernier caractère ; et, s'ils ont erré, ce n'est point en cela, mais c'est quand ils ont voulu néanmoins définir la volonté à leur manière, la cherchant où elle n'est pas.

Ainsi, je suis conduit à exclure la volonté des causes de la locomotion. Mais cette formule est-elle vraiment exacte? Ne met-elle pas contre moi le sentiment, le langage universel, puisque les hommes se sont toujours accordés à regarder leurs volitions sous un point de vue tout contraire? Moi-même, en traitant de la loi de causalité et du type de cette relation, j'ai dû la poser, non seulement entre deux actes successifs de conscience, mais encore entre un acte de ce genre et un acte de mouvement local : or la cause, ici, n'est autre que la volonté, si du moins l'acte de conscience est réfléchi. A la suite d'une analyse plus délicate des fonctions humaines, j'obtiens maintenant un résultat opposé en apparence ; mais la difficulté se lève aussitôt, et par une distinction qui paraîtra toute simple quand il s'agit de causes. La volonté est ou n'est pas cause de certains actes de locomotion, selon qu'on entend parler de la cause éminente ou de la cause prochaine : la représentation imaginative et passionnelle d'une fin précède immédiatement le mouvement; la cause est donc là, une volonté n'étant point nécessaire; mais lorsque cette représentation est volontaire, et se prend pour objet elle-même en sa qualité de cause, cette cause est éminemment cause, et indépendante de toute fin particulière donnée, puisqu'elle se conçoit pouvant s'en proposer d'autres; et dès lors elle est une première condition des effets dus à d'autres fonctions quelconques. La cause libre a donc été prise très justement pour type; et on comprend que le langage ordinaire, celui des déterministes eux-mêmes (si naturellement inconséquents), ait omis, pour passer de la volition à la locomotion, cet intermédiaire variable qui est la forme d'imagination ou de passion inhérente à toute représentation volontaire.

La volonté n'est donc ni un fait biologique, ni un fait directement lié à des faits biologiques. Elle produit la locomotion, dans certains cas, en ce sens seulement qu'elle appelle ou qu'elle cesse de suspendre une représentation, laquelle, en possession exclusive de la conscience, est immédiatement suivie du mouvement : ceci, à raison des lois qui rattachent les fonctions organiques à celles de la sensibilité, de l'entendement et de la passion. L'effort, le *nisus*, ne doit pas être fixé dans le rapport de la volition, comme d'une sorte de ressort mystique, avec l'acte propre du mobile matériel. Ceux qui tiennent pour cette conception mythologique, où la volonté se substantialise et s'incarne, semblable à un être concret qui appliquerait son action à un objet extérieur, ceux-là cherchent la marque de l'effort dans la sensation du mouvement musculaire et de ses effets; comme si une *force* pouvait prendre corps et se faire sentir à elle-même. Mais l'effort, dans l'acception rationnelle de ce mot, est le rapport de la représentation avec elle-même comme objet, et en tant qu'appelée ou soutenue par soi, de la manière et dans le temps voulu pour que des effets organiques et physiques se produisent et amènent les sensations qui leur correspondent. D'ailleurs il est tout simple que l'acception commune de l'*effort musculaire* porte de préférence sur la sensation causée par la tension d'un muscle à tel ou tel degré : le langage confond toujours pour simplifier, et toujours groupe les notions abstraites sous celles qui sont sensibles.

Dans cette manière de philosopher, le matérialisme et le spiritualisme se valent. Un métaphysicien trouvera ridicule que Broussais définisse telle volition un acte du *cerveau vivant*, sans savoir, comme Broussais l'avoue, ni ce que c'est qu'un *cerveau* ni ce que c'est que la *vie* ; et lui-même définira telle contraction d'un muscle un effet de la *substance voulante*, et ne se rendra compte ni de la *volonté* ni de la *substance*, eu égard à cet effet. Sur ces bases, il devrait être facile de s'entendre, en reconnaissant que *quelque chose qu'on ne sait pas* engendre et des volitions et des contractions : on se donnerait la main dans la substance commune ; on dirait qu'elle produit des actes divers parce qu'elle a la propriété de les produire! Cette belle explication n'est-elle pas tout le fond et toute la valeur de la doctrine de la substance ?

Je ne voudrais pas ranger ici dans le commun des penseurs Maine-Biran, philosophe d'une estimable profondeur, qui eut ce rare mérite de ne jamais bien comprendre la substance, il est vrai sans le courage de s'en affranchir, et qui se fit une idée assez forte de l'hétérogénéité de l'organisme et de la volonté pour écrire ces lignes : « Veut-on savoir quels peuvent être les instruments et les ressorts organiques auxquels tiennent les volitions, *on ne sait pas ce qu'on demande.* » Pourtant, Maine-Biran croyait pouvoir établir la parfaite connexité de l'*effort voulu* et de la *sensation musculaire*, termes indivisibles, quoique distincts, d'un même acte de conscience, éléments nécessaires d'un même fait. Identifiant cet effort voulu avec la *détermination, ou acte même de la volonté efficace*, il concluait à l'aperception immédiate et certaine de la causalité libre : « Quand on s'informe si l'agent est libre et comment il l'est, *on demande ce qu'on sait.* » D'après cela il est difficile d'excuser ce philosophe d'une certaine confusion (très contraire à ses vues) entre la volition et l'organe, puis de l'omission d'un élément essentiel qui les sépare : l'imagination du mouvement prévu.

L'analyse de Maine-Biran est en effet bien imparfaite, et ses termes peu définis. Qu'est-ce d'abord que la *sensation musculaire?* Une sensation essentielle à l'acte même de la volonté dans ce que l'auteur appelle l'effort voulu? Il le faudrait, mais je n'en vois pas de ce genre. Est-ce la sensation qui naît à la suite du mouvement musculaire, une fois prononcé, et dans le conflit des parties de l'organe entre elles ou avec des corps étrangers? Celle-là se comprend, mais comme elle est une conséquence des ébranlements organiques, on ne saurait en faire une partie intégrante de l'acte de conscience dans la volition; car la causalité a changé de sens, et c'est maintenant l'organisme qui agit sur la conscience en produisant des phénomènes sensibles. L'intervalle est court, mais inévitable, à moins qu'on n'admette l'unité et l'identité des actes du mouvement physique avec les actes de la volonté. Ce philosophe arrivait donc à l'unité de substance par le chemin qu'il croyait le plus propre à l'en éloigner. Le dernier effort du substantialisme était semblable aux premiers et aux plus anciens.

La confusion la plus flagrante est celle que couvrent les mots d'*effort voulu*, et qui me ramène au cœur de mon sujet. L'*acte de la volonté efficace* se forme de deux éléments : 1° la représentation actuelle de l'ébranlement musculaire et du mouvement plus développé que nous désirons, que nous savons pouvoir se produire ensuite de cet ébranlement, et que nous attendons en conséquence : acte d'imagination, avec une fin, un motif, une passion plus ou moins marquée d'un certain ordre ; 2° cette même représentation, qui s'objective en tant que fixée par elle-même, tandis qu'elle pourrait, à ce qu'il semble du moins, se suspendre ou se modifier : acte propre de la volition. Ces deux sens de l'effort voulu sont si peu identiques, que le premier est très communément le seul applicable aux faits. Sous ce premier sens, il n'y a pas proprement volonté, mais on sait que les grandes séries de phénomènes de locomotion ne s'y rattachent pas moins pour cela ; aussi arrive-t-il que ces phénomènes sont encore qualifiés, par abus, de mouvements volontaires. De quelque immense portée que soient les cas exceptionnels, il faut bien dire que dans la presque totalité des cas les mouvements de l'homme, semblables à ceux de l'animal, dépendent exclusivement de l'imagination et de la passion (sans parler ici des purs réflexes, qui suivent inconsciemment des impressions reçues) et sont étrangers à la *volonté* ainsi comprise. Sous le second sens, au contraire, et si l'on pouvait faire abstraction de l'autre, il n'y aurait point conscience d'un mouvement désiré et attendu, mais seulement conscience du maintien d'une sorte de *représentation de jussion.* Pour revenir maintenant à la réalité complète des actes volontaires, il faut rapprocher la forme impérative interne de la forme imaginative et passionnelle. Mais puisque celle-ci pose un intermédiaire constant entre la volonté proprement dite et le mouvement, un intermédiaire qui réduit à lui-même est capable de tout l'effet, il est clair qu'il n'est pas permis de prendre la volition, définie correctement, pour la cause prochaine ou immédiate de la locomotion.

Il résulte encore de là que la liberté n'est pas une *aperception immédiate interne*, mais que la question subsiste toujours de savoir si les représentations imaginatives et passionnelles sont ou non préordonnées dans tous les cas possibles, et si la représentation dite volontaire est une apparence qu'elles présentent quelquefois; ou si, de plus, elle est un acte réel par lequel elles sont suscitées quand d'autres pourraient l'être. Ne prouvons donc pas la liberté par le *sentiment de l'effort libre*, à moins que nous n'entendions par ce sentiment autre chose encore que le témoignage de la conscience empirique durant l'expérience immédiate de la volonté : savoir un acte de foi dans la réalité de ces possibles indéterminés, apparents, auxquels la réflexion et la délibération s'appliquent. Et la preuve alors n'est nullement expérimentale, non plus que rationnelle pure. C'est un appel à la croyance et un postulat.

Achevons par une définition aussi précise que possible du fait de volition, relativement à la contraction musculaire. Ne dépassons pas ce fait : il se réduit à ceci : La représentation d'un mouvement qui dépend de nos muscles étant posée comme possible, comme actuellement réalisable, comme aperçue dans le futur immédiat, en vue d'une fin et d'un motif quelconque, ne fût-ce que celui d'éprouver le phénomène; si l'organisme comporte une modification de nature à amener le mouvement prévu; si d'ailleurs une fin, contraire à cet égard, ne vient pas à la traverse de la pensée, et si la représentation n'est pas à l'instant suspendue en se laissant aborder par l'idée de la possibilité de tendre à cette fin contraire, ce mouvement est effectivement produit ou commencé dans un intervalle de temps directement inappréciable.

Il est à remarquer que l'effet de locomotion attendu ne concerne pas la contraction musculaire elle-même, mais un mouvement externe, ou de l'organe, ou d'un corps étranger; mouvement dont cette contraction est le moyen, mais moyen que la représentation ne règle pas, ne coordonne pas, n'atteint même que comme un ébranlement conçu d'une façon sommaire et très vague. Le but seul apparaît clairement à la conscience ; les intermédiaires sont du domaine de l'instinct et des fonctions spontanées de l'organisme. Le cas le plus frappant de cette loi s'observe quand nous désirons obtenir spontanément un effet inaccoutumé de nos muscles ; on sait qu'il y a de ces effets qui s'acquièrent par l'étude, et aussi qui s'oblitèrent par le non usage. Notre unique ressource pour y parvenir est de nous représenter le but avec insistance de la volonté, jusqu'à ce que d'essais en essais, toujours plus approchants, la modification organique ignorée qui a lieu soit bien celle qui produit ce que nous attendons. On tenterait l'impossible en cherchant à appliquer une volition directe à ces premiers ébranlements cachés de nos organes, desquels tous les résultats dépendent.

Cette analyse peut paraître négative. Il est vrai qu'elle est sans figure : on n'y retrouve pas la volonté qu'une habitude enracinée personnifie ; mais tous les éléments du fait y sont contenus, et sans rien d'étranger. Appliquons-la à un acte musculaire des plus simples. Au moment où je me demande, par exemple, si je lèverai le doigt ou si je ne le lèverai pas, que puis-je saisir dans ma conscience ? Ou ceci : le doigt représenté comme levé, sans opposition de fin contraire ni intervention d'aucune autre idée ; et alors le doigt se lève, comme dans le phénomène du vertige dont j'ai rendu compte ; ou cela : la représensation de ce même acte comme suspendu ; et le doigt ne se lève pas. La volonté, telle que je l'ai définie, paraît dans l'un et l'autre cas, en tant que la représentation se considère en puissance d'être ou de n'être pas actuellement, par soi seule. Ainsi le rapport entre la volition et la locomotion se dédouble : il faut rapprocher, d'une part, de la représentation en général et comme automotive, la représentation particulière du fait possible, imminent, actuel : la sphère du vouloir est proprement là ; et, d'une autre part, il faut rapprocher de la représentation particulière du fait ainsi imaginé sa production par le jeu latent des organes.

Dans cette seule série de phénomènes si étroitement enchaînés, il y a trois ordres de causalités à distinguer :

1° La causalité première et typique : rapport du phénomène représentatif avec lui-même. La puissance, l'acte et la force sont pris ici à leur origine pour nous. Partout ailleurs ils n'ont de sens, à notre point de vue, que par extension et généralisation. De là vient que, suivant la solution donnée à la question de la liberté, les idées de force et de cause se trouvent avoir un aspect tout différent.

2° La causalité que nous supposons invinciblement dans le fait de succession constante de certains de nos phénomènes objectifs, représentatifs, et de certains changements obtenus dans les sujets qui nous sont représentés sous des lois d'étendue, de durée et de mouvement.

3° La causalité dans le rapport mutuel de ces phénomènes externes, lorsque le mouvement local est communiqué, et que nous envisageons la force comme purement physique ou mécanique.

Nous nous demanderons ailleurs quelle unité il serait possible d'établir avec vraisemblance ou probabilité entre ces causes et effets divers, ces forces diverses. Mais la question échappe à l'analyse, c'est-à-dire à la méthode que je suis en ce moment. Je dois donc m'en tenir à de simples distinctions qui servent de fondement à des sciences distinctes.

Observations et développements.

Des sources de la volition animale selon M. Bain.

M. Bain est l'auteur d'une théorie qui diffère beaucoup des idées anciennement reçues, dans les écoles apostérioristes, au sujet de l'origine de la volonté chez l'animal. Autrefois on n'hésitait point à penser que les mouvements appelés volontaires devaient être, dans tous les cas, des réactions précisément correspondantes aux diverses excitations causées dans les organes. On niait aux partisans du libre arbitre qu'il pût jamais se produire chez l'homme des déterminations locomotives dont l'impulsion, le moment, la direction et l'intensité ne fussent pas en corrélation exacte avec les impressions reçues. A plus forte raison aurait-on refusé de croire que l'organisme physique, pris en lui-même, pût être le siège d'une vraie fonction d'initiation de mouvement, et susceptible à cet effet d'une spontanéité pure. Si, par exemple, je consulte le dictionnaire dit de Nysten, dont les éditeurs, MM. Littré et Ch. Robin, ont donné la forme la plus rationnelle possible aux opinions sensationnistes ou matérialistes les plus communément suivies dans le monde médical européen, je trouve que « l'*innervation* » est un « mode d'activité propre et inhérent au tissu nerveux, central et périphérique », lequel mode se divise « en trois modes fondamentaux : la *sensibilité*, la *pensée*, la *motricité* » ; et que la motricité, celui de ces modes qui détermine la contraction des tissus musculaires, succède toujours à des impressions ; savoir, dans les trois cas suivants : 1° elle succède à la pensée que cause une impression transmise par les nerfs de sensibilité, ou aux pensées suscitées par le souvenir de ces impressions ; 2° elle succède à une détermination prise d'après les pensées que suscitent les besoins des viscères, et dont l'impression est transmise par le grand sympathique ; 3° elle succède directement à une impression transmise, à l'aide des nerfs spinaux ou sympathiques, sans qu'il y ait perception (*sensibilité sans conscience* des auteurs) ni par conséquent pensée ou détermination réfléchie, précédant l'incitation motrice (*mouvements automatiques ou involontaires*) » (articles INNERVATION et MOTRICITÉ). On voit que, dans ce dernier cas, le seul où il n'y ait pas sensation ou pensée préalable, il y a, selon ces auteurs, une impression transmise, encore que sans conscience, à l'organe central, en sorte que le mouvement est toujours l'effet d'une réaction et non pas une détermination toute spontanée.

Le physiologiste Müller avait déjà pris argument des mouvements du fœtus — que seulement il avait tort d'appeler volontaires, et M. Bain en fait la juste remarque — pour réclamer l'existence d'une sorte de *jeu spontané* de volitions sans idée déterminée et sans but, dans les membres qui ont simplement le mouvement en puissance, et que l'agent « dont l'esprit est vide meut uniquement parce qu'il peut les mouvoir ». M. Bain admet chez l'animal cette activité spontanée qui se produit non seulement sans aucun stimulus externe, mais même sans être précédée d'un sentiment, d'une impression du dedans quelle qu'elle soit. C'est sur ce théâtre des mouvements sans dessein, et véritablement de hasard, qu'il fait ensuite intervenir les volitions proprement dites, comme nous l'allons voir; car la volonté, dit-il, « se compose d'un fait d'activité spontanée et de quelque chose de plus ». (*Des sens et de l'intelligence*, trad. Cazelles, p. 258.)

Il ne faudrait pas croire cependant que M. Bain fixe ce fait de spontanéité en dehors des actions physiques ou biologiques. Il le rapporte à « un stimulus émané des centres nerveux », à une décharge de force accumulée par la nutrition dans les organes. C'est là un point de vue auquel je n'ai, pour ma part, point d'objection à faire. Je ne doute pas que les lois de la dynamique ne se combinent régulièrement avec celles des corps vivants et ne soient observées dans la constitution et le jeu des organes auxquels la nutrition apporte des forces disponibles. J'ai seulement deux remarques à faire : 1° Ce point de vue du physiologiste devrait être accompagné corrélativement de celui du psychologue. Je veux admettre, en effet, que les premiers mouvements ne supposent point de sentiments antérieurs capables de les diriger et de les proportionner à certains résultats attendus; mais je ne peux pas, sachant ce qu'est un être sensible et susceptible de désirs ou appétits, non moins que de mouvements, je ne peux pas, dis-je, ne pas admettre aussi que cet être, qui n'est pas une pure machine, éprouve, en se mouvant de la sorte, des sentiments confus et de vagues appétences, dont la spontanéité accompagne ses mouvements spontanés.

2° Autre chose est une accumulation de forces dues à la nutrition, autre le fait même de la décharge; à moins que poussant le mécanisme à l'extrême, avec exclusion de tout élément de détermination non mécanique, on ne veuille penser que charge ou décharge, accumulation et dispersion sont toujours des phénomènes du même ordre et rigoureusement enchaînés par les lois de la composition et de la décomposition mathématiques des mouvements. Mais si l'on prenait ce dernier parti, on s'interdirait de faire entrer en jeu dans l'animal, à une époque quelconque, des plaisirs et des douleurs, des désirs et des aversions, pour provoquer chez lui des *décharges*. Comment, en effet, se justifier d'attribuer celles-ci à des causes non physiques, après qu'on aurait posé en principe qu'elles sont toutes du ressort de la mécanique, et que les forces et mouvements, soit au dehors du corps organisé, soit au dedans, forment un système unique dont toutes les modifications sont calculables pour le lieu, le temps, l'intensité et la direction. M. Bain ne le pourrait point lui, qui va tout à l'heure introduire des sentiments et leur rapporter des décharges toutes semblables aux premières qui n'ont été que des actions nerveuses étrangères à la sensibilité. Si au lieu de se confiner dans des théories toutes physiologiques qui, dans l'état actuel de la science, sont physiques au fond, et c'est-à-dire mécaniques au fond, on préfère — sans d'ailleurs cesser de leur accorder leur dû, — considérer les *décharges* comme pouvant être directement provoquées par des états psychiques, on est mathématiquement obligé d'admettre que ces états sont capables de créer de la force. Créer de la force c'est *commencer* un mouvement sans obéir en totalité à des mouvements antérieurs. Cela ne peut s'entendre autrement, aujourd'hui qu'on exige un sens précis et rigoureux des mots dans les sciences exactes. Si donc un état mental, une peine, un plaisir, amènent une décharge nerveuse, d'où s'ensuit une contraction musculaire, c'est que cet état a *commencé* un mouvement, a créé une force; car il n'y a qu'un mouvement, il n'y a qu'une force qui, étant introduits dans un système de mouvements donnés, de forces données, puissent changer un fait d'équilibre en un fait de détente; et la *décharge* n'est pas autre chose.

Puisque M. Bain ne peut éviter d'accorder à des sentiments déterminés (tels que ceux dont nous allons parler) la propriété de donner lieu à des décharges nerveuses dont le résultat est attendu par l'être sensible que l'expérience en a déjà informé, pourquoi refuserait-il de supposer que les mouvements spontanés et sans but fixe ont pareillement pour antécédents des sentiments, mais vagues, des instincts confus, des désirs sans objet déterminé? Ce n'est certes pas entièrement sans objet, quand l'ordre naturel du phénomènes établit les correspondances dont la conscience nette sera donnée plus tard à l'agent.

Voyons maintenant comment M. Bain comprend la production des sentiments d'où va naître la volonté proprement dite, et quel est cet élément qui, suivant lui, s'ajoute à l'activité spontanée dans l'origine des volitions. Ce philosophe, en se livrant à une observation attentive et véritablement intéressante des premiers mouvements de certains mammifères, pendant les heures qui suivent immédiatement leur naissance, a constaté que ces animaux produisaient les mouvements comme indépendants de leur but final et étrangers aux fonctions qu'ils ont à remplir selon la nature. C'est le moment de la pure spontanéité dont nous avons parlé. Le caractère de ces phénomènes est confirmé par d'autres faits, bien observés et bien interprétés, sur l'exubérance d'activité des jeunes convenablement nourris, dans toutes les espèces de rang élevé, et sur la direction arbitraire ou la suite désordonnée des mouvements de leurs membres. M. Bain fait en outre remarquer que les enfants ne savent tout d'abord se servir de leurs mains ni de leurs yeux, que leurs mouvements ne sont pas à proprement parler sous l'empire de la volonté, et qu'ainsi l'action volontaire de l'homme est une faculté acquise. Je crois qu'on peut se plaindre ici, comme tout à l'heure, d'une confusion entre les appétits et les desseins qui peuvent exister à l'état vague, chez l'animal ou chez l'enfant, et ceux qui seraient accompagnés d'une vision claire du but et d'une possession éprouvée et perfectionnée des moyens de l'atteindre. Les observations que je viens de rapporter, toutes justes qu'elles sont, ne suffisent pas, comme le croit M. Bain, pour réfuter la théorie de Reid, suivant laquelle le lien entre la volonté et les organes, la séquence du sentiment et de l'action appartiennent à l'ordre des instincts. Il faudrait de plus faire voir qu'il n'existe d'instincts que là où il y a clairvoyance, tant à l'égard des moyens que de la fin. Mais c'est tout le contraire. J'ajoute que plusieurs jeunes animaux apportent en naissant une adaptation déjà très exacte des mouvements aux appétits, et que si le nourrisson humain, lui, a besoin d'une longue expérience pour opérer cette adaptation, il est d'autre part très certain que l'expérience toute seule, et sans une certaine mesure de préordination instinctive est insuffisante pour expliquer l'établissement des faits d'équilibre et de locomotion les plus ordinaires d'un enfant de quatre ans.

« Il faut, dit M. Bain, que l'établissement de ces liens qui unissent le sentiment à l'action, liens que la volition implique, soient l'effet de quelque opération *acquisitive*. Mais l'acquisition repose elle-même sur quelque fait primordial, sur un instinct. La question qu'il s'agit de résoudre consiste dans la constatation de la nature, au début de la vie, de ce lien qui unit nos sentiments à nos mouvements, et qui se change en volitions, mûries par l'éducation et l'expérience. » Ainsi, de son propre aveu, cette question qu'il s'agit de résoudre, M. Bain ne fait que la reculer. Il réclame une opération *acquisitive*, propre à remplacer intégralement l'instinct perfectionné par l'expérience et tendant à la volonté, tel que le comprennent les aprioristes; mais l'acquisition elle-même, il est obligé de l'expliquer par un *fait primordial*, par un *instinct*! Que nous a donc fait gagner la méthode empirique? Et ce n'est pas tout. Parmi les instincts, il y en a qui conservent toujours leur caractère et dont la volonté ne guide par la manière d'opérer : la succion des nouveau-nés, par exemple, et tant d'autres actes des adultes dont les moyens organiques demeurent soustraits à l'action d'une volonté directe, la fin seule étant envisagée par eux. M. Bain, à ce propos, parle d'action réflexe, ainsi qu'un physiologiste pur aurait peut-être le droit de le faire, mais ce qui ne suffit pas pour la psychologie : « Au début, dit-il, il doit y avoir une opération réflexe, en vertu de laquelle, dès que le mamelon a été saisi par les lèvres, les mouvements de la langue commencent. » Très bien, mais est-il possible à un psychologue de faire autrement que de supposer l'existence d'un sentiment fondamental, et la notion confuse d'une fin désirable, un état mental enfin, chez l'être psychique, et non pas seulement mécanique, pour correspondre avec les prédispositions du mécanisme vital? Nous ne gagnons rien à prendre pour point de départ un sentiment provoqué au lieu d'un sentiment, pour ainsi dire, de base, et lié à cet ensemble d'impressions, d'émotions et d'appétences en dehors duquel on n'a point l'idée complète d'un être sensible.

Ce sentiment provoqué, que M. Bain veut substituer à la pleine donnée de l'être psychique, afin d'accorder le plus possible à l'expérience dans le développement des volitions, c'est le sentiment du plaisir et de la peine, dont le fonctionnement se réduit en dernière analyse au « principe de la conservation de soi. ». L'animal qui commence à vivre fournit des mouvements spontanés, comme on l'a expliqué ci-dessus. Ces mouvements, fortuitement dirigés, ont des résultats dont l'expérience se trouve agréable ou désagréable au sujet : contact ou éloignement de la mère, chaleur ou froid, etc., etc. Les actions réflexes introduisent avec cela le jeu de certaines fonctions qui à leur tour sont liées à des plaisirs ou à des peines que ce sujet obtient ou évite. Ce qu'il sent comme agréable et d'une manière continuée ou répétée, il tend à le conserver ou à le reprendre, et ce qu'il sent comme douloureux, à l'abandonner et à le fuir. Ainsi, « la spontanéité initiale agit par tâtonnement, et les faits de réussite sont fixés en vertu de la loi de conservation ». Telle est en résumé la théorie de M. Bain. Pour l'adopter, on n'est donc point dispensé d'admettre la donnée d'un être, d'une faculté, d'un principe que l'expérience suppose et n'explique nullement. D'un autre côté, il me paraît qu'on sacrifie l'expérience bien entendue au système de l'empirisme en plaçant, à l'origine des déterminations volontaires de l'animal, une sensibilité réduite aux impressions et aux effets du plaisir et de la douleur, et privée de son accompagnement naturel d'appétits coordonnés avec des fins, encore qu'imparfaitement conscientes. (Voyez l'ouvrage cité, pp. 258, 371, 635.)

XII

DES RAPPORTS DE LA PASSION AVEC LES DÉTERMINATIONS DE CONSCIENCE

En observant le développement des fonctions mécaniques, physiques, organiques, sensitives, intellectuelles, passionnelles, on voit les conditions d'existence et la causalité procéder de l'ordre inférieur à l'ordre supérieur, sans que pour cela l'on puisse conclure intelligiblement à la contenance des éléments nouveaux dans les anciens et à leur identité de nature; mais, à chaque pas d'un progrès dans l'être, quelque chose devient, quelque chose commence. Quand on arrive aux fonctions imaginative et mémorative et aux passions, soit nettes soit instinctives, par conséquent dans le système des forces organisantes animales (mais disons dans l'homme pour ne nous pas éloigner de l'expérience la plus positive et de notre sujet), la causalité s'offre aussi en sens inverse, et l'action développante des phénomènes admet les deux directions. Enfin paraît, avec la réflexion et la délibération, la conscience de pouvoir appeler l'une quelconque des représentations accessibles à l'imagination et à la mémoire. Ces dernières fonctions s'élèvent ainsi à l'état volontaire, et mènent la raison à leur suite : la cause atteint sa signification suprême; les notions d'activité et de passivité, dont la valeur était jusque-là très obscure, s'expliquent; l'individualité, la séparation, à certains égards la délivrance de l'homme lié à la nature, se fondent sur leur vrai titre. C'est le terme extrême du progrès dont l'observation nous soit donnée; mais il reste la question qui laisse tout en suspens, la question de la réalité du pouvoir libre de la conscience : une loi universelle n'enveloppe-t-elle pas les instincts, les passions, les idées, dans leur déroulement propre comme dans leurs rapports avec les fonctions physiques, de manière à prédéterminer toutes nos volitions?

Nous avons vu que les animaux, mus par différentes passions au même moment, choisissent entre les fins qui leur sont offertes. Nous ne pouvions leur reconnaître pourtant ni délibération proprement dite ni volonté, car rien n'indique qu'ils se rendent témoignage à eux-mêmes de ces fonctions, et il est manifeste qu'on observerait de leur part, dans le cas contraire, des actes en conséquence qu'on n'observe pas. Il faut donc que les phénomènes d'imagination et de mémoire, et les états passionnels, modifiés quelquefois par l'habitude, suivent en eux certaines lois préétablies de construction et de succession, et que le degré quelconque de conscience qu'ils apportent à leur choix soit comme une simple annexe de la passion dont ils se trouvent occupés à l'instant où se produit l'effet organique. Nous ne dirons pas que l'effet est attaché à la passion la plus forte, en cas de conflit, parce que ni la comparaison des forces, ni la lutte, ni le théâtre de la lutte ne nous offrent rien de clair; mais nous dirons que la représentation qui se soutient de fait un temps suffisant produit tout l'effet qu'elle comporte pendant cette durée, et tant qu'il n'en survient pas une autre dont l'effet propre soit incompatible avec celui de la première. Si des passions concurrentes se lient respectivement à des mouvements que l'animal puisse faire à la fois, il les fait, et la résultante est dans ces derniers, non dans les passions mêmes; si les mouvements ne sont pas conciliables, c'est en eux et en eux seuls que paraît naturellement l'équilibre; enfin, si les affections se produisent avec intermittence, le cas est fréquent, nous voyons naître une suite de mouvements imparfaits, successivement suspendus et repris, jusqu'à ce que l'une des sensations ou imaginations présentes ait disparu et qu'une autre ait duré pendant un intervalle convenable.

Dans tout cela nous devons admettre que l'animal a la conscience de ses impressions, même la conscience de son choix, mais non celle d'avoir pu choisir autrement, ou d'être l'auteur de telle ou telle imagination, de tel ou tel souvenir, évoqués de préférence à d'autres qui se trouvaient aussi parmi les matériaux disponibles de son expérience antérieure. On ne peut donc pas songer à poser ici la question de la liberté; mais on peut poser une question autre et plus générale en un sens, celle du caractère fortuit ou complètement arbitraire de certaines représentations et de certains mouvements incidents, dans lesquels n'interviennent point la réflexion et la volonté. Est-on bien certain que toutes les déterminations de ce genre sont rigoureusement exigées par leurs précédents, et que le savant parvenu à l'idéal du savoir, celui dont la connaissance s'étendrait par hypothèse à toutes les lois réelles du monde, serait en état de prévoir et de mesurer par anticipation les moindres inflexions de la queue d'un chien, par exemple, en tel sens et à tel instant? L'esprit de la science dit oui, et avec raison à ce qu'il semble, parce que le but de la science est de reculer indéfiniment les bornes inconnues du connaissable et qu'il y aurait dès lors inconvénient à les fixer d'avance. Est-il bien nécessaire pourtant de nier ces bornes elles-mêmes? Espère-t-on sérieusement tout savoir? Un homme comme Aristote admettait un domaine du hasard : en a-t-il moins bien exploré pour cela le domaine des lois? Si le hasard, si les déterminations imprévoyables, arbitraires, sont rejetés du monde de l'expérience actuelle, on les retrouve, confondus avec la nécessité des faits irréductibles primitifs, en remontant de phénomène en phénomène au commencement des choses; et là, ce n'est plus seulement une spontanéité indéterminée, mais avec des précédents et sous des conditions données, c'est la spontanéité première et absolue qui se rencontre. Toute explication a des faits originaires pour limite, et la science est toujours bornée. (Voir *Logique*, § XLVIII et XLIX.) Quoi qu'il en soit, la question que j'ai cru devoir énoncer est insoluble, et je la laisse. Celle du hasard produit de la liberté est tout autre.

Si l'homme n'est pas libre, la condition de l'animal sera aussi celle de l'homme, avec de graves différences qui, alors, ne toucheront pas le fond. La première de toutes est l'incontestable apparence de la liberté dans le jeu des motifs humains. Les données passionnelles s'étendent et se diversifient ; les fins rationnelles, les fins désintéressées, ou relatives à des intérêts étrangers, éloignés, généraux, artificiels, s'ajoutent à celles des affections animales et des impressions actuelles. Par la mémoire et l'imagination volontaires, par le raisonnement qu'elle institue, il semble que la représentation se meut avec indépendance ; mais enfin, sous toutes les formes qu'elle prend, y compris la forme de la volonté, elle pourrait se trouver préordonnée en séries inévitables, et suivre des lois latentes, mais certaines.

Quand il s'agit de l'homme, on n'a pas à considérer seulement des jugements instinctifs ou spontanés, à la suite des impressions reçues ; il y a de plus l'affirmation réfléchie. Ici la détermination porte sur la conscience qui se connaît. Le cas est très net dans celles de nos affirmations qu'on appelle désintéressées, par exemple en matière de science. Mais il arrive souvent qu'un jugement pourrait être réfléchi, et d'autres fois l'a été, et qu'il ne l'est point à présent, ou qu'il ne l'est pas assez ; il arrive encore qu'une passion le précipite ou le maintient contre la réflexion, contre le doute possible : car il n'est pas d'acte de conscience qui, de près ou de loin, ne soit relatif à quelque fin propre à éveiller des affections. Nous avons étudié la question des rapports de la passion et de la volonté, quant à la locomotion et aux actes organiques : abordons-la maintenant à l'égard des jugements, des affirmations, des actes mêmes de la conscience.

Je parcourrai d'abord ceux des cas de l'affirmation spontanée ou imparfaitement réfléchie qui doivent être considérés comme anormaux dans l'homme. Je compléterai ainsi ce que j'ai dit ailleurs des erreurs que comporte l'exercice des fonctions humaines : sensation, imagination, mémoire, prévision, pensée; mais en réservant toujours le problème de la certitude et de ses signes. Ensuite, passant au cas normal du jugement, et du plus régulier quant à la volonté, j'établirai la comparaison systématique des hypothèses de la liberté et de la nécessité.

Les affirmations sont relatives à la forme ou au fond du jugement. A la forme : elles portent sur les lois générales de la représentation et sur les règles logiques par lesquelles les jugements sont liés; c'est de beaucoup le plus sûr et le moins incertain des éléments de la conscience. Au fond, elles regardent l'existence donnée ou supposée de certains êtres ou de certains faits dans le domaine de l'expérience, existence soit induite de nos impressions immédiates, soit conclue de comparaisons et de raisonnements sur des bases quelconques; et enfin elles peuvent concerner les décisions de la spéculation pure.

L'affirmation la plus immédiate est celle qui suit une sensation. Le sujet affecté de l'impression sensible juge, conformément aux catégories, qu'un objet lui est présent; et, de plus, il juge que les circonstances, les faits de liaison extérieure de cet objet avec d'autres objets sont réunis, tels que l'expérience commune les veut en pareil cas. (Voir ci-dessous, § XVI.) Mais la sensation peut n'être qu'une simple hallucination. Nous avons quel rôle appartient à l'imagination pour préparer, ou même produire, ou du moins accompagner et interpréter ces sortes de phénomènes. Dès qu'un doute s'élève dans la pensée, sur la réalité du représenté, la réflexion intervient, et un jugement volontaire doit déclarer, la cause entendue, s'il y a ou non conformité entre l'apparence individuelle et les autres motifs sur lesquels on peut fonder l'existence d'un fait dans le domaine de l'expérience. Parmi ces motifs, les impressions et le témoignage constant d'autrui sont les plus simples, les plus valables et à la portée de tous. Il serait d'ailleurs superflu de les énumérer. On sait qu'il n'est pas très rare de trouver des hommes qui jugent correctement leurs propres hallucinations. Mais le retour fréquent du phénomène, l'état morbide qui s'y joint, surtout les passions que l'hallucination met en œuvre ou provoque : la crainte, la haine, l'orgueil, enfin l'ignorance et le cortège des suppositions fausses, jettent le trouble dans la conscience. Au lieu de réduire à sa juste valeur la réalité des faits, on l'accepte pleinement sur l'apparence, et *on l'explique*; on explique aussi pourquoi les autres hommes en jugent autrement : on les imagine prévenus, intéressés, hostiles. Dès ce moment, la personne est transportée dans un monde individuel, imaginaire, et ne s'accorde plus, ne s'entend plus qu'avec elle-même. Il est du moins des points où nulle autre qu'elle ne pense que son jugement puisse être approuvé. C'est la manie.

Le caractère de cet état est donc une subordination totale de la volonté aux passions, touchant des affirmations qui seraient contredites par l'universalité des hommes appelés à se prononcer, et par le sujet lui-même, s'il pouvait n'être pas intéressé. La fonction de la raison chez ce dernier n'étant plus alors que de chercher et de trouver à tout prix des motifs de juger et d'agir exclusivement conformes à sa passion dominante, il est très exact de dire que cette raison est *perdue*. Aussi la manie a-t-elle souvent sa terminaison dans la démence la plus caractérisée.

Nous venons de voir un point de départ dans l'hallucination qui, par elle-même, n'a rien de commun avec la démence ; il peut s'en trouver un également dans tel état de la sensibilité interne, une douleur vague, un malaise étrange dont le sujet cherche la cause. Soit que l'imagination ait pris ou non une part essentielle à l'établissement de ces phénomènes, le premier rôle lui appartient sitôt que se présentent les hypothèses destinées à expliquer au sujet ses propres impressions. Une possibilité s'offre à la conscience ignorante et crédule, et reçoit une formule appropriée au degré de ses passions et de ses lumières : on me persécute, on m'empoisonne, on m'électrise, etc., idées familières à l'hypocondre. Les actions électriques, encore mystérieuses pour le vulgaire, et les effets supposés du magnétisme dit animal, et les actions imaginaires des *poisons lents* sont les succédanés actuels des affections prétendues démoniaques, pour les imaginations malades. Ces dernières affections règnent encore là où les anciennes superstitions ont conservé leur empire. Quoi qu'il en soit, de même que l'imagination de l'acte possible conduit à l'obsession, au vertige, et finalement à l'acte, ainsi l'imagination d'un fait ou d'un système appelé à rendre raison de certains phénomènes, conduit, en se répétant et se fixant de plus en plus, si bizarre qu'il soit souvent, jusqu'à l'affirmation décidée de ce fait ou de ce système. On voit que la monomanie des idées part du même principe que la monomanie des actes, dont j'ai donné plus haut la théorie. La pensée constante du faux ou de l'absurde, d'abord retenue par une négation également constante, mais jointe à quelque idée de possibilité, tend aux mêmes effets que la représentation répétée d'un acte déplacé, ridicule ou criminel. C'est à vrai dire la tentation de la démence, et nous ne saurions y méconnaître une application de la loi du vertige, envisagée ici dans le cas des déterminations pures de la conscience, et là dans celui des représentations aptes à entraîner immédiatement des conséquences organiques. Enfin, il ne s'agit, nous l'avons vu, de rien moins que du principe de la locomotion normale elle-même, quoique nous ayons à regretter l'absence d'un mot convenable pour exprimer le passage régulier de l'imagination passionnelle au mouvement spontané.

Il paraît donc que le fait primordial de la folie, au point de vue représentatif, est le vertige mental, ce passage de l'imagination du possible à celle du réel, ou d'une hypothèse, d'abord avouée telle, à la connaissance prétendue d'une réalité. La transition s'opère sous l'empire d'une émotion vive, d'une passion ardente, d'une représentation prolongée, lorsque la volonté n'ordonne pas le jeu de la pensée pour amener d'autres conclusions, avant que l'habitude ait établi son pouvoir. Le principe de cet état, en tant que perversion de la raison, est le sophisme : *a possibili ad actum valet consequentia*.

Avant d'aller plus loin, il est bon d'observer que toute cette théorie est présentée d'un point de vue exclusif, qui doit être ici le mien, celui des caractères représentatifs de l'affection dont je m'occupe, et de ses causes ou effets du même genre. Je néglige donc, mais je n'ai garde de contester les causes originelles de l'aliénation, imputables à des désordres organiques. Où je commence à douter, c'est quand on range les symptômes intellectuels et moraux parmi les dépendances simples de la maladie physique. Les vues des aliénistes, ou plutôt leurs habitudes d'esprit et de profession, à cet égard, sont visiblement entachées d'un vice de méthode, dont je me défends, tout en accordant l'existence d'un point de départ organique pour tous les cas où l'on peut le constater. Mais nos aliénistes supposent arbitrairement :
1° que les premiers termes de la série des désordres sont

de nature exclusivement biologique, *toujours*; 2° que les faits de perversion du jugement sont des conséquences nécessaires de l'état pathologique proprement dit. Cependant, sur le premier point, l'observation permet d'admettre des cas où la déviation mentale précéderait les perturbations organiques et pourrait en devenir la cause. Sur le second, rien ne prouve que certains symptômes représentatifs ne puissent être éludés ou supprimés par une éducation ou par une médication de même nature, c'est-à-dire intellectuelle et morale, tandis que la maladie suivrait peut-être son cours avec les symptômes physiques et vitaux qui lui appartiennent en propre. La biologie n'aura donc pas d'objections graves à m'opposer, si la suite de cette étude me conduit à placer, dans une intervention régulière et constante de la réflexion et de la volonté dans les phénomènes représentatifs, un moyen efficace de résistance à l'aliénation, *considérée dans ses caractères du même ordre*. Il dépendrait alors du malade, pris à une certaine époque de son affection, de réduire le mal à la classe ordinaire des désordres organiques (et de ceux de la sensibilité qui en sont les suites), et d'éviter celles des conséquences ordinaires de son état qui intéressent ses fonctions réfléchies. Ce n'est pas que la maladie ne pût aussi dans ce cas se terminer à l'idiotisme et à la paralysie. Mais c'est qu'alors les fonctions intellectuelles supérieures deviendraient impossibles par l'absence de certaines de leurs conditions physiques nécessaires, et on ne devrait pas s'en étonner. Il serait inconcevable, au contraire, que, ces mêmes fonctions se trouvant en exercice, les causes de leurs désordres appartinssent exclusivement à la série des phénomènes organiques, tandis que la théorie de leurs perturbations peut se tirer de la classe de faits dont elles font partie. Occupons-nous donc librement de cette théorie, sans nous préoccuper de ses rapports physiques, et au point de vue de la représentation, qui en est le sujet véritable.

La folie de la représentation, ou les traits de cette folie, occupent jusque dans l'ordre normal une très grande place. Ils commencent aux erreurs de jugement dont la passion est le principe; aux erreurs de mémoire et de témoignage, chez ceux qui croient avoir vu ou entendu ce qu'ils désirent, ou craignent, ou seulement pensent avoir dû être; et à ces sortes de mensonges qui ne sont qu'à demi volontaires, et ne tardent pas à tromper les menteurs eux-mêmes. Ajoutons ces systèmes religieux ou scientifiques, ces machines, ces inventions quelconques dont le seul fondement est dans l'imagination de l'inventeur ignorant ou trop prévenu, qui se regarde comme en possession d'une vérité absolue que méconnaît le genre humain. Ajoutons surtout le phénomène si commun et si important des convictions formées par la parole, à l'aide de l'éloquence et de ses figures (dont la répétition est comme on dit la principale), non pas tant chez l'auditeur, ce qui est tout simple, que chez le parleur lui-même, qui éprouve rapidement les passions qu'il évoque et se détermine dans le sens des possibilités inhérentes à ses discours. En matière de désirs et de foi, par exemple, on est aisément ce qu'on croit être, et on croit être ce que l'on dit qu'on est.

L'acception vulgaire du mot *folie* est très étendue, et c'est un fait qui mérite considération; pour nous, elle ne l'est pas moins, puisque nous sommes amenés à marquer d'un caractère commun et les états où la personnalité est comme anéantie, ses fonctions cessant d'être réfléchies et volontaires sur tous les points à la fois, et ceux (qu'il faut supposer habituels cependant) où le vertige a lieu sur un point quelconque dont le jugement exigerait une mûre réflexion et une volonté bien informée, grâce à l'appel des motifs de toute sorte. L'erreur populaire ne consiste pas précisément à compter trop de fous dans le monde : plusieurs que le peuple n'estime pas tels le sont véritablement par de certaines habitudes de prévention ou de violence, et n'ont guère la possession d'eux-mêmes. Mais il n'y a que l'ignorance qui taxe de folie des hommes dont la conduite ou les pensées s'éloignent de la coutume, quoiqu'ils puissent bien se guider sur des motifs, bons ou mauvais, exempts de tout vertige.

Au reste, pour ne pas douter que les éléments de la folie existent chez tous les hommes, il suffit d'observer les phénomènes du sommeil, les effets de quelques passions (la jalousie, la colère), quoique momentanés, enfin les séries représentatives produites quand l'ingestion des spiritueux ou des narcotiques suspend la puissance de réfléchir. Tous ces états ont cela de commun que l'imagination, la mémoire, la prévision et les passions qu'éveillent leurs objets se développent en entraînant l'affirmation par une suite de vertiges. Mais même dans la veille, en pleine raison, qui n'a éprouvé quelque tentation vertigineuse, d'une espèce ou d'une autre, de celles qui de proche en proche conduiraient à l'abîme un homme dont la conscience ne se détournerait pas. Si les animaux ne sont que peu ou point sujets à ces phénomènes, c'est que naturellement bornés aux impressions présentes, et ne les réfléchissant pas, menés par des instincts à peu près invariables, ils manquent de cette production imaginative et passionnelle qui nous transporte hors de la réalité présente, au milieu de conditions hypothétiques. Au contraire, le fou *spécule* toujours, quand la maladie n'a pas encore éteint sa force intellectuelle.

Est-ce à dire maintenant qu'entre la démence et les cas les plus simples du vertige du jugement il n'y ait à marquer que des degrés? Ni l'étendue ni la gravité des cas, vu la continuité des phénomènes, n'impliqueraient autre chose en effet; et j'ai dû établir le principe de la perversion, partout le même. Mais la nature de l'objet affirmé dans le vertige a une extrême importance, puisque tantôt il ne s'y agit que de faits ou d'idées, parfaitement faux sans doute et maintenus par passion, contre toute réflexion, mais tels enfin qu'à toute force on leur trouverait plus d'un approbateur, tandis que d'autres fois un homme, sur ses impressions propres, dément l'expérience universelle et actuelle et se rend étranger à tous les hommes. Le fou parvenu à ce point doit nécessairement systématiser ses jugements et les étendre à toutes les conséquences d'une première affirmation; il a dès lors ses convictions exclusives sur beaucoup des rapports qui le touchent; et une véritable communication intellectuelle avec ses semblables lui devient d'autant plus impossible, qu'il ajoute au parti pris de ne rien écouter contre ses vues le penchant, auquel il a une fois cédé et qui se tourne de plus en plus en habitude, à obéir au vertige de ses impressions. Cette disposition est ordinairement telle, qu'on le voit, en conversation, composer avec certaines des paroles qu'il entend, et dont il est frappé, un discours, ou du moins une pensée possible, qu'il impute à son interlocuteur. Il lit aussi sa pensée propre dans la phrase la première venue d'un auteur, et les images qui traversent sa conscience deviennent pour lui les points de départ d'autant de spéculations qu'il ne poursuit qu'un instant. Quelquefois aussi une contemplation unique l'absorbe, c'est-à-dire alors que son vertige ne varie point.

Il est remarquable que les déviations du jugement chez les aliénés s'établissent à l'encontre de l'expérience, ou du témoignage universel qui la consacre, plutôt qu'en opposition avec la raison logique et avec les formes générales de la représentation. Le fou a ses faits à lui, un monde externe qu'il se crée, et par là même de faux principes de ses raisonnements comme de sa conduite; mais son ordre intérieur, son ordre rationnel est souvent sain, tant que le vertige est rare ou intermittent; et souvent aussi il fait preuve d'une grande puissance de pénétration et d'analyse. On conçoit en effet que les lois formelles de la pensée, instruments communs et désintéressés, ne dérangent en rien les fins ou les principes que l'aliéné se pose. Le vertige n'agit qu'avec la passion, et ne trouble pas d'ailleurs la série logique des pensées, à moins qu'il ne se produise continuellement ou à peu près. Dans ce dernier cas la trame se perd pour le sujet lui-même, et bien avant pour celui qui l'observe.

On donne quelquefois comme le caractère moral de la démence une *direction vicieuse* de la volonté, au moins à l'origine. Cette formule, quoique juste au fond, est empreinte de l'esprit des anciennes théories de la volonté. On s'exprimerait plus exactement en signalant la *direction insuffisante* des représentations dans le sujet, c'est-à-dire une faiblesse ou une absence de la volonté, dans le sens où j'ai défini cette fonction. En effet, le vertige de l'acte ou du jugement résulte toujours de ce que la conscience intellectuelle et passionnelle, durant laquelle il se produit, n'est pas suffisamment balancée par celle du pouvoir de se suspendre elle-même en appelant d'autres représentations, d'autres motifs qui, une fois mis en ligne de compte, changeraient tout. La conscience permanente de ce pouvoir est l'essence véritable de ce qu'on appelle la domination des passions par la volonté, ou encore par la raison, conçue alors comme l'ensemble des mobiles d'ordre universel auxquels la volonté peut s'appliquer. D'après cela, l'aliéné ne doit avoir qu'une représentation très faible de sa liberté de juger. Aussi l'aliéné complet ne doute-t-il jamais, et c'est parce qu'il ne doute point et n'admet pas même une possibilité de douter, qu'il oppose un obstacle infranchissable aux arguments qui troubleraient la sécurité de ses affirmations.

La plupart des hommes, dans l'état d'ignorance où ils croupissent, de lâcheté morale où on les élève et où leurs passions se développent tout spontanément, sont incapables de résister à de trop fortes tentations de vertige, comme celles qui résultent des affections de la sensibilité. Quand de fréquentes hallucinations sollicitent leur jugement, quand les imaginations qui s'offrent pour lier, compléter, expliquer les apparences les dominent, ils arrivent graduellement à ne plus former que des séries de pensées peu différentes de celles qui occupent le sommeil. Les impressions de la veille et celles des songes tendent même alors chez eux à se confondre. A la limite, les sensations troublées ou continuellement déviées ne sont plus une barrière entre les deux états; les jugements réfléchis et vraiment volontaires n'existent plus; le sentiment de la distinction des personnes et la conscience nette des circonstances propres à chacune se perdent enfin, et l'aliéné en vient à ce point de se méconnaître entièrement. Il s'attribue des avantages ou des malheurs qui vont à une transmutation de personnalité. Souvent il s'identifie avec l'une des grandes figures historiques dont le prestige est en possession de fasciner l'imagination des peuples. C'est là surtout que se justifie le sens propre du mot *aliénation*, appliqué aux affections mentales, car l'aliéné change pour ainsi dire de conscience et devient pour soi autre que soi. Mais, de ce point, il peut encore descendre, car il y a au-dessous l'état d'incohérence et de dispersion totale des représentations, enfin de nullité s'il se peut, l'idiotisme, qui est le terme ordinaire de cette évolution dans les cas de paralysie du cerveau.

Entre tous les phénomènes dépendants de la théorie que j'expose, et malgré les différences que je signalerai aussi, il est impossible d'omettre la classe des faits de l'ordre mystique. Le cas fondamental, où l'on voit des populations entières céder au même vertige, s'observe sous l'influence de la foi au merveilleux, quand l'imagination crée ou transforme des événements qui puissent répondre à l'attente des consciences. Il s'agit de constater des miracles, de vérifier des prophéties. Quelques hommes se trouvent capables de voir et d'entendre ce qu'ils attendent, et par cela seul qu'ils l'attendent; un plus grand nombre, d'avoir vu ou entendu; presque tous d'altérer de bonne foi la vérité des faits qu'on leur transmet : les récits qui passent par la filière des masses reçoivent l'amendement des passions de chacun, une moyenne s'établit, et le peuple se voit enfin en possession d'un système de témoignages et de traditions qui ne témoignent et ne propagent que sa propre pensée. C'est ainsi que les religions se fondent sur des miracles, et que, même dans les temps d'incrédulité relative, il n'est pas impossible de rencontrer des témoins sincères de prodiges contemporains. Au-dessus des imaginations disposées de la sorte, s'élèvent, pour les conduire, des hommes dont les visions revêtent la forme mystique. L'histoire des oracles et des prophéties s'explique par l'existence d'une suite d'extatiques, parlant sous le vertige, avec la conviction de répéter les paroles qu'une puissance supérieure leur dicte, et cela depuis les prophéties sémitiques, les oracles païens et les livres inspirés, apocalyptiques ou autres, jusqu'aux quakers et aux martyrs des Cévennes. A un degré supérieur d'absorption dans le divin, peut venir, en une personne donnée, la croyance à son identification avec la divinité. De là aussi, dans certains milieux religieux, la foi aux incarnations divines et, à l'opposite, dans une sphère basse, ignoble, les horribles légendes de la sorcellerie et de la démonologie. L'homme qui se croyait obsédé du démon, ou tout à fait possédé, expliquait facilement, grâce à sa malheureuse croyance à l'esprit malin, les contrariétés que présente la conscience balancée entre les passions bonnes et mauvaises, entre les tentations et la volonté. Il devenait pour lui-même l'*homo duplex*, au sens propre du mot. Souvent disposé, d'ailleurs, à l'hallucination et à tous les genres de vertige de l'acte et du jugement, il pouvait se fixer dans la pensée d'être allé au *sabbat*, et par moments s'y croire transporté. Toutes les actions conformes à son état, il pouvait les faire. Ainsi le crime se mêlait quelquefois à la démence. Beaucoup de cas d'aliénation mentale prenaient certainement cette forme au moyen âge, et quelques-uns la prennent encore de nos jours. Comme l'aliéné conserve, dans une certaine période de son affection, une conscience distincte de ses aberrations, tout en ne voulant pas résister suffisamment à son vertige, ce dédoublement de la représentation, qui est la conscience, simule nécessairement une possession, et il suffit que le sujet y croie pour qu'à ses yeux tout ce qu'il éprouve soit expliqué. On conçoit aussi que l'exorcisme peut avoir alors un effet thérapeutique. La foi guérit de la foi; le vertige guérit du vertige.

Le vertige mystique, dans le domaine religieux noble, diffère et différera toujours de l'aliénation mentale en quelques points caractéristiques, quoique le principe logique des déterminations de conscience soit souvent le même de part et d'autre. Il faut remarquer d'abord la grandeur morale, l'élévation généreuse des idées, l'importance universelle des vues du révélateur et du prophète. Mais la démence est le plus souvent égoïste et vulgaire. Ensuite le fou est isolé dans son orgueil, dans ses préoccupations personnelles, hors d'état de communiquer son exaltation et ses croyances, qui d'ailleurs manquent en général de cohérence et de fixité, tandis que les extatiques religieux s'affermissent dans les traditions, tout en les tranformant, et obéissent à des tendances qui, plus ou moins inertes ou oblitérées qu'elles s'y trouvent, sont cependant celles de leur milieu. Enfin tout fondateur de religion connaît les hommes et sait agir sur eux.

A l'extrême rigueur, l'origine et la valeur intrinsèque des sentiments qui possèdent la conscience d'un révélateur, et l'obligent à ses affirmations, pourraient dépendre de certaines lois supérieures et inconnues de l'ordre du monde. Le contraire n'est pas prouvé, et dès lors non plus le révélateur n'est pas jugé sans appel par la théorie du vertige mental. Mais je ne puis approfondir maintenant la question, et j'ai dit ce qu'une rigoureuse analyse permet de dire sans quitter le point de vue de la science.

Une autre application des phénomènes du vertige est à signaler dans l'effet des pratiques habituelles en matière de religion. La plupart des hommes contractent des habitudes d'opinion et de croyance par suite de la répétition et de l'imitation, soit que la réflexion y ait ou non présidé à l'origine ou y soit intervenue depuis. Un vertige qui agit dès l'enfance devient souvent insurmontable, et c'est ainsi qu'on est de la religion de ses pères. Mais prenons l'homme fait, maître de sa raison et capable de l'exercer. Toute représentation prolongée ou répétée devient une tentation; donc celui-là même qui réfléchit est naturellement conduit de la pratique à la théorie, dans chaque ordre de conceptions. L'imagination prend peu à peu les formes appropriées aux objets dont on la frappe, et la pensée s'exerce à découvrir des motifs de faire ce qu'on fait, d'assurer ce qu'on assure, et à s'en persuader. Il suffit de mentir un peu d'abord; on est de bonne foi plus tard. Qui veut croire croira. *Faites comme si vous croyiez, pliez la machine*, disait Pascal. La méthode est infaillible, surtout si l'on tient sa raison bien soumise, à quoi l'on parviendra en se la représentant *ployable en tous sens*, autre expression de ce même grand génie qui unissait les dons de la raison la plus forte à ceux de l'imagination la plus vertigineuse. La pente est forte quand les passions, c'est-à-dire l'intérêt et la peur, sont en jeu. C'est l'affaire aux hiérophantes de manœuvrer ces ressorts.

J'ai caractérisé à plusieurs reprises la nature des faits qu'il est permis d'admettre au milieu des illusions et des plats prestiges du magnétisme animal. Le principe essentiel de ces phénomènes doit maintenant paraître au grand jour. Il est commun aux songes, au somnambulisme naturel, aux jugements portés à la suite des visions et des hallucinations, à l'aliénation, à tous ces états de la conscience où l'imagination, la mémoire, l'attente, les passions, déterminent sans réflexion des formes représentatives, desquelles s'ensuivent à leur tour des actes et des effets sur l'organisme. C'est en un mot le vertige.

Le vertige du songe consiste dans l'affirmation spontanée qui se joint aux apparences objectives et ajoute des jugements de réalité aux séries de l'imagination et de la mémoire. Mais alors le pouvoir locomoteur et les sensations sont en grande partie suspendus ou inefficaces. Le vertige du somnambulisme est le même ; seulement certaines sensations subsistent alors, comme dans une grande concentration de l'attention, tandis que d'autres n'arrivent pas à la conscience ; des actes organiques peuvent se produire à la suite de représentations imaginatives et passionnelles ; enfin la réflexion semble s'exercer, comme l'attention, mais ces fonctions volontaires sont en ce cas de pures représentations de mémoire, des ombres de la volonté.

Les phénomènes de l'aliénation diffèrent des précédents, en ce que les séries de la vie réelle et de la veille y suivent plus ou moins leur cours troublé par des jugements vertigineux, et que, si la réflexion n'entre pas dans ces derniers, elle en dirige d'autres cependant, et même continue quelquefois à régner sur les développements généraux de la pensée, assez pour que le monomane observe ses actes comme ceux d'un autre lui-même, et que l'halluciné conçoive sur la réalité des objets de son affirmation des velléités de douter, qu'il éloigne aussitôt. Rapprochons maintenant tous ces faits ; les faits primitifs et fondamentaux du magnétisme animal ne nous offriront pas d'autres caractères.

D'abord, l'imitation contagieuse des convulsions et autres désordres analogues ; la production de ces désordres, quand l'imagination et les passions sont frappées ou excitées par l'attente, en présence des manœuvres du magnétiseur; l'arrivée du sommeil dans certains cas, sont des faits que la théorie du vertige nous a déjà expliqués. Les modifications physiques, les impressions exceptionnelles commandées par l'espérance ou la crainte, tous les effets de l'imagination sur l'organisme acquièrent une grande intensité sous l'influence du fanatisme religieux : c'est ce que prouve l'histoire des convulsionnaires. Les magnétiseurs, qui n'exploitent guère que la curiosité, l'intérêt personnel et des superstitions très minces, n'obtiennent aussi que des résultats inférieurs, à moins que leurs sujets ne tombent dans le sommeil somnambulique. Ce dernier état doit être favorable à une possession plus intense et plus exclusive de la conscience par l'imagination, et aux effets organiques qui s'ensuivent, parce que la plupart des sensations s'y trouvent suspendues, toute distraction supprimée, et les puissances réflexives et volontaires très affaiblies.

Le sommeil somnambulique n'est produit artificiellement que sur certains sujets disposés d'une manière exceptionnelle. C'est déjà une raison de penser que le procédé quelconque suivi par le magnétiseur n'a dans ce cas aucun effet particulier physique, mais que seulement la conscience du magnétisé, au moment où il cède au vertige et s'endort, est dans un état imaginatif et passionnel propre à la production d'une suite de représentations du même genre que celles qui s'observent dans le somnambulisme naturel. Au lieu de cela, on veut se persuader l'existence d'un fluide pour lequel chacun de nous serait doué d'une productivité et d'une réceptivité variables. Une hypothèse inutile et qui n'explique rien est toujours nuisible à la science. Celle-ci a contribué à éloigner les esprits de l'étude et de la classification des faits. On dit que les magnétisés voient ce fluide, mais ne doivent-ils pas voir tout ce qu'on veut qu'ils voient? Une foule de méthodes fort différentes ont réussi à produire l'état magnétique : j'ai déjà signalé le *baquet*, l'*arbre*, les *passes*, l'action mystique de la *volonté* d'un opérateur. Les procédés se généralisent encore, si nous songeons aux pratiques de la magie, de la sorcellerie et des jongleurs, et aux secours matériels dont les anciens faisaient usage pour déterminer l'extase prophétique. Enfin des phénomènes analogues se produisent en l'absence de toute jonglerie. Il est donc très probable que la communication physique entre magnétiseur et magnétisé rentre dans les faits généraux dont les sciences poursuivent régulièrement l'investigation ; et toute supposition d'un agent spécial est arbitraire. D'ailleurs l'intérêt n'est pas là. Qu'a-t-on jamais appris à l'aide de ce prétendu fluide, imitation maladroite des fluides lumineux, calorique, électrique, auxquels la science n'accorde plus qu'une valeur nominale? Au contraire, quand j'expose la série des faits de vertige, et des actes qui dépendent de l'imagination et de la passion dans les déterminations de conscience, j'établis des classes et j'énonce des lois dont l'application se fait aisément à ceux des rapports entre magnétiseur et magnétisé que l'on peut regarder comme vraiment constatés. Je ne nie point les rapports physiques, mais je n'en vois pas de particuliers, et je n'ai rien à dire des rapports généraux de cet ordre qui, là comme partout, sont une condition préalable des rapports de pensée. Ces derniers et leurs conséquences m'occupent exclusivement.

Cela posé, le sommeil magnétique se produit à la suite de telles ou telles pratiques, sur un sujet présent ou du moins averti, prévenu, avec ou sans volonté de la part de l'opérateur, pourvu que le sujet soit dans l'attente, et livré aux représentations imaginatives et passionnelles qui accompagnent l'attente en un cas donné. Il a été prouvé que le sujet prévenu pouvait s'endormir indépendamment du magnétiseur, à l'heure même où il se croit sous l'influence, et cela, soit en l'absence de ce magnétiseur occupé à d'autres objets, soit même en sa présence et contre sa volonté si elle n'est pas manifestée par des signes extérieurs. Mais on n'a jamais établi publiquement, et avec les précautions nécessaires dans ce genre d'expériences, que l'action magnétique se puisse produire, à distance ou non, à un moment où le sujet n'est averti et n'a pu l'être par aucun signe quelconque. Le jour où ce dernier fait deviendrait irrécusable, on en conclurait justement à une communication de la pensée ou de la volonté, sans intermédiaire que la science puisse actuellement définir et rendre sensible ; ce qui n'implique point d'impossibilité logique, mais ce qui est nouveau, extraordinaire, et, jusqu'à nouvel ordre, bien peu probable.

Lorsque le magnétisé tombe dans le sommeil somnambulique, il se peut, il est même naturel et ordinaire que la communication établie auparavant entre le magnétiseur et lui subsiste ; que les phénomènes d'imagination, de passion, d'attente qui s'y rapportent, et dont la conscience est alors formée, se prolongent dans les séries représentatives du sommeil. Le somnambule, au lieu d'être isolé, livré à ses préoccupations, tendu à ses actes propres, comme dans le cas où son état se produit spontanément, se trouve au contraire en relation avec une personne dont il admet l'influence. L'isolement caractéristique du somnambulisme se tourne donc au bénéfice du magnétiseur, sur les actes duquel l'attention du magnétisé se porte exclusivement, si toutefois on peut donner le nom d'attention à la concentration absorbante de son esprit. Ainsi le sujet est radicalement distrait de tout ce qui l'environne, à moins qu'il ne doive se prêter, s'ouvrir à une relation nouvelle sur l'ordre de son guide. Les sens servent d'intermédiaires pour les communications, comme dans le cas normal, sauf peut-être une plus grande finesse de perception pour des sensations déterminées. Le somnambule est donc maîtrisé, possédé par l'opérateur ; il l'est parce qu'il croit l'être : accessible aux seules impressions qui lui viennent de ce dernier, plongé d'ailleurs dans un état passif, inerte, en même temps que très tendu, état qui peut aller pour le corps jusqu'à l'anesthésie et la catalepsie, et pour la conscience jusqu'à l'abolition de toute volonté ; pénétré de la nécessité d'obéir, ou seulement *informé* comme dans un rêve, les pensées qui lui sont transmises deviennent pour lui autant de cas de vertige, les déterminations de conscience dont il est capable se produisent, et les actes organiques, ceux qui sont possibles en conséquence, paraissent et se développent. Je ne répéterai pas ce que j'ai dit ailleurs des effets de l'imagination et de la passion sur les impressions sensibles, du ressort de cet état. On voit que le magnétiseur est à proprement parler le directeur des vertiges du magnétisé : il lui suggérera ses représentations, ses actes somnambuliques ; à un degré supérieur de fascination d'un côté et de lucidité de l'autre, il sera sa foi et ses prophètes, et pourra obtenir de lui divers phénomènes dont la monomanie et le fanatisme religieux offrent ailleurs des productions spontanées. On voit ainsi dans quelle erreur tombent les esprits crédules qui cherchent la vérité dans les paroles des somnambules, supposés authentiques et *lucides*. Il s'en trouve peu de ces derniers, et, par leur état même, ils sont soumis à tous les préjugés qu'ils ont en propre ou qui leur sont communiqués, à toutes les imaginations qui les traversent. La plupart joignent en outre à quelque *lucidité* une part de charlatanisme, et aux vertiges réels auxquels ils peuvent être sujets un supplément de notions et d'inductions communes : ils font leur métier d'oracles et vendent l'*esprit* qui ne vient pas toujours. D'autres se trompent tout les premiers, et c'est la vanité qui les hallucine.

Au reste, je ne prétends pas décider que certains extatiques ne puissent présenter un développement particulier et extraordinaire des fonctions réceptives. Les faits capitaux de cet ordre pour lesquels ont été recueillis le plus de témoignages dignes d'examen sont :

1° La perception sensible et notamment visuelle, sous des conditions de présence de l'objet insuffisantes dans l'état normal; 2° la *sympathie* spontanée des organes de l'extatique avec ceux de la personne qui lui est donnée en relation; 3° la *conformation* spontanée de sa pensée à la pensée de cette personne. Cette dernière loi, si elle pouvait être admise, expliquerait une classe considérable de phénomènes vrais ou faux, et de ceux-là mêmes qui tout d'abord y paraissent étrangers. On comprend en effet qu'il serait possible de *paraître* avoir connaissance immédiate du passé d'une personne, la suivre en voyage ou ailleurs, annoncer ses actes prochains, si l'on pouvait seulement entrer en communication de ses pensées actuelles par un procédé quelconque, mais qui très probablement n'existe pas. Quoi qu'il en soit, déclarer toutes ces choses impossibles, c'est se faire une fausse idée de l'impossibilité physique; c'est confondre le fait observé communément avec celui qui serait prouvé nécessaire; c'est, en un mot, transporter aux lois expérimentales la règle des lois logiques. Mais, d'un autre côté, en les admettant trop légèrement et autrement qu'à la suite d'expériences délicates (elles sont même inexécutables souvent), on oublie que la valeur des témoignages décroît à mesure qu'ils s'appliquent à des faits plus nouveaux et extraordinaires, de même qu'elle s'anéantit dans les cas d'impossibilité logique. De ce dernier genre serait le cas de la prédiction d'un futur contingent, par exemple, dans l'hypothèse de la réalité du libre arbitre.

Il est remarquable que les acquisitions prétendues de la nature humaine, dans l'ordre de l'extase artificielle, portent exclusivement sur les fonctions réceptives et sur l'état passif de la conscience. Les fonctions réflexives et volontaires y sont nulles ou très abaissées. Ces acquisitions sont peu de chose auprès de ce que l'extase a perdu de terrain depuis que les oracles ont cessé, que les prophètes se taisent, que la démonologie est abandonnée et que la conscience religieuse ne fait plus de cataleptiques et de martyrs. Faut-il désirer un développement nouveau de ce que l'humanité conserve et manifeste encore de dispositions de cette espèce? Il n'y a rien d'engageant dans les miracles que le clergé catholique a jugé à propos de nous rendre, après une longue interruption, et qui ne le cèdent pas en sottise et en puérilité au charlatanisme des somnambules de profession. Mais quand il en serait autrement, et quand on espérerait revoir les beaux temps de l'extase platonicienne ou chrétienne et des livres inspirés, on ferait bien de s'en défendre. La sagesse, la raison, la liberté, l'activité, les plus dignes, les plus précieuses, les plus sûres puissances de l'homme ont une direction contraire. Si une portée élevée, une valeur exquise peuvent s'attribuer quelquefois aux consciences que le mysticisme attire et maîtrise, rappelons-nous que le domaine de l'inspiration et de la contemplation est aussi celui de l'erreur, un commencement de fanatisme et une pente vers la démence. A cet égard, la théorie du vertige nous a tout dit.

Il résulte de nos principes généraux et des analyses précédentes que le traitement médical physique n'est pas le seul qu'on doive songer à opposer à l'invasion du vertige. Un tel traitement est rationnel sans doute, car l'état de l'organisme peut amener, avec le trouble de la sensibilité, les tentations vertigineuses; et, de même que l'administration d'un narcotique produit l'aliénation temporaire, on concevrait que d'autres remèdes la combattissent. Mais nous admettons aussi qu'il existe un développement propre et spontané des fonctions représentatives, duquel réciproquement certains faits organiques dépendent. On pourrait donc s'occuper de faire obstacle à la naissance ou aux progrès des affections imaginatives et passionnelles, éléments spéciaux du vertige du jugement et du vertige de l'acte. En fait, on ne nie pas que certains hommes soient capables de lutter contre leurs hallucinations dans l'ordre mental. D'autre part, l'autopsie ne révèle pas de désordres organiques bien sensibles chez certaines classes d'aliénés, et, si ces désordres existent, comme on doit bien le présumer, ils ont pu être acquis ou aggravés à la suite des déviations représentatives, et pourraient alors s'amender en même temps que ces dernières. Ce n'est pas qu'il y ait de grands effets à attendre d'une thérapeutique morale dans les cas les plus communs : l'état spécial de l'aliéné le ferme à toute influence, et le rend pour ainsi dire incommunicable; d'ailleurs le remède ne vaut ici que ce que vaut le médecin, et on ne saurait exiger de celui-ci des vertus supérieures à son état, si ce n'est à l'humanité même. L'hygiène morale a donné des résultats plus heureux, quoique bornés et nullement radicaux. Mais pensons aux moyens préventifs, je veux dire à l'influence d'une éducation rationnelle sur le genre humain. C'est vraiment là que s'ouvre une source d'espérance, car rien n'a été tenté jusqu'à ce jour, et les générations successives (je n'en distrais pas les sujets destinés à la fortune, au pouvoir, même à la science) se développent dans un triste abaissement des fonctions volontaires, au profit exclusif de la mémoire qui assujétit l'homme à l'acquis et au passé en toutes choses, puis de l'imagination particulière et de la logique particulière de chaque profession, autres puissantes chaînes, enfin des passions, qu'on le contraint de dissimuler et qui ne le dominent que mieux. L'instruction, l'habitude de l'attention et de l'étude, quels qu'en soient les objets, suppriment, il est vrai, beaucoup d'occasions de vertige, en rétrécissant le domaine de la crédulité et des superstitions les plus communes : c'est encore le lot du très petit nombre. L'instruction générale et philosophique, en dissipant les ténèbres qui enveloppent les fonctions de la conscience vis-à-vis d'elle-même, peut avoir plus d'efficacité. Mais l'éducation seule, dans le sens élevé du mot, couperait la racine du mal, si elle était dirigée de manière à exercer la réflexion propre et indépendante, à fortifier la volonté, à créer l'habitude d'une comparaison désintéressée des motifs de juger et de croire dans tous les cas possibles.

Le dernier mot de l'éducation dont je parle, celui qui comprend tout, quand on le creuse, est *savoir douter, apprendre à douter*. Et n'est-ce pas aussi le secret du bon sens? L'ignorant doute peu et le fou ne doute jamais. L'extatique est un esprit faible que telle pensée ou tel personnage sont en possession de fasciner, et le vice de l'aliéné est d'affirmer et d'agir sous le vertige (avec une volonté irréfléchie, pour ainsi dire involontaire et nulle, puisqu'elle ne balance pas entre eux les motifs) et conformément à des apparences qu'il n'a jamais appris à réduire à leur juste valeur. Si donc les hommes savaient douter, il n'y aurait point de fous parmi eux, *intellectuellement parlant*; et si l'éducation du genre humain n'est pas une utopie, ce n'en est pas non plus une que la disparition graduelle de la folie en tant que maladie mentale et aliénation de la conscience.

On pourrait objecter ici que nous ne nous sommes pas encore prononcés sur la réalité de la liberté, et qu'ainsi nous ignorons si le fou et le sage n'obéissent pas à des lois également nécessaires qui meuvent toutes les représentations. Or, peut-on se proposer de guérir un mal nécessaire? L'objection n'est pas fondée, parce qu'au nombre de ces lois rien n'empêche de comprendre celles qui détermineraient la décroissance des faits de vertige dans le développement de l'humanité, et embrasseraient tous les efforts qui seraient de nature à y concourir.

Mais l'homme peut-il résister au vertige auquel en fait il ne résiste pas? On répondra non, si l'on croit que toute représentation est déterminée en un sens unique par ses antécédents; oui, si l'on croit devoir affirmer la réalité des représentations automotives, telles que je les ai définies (§ IX). Dans le premier cas, les déterminations de conscience sont toutes, au fond, autant de faits de vertige mental; mais ce dernier mot perd sa véritable valeur, qu'il tirait de la supposition d'une liberté maintenant réduite à une pure apparence, et ce n'est plus que nominalement qu'on l'appliquerait aux jugements et aux actes contraires de ceux que la raison commune regarde comme obligés en chaque circonstance. En d'autres termes, tout est vertige alors, et il n'y a plus de vertige. Dans la donnée de la liberté, au contraire, nous comprenons et qualifions les actes de la personne, en les rapprochant des possibles réels qu'admettait cette même personne. Il y a donc sagesse réelle et vertige réel dans la conscience comparée, opposée à elle-même, régie par elle-même en tant que volonté; et non plus seulement par relation à ce que d'autres hommes peuvent juger ou faire au même moment ou en d'autres temps.

Nous sommes amenés à nous prononcer définitivement, s'il se peut, sur le caractère réel de cette liberté à l'apparence de laquelle nous avons dû faire une allusion continuelle dans l'analyse des fonctions volontaires.

Observations et développements.

A. Pascal et la théorie du vertige moral.

J'ai cité, dans le texte, le précepte encore si peu compris de Pascal : *Plier la machine*. Il est impossible de ne pas rapprocher à ce propos la théorie du vertige moral, telle que je la donne, du système de philosophie pratique construit par ce penseur en combinaison avec son apologétique chrétienne. Tout le plan du grand ouvrage dont il nous reste le livre des *Pensées*[1] plus curieux peut-être que l'ouvrage lui-même ne l'eût été, résulte

---

1. Je dirais *certainement*, au lieu de *peut-être*, s'il s'agissait d'un auteur ordinaire. Mais quand il s'agit de Pascal on n'est pas sûr que son génie n'aurait pas produit, comme ouvrage achevé, quelque chose de plus subversif encore et de plus scandaleux aux communes opinions chrétiennes que ne l'ont été ses pensées. Il est vrai que cet ouvrage en ce cas aurait bien pu être supprimé, et non pas mutilé seulement.

d'une réunion de thèses, on ne peut plus nettes ni mieux liées, et je m'étonne qu'on ne les ait pas toujours comprises. Je me borne à les énoncer sommairement, car elles sont familières à tout lecteur de Pascal.

La première thèse est l'incertitude des doctrines philosophiques et religieuses, au point de vue de la raison raisonnante, l'impossibilité de démontrer apodictiquement rien de ce qui concerne l'essence de la nature ou de la divinité et la destinée de l'homme; la facilité que nous trouvons, au contraire, à soutenir comme certain ce qui nous plaît et nous arrange; en regard de cette faiblesse de la raison, un appétit de croire, un invincible instinct suffisant pour détruire le pyrrhonisme et incapable de fonder le dogmatisme. Voilà tout au juste en quoi consiste ce *scepticisme* de Pascal qui a causé tant de disputes de mots.

La seconde thèse est l'obligation pratique où tout homme de bons sens devrait se sentir d'examiner l'énigme à lui proposée par une religion existante (c'est ici le catholicisme romain, le milieu de fait où l'on se suppose placé) et de se faire une manière de voir quelconque sur une question où ses intérêts les plus chers sont engagés. A ce chapitre se rapporte tout ce que Pascal dit si éloquemment de la folie humaine et de ce qu'il nomme le divertissement.

La troisième thèse, après qu'on a ainsi admis et l'impuissance de la raison et l'intérêt qu'on a à se prononcer, consiste en la sommation qui nous est adressée de faire un pas de plus au nom de l'intérêt. Notre intérêt n'est pas seulement d'examiner si oui ou non c'est *la croix* qui a raison contre le monde : la raison n'en viendrait pas à bout, malgré les raisons qu'on peut alléguer et que l'apologétiste ne néglige pas [1]. Notre intérêt est d'affirmer que c'est la croix qui a raison. Ceci se prouve par le *calcul des chances*, lequel offre à tout joueur le moyen le meilleur, et d'ailleurs le seul, de savoir ce qu'il lui convient d'exposer d'argent, selon les possibilités de gagner ou de perdre et les règles du jeu. Je ne rappellerai pas ici la démonstration, qui est assez connue.

La quatrième thèse comprend l'exposition d'un ensemble de faits moraux et de brèves analyses psychologiques dont la conséquence générale est que l'homme est une machine dirigée par

---

1. Ces raisons avaient plus de force au jugement de Pascal que la critique et l'érudition moderne ne peuvent leur en reconnaître. Et toutefois Pascal, d'après l'ensemble de ses idées, ne devait leur accorder qu'une valeur *probable*, eu égard à l'incertitude générale des preuves de raison.

des impressions et des habitudes. Toutes les mémoires sont pleines des traits incisifs que Pascal a prodigués pour montrer l'origine et la nature des puissances mondaines, l'autorité de la coutume, la force des appareils sociaux qui agissent sur l'imagination, etc., puis l'infirmité de la volonté vis-à-vis de tous les genres de fascination et de tous les accidents de la vie. Prise en sa totalité, cette partie de l'apologétique prépare et justifie la cinquième thèse de Pascal.

Cette cinquième et dernière consiste en cette affirmation qu'il dépend de nous de nous amener à croire ce que nous avons décidé de croire, c'est-à-dire ce que nous avons jugé (d'après la troisième thèse) qu'il était de notre intérêt de croire. Le moyen que nous avons à employer, c'est simplement de *faire comme si nous croyions* : prendre de l'eau bénite, acheter des indulgences, etc., etc. Le janséniste Pascal, avec tout le subtil et sublime appareil de sa mathématique du salut et la foi, arrive tout uniment à la conclusion que la simple pratique avait enseignée aux jésuites et dont ils font journellement usage, et qu'on doit même supposer avoir été connue dès la haute antiquité des institutions monacales.

L'éditeur qui voudra réunir en six livres les pensées éparses de Pascal, suivant qu'elles se rapportent à l'une des cinq thèses ci-dessus, ou aux arguments surérogatoires et de complaisance des communes apologétiques, donnera le premier l'édition vraiment systématique, et la seule qui puisse être de quelque utilité après le travail si méritoire de M. P. Faugère en 1844.

Puisque j'ai tant fait que d'énoncer ce que j'appelle les thèses de Pascal, j'en dirai brièvement mon opinion ; elle ne sera pas déplacée dans un livre de psychologie.

La première me paraît franchement irréprochable, en la tirant au sens criticiste, ce qu'il est facile de faire.

La seconde me paraît juste et à peine exagérée, quand je songe à l'indifférence bête ou coupable de tant de gens qui auraient tout ce qu'il faut pour examiner sérieusement si leur religion et la religion de leurs voisins est une erreur ou une vérité, une erreur inoffensive ou une erreur nuisible. Cependant, quand je réfléchis d'une part à ce que Pascal savait bien, savait trop, de la nécessité où le plus grand nombre se trouve de se confier à l'habitude ou à l'autorité, de préférence à l'examen ; et d'une autre part à ce qu'il ne savait pas assez : à l'existence des religions qui mériteraient *a priori* d'être examinées, tout aussi bien que celle qui règne dans le milieu où le hasard nous a fait naître, je suis forcé de penser moins durement que ce grand homme ne faisait de la folie humaine.

La troisième thèse, celle de l'application du calcul des chances à l'intérêt de croire, perd toute sa force dès qu'on se place à un point de vue moins étroit. Le milieu de Pascal lui semblait le milieu humain lui-même, et l'unique. Qu'un fanatique individuel fût venu, je suppose, lui proposer le pari pour ou contre sa doctrine, à lui fou, prétendant offrir au philosophe une éternité bienheureuse au cas où son affirmation rencontrerait juste, et ne lui demandant que de minces sacrifices ici-bas dans toutes les hypothèses! Pascal aurait ce qui s'appelle envoyé promener ce fou. Et cependant qu'eût fait ce dernier, que lui remontrer précisément ce que nous remontre Pascal parlant au nom du catholicisme : *Vous êtes embarqué, il ne dépend pas de vous de ne point parier, ne pas parier pour c'est parier contre*; et puis : *si vous pariez pour et si vous gagnez, c'est l'éternité bienheureuse que je vous promets, et vous avez dans tous les cas peu de chose à perdre; et si vous refusez le pari, c'est le malheur éternel que je vous annonce; choisissez donc le plus avantageux, qui est naturellement indiqué quand les preuves manquent, et infiniment le plus sûr dans l'espèce?* Et quelle différence le parieur bénévole pourrait-il apercevoir entre le fou qui lui proposerait un pari ainsi improvisé sur une supposition arbitraire, et la religion qui en offre à demeure un semblable aux incrédules à convertir? Une grande assurément, mais enfin qui ne consiste en rien autre qu'en l'état de diffusion, d'antiquité et d'autorité de cette religion dans le monde. Mais alors c'est donc cette antiquité, c'est cette autorité qui est le nerf de l'argument. N'examinons pas si ces prestiges peuvent avoir, dans l'état actuel des méthodes et des connaissances historiques, l'importance et l'efficacité qu'on leur voyait généralement du temps de Pascal : ce serait inutile, dès qu'on a constaté que l'argument original perd toute sa valeur quand il n'est pas soutenu de la force des arguments anciens et communs dont Pascal reconnaissait l'insuffisance.

La quatrième thèse, ou de la puissance de la coutume, et de l'homme machine, est profondément vraie, si d'ailleurs on ne refuse pas de tenir compte de quelques autres éléments de la nature humaine. Les forces mécanisantes de l'esprit humain sont plus inniables que jamais, aujourd'hui que la doctrine de l'habitude et de l'association des idées, la théorie des antécédents et des circonstances sont devenues l'objet d'une suite de travaux instructifs et profonds. Ajoutons qu'il est juste de compter Pascal au nombre des grands précurseurs de tout cet ordre de vérités et de recherches, et certes des plus pénétrants. Mais il n'est pas moins vrai que la réflexion, la volonté se déterminant par la raison, sont aussi des puissances, des puissances pour l'action théorétique et aussi pour la vie pratique. Elles *sont* et, encore plus *doivent être*. Par le fait, elles ne démissionnent pas facilement, chez les hommes intelligents et d'initiative auxquels toute apologétique, et celle de Pascal plus que d'autres, s'adresse nécessairement. Alors même qu'il n'en serait pas ainsi, c'est une mutilation que conseille Pascal, et n'en déplaise à sa mémoire, qui doit être chère à tous les penseurs, toute mutilation est une mauvaise action, tant chez le donneur de conseils que chez celui qui serait disposé à les suivre.

La cinquième thèse, en effet, thèse pratique succédant aux thèses d'observation et de raisonnement, consiste à engager le sujet intellectuel, le penseur inquiet et découragé qui veut se reposer dans une croyance, et ne sait s'en faire une par lui-même et dans sa raison, à employer toutes les ressources de volonté qui lui restent à se créer des habitudes systématiques, *avant de les connaître bonnes*, et de se placer ainsi dans une situation d'esprit telle que ses déterminations imaginatives et passionnelles deviennent à la fin fatales en un sens prévu. C'est l'homme qui voulant se jeter dans un précipice et n'en ayant pas le courage est invité par un psychologue à se mettre sur le bord et à regarder assidûment le fond, dans l'espoir que le vertige le prendra et lui fera faire ce qu'il craint. Ainsi les thèses de Pascal se résument en ces mots : UNE PROVOCATION AU VERTIGE MORAL. Seulement, ici, ce que le psychologue conseillait, il l'avait fait lui-même, et disait s'en trouver bien : « Sachez que ce discours... » (Pascal, *Pensées*, éd. Faugère, II, 169.)

B. De l'éducation de la volonté et de celle de l'habitude.

Je n'ai pas insisté sur un point aussi connu que celui de la volonté, comme faculté à développer par l'éducation, en opposition avec ces pratiques d'enseignement public ou privé et avec l'action de ces institutions religieuses et politiques qui tendent à mécaniser l'esprit humain en le plaçant sous l'empire des habitudes. Apprendre à vouloir, à penser, à agir par soi-même, à examiner toutes choses et en toute occasion, à se déterminer sans avoir égard au jugement d'autrui et à la coutume plus que la raison même ne le veut ou que la prudence ne l'exige, il y a longtemps que les moralistes et les publicistes ont appelé l'attention des éducateurs sur l'intérêt qu'ont à suivre cette direction les nations désireuses d'être des pépinières d'hommes et non pas seulement des parcs d'esclaves. Et il y a longtemps aussi que l'on a comparé l'effet des mœurs conformistes des pays catholiques, en matière de religion, et du violent besoin qu'éprouvent d'être gouvernés les peuples soumis à des pouvoirs fortement centralisés, avec le résultat du libre examen et des libertés générales et locales, là où le vieux sacerdoce a été aboli et où la monarchie absolue n'a pu s'organiser. Ainsi l'Angleterre est, du monde entier, la seule nation qui possède un commencement d'éducation de la volonté, parce que le clergé y a été abaissé, que les sectes s'y sont multipliées et que la monarchie absolue n'y a jamais été organisée. En effet, il n'a jamais été reçu dans ce pays, comme il l'a été en France, que le monarque pourrait entretenir une armée permanente et la solder avec des fonds levés sans le consentement de la nation.

Mais la bonne direction de la volonté ne consiste pas toute à exercer et appliquer le jugement individuel sans subir outre mesure l'influence des opinions d'autrui et des coutumes, je veux dire sans la subir au delà de ce qu'on décide librement soi-même être bon et légitime. Il faut se garder de ses propres habitudes d'esprit, de ses préventions et de ses affirmations trop assurées, que dictent ordinairement des impressions fortes ou subites ou une imagination très excitée, aussi bien qu'il faut craindre la contagion des erreurs des autres. Le vertige individuel est encore plus dangereux que l'aveugle conformisme. La *confiance en soi*, si justement vantée et recommandée par le philosophe Emerson, est bonne à appliquer aux pensées solidement construites et aux résolutions morales, non pas aux impulsions que la vanité ou d'autres passions feraient naître, sur cet unique principe, en somme, que « *cela que j'éprouve ou cela que je pense doit être la vérité* ».

Cette partie de l'éducation de la volonté qui consiste à mettre l'esprit en garde contre les impressions individuelles est encore en arrière de celle qui apprend à se défier de la coutume et de l'exemple et de ne se conformer à son milieu qu'à bon escient. Ils ne sont très nombreux nulle part les hommes capables de mettre en suspicion leurs impressions spontanées, à plus forte raison de résister au terrible choc des hallucinations et de se dire qu'une sensation vive et réelle peut n'avoir aucun objet externe, si ce n'est un état pathologique du système nerveux, de même qu'une conviction forte et profonde peut ne représenter aussi que la résultante des actes erronés d'une intelligence exercée dans un certain sens. En tout pays les « hommes du peuple » ont coutume de croire que tout ce qui leur vient à l'esprit avec une certaine force est nécessairement ainsi; ils n'admettent guère que ceux qui ont vu ou entendu autrement qu'eux-mêmes aient pu voir ou entendre aussi bien, ou rendre compte avec autant de bonne foi. De leur côté, les gens éclairés et les savants avouent bien n'être pas infaillibles, et ils le croient presque en le disant, mais ils ne laissent pas de se conduire ordinairement, les uns pour faire prévaloir leurs volontés, les autres pour confirmer ou défendre leurs théories, comme s'ils étaient *a priori* moins exposés à l'erreur que les autres personnes. Il n'y a, pour ainsi parler, que peu de jours que la méthode des sciences expérimentales s'est constituée, et cela en partie pour remédier aux effets du vertige individuel en matière de reconnaissance de la vérité et de construction des théories. Les mœurs intellectuelles que cette méthode comporte ont commencé à produire des échantillons de culture spéciale dans le monde civilisé, et peut-être plus qu'ailleurs dans cette Angleterre dont la part contributive à la fondation du système des connaissances empiriques a été si importante. Toutefois, on ne peut dire que l'éducation commune ait encore beaucoup profité de ce progrès. A mon avis l'introduction des éléments des sciences expérimentales dans l'instruction primaire serait extrêmement désirable, et non pas tant pour l'utilité de ces éléments en eux-mêmes, quoique très grande, que pour celle d'une méthode qui enseigne, pour peu qu'elle soit présentée d'une manière passable, à se défier de sa propre ignorance et à ne pas s'en faire accroire à soi-même.

Je dirai maintenant deux mots d'une anomalie apparente qui s'observe dans le pays que j'ai cité comme celui où l'éducation de la volonté est un peu plus avancée qu'ailleurs. Ces mêmes hommes, ou philosophes et savants, ou politiques, que nous voyons beaucoup plus portés que d'autres à développer l'initiative individuelle, et n'attendre principalement que d'elle les réformes des institutions et de la vie, sont tous ou presque tous des déterministes. En d'autres termes, ils croient que chaque individu dans une société, chaque opinion ou acte dans un individu, sont entièrement des produits des antécédents et des circonstances. C'est suivant eux une pure illusion que l'opinion commune attribuant aux personnes, sous le nom de liberté, plus de pouvoir réel qu'il n'en faut pour amener des faits particuliers, et en soi prévoyables, chacun au temps et au lieu qu'un enchaînement invariable de causes déterminées et d'effets déterminés exige. Cette contradiction, car on veut ordinairement la nommer ainsi, est en fait d'idées rationnelles, toute pareille à celle qu'on a prétendu relever entre la foi théologique et l'esprit pratique des réformés au xvie siècle. Ils croyaient à la prédestination absolue, dogme qui réduit à néant le libre arbitre, et ils étaient, soit en politique, soit en manière de discipline religieuse, ce que nous appelons aujourd'hui des libéraux. Mais quand on y regarde de plus près on ne tarde pas à voir qu'il n'y a point là de difficulté logique, et que différentes espèces de liberté sont séparables pour l'esprit. On peut parfaitement revendiquer pour l'individu la liberté civile, ou politique ou religieuse, c'est-à-dire l'indépendance à l'égard de certaines autorités humaines, et la faculté de se déterminer spontanément soi-même, suivant l'état de sa propre pensée ; et rien n'empêche en même temps de croire que cet état propre et spontané est le produit, la résultante, ou des décrets divins ou des actions naturelles et nécessaires du monde et de la société. On veut s'affranchir des commandements et des tutelles qui prennent ouvertement la forme coactive à l'égard des volontés individuelles ; ce n'est nullement une raison pour ne point professer une entière subordination vis-à-vis des actions secrètes qui prennent, pour déterminer ces volontés, la forme de la spontanéité même.

Et maintenant voici ce qu'il importe d'ajouter. Savoir si les actions de ce dernier genre (on peut les réunir sous le nom d'antécédents et de circonstances) exercent ou non un empire absolu et pour ainsi dire intégral sur l'esprit humain, c'est la question du libre arbitre. Mais leur existence, leur extension, qu'on ne peut presque point exagérer, leurs vastes ramifications, ne seront jamais l'objet d'un doute pour quiconque a réfléchi à la solidarité humaine et sociale, aux conditions qui forment un tempérament et un caractère, et à celles qui relient des séries d'actes à un caractère une fois formé. A la partie secrète de ces actions, et dont l'analyse psychologique donne seule une idée suffisante, se joignent d'ailleurs les influences patentes et universellement reconnues de l'éducation, de l'exemple et des institutions sociales. Soit donc qu'il y ait ou qu'il n'y ait pas un libre arbitre au monde, il faut toujours reconnaître un ordre immense de déterminations suggérées, les unes nécessaires, les autres à tout le moins provoquées ; et il faut se rendre compte de ce que les représentants d'un peuple civilisé et instruit peuvent organiser de moyens d'éducation et de gouvernement pour lui, afin de former des caractères et de donner aux actes une direction morale et salutaire. C'est une providence sociale à établir. Or une nation fortement déterministe en ses instincts doit y être plus naturellement portée qu'une autre. Et ses progrès, quoiqu'elle nie le libre arbitre, laisseront loin derrière elle celles qui y croient, mais qui s'organisent de manière à ce que leurs membres, au lieu de l'exercer spontanément, l'emploient à se démettre de leurs volontés en faveur d'un dictateur politique, ou d'un César ou d'un prêtre. Cette nation sera pratiquement dans le vrai, en dépit de ses croyances religieuses ou philosophiques. En effet, l'éducation des habitudes n'est pas moins vraie ni moins essentielle que celle des volontés. Cette nation pourra, sans se contredire, travailler à l'éducation de la volonté chez ses enfants, éducation qui est en fait celle de la spontanéité, du jugement personnel et de l'examen, et travailler en même temps à organiser l'action sociale légitime par laquelle se forment des caractères et des habitudes. Cette nation, après tout, ne rencontrera pas d'obstacle insurmontable entre ses convictions pratiques et la vraie théorie de la liberté morale. Au contraire, les peuples dont les philosophes à diplômes et les théologiens (de l'école des jésuites), affirment, enseignent à l'envi un libre arbitre nominal, trouvent entre eux et la liberté pratique l'obstacle d'un sacerdoce et d'un gouvernement, institués, à ce qu'ils croient, par cette liberté, mais toujours pour la détruire.

XIII

LA LIBERTÉ; ÉTAT DE LA QUESTION; SOLUTION PROVISOIRE.

Commençons par un aperçu historique d'une question qui a enfanté tant de volumes et de controverses, tant d'équivoques, de sophismes, de contradictions et de chimères. Sans errer dans le dédale, il faut résumer le fort et le faible des invariables adversaires que nous trouvons aux prises dans tous les siècles et dans toutes les philosophies. Scrutons d'abord le système de la nécessité.

Si tout est nécessaire, si tous les actes humains sont prédéterminés, le langage universel est convaincu d'extravagance. Il est ridicule de s'exprimer comme si l'on pensait que l'événement qui a eu lieu aurait pu ne pas être, et qu'un homme pouvait agir comme il n'a pas agi. Une grande partie des efforts qui ont lieu dans le monde et des discours qui s'y tiennent, bien que inévitables eux-mêmes selon la rigueur de la thèse adoptée, roulent donc sur un pivot chimérique : l'idée du *pouvoir être autrement* et des futurs ambigus. Dès lors la science et l'opinion sont en contradiction formelle. Cette contradiction, le savant la subit, et il est tenu de l'expliquer, puisqu'il ne saurait arriver, quoi qu'il fasse, à en affranchir sa conscience d'homme.

L'erreur de l'opinion ne reçoit pas une explication bien satisfaisante de ce qu'on dit qu'elle fait partie, elle aussi, des choses nécessaires. Ainsi la loi de la nécessité impliquerait la fiction de son propre renversement, dans l'ordre le plus élevé des phénomènes représentatifs? L'*imagination*, faculté bizarre que Spinoza charge de tout le mal, serait une protestation contre la vérité, et cela dans le sanctuaire même de la vérité, l'esprit du philosophe? Mais a-t-elle un fondement plus inébranlable, cette raison qui, sur la foi de quelques axiomes creux ou de quelques définitions, prétend démontrer l'enchaînement rigoureux unique de tous les possibles, — et compte ses adeptes? D'ailleurs l'ignorance où nous sommes souvent des causes de nos actions n'explique pas comment nous croyons libres celles-là mêmes dont les motifs nous apparaissent clairement; et si l'obscurité de l'avenir était la seule base de l'imagination des futurs ambigus, il faudrait que les hommes ne crussent jamais prédéterminés des phénomènes dont ils ignorent entièrement les lois. Mais il n'en est pas ainsi.

Si tout est nécessaire, les jugements de moralité, les notions de droit et de devoir, manquent de fondement dans la nature des choses. La vertu et le crime perdent leur caractère; des sentiments, des passions, tels que le regret, l'espérance, la crainte, le désir, changent de sens, et ne se comprennent plus comme ils sont et comme on les observe. Les phénomènes sont *tout ce qu'ils peuvent être*, et nous *devrions* réformer nos maximes et nos humeurs *si nous le pouvions*. Il est absurde, en effet, d'apprécier l'acte de l'animal homme avec d'autres règles que l'acte de l'animal quelconque.

ou même que la modification utile ou nuisible d'un objet inanimé. Il ne faut plus parler de crimes, il faut parler de loups et de tempêtes; il ne faut plus citer des actions vertueuses, il faut montrer d'inoffensifs agneaux et des plantes bienfaisantes. La justice n'est plus justice pour réprimer, elle est exécution : on tue un ennemi, on étouffe un enragé. Spinoza l'entendait bien ainsi. On ne juge pas, soit juste ou supposé tel, un semblable qui a prévariqué. Mais il faut plaindre, aimer, sauver des hommes que la fatalité des circonstances pervertit ou entraîne? Pourquoi cela? Vous pouvez éprouver cette faiblesse, d'autres la surmonteront. Mais nous sommes tous solidaires, et dans le bien et dans le mal? Est-ce une raison de tant ménager ce qui pèche, au lieu d'extirper les membres gâtés? Ce n'est pas du moins en se fondant sur le droit qu'on répondra. Qu'est-ce que le droit? Chacun suit et suivra son tempérament, en cela comme en tout, et ce qui devait être sera.

Il n'a pu exister un devoir de faire ce que l'événement a prouvé n'être pas possible; il n'a pu exister un droit de réclamer ce que l'événement a déclaré ne devoir pas être. Nous admettons en effet que les seuls possibles d'entre les futurs imaginés sont ceux qui se réalisent. Donc, ni droit ni devoir dans le passé, en dehors de ce qui fut et de ce qui est. Donc aussi, ni droit ni devoir dans le présent, car notre ignorance peut bien faire que nos passions s'appliquent à l'impossible et le jugent bon, ou que l'imagination construise un ordre des choses plus satisfaisant que celui de l'expérience, mais non que l'impossible soit exigible.

Enfin, si tout est nécessaire, l'erreur est nécessaire aussi bien que la vérité, et leurs titres sont pareils, à cela près du nombre des hommes qui tiennent pour l'une ou pour l'autre, et qui demain peut changer. Le faux est donc vrai, comme nécessaire, et le vrai peut devenir faux. La démence n'a contre elle que sa faiblesse, et les opinions erronées que leur inconsistance. Mais nous ignorons si la nécessité ne tient pas en réserve une raison nouvelle qui ruinera jusqu'aux fondements notre raison d'aujourd'hui, et au jugement de laquelle nous ne serons plus un jour que ce que sont les fous à nos yeux. La même loi qui nécessite l'erreur peut lui donner dès maintenant plus de portée que nous ne croyons, et plus tard nous condamner en masse... en nous graciant, puisque nos pensées aussi sont nécessaires. D'ailleurs le nombre est petit des initiés à cette loi du monde. Les autres s'agitent pour changer leurs destinées; eux seulement pour s'y conformer. Tous disputent nécessairement, et nécessairement aussi leurs disputes sont frivoles. Où est la vérité?

Quand on ajoute à la doctrine de la nécessité celle du progrès du genre humain, on perd le vrai sens de celle-ci, mais on ne rend pas l'autre plus morale. Si, en effet, l'humanité procède du faux au vrai et du mal au bien dans le cours des âges, et que tout soit nécessaire, tout est légitime aussi. On juge alors du vrai et du bien, comme de ce qui est nécessaire, par l'événement. Otez quelques vérités permanentes et quelques passions constantes et constamment approuvées, qui ne s'étendent pas bien loin et qui même ne s'établissent pas toujours sans lutte et sans revers, tout le surplus du domaine de la conscience est livré à l'incertitude et nous chercherions en vain une base immuable. Nous sommes toujours dans le faux et dans le mal, en attendant mieux, et nous nous y mouvons; et nous sommes toujours aussi dans le vrai et dans le bien, que nous réprouvons et détestons peut-être. Ainsi les événements perdent toute moralité dans cette théorie. De plus, la participation que nous pouvons prendre aux faits et la direction de nos efforts se mesurent exclusivement, si nous les croyons nécessaires, ou sur les passions qui nous dominent, ou sur ce que nous attendons de l'avenir, en vertu de nos calculs et d'une application supposée des lois de l'histoire. Mais, dans l'ignorance réelle de ce qui sera, et au milieu des continuels exemples de démentis donnés à notre attente, nous serons résignés, inactifs, tristement indulgents ou médiocrement satisfaits vis-à-vis de ce qui est et de ce qui se fait, si nous sommes sages; tandis qu'animés d'une conviction téméraire, fanatiques pour atteindre nos fins par les moyens quelconques dont la grande loi de la nécessité se sert elle-même, à ce que nous croyons, tous les crimes et toutes les infamies nous seront licites. Tels sont les résultats que produirait la croyance à la prédétermination universelle des actes humains, s'il ne s'agissait point d'une théorie, et si le croyant était capable de se pénétrer de sa foi au point de l'avoir présente à chacun des mouvements de sa pensée. Mais, disons-le, c'est ce qui n'arrive guère.

Ces objections contre le système de la nécessité sont d'une grande force. Elles établissent en substance que le jugement de liberté est une donnée naturelle de la conscience et se lie à nos jugements réfléchis pratiques, dont il est même le fondement. C'est aussi ce que nous avons dû reconnaître dans l'analyse des fonctions volontaires.

Toutefois il n'en résulte aucune preuve logique de la réalité de la liberté. En effet, quand il s'agit des fonctions intellectuelles et sensitives, on distingue entre les phénomènes de conscience et la réalité de leurs objets, c'est-à-dire entre ces phénomènes, dont on ne doute point, et l'accord où ils sont peut-être, et peut-être ne sont pas, avec l'ensemble des groupes et séries de l'expérience. Ici, la distinction n'est pas moins justifiée, et toute vérification de l'accord ou du désaccord est en outre impossible. Des faits de volonté se présentent comme n'étant donnés anticipativement par aucune loi, et il s'agit de savoir si une loi ne les enveloppe pas néanmoins. Or il est incontestable que, supposé que la loi existe, elle peut se dérober à nous, elle peut déterminer nos jugements successifs, sans que nous en éprouvions la pression ; et il suffit pour cela que nous nous sentions mus spontanément, consentants et non contraints, dans le passage d'une détermination mentale à une autre. Cette hypothèse explique l'indétermination apparente des futurs qui dépendent de nous, et comment croirions-nous inventer ce qui est suggéré, choisir ce qui de tout temps fut choisi pour nous. La nécessité serait alors semblable à l'escamoteur qui, de toutes les cartes du jeu qu'il nous présente ouvert, sait nous faire prendre *librement* celle qu'il nous a prédestinée.

On voit à quel point se trompent les philosophes qui regardent la liberté humaine comme un fait d'expérience. Si cela était, en disputerait-on? Qui jamais a contesté l'existence d'un fait sensible en le sentant? Le fait incontestable ici, c'est le jugement que nous portons de notre liberté, jugement vrai ou faux, partout présent dans la vie pratique. Il n'est pas prouvé, de cela seul, que l'objet n'en saurait être illusoire. On appelle aussi ce jugement un sentiment, et avec toute raison, tant il est naturel et spontané. Mais un sentiment ne peut-il se prêter à l'erreur quand nous affirmons non seulement la réalité de son existence, mais la réalité de quelque autre chose que nous en induisons? La même question revient toujours.

Cependant de quelle manière les partisans de la liberté l'entendent-ils, et comment se rendent-ils compte de l'exercice de cette fonction extraordinaire, en présence des données de la raison et des impulsions passionnelles? Une théorie a toujours dominé parmi eux sous le nom de *liberté d'indifférence*, et ceux qui s'en sont écartés, ne trouvant pas la position tenable, ont cédé plus ou moins au penchant nécessitaire où glissent si aisément les philosophes. On en verra la raison.

Les indifférentistes conçoivent la volonté comme

séparée des représentations auxquelles s'attachent des motifs et des fins. « Les motifs, disent-ils, ne sont pas indispensables à cette faculté, qui peut se déterminer en des cas où nul choix par raison ni passion ne serait possible. Quand des motifs existent pour la conscience, la volonté leur est surajoutée comme quelque chose qui n'a aucune connexion avec eux. A ce compte, quand un jugement libre s'applique à la déclaration du vrai, soit surtout à celle du meilleur, il faudrait distinguer radicalement l'apparence du vrai ou du meilleur, dans ce jugement, d'avec l'affirmation qui s'y joint. La volonté peut nier quand la représentation intellectuelle affirme, et réciproquement. » Mais, comme l'existence d'une opposition pareille est manifestement chimérique, on s'est surtout attaché à fixer la place de la volonté entre le jugement et l'action qui le suit : celle-ci, un effet propre et direct du *je ne sais quoi*, indifférent de sa nature, qu'on appelle volonté ; celui-là, ou souvent ou toujours nécessaire. Ainsi donc, autre chose est juger, autre chose est vouloir ; tout dans la représentation pourrait être prédéterminé par des antécédents, tout jusqu'au dernier jugement de l'homme qui délibère ; mais, ce jugement rendu, la volonté reste, qui, étrangère à tous ces motifs et cause non causée, peut aussi bien casser ce jugement que l'exécuter, et agir d'elle-même sans raison et contre la raison.

Les partisans de la nécessité renversent aisément le système de la liberté d'indifférence : ils ont moins de peine à réfuter la thèse de leurs adversaires qu'à répondre aux objections dirigées contre la leur.

En effet, dès que la volonté, principe indifférent, produit d'elle-même des actes déterminés, c'est au hasard qu'elle les détermine ; et dès que l'homme agit différemment dans les cas où son jugement est identique, ou identiquement dans ceux où son jugement varie, l'homme n'est plus un être raisonnable. La volonté qui donnerait de tels résultats est une déraison.

Mais cette volonté n'existe pas. Tout homme qui a pleine conscience d'un sien acte, a en même temps conscience d'une fin de cet acte, et se propose d'obtenir par ce moyen un bien qu'il regarde actuellement comme préférable à tout autre. En tant que l'agent concevrait actuellement un doute à cet égard, l'acte est suspendu comme le jugement. Un être intelligent qui ne poursuivrait pas son bien, c'est-à-dire ce qui lui paraît bien maintenant, est étranger à notre expérience. En ce sens, Socrate et Platon ont excellemment enseigné que nul ne fait sciemment son mal, que *les vertus sont aussi des sciences*, et que *voir le meilleur, c'est s'y conformer*. Non que la formule vulgaire soit erronée, *voir le bien, l'aimer et faire le mal*; mais cette formule est large et n'exprime point une opposition pure et simple, donnée pour la conscience en un même moment, au moment qui précède l'acte. Le bien dont il est question est à certains égards un mal pour l'agent; et de même le mal est un bien pour lui, du moins dans le présent et à ses yeux; et son acte s'explique à ce point de vue.

L'objection morale n'est pas moins saisissante : supposons qu'une volonté agisse comme indifférente, elle ne saurait donner que des actes arbitraires. Un homme ainsi déterminé au hasard n'acquiert point par ce fait un mérite quelconque, et n'assume aucune responsabilité. Que lui imputons-nous, en effet? De s'être ou de ne s'être pas réglé sur certain motif que nous jugeons véritablement bon. Or, si nous pensons qu'il a fait usage de sa liberté d'indifférence, il a dû selon nous se déterminer ou sans motif, ou pour un motif insuffisant à ses propres yeux. Ces conditions sont équivalentes. Donc nous l'approuvons ou le blâmons au fond de s'être déterminé indifféremment; c'est-à-dire que pour ce seul et même acte, que nous croyons nous-mêmes être conforme à la nature de sa faculté volitive, nous l'approuvons, si par hasard sa détermination est conforme à notre motif à nous; nous le blâmons si elle y est contraire. Peut-on rien imaginer de plus absurde? Mais l'absurdité n'est pas reprochable aux théologiens, premiers auteurs de cette théorie. Ceux-là pouvaient simplement accuser l'homme d'avoir usé de sa liberté, en présence d'une impulsion surnaturelle, la grâce divine, qui la lui rendait inutile, et d'autant plus que, livré à lui-même, ils le déclaraient incapable de tout bien : il est donc naturel que la volonté n'est à leurs yeux rien de commun avec le mérite; en la déclarant indifférente, ils ne lui ôtaient rien qu'elle n'eût déjà perdu. Les théoriciens philosophes qui ont défendu la liberté d'indifférence n'ont pas cette excuse à faire valoir. Il est vrai qu'elle est triste.

Quand nous consultons l'esprit des lois pénales de tous les peuples, la même objection se présente. La loi qui incrimine une action suppose un coupable, à savoir celui qui a méprisé certains motifs pour en suivre d'autres, et non celui qu'on supposerait avoir agi avec indifférence. Sans cela, ce n'est pas l'usage de la liberté qu'elle accuserait (l'usage en tant qu'indifférent est irresponsable); mais c'est la liberté même, ce qui est ridicule.

Enfin, un indifférentiste conséquent devrait reconnaître qu'une affirmation réfléchie quelconque, en qualité d'acte ou mode de la volonté, est affectée de l'indifférence de cette dernière, au même titre qu'une résolution d'agir. De part et d'autre il y a délibération, comparaison de motifs et décision de conscience. La volonté se déclare intérieurement dans un cas comme dans l'autre. Alors l'homme ne serait pas déterminé à s'affirmer la vérité de ce qu'il juge vrai! La notion de vérité n'est pas moins incompatible avec la liberté d'indifférence que ne l'est la notion de moralité.

Les objections que je viens de présenter ne se trouvent ni définitivement élucidées ni sans mélange de sophismes, dans les ouvrages où le déterminisme prétend s'appuyer sur l'analyse des faits de conscience. Antoine Collins, réputé le plus habile avocat de cette cause, approfondit la question moins qu'il ne semble, et n'a guère que le sentiment de sa force contre l'adversaire. Sa conclusion est d'ailleurs vicieuse. Mais en corrigeant ses arguments critiques, je les ai, je crois, rendus inattaquables.

Les deux écoles entendues et réfutées l'une par l'autre, le problème reste tout entier. Les adversaires établissent d'une manière en quelque sorte extérieure les inconvénients de leurs systèmes respectifs; mais ils ne saisissent pas le vice intrinsèque des raisons qu'ils allèguent, et cela se comprend, car il est le même des deux côtés. D'ailleurs ces raisons ne sont pas directement concluantes. Aussi sont-elles rebattues indéfiniment, et en proportion de ce qu'on les formule plus mal.

Nous avons vu l'indifférentisme imaginer une volonté séparée du jugement, séparée de l'homme raisonnable, hors-d'œuvre de la conscience réfléchie, impulsion gratuite, pouvoir insaisissable, cause absolue et chimérique introduite dans l'ordre de la réflexion et de la délibération. Mais, chose étrange! le déterminisme s'appuie sur une fiction pareille. Seulement, au lieu de faire la volonté se mouvoir d'elle-même, il suppose qu'elle est là pour céder à des mouvements communiqués, *semblable à une balance dont les plateaux*...; j'omets le détail d'une comparaison consacrée, que Leibniz reproduit et approuve grandement. On part de ce point de fait, qu'une détermination réfléchie ne se déclare jamais en dehors de la représentation d'un motif. Ce motif est tiré des lois intellectuelles et morales de l'homme, ou de ses impressions et passions propres ou communes, modifiées selon les circonstances. Cela posé, il suffit de considérer la volonté comme une chose à part, pour prouver aisément qu'elle est déterminée dans la mesure même où elle est motivée. « En effet, dira-t-on, lorsque à un certain moment d'une délibération, tel motif de se déterminer semble *suffisant*, et cela nonobstant tout motif contraire, on se détermine. On ne pense pas : j'ai toute raison de me résoudre à ceci, ou je désire vivement faire cela mais ma volonté sans motif supérieur en dispose autrement; on pense : cet événement me décide, cette raison me détermine, ce motif me résout. Quand divers motifs se combattent, et qu'aucun d'eux ne paraît suffisant pour prévaloir contre les autres, on se juge en suspens; et s'il en est un qui s'oppose à de violentes impulsions, et qu'on estime encore le plus puissant, on juge qu'on résiste. Enfin tout motif insuffisant cède la place à d'autres, examinés tour à tour, jusqu'à ce que s'établisse le prépondérant, celui devant lequel les représentations opposées faiblissent et s'éloignent. Alors le parti est pris. » Cette analyse comprend tous les cas, les faits sont constants, et on conclut : *la volonté suit toujours la dernière détermination de l'entendement*. Il en est d'ailleurs des moments successifs de la délibération comme du dernier, à cela près que les jugements inclus, au lieu d'affirmer, suspendent ou nient la résolution. Ce sont autant d'actes de la volonté motivée et déterminée, mais n'impliquant aucune conséquence définitive.

Sous une forme ou sous une autre, avec plus ou moins de force et de clarté, ainsi s'exprime le déterminisme. Le langage seul varie selon les préjugés des auteurs, qui accordent une part plus ou moins grande aux passions ou à la raison dans les déterminations humaines, et qui d'ailleurs n'ont pas une égale habileté dans l'art de la mise en scène des mots. Or cette analyse est irréfutable, dès que l'on consent à se figurer une volonté séparée de la représentation intellectuelle et passionnelle. Cette volonté-là, par le fait de sa séparation, ne peut être qu'indifférente, et c'est parce qu'elle est indifférente, qu'au lieu de lui reconnaître une action propre, comme le veulent ridiculement quelques philosophes, on est en droit de la faire passive et nécessairement déterminée par ses motifs

(motifs que la conscience elle-même se trouve dès lors nécessitée à juger prépondérants). Au contraire, contestons qu'au delà des impressions reçues et passives, il se pose jamais, dans la délibération proprement dite, un motif où ce qu'on appelle volonté n'entre déjà comme élément. Admettons qu'en pareil cas un *motif* est toujours *voulu*, c'est-à-dire évoqué maintenant parmi d'autres motifs également possibles; et l'argumentation du déterminisme est à l'instant renversée.

Ainsi les deux doctrines s'accordent dans le fond à donner la volonté comme indifférente de sa nature. Seulement, l'indifférence est active ici, et là passive. Le nerf des démonstrations que j'ai rapportées n'est pas autre. Cela posé et pour toute réfutation :

Il faut nier que la volonté soit indifférente. Ce qui est indifférent, c'est l'abstraction personnifiée de la volonté, c'est l'homme considéré comme volonté pure; et cet homme est une chimère, et cette volonté n'est rien.

Il faut nier que la volonté suive les déterminations intellectuelles et passionnelles, quand ces déterminations elles-mêmes impliquent la volonté. Ceci contre le déterminisme.

Et il faut nier que la volonté soit jamais dépouillée de toute représentation intellectuelle ou passionnelle, et qu'elle paraisse ailleurs que dans l'intervention d'un motif automoteur. Ceci contre l'indifférentisme.

La nature humaine, considérée comme une donnée nécessaire et formée d'une série prédéterminée de passions et de raisons, cette nature, si on en juge sur les apparences de la conscience automotrice, est une abstraction, aussi bien que la volonté séparée. Et ces apparences-là ne sont rien de moins que l'expérience même de la réflexion et de la délibération.

Lorsque à la place de la formule à termes abstraits : *Le motif prépondérant détermine la volonté*, on essaie d'introduire un énoncé à termes pleins et synthétiques, on trouve : *L'état formé de passion, d'intelligence et de volonté, duquel fait partie la représentation d'un motif jugé capable de déterminer un acte subséquent, détermine effectivement ce dernier acte.*

Et si dans cette autre formule : *La volonté est à elle-même son motif*, on comble les mêmes lacunes, il vient : *L'acte formé de volonté, d'intelligence et de passion, duquel fait partie la représentation d'un état jugé la conséquence de cet acte, détermine effectivement cet état.*

Ce sont là des propositions identiques, dès lors inutiles, et dont il n'y a rien à conclure. L'homme étant considéré tout entier dans chacun de ses moments, l'acte et l'état cessent de différer. C'est en effet ce qui arrive dans la réflexion régulière, dans la délibération. La volonté et les motifs sont unis aussi bien que distincts. Exigeons du déterministe et de l'indifférentiste qu'ils renoncent à personnifier les facultés humaines, et qu'ils ne perdent jamais de vue l'homme lui-même : leurs raisonnements demeureront sans conclusion possible. Mais placer à côté d'un homme purement passif, qui n'existe pas, un homme purement actif qui n'existe pas davantage, et se proposer ensuite de déterminer leurs rapports comme s'ils étaient vraiment deux, c'est substituer à l'union naturelle une juxtaposition déraisonnable; c'est perdre de vue la synthèse, en pensant faire l'analyse, et se mettre ainsi dans l'impossibilité de reconstruire ce qu'on a brisé.

La liberté que nous pouvons admettre est ce caractère de l'acte humain, réfléchi et volontaire, dans lequel la conscience pose étroitement unis le motif et le moteur identifiés avec elle, en s'affirmant que d'autres actes exclusifs du premier étaient possibles au même instant. Cette possibilité, apparente ou réelle d'ailleurs, est le titre le plus net de la liberté, l'élément le plus clair de sa définition.

On concilie ainsi le principe socratique de la détermination pour le mieux, selon qu'en juge la conscience, avec celui de l'indétermination d'une classe de futurs.

On ne nie pas la *préférence donnée au mal sur le bien* dans un grand nombre de cas, mais on rend compte des cas compris dans cette formule vulgaire par le vertige mental. Le vertige produit l'acte sous l'impression du *mal* jugé *bien*, envisagé comme *bien*, tandis que la réflexion, commencée ou prolongée au même moment, pourrait conduire la conscience à d'autres appréciations.

Ce n'est donc pas l'usage de la liberté, c'est plutôt son défaut d'intervention, ou durable ou dans un moment donné, qui amène le vertige mental. Mais il arrive alors que la conscience, déterminée à l'acte, a cependant un sentiment sourd des motifs qui la retiendraient, si elle voulait réfléchir; et elle sait toujours implicitement pouvoir réfléchir. Si donc elle ne suspend pas l'acte, elle est pourtant libre en un sens, parce que la liberté lui est en puissance; en un autre sens, elle n'est pas libre parce qu'elle n'use pas de sa liberté, et que peut-être elle n'a que peu ou point d'habitude de la réflexion, surtout tenace et persévérante. Ainsi, l'état où prévaut le vertige est celui où la liberté sans exercice est dans cette condition d'affaiblissement, et de conscience de plus en plus exténuée, dont les degrés descendent de la détermination rapide et violente sous l'impression d'une passion subie, à la détermination instinctive, aveugle, et dès lors nécessaire.

Il y a comme une demi-vérité dans l'opinion des philosophes qui ont défini l'acte libre la suspension d'une détermination imminente. C'est bien ainsi que la liberté se présente vis-à-vis des impressions extérieures, ou des passions vives qui sollicitent leurs fins. Suspendre est dans ce cas la première fonction de l'homme libre. Mais suspendre n'est pas tout; il faut encore comparer, délibérer, et la liberté n'est pas limitée à un simple rôle de véto, au regard de phénomènes quelconques laissés à leur cours spontané : elle intervient dans les actes par lesquels de nouveaux motifs sont évoqués avec les représentations extraites du fonds de l'imagination et de la mémoire.

D'après cette théorie que je crois conforme à une analyse exacte des données de conscience dans les actes délibérés, la première des lois pratiques, avant ce qu'on appelle un bon usage de la liberté, c'est l'usage même. Ce seul précepte : *Exerce ta liberté*, s'il est suivi, pose un premier fondement de la moralité des actes, appelle des motifs de tout ordre à intervenir au cours des délibérations, et, en éloignant tout vertige, assure dans beaucoup de cas la prépondérance de la raison.

Le devoir de l'agent libre est donc premièrement cela même d'être libre. Comme sa liberté, toujours donnée en puissance, se développe plus ou moins, se facilite et se fortifie en quelque sorte elle-même en s'exerçant, on peut dire sans subtilité d'un tel agent qu'il est libre d'être libre : *libre*, en vertu du sentiment qui lui est donné de ses forces réflexives et volontaires, d'*être libre* encore en acte et par l'application habituelle de ces mêmes forces. Au delà de ce premier point, où s'établit pour l'homme le devoir en quelque sorte général d'être vraiment homme, le caractère commun des devoirs se tire de l'ordre des fins que la liberté fait prévaloir. Les motifs de nos actes peuvent être universels ou particuliers; et les biens que nous poursuivons peuvent être nobles ou bas, conformes ou non à l'idéal humain et à la loi de notre nature raisonnable. Se déterminer librement pour le bien supérieur, au jugement de la conscience, et quand la représentation d'un bien tout autre est cependant capable de la passionner, c'est faire son devoir. Le devoir habituellement rempli est la vertu.

On a vu que la responsabilité et les notions de droit et de devoir ne sont compatibles ni avec la liberté d'indifférence ni avec la prédétermination universelle des événements. La responsabilité incombe à l'auteur de l'acte ; or celui-là n'est pas auteur moral qui agit sans discernement, ou que la même nécessité qui a formé son être prédestine à parcourir les termes d'un développement inévitable. Toutes les règles et notions pratiques s'expliquent au point de vue de la synthèse du motif et de la volonté, et périssent par la division. La question d'excuse posée à propos des actes répréhensibles ou criminels exige la même synthèse. En effet, l'homme n'est jamais *excusable* dans le système de l'indifférence : on n'a point à excuser le hasard, non plus qu'à l'approuver ou à le condamner : seulement on évite un accident fâcheux, si l'on peut, ou on le supprime. Et comment excuser un délinquant dans l'hypothèse déterministe? Coupable, il ne l'est point, c'est manifeste ; innocent, pas davantage, un réceptable du mal nécessaire ! Il est victime, et cette victime on la sacrifie ou on la sauve (nécessairement), sans qu'elle ait jamais à être excusée. Mais lorsque dans un acte libre on fait la part de la liberté même et celle de l'habitude, la part du devoir est celle des circonstances, des antécédents et de la solidarité partielle des hommes et des choses, la question d'excuse ou d'atténuation du délit ou de l'erreur se pose légitimement.

Au reste, je n'aborde pas l'analyse des notions morales ; j'indique seulement ici celles qui sont essentielles à l'intelligence de la liberté.

La grande question est toujours en suspens pour nous. L'étude des phénomènes de conscience nous a permis d'établir la liberté comme fait représentatif étroitement uni à certaines séries de la pensée. La définition exacte de ce fait s'est élevée sur les ruines de deux théories contraires, également insoutenables au point de vue d'une simple analyse des apparences psychiques et de leurs conditions. Mais en est-il de même au point de vue synthétique et lorsque nous passons à la considération de l'ordre général des phénomènes? Le fait alors est-il réel, c'est-à-dire concorde-t-il avec les lois qui enveloppent les représentations et décident de leurs séries indépendamment de ce que nous en savons? Ces lois embrassent-elles cela même qui nous paraît libre en nous ; ou, quelles qu'elles soient, y trouvent-elles une limite? En un mot, notre liberté n'est-elle qu'une apparence, nécessaire sans doute, mais nécessairement erronée? Ou est-elle, au contraire, un fait primitif, irréductible, devant lequel toutes les lois s'arrêtent, comme à une sphère de détermination première de phénomènes, étroite, à la vérité, mais inviolable?

La loi générale de l'association des idées ne saurait avoir, ou du moins ne saurait justifier la prétention d'embrasser tous les phénomènes d'ordre mental, en une séquence unique possible, car cette loi aurait précisément à justifier sa propre généralité en ce sens, ce qu'elle ne fait pas.

Après l'événement, dans tous les genres de faits, tout se classe et se lie, mais rien ne prouve que d'autres liaisons, un autre classement, étaient impossibles à l'égard de certaines séries; ou, pour employer une expression mathématique utile, rien ne prouve que les déterminations qui se sont opérées n'ont pas porté en partie sur des coefficients d'action qui d'avance étaient indéterminés. Les partisans de la généralité et nécessité absolues de la loi d'association *invariable, anticipative, unilinéaire*, posent sans la démontrer la loi de *causalité universelle*, ainsi entendue et interprétée. Je dis sans la démontrer, car s'ils essaient de la prouver par induction, et soutiennent, comme l'a fait Stuart Mill, qu'il faut voir en elle la plus forte de toutes les inductions et le fondement de toutes les autres, ils abandonnent sans y faire attention leur propre méthode, et passent à celle de l'apriorisme. Je ne puis, en effet, apercevoir aucune différence d'assiette mentale, au fond, entre le philosophe qui, partant de la notion apriorique de *cause*, prétend que l'expérience tout entière doit se dérouler conformément à cette notion, absolue, à l'en croire, excluant partout et toujours l'incertitude et l'ambiguïté des rapports qu'elle établit *par avance*, et le philosophe qui s'annonce comme esclave de l'expérience, et prétend fonder sur l'expérience une induction poussée au delà de toute expérience possible. Qui dit induction absolue dit thèse absolue. L'une et l'autre ont pour garants le penchant du philosophe aux affirmations absolues. Rien de plus.

Les doctrines nouvelles de l'absolu sur le fondement de l'expérience sont des produits de notre siècle, qui, par la faveur qu'il leur accorde, constate simultanément et la force en apparence triomphante des méthodes exclusivement expérimentales, et la force invincible des visées transcendantes auxquelles on ne veut point renoncer. Autrefois on se serait gardé d'invoquer l'expérience à l'appui d'un principe tel que celui de la causalité dont on se représente l'extension et la portée plus grandes que le domaine entier de l'expérience qu'elle régit. On se servait de ce principe, au contraire, ou, de celui de l'enchaînement rationnel, pour envelopper sciemment, *a priori*, tous les phénomènes possibles. On avait pour cela ces deux doctrines :

1° Le panthéisme, qui fait de l'indissolubilité des phénomènes successifs une théorie très vaste, très imposante, fondée sur la conception de l'être ou substance unique aux modes infinis éternellement liés. Le rapport propre de causalité disparaît lui-même, finalement, du monde ainsi expliqué. C'est la conséquence extrême, c'est le caractère radical du spinosisme, que la cause s'y confonde avec l'idée générale de relation nécessaire, invariable. Ce système peut être ruiné par sa base, c'est-à-dire dans l'idée de substance, et seulement là, car l'histoire entière de la philosophie témoigne d'une pente commune de toutes les spéculations qui acceptent ce point de départ.

2° Le matérialisme, dont tout l'esprit consiste à donner les phénomènes intellectuels et moraux pour de simples dépendances ou transformations des phénomènes organiques, et ceux-ci des lois de la matière. Comme les modes matériels en eux-mêmes nous sont représentés dans un enchaînement rigoureux, on établit encore de cette manière l'indissolubilité des faits et actes de tout ordre. Mais le matérialisme bien compris, et formulé intelligiblement, prend la forme panthéistique. Nous avons vu que la réduction des phénomènes supérieurs aux phénomènes inférieurs est condamnée par la méthode, aussi bien sous le rapport de la causalité que sous celui de l'espèce, et que certains faits représentatifs commandent des séries de faits organiques, dont ils ne sauraient être des termes engagés.

En général, l'édifice métaphysique de la *Substance*, de la *Nature*, du *Monde*, de la *Matière* ou de l'*Esprit* universels, de quelque nom qu'on veuille désigner un être unique, en s'élevant, élève le système de la nécessité. L'histoire de la théologie, non moins que celle de la *physiologie* des anciens et de la physique *a priori* des modernes, et des constructions idéalistes, réalistes, rationalistes, étendues à l'ordre entier des phénomènes, confirme la vérité de cette assertion. C'est en quelque sorte le monument de tous les siècles, encore debout, mais sous lequel l'humanité a cessé de s'abriter.

Toutefois, en repoussant ces théories de la *chaîne des choses*, on craint souvent de manquer à l'esprit de la science. On redoute aussi d'admettre une absurdité, dans ce fait que quelque chose pourrait commencer d'être actuellement, dans la rigueur du mot, c'est-à-dire se poser sans cause antécédente et *suffisante* pour la produire ainsi et non autrement.

Il est incontestable que l'objet de chaque science est de former une chaîne des phénomènes qu'elle étudie, de supposer et, s'il se peut, de découvrir des lois par lesquelles ils soient tous invariablement liés. Or qui dit loi entend nécessité. Rien de plus vrai et de plus légitime. Mais existe-t-il une science totale qui prétende lier ainsi tous les faits de tout ordre? C'est celle-ci qui est en question. On doit se demander d'abord si elle est possible, et une science plus vraie résultera de la négative, si c'est la négative qui est vraie. Ensuite peut-on citer un seul cas d'investigation scientifique où le savant ait pu se trouver à la gêne en touchant à cette limite où l'on s'arrête devant les actes libres? Un pareil fait se produira le jour où la science sera terminée! Le même physiologiste, supposé sain d'esprit, qui se dit matérialiste (et en cela se fait métaphysicien, quoiqu'il raille volontiers la métaphysique), rirait si jamais un écolier naïf comptait apprendre de lui la nature et les lois précises des modifications organiques préposées, une par une, aux évolutions intellectuelles et passionnelles d'un animal donné. On a tenté d'établir certaines lois statiques, en *phrénologie* par exemple. Mais ces lois, fussent-elles aussi certaines qu'elles sont contestées, n'intéresseraient pas autrement la liberté que ne font les tempéraments, les caractères, les habitudes, données incontestables de la nature humaine et qui la déterminent en partie. La liberté ne demande point une table rase. Elle modifie seulement ce qui est donné, comme ce qui est donné modifie la sphère où elle s'exerce. Enfin, il n'est qu'une science, s'il est vrai que c'en soit une à proprement parler, capable de prédiction et de lois exactes, une science qui puisse paraître menaçante pour la liberté : la *philosophie de l'histoire*. Mais elle ne tient ce caractère que de l'esprit de ceux qui l'écrivent, et de l'interprétation qu'il leur plaît de donner aux causes générales ou particulières des faits. Quel que soit l'ordre qui régit la succession de certains événements et des grandes périodes historiques, les lois qu'on peut croire exister *a priori* laissent assez de place aux déterminations variables de lieu, de temps, de circonstances et de personnes, et l'expérience oblige toujours à reconnaître assez d'anomalies, pour que le jeu de la liberté soit largement assuré à chacun des acteurs du théâtre du monde. Mais cette question est trop vaste pour que je puisse la traiter incidemment.

Il est donc permis de penser que les phénomènes ne sont pas tous assujétis à une loi unique, ou, ce qui revient au même, que leurs lois les plus générales sont modifiées dans leur cours par l'intervention des faits émanés de la liberté. Dans cette hypothèse, il faut rapporter à la force libre de l'homme et les effets qui en ressortent immédiatement, et ceux qui en vertu d'une loi sont les conséquences des premiers, conséquences proches ou lointaines, physiques ou morales. Ainsi, tel acte émanerait originellement d'un homme, sous les conditions les plus accidentelles et dans toute l'indépendance possible de son être : cet acte répété se tournant en habitude, il existerait, en tendance du moins, une loi de ce qui fut d'abord sans loi, et une suite à prévoir de ce qui commença sans pouvoir être prévu. Ajoutons les effets inévitables en dehors de l'agent lui-même, et les effets de ces effets. Enfin les habitudes acquises, considérées dans cet homme, dans sa race, dans l'humanité tout entière, se lieraient successivement aux qualités et affections données ou plus anciennes. On verrait ainsi la sphère d'action facile de la liberté s'étendre ou se resserrer, selon qu'on remonterait à l'origine ou qu'on descendrait aux conséquences des actes humains. La marche des conditions extérieures développe par contre ses influences propres et à plusieurs égards dominantes.

Passons à l'objection prise de la causalité en général. Si l'homme est une source première de phénomènes, il y a donc des choses qui commencent absolument, en d'autres termes il y a des phénomènes sans cause? D'abord on n'a point de la cause une idée propre où n'ait aussi sa place une idée de premier commencement de quelque chose. La cause et l'effet pouvant être assignés dans des groupes distincts, et dans bien des cas se trouvant différents de nature, celui qui veut concevoir l'*effet dans la cause* ne peut même pas justifier l'image grossière, sur laquelle il se fonde pourtant, celle du phénomène contenu qui jaillit du phénomène contenant par la détente d'un ressort (comme dans les jouets d'enfants). Nous avons vu ailleurs que le devenir seul et par lui-même implique un commencement premier sous un rapport ; or l'idée de cause ne change rien à cela, à moins qu'on n'arrive jusqu'à cette notion mystique de la préexistence, qui confond l'être et le devoir être, et supprime la réalité du temps. Mais, dans cette voie, la cause disparaît à son tour et ne laisse subsister que le déroulement des propriétés d'un être unique, éternel, aux modes infinis. Loin donc que la causalité soit moins obscure dans l'hypothèse nécessaire que dans celle de la liberté, on peut dire qu'elle s'y efface entièrement, car alors *tout est* et *rien ne commence*.

Les actes libres ne sont pas des effets sans cause ; leur cause est l'homme, dans l'ensemble et la plénitude de ses fonctions. Ils ne sont point isolés, mais toujours ils se rattachent étroitement aux données antérieures des passions et de la connaissance. *A posteriori*, on les aperçoit comme parties désormais indissolubles d'un ordre de faits, quoiqu'un autre ordre fût possible *a priori*. Il est vrai que l'invariable liaison des phénomènes constamment consécutifs est une loi qui ne se retrouve pas ici, et on ne peut plus dire de toute chose qu'elle est la conséquence forcée d'autre chose. Mais supposé que, en faisant rigoureusement dépendre chaque état particulier de l'homme d'un état particulier antérieur, on parvînt à éviter les faits commençants, ce qui n'est pas, encore faudrait-il, de faits en faits, remonter à des faits premiers, à des données indépendantes. Alors, pour n'être point obligé de poser ce primitif quelconque, inévitable dans toute spéculation et dans toute science, que fait-on ? on prend pour refuge l'absurdité de la série infinie actuelle des faits, et le vrai sens de la causalité qu'on voulait défendre se trouve perdu.

Le principe de la *raison suffisante*, à l'aide duquel Leibniz se flattait d'organiser la science philosophique, n'est que le postulat du panthéisme et du procès à l'infini. Cet axiome prétendu, mal réfuté par la prétendue *liberté d'indifférence* de Clarke, s'évanouit devant l'analyse exacte et sans parti pris des faits de détermination réfléchie de la conscience. Et comment pouvait-on présenter pour règle universelle de l'intelligence une loi qui compte autant d'exceptions nécessaires, fussent-elles illusoires au fond, qu'il existe d'actes de la pensée dans lesquels l'homme croit ses motifs subordonnés à l'appel qu'il en fait, et non son appel subordonné à des motifs qui usurperaient sa personnalité en se déroulant d'eux-mêmes? Il fallait au moins prouver l'*illusion*, ce qui n'était possible que dans le champ des doctrines et des hypothèses.

Le mot *raison*, préféré au mot *cause* dans l'énoncé du principe de la *raison suffisante*, indique déjà chez le philosophe une tendance à substituer l'idée d'un ordre rationnel apriorique, enveloppant tous les phénomènes, à la notion de force ou causalité vraie, dont les applications les plus vulgaires sont contradictoires avec l'existence d'un tel ordre. L'idée originale de cause, son premier type, sans lequel nous ne l'eussions jamais appliquée à la nature, c'est l'homme en acte, dans sa volonté libre. De quelle théorie dès lors s'accommodera-t-elle mieux, de celle qui fixe dans notre être le principe premier des déterminations dont on chercherait vainement la loi, ou de celle qui met cet être en pièces, et forme l'inexécutable projet d'en classer les fragments, comme autant d'anneaux d'une chaîne universelle où finalement l'homme et la cause elle-même ont cessé d'être quelque chose?

En résumé, la thèse de la liberté n'est pas démontrable logiquement, non plus que celle de la nécessité. Elle n'implique pourtant ni contradiction ni difficultés insurmontables d'aucun genre. Le mystère qu'on y trouve est le même que celui d'un premier commencement, d'une première donnée dans chaque ordre de connaissances et pour la connaissance en général, mais affaibli par l'existence des antécédents que la liberté suppose, loin de les exclure, et qui, parce qu'ils ne prédéterminent point son exercice, n'en sont pas moins le soutien. Si c'est là de l'incompréhensible, il est où il doit être, dans l'irréductibilité d'un fait au delà duquel on ne saurait aller. Au contraire, les doctrines qui posent la nécessité se heurtent d'ordinaire à la contradiction de l'infini actuel : quand elles envisagent les faits dans leur enchaînement sans origine, elles les soustraient à la loi de nombre et ne peuvent s'en représenter la totalité effective ; et quand elles s'efforcent d'imaginer un tout mystique, elles suppriment la loi de durée, et n'échappent pas à l'obligation de poser des faits que nuls faits antérieurs ne déterminent.

Des deux thèses, au point de vue analytique, c'est la thèse de la liberté qui est probable. Cette probabilité résulte d'abord de l'apparence même, de l'apparence nécessaire, c'est-à-dire inévitablement jointe à certains actes de l'homme. Puis des considérations accessoires la corroborent, notamment celle qui se tire des faits dits de hasard et de la loi des grands nombres, comme nous le verrons tout à l'heure. Enfin elle a toute la force des notions de moralité, qui ne souffrent pas d'autre fondement.

Il s'agit d'une probabilité morale, dont les éléments ne sont pas numériques, incalculable par conséquent, soustraite à la mesure. Mais qu'est-ce qu'une probabilité morale? Qu'est-ce qu'un motif de croire? Qu'est-ce que croire? Existe-t-il une certitude et jusqu'où s'étend-elle? Au delà de ce qui est su certain, devons-nous affirmer quelque vérité, et comment? Pouvons-nous dépasser les phénomènes actuels et leurs lois, soit empiriques soit rationnelles? Le monde et l'homme ont-ils pour notre conscience une autre valeur que celle des groupes et séries de phénomènes dont nous n'avons exploré les lois que dans les moins délicates parties? Telles sont les questions qui se pressent autour de moi depuis que j'écris ces pages, et qu'il m'est impossible d'ajourner davantage.

J'ai supposé les principes de la science, et en les supposant j'ai tenté de m'en rendre compte, de les élucider et de les classer. La nature et l'objet universel et abstrait de la connaissance, les catégories, la logique, les mathématiques en ce qu'elles ont de données premières et de procédés généraux, m'ont occupé tour à tour. L'application des résultats obtenus à l'idée du Monde, à celle d'une loi enveloppante de tous les phénomènes, m'a conduit à reconnaître les limites infranchissables de la science. Là s'arrêtait mon *Premier essai*, formant comme on dit une sorte de traité de logique *objective et subjective*. Je devais alors prendre pour nouveau sujet d'analyse, après les abstractions du savoir, non plus cette incompréhensible fonction primordiale et totale de toutes les fonctions possibles, non pas les centres plus déterminés d'étude qui sont du ressort des sciences particulières, mais l'homme tout entier, en son unité que n'embrasse aucune d'elles, et surtout dans l'ordre des faits représentatifs, mine profonde si grossièrement fouillée à travers les spéculations métaphysiques. La première partie de ce *Second essai* ou traité de *psychologie rationnelle*, mais sur des principes entièrement renouvelés, a donc été consacrée à une exploration des lois les plus générales de l'homme sensitif, intellectuel, passionnel, volontaire, soit dans leur nature propre soit dans leur rapport avec les lois inférieures; et, par là, à l'établissement d'une base, la seule d'où l'on puisse espérer de s'élever de quelque manière à d'autres lois qui enveloppent l'homme lui-même et régissent ses destinées.

La question de la liberté s'est présentée, la première où j'eusse à me prononcer, de ce nouveau point de vue, sur l'ordre réel et intrinsèque du monde, et à décider plus que de l'existence de faits observés, ou de données logiques, ou de lois rigoureusement déduites, savoir de la valeur d'une apparence quand les fondements de la réalité échappent à l'expérience et à la raison pure. L'analyse fait pencher en faveur de la liberté, contre la nécessité, la balance du jugement. Mais de quel jugement? D'un jugement libre, s'il est vrai que je délibère librement, et que je ne suis point prédéterminé à recueillir et à combiner bien ou mal les éléments de ma conviction. Alors c'est à la liberté qu'il appartient de déclarer si la liberté est ou non. Dans cette hypothèse, que peut être pour moi la certitude, et qu'est-ce encore qu'une probabilité? Si, au contraire, je porte nécessairement un jugement que nécessairement d'autres rejettent, comme je sais qu'ils le font, et si nécessairement je me trompe, où sera le signe de mon erreur, où la preuve de la vérité? Et l'erreur et la vérité, en général, que sont-elles?

Le problème de la liberté se pose donc jusque dans le fait de la solution qu'on y donne, et on voit à quel point la liberté et la vérité sont liées. Nous abordons une sphère de vérités autres que celles que soulèvent le développement de thèses purement rationnelles et une simple analyse des faits de conscience. Nous entrons dans le théâtre par excellence des variations et des contradictions humaines. Mais les contradictions manquent-elles, même dans cet ordre où les éléments d'une science rigoureuse et universellement acceptable nous semblent réunis? Quelle garantie offrir de la sincérité de nos données, de l'exactitude de nos observations, de l'intégrité de nos analyses? La raison, son droit usage et ses conséquences n'ont pu être pour nous que des hypothèses. Nous n'admettions, il est vrai, que ce qu'il est indispensable d'admettre pour examiner et la vérité de quelque chose, et la vérité de cela même que nous admettions ainsi. Mais quelque dures que soient les conditions de ce dernier examen, il doit se faire pourtant. Si c'est pure fiction de notre part que de remettre sérieusement en question tout ce que nous avons cru établir jusqu'ici, cette fiction du moins ne peut s'éviter. Sachons où elle nous conduit.

Observations et développements.

A. De l'interprétation de la loi dite des *grands nombres*, dans la question de la liberté humaine.

Aucune loi que nous connaissions ne prédétermine totalement et rigoureusement les actes appelés libres. Autrement la nécessité serait un fait d'expérience; on assignerait la raison invariable du choix dans une délibération morale, ainsi qu'on assigne celle de l'affinité élective dans une réaction chimique, et il n'y aurait plus pour nous de question. Je me trompe, il serait encore possible de soutenir que de tels actes sont effectivement libres, mais que le hasard les a jusqu'ici distribués de manière à simuler exactement l'application de la loi qu'on allègue. Voilà, ce semble, une cavillation bien désespérée. Cependant qu'opposerait-on à cette mauvaise raison? L'esprit de la loi mathématique des *grands nombres*; on nous dirait : « Des phénomènes comparables, que vous supposes n'être point prédéterminés, et qui, par conséquent, doivent être l'objet d'une attente égale pour vous, devraient aussi tendre à se produire en nombre égal, au lieu de fournir une série numérique d'événements, dont certains d'entre eux font partie et certains autres sont exclus avec toute l'apparence d'une loi de la nature. » Or il se trouve précisément que la loi des grands nombres, loi unique et étonnante, appliquée aux *faits de hasard qui dépendent de la volonté de l'homme*, et vérifiée comme elle l'est par l'expérience, confirme ce hasard, en établissant que deux événements de ce genre tendent à observer dans leur production des rapports numériques fondés sur le principe des attentes égales, des possibles égaux. Ainsi les partisans de la nécessité sont obligés d'admettre que la loi qui règle le développement des phénomènes prédéterminés est de telle nature, que toute une classe de ceux-ci, et ceux précisément que les partisans de la liberté nomment libres, se distribuent suivant les mêmes nombres que s'ils étaient vraiment libres, et vraiment non prédéterminés. (Voyez *Logique*, t. II, p. 421.) On voit que, en présence de la loi des grands nombres, le déterminisme est réduit à se réfugier dans un asile tout semblable à celui que nous trouvions si fâcheux, et qui resterait ouvert à la théorie de la liberté alors même que l'observation dévoilerait une loi constante de la production des faits libres.

Non seulement il n'y a pas de loi pareille connue, mais il n'y a même point d'apparence qu'il s'en produise jamais, et les applications du calcul des probabilités sont par elles-mêmes une vérification *probable* de l'existence effective de la liberté. La loi des grands nombres est la loi des faits qui ne reconnaissent point d'autre loi. Puisqu'elle s'applique, avec l'approximation indéfiniment croissante qui est de son essence, aux probabilités des phénomènes soumis à la volonté, dans ces cas de détermination sans motif constant, dont le tirage au sort est le type, nous pouvons croire *probablement* que les phénomènes de cette classe ne sont pas en général prédéterminés. L'homme est alors une source première et instantanée d'actes variables sous des précédents identiques. Si, au contraire, une chaîne indissoluble lie à des antécédents donnés certaines déterminations seules possibles, on expliquera bien encore l'indétermination apparente, par la diversité des causes qui agissent en divers sens, et se balancent; mais comment ces causes, qui dans cette hypothèse doivent pourtant composer certains éléments d'un ordre unique, tendent-elles à se balancer en effet, au lieu de laisser paraître les lois dont elles dépendent?

Cette dernière considération a été présentée avec trop de généralité dans la *Logique*. Tâchons ici de la préciser. La question est de savoir pourquoi dans une série indéfinie d'épreuves, *les possibilités respectives des événements tendent à se développer,* comme s'exprime Laplace. Prenons d'abord l'hypothèse de la liberté. Imaginons une urne contenant des boules noires et blanches en nombre égal, et supposons, pour simplifier ce qui va suivre, que le système soit disposé de manière à ne permettre que l'extraction d'une seule boule à un moment donné : tel serait le cas où les boules mues par un certain mécanisme passeraient successivement sous un orifice de grandeur convenable, d'où chacune pourrait jaillir par la pression d'un ressort obéissant à la main. Supposons encore qu'elles se meuvent uniformément et en alternant régulièrement leurs couleurs. Enfin, après chaque tirage, la boule sortie se trouvera remplacée dans l'urne par une boule de même couleur au même lieu.

Cela posé, les issues des tirages successifs ne dépendront immédiatement que d'une variable indépendante, *le temps* que l'opérateur interpose entre deux épreuves; tout le reste est déterminé. Les éléments d'un résultat obtenu sont : 1° la probabilité d'amener une boule de telle couleur à un instant donné; cette probabilité est 1/2, parce que les blanches et les noires, en nombre égal, demeurent aussi des temps égaux sous l'orifice et qu'on ignore la couleur présente à chaque moment; 2° la décision supposée libre, par laquelle est déterminé l'instant d'une extraction. Je m'expliquerai plus loin sur le caractère d'un acte de ce genre; mais si nous concevons que l'opérateur demeure exempt de toute détermination extérieure ainsi que de toute habitude de laquelle une certaine loi du temps pourrait résulter dans ses mouvements, il est clair qu'il n'y a aucune raison possible pour que chacune de ses décisions tombe sur le temps d'une couleur plutôt que sur le temps d'une autre; c'est-à-dire qu'il n'y en a pas pour que le rapport d'égalité des probabilités respectives des événements contraires ne se vérifie point dans les nombres des extractions de chaque couleur. Mais une vérification simple et totale dans une série finie d'épreuves, même très prolongée, si elle était certaine ou très probable, serait incompatible avec la liberté que nous admettons. Le partage égal sera seulement *le plus probable*. Il nous offrira une espèce de loi, jamais donnée, mais vers laquelle les résultats convergeront à mesure que le nombre des tirages se multipliera, la seule qui puisse se dégager sous de semblables conditions.

On aperçoit ainsi grossièrement mais non pas sans clarté, si je ne me trompe, ce théorème des grands nombres que l'analyse mathématique permet de démontrer avec plus de généralité et de rigueur. Le fondement de cette démonstration, comme de tout le calcul des probabilités, est l'existence et la légitimité des *attentes égales*, vis-à-vis de certains événements imaginés dans le futur. Or l'hypothèse de la liberté justifie ces attentes, en établissant des *possibilités égales*, que l'hypothèse de la nécessité ne peut admettre qu'apparentes, et relatives à notre ignorance. Il est donc naturel, au point de vue des actes libres, que la loi des grands nombres se vérifie par l'expérience, de même qu'elle s'aperçoit *a priori* et se prouve par le calcul. Les possibilités respectives des événements se développent.

Prenons maintenant l'hypothèse déterministe. La manière la plus simple de se la représenter est de concevoir, joint au mécanisme de l'urne, décrit ci-dessus, un second mécanisme qui, suivant une certaine loi du temps, indéfiniment prolongé, presse le ressort et fasse jaillir une boule, aussitôt réintégrée dans l'appareil pour les épreuves suivantes. Le partage des événements est alors complètement prédéterminé. Il est certain qu'une loi de succession des couleurs se manifestera au bout d'un temps convenable, et qu'alors s'établiront soit un partage égal (ou constamment ou à la limite), soit une suite de partages qui ne convergent pas à l'égalité. Il n'y a plus là probabilité, il y a certitude; et il n'y a plus de loi des grands nombres, puisque le partage égal à la limite, loin d'être l'aboutissement du jeu dans tous les cas, ne peut visiblement résulter que d'hypothèses toutes particulières sur la série distributive des instants de tirage. On peut s'en assurer en parcourant quelques-uns de ces modes de distribution les plus simples. Mais imaginons un troisième mécanisme qui modifie les temps des déterminations du second, un quatrième qui modifie ceux du troisième, et ainsi tant qu'on voudra. C'est une suite de perturbations portant les unes sur les autres. Les événements révéleront toujours une loi de succession des couleurs, bien qu'après des mouvements plus ou moins prolongés; et le partage égal ou inégal, constant ou indéfiniment variable, tendant ou non vers quelque limite, sera toujours prédéterminé comme ci-dessus, parce que les mécanismes surajoutés équivalent seulement à une complication plus grande de la loi du premier, et ne changent rien à la nature des causes. La loi des grands nombres ne résultera donc jamais que de combinaisons particulières, et ne doit point être regardée comme généralement applicable.

Il est vrai qu'elle paraît le devenir pour nous, en quelque façon, quand nous sommes dans l'ignorance de la composition de tous ces mécanismes et des résultats qu'ils peuvent produire. En effet, nous ne supposons pas de l'un quelconque d'entre eux qu'il soit plutôt favorable que contraire au partage égal, et comme nous ne considérons pas les raisons, existantes ou non dans le fond, mais inconnues, pour lesquelles il en serait ainsi, nous allons plus loin, nous supposons qu'ils agissent tantôt dans un sens et tantôt dans l'autre, de manière à se balancer. La variété et la divergence des causes inconnues auraient donc le même effet que leur indétermination effective? La cause constante, qui est l'égalité des boules des deux couleurs dans l'urne, tendrait à se manifester dans la suite des tirages? Et il serait toujours vrai que *les possibilités respectives des événements se développent*, alors que cependant ils n'ont rien de fondé comme possibles, excepté dans notre ignorance?

Mais quelle preuve avons-nous de cette tendance des effets des causes variables à s'annuler mutuellement par leur combinaison dans une longue série, quand les mécanismes ne sont pas disposés pour cela, quand nous imaginons à leur place autant de causes naturelles données, liées à l'ordre général du monde? La preuve qu'on voudrait tirer de la démonstration mathématique de la loi des grands nombres n'est point valable, parce que la notion de probabilité sur laquelle elle s'appuie est elle-même basée sur *l'attente dans l'ignorance*, et non sur la *possibilité réelle*. Et la preuve expérimentale ne peut être invoquée en confirmation d'une théorie, lorsqu'une théorie contraire y a le même droit. Voilà ce qui a dû frapper ceux des partisans du déterminisme qui ont condamné le calcul des probabilités, en exprimant leur mépris pour une méthode dont l'esprit consisterait à regarder l'impossible comme probable et le nécessaire comme incertain. La condamnation n'est pas tout à fait juste, même à ce point de vue; seulement il faut faire une remarque qu'on n'a pas faite et que je crois maintenant avoir mise en tout son jour.

Le calcul des probabilités, lorsque ses principes sont exposés du point de vue déterministe, implique deux hypothèses, celle de la nécessité d'abord, puis cette autre : que les causes variables des suites d'événements d'un certain genre tendent à se balancer, pourvu que ces suites soient suffisamment prolongées. A vrai dire, la loi des grands nombres n'est point alors démontrée, sa vérification par l'expérience la constitue un fait interprétable diversement. Il en est tout autrement dans l'hypothèse unique de la liberté. La loi des grands nombres se démontre, parce qu'on admet des possibles réels, des futurs ambigus et indéterminés, tels enfin que de deux contraires il n'y ait point de raison préexistante pour que l'un devienne actuel plutôt que l'autre.

Pour achever ce sujet, reprenons l'appareil indiqué. Confions la pression du ressort pour les tirages à un homme en possession de sa liberté, au moins apparente. Supposons que cet homme éloigne de lui les impressions, les pensées, les phénomènes externes ou internes, par suite desquels ses décisions pourraient se trouver avancées ou retardées, et que, tout entier à son affaire comme on dit, il s'attache à déterminer arbitrairement, sans loi aucune et sans habitude, une série d'intervalles des temps de pression. Son unique pensée doit être de la forme : *est-ce maintenant oui ou non?* jusqu'à ce que la détermination : *maintenant oui*, lui paraisse dégagée de tout motif autre que celui d'exercer sa liberté. Ces conditions sont possibles, il est aisé d'en faire l'expérience, et s'il est difficile de les continuer très longtemps, on peut du moins les reprendre aussi souvent qu'on voudra, et diviser les épreuves en un grand nombre de suites. Cela posé, le cas d'un tirage ainsi défini est éminemment de ceux auxquels le calcul des probabilités est applicable. Il est hors de doute, et on pourrait d'ailleurs s'en assurer directement, que les épreuves prolongées dessineraient bientôt la tendance au partage égal, c'est-à-dire accuseraient la loi des grands nombres. L'hypothèse de la liberté explique simplement et immédiatement ce résultat. Mais, dans l'autre hypothèse, on est obligé de considérer les décisions qui fixent les instants, comme dues à des causes cachées, multiples, variables, indépendantes les unes des autres quant au temps, enfin toutes de nature à se balancer en s'accumulant. Le défenseur de la liberté demandera qu'on lui assigne, qu'on lui fasse au moins entrevoir ces causes dont il n'aperçoit pas traces dans son expérience, et qui semblent n'être invoquées que pour voiler, sous une allégation vague et plutôt nominale que réelle, ces purs *accidents* qu'on ne veut pas reconnaître. On lui répondra par les dispositions latentes de l'organisme, ou par des suites de perceptions et de pensées confuses qui ne s'arrêtent pas distinctement dans la conscience. En l'absence avouée de données plus claires et de renseignements plus précis, ce n'est là qu'en appeler à l'argument général de l'existence des causes prédéterminantes. Donc, et à nous en tenir aux éléments de l'expérience décrite, nous conclurons ici qu'il est impossible ou singulièrement difficile d'imaginer la suite des causes inconnues dont les effets observeraient la loi propre aux événements ambigus, et que, par conséquent, l'existence réelle de la liberté est probable, comme son apparence est certaine.

On se tromperait à coup sûr si, d'après ce qui précède, on croyait trouver des faits d'exercice de la liberté dans toutes les décisions qui président au sort des jeux et aux événements analogues dits de hasard. Nous avons considéré la liberté comme attachée à la délibération morale, et unie intimement à des motifs passionnels. Or, il est des actes de spontanéité irréfléchie qui n'offrent rien de semblable. Nous devons donc introduire une distinction importante.

Certaines déterminations suivent des états donnés de l'organisme et de la conscience : elles les suivent sans réflexion ni volonté, ainsi qu'on peut aisément s'en convaincre dans beaucoup de cas; il est donc clair qu'elles ne sont pas libres. Lorsque dans un tirage, par exemple, la décision intervient, *naturelle*, instinctive, inattentive, c'est-à-dire au fond machinale, la liberté humaine n'y joue aucun rôle. On dira bien encore des résultats obtenus qu'ils sont accidentels et fortuits, parce que le langage vulgaire applique ces noms aux événements involontaires, sans intention ou simplement sans cause connue; mais, dans la rigueur logique, on entend par accidents et faits de hasard des phénomènes qui n'étaient point donnés par anticipation en de certaines causes non ambiguës : on ne peut donc les placer que dans l'ordre de la volonté délibérante ou dans celui de la spontanéité animale arbitraire; mais ce dernier est insondable, et d'ailleurs ne doit pas m'occuper ici.

On voit par là que le véritable hasard, même dans les jeux, existe surtout à la condition que le joueur réfléchisse ses actes, délibère et choisisse, malgré l'indifférence qu'il attribue à ses propres décisions. Il peut paraître singulier que la délibération et le choix s'exercent où il ne saurait s'exercer avec raison; c'est pourtant ce qui a lieu communément, quoique souvent d'une manière sourde. Le joueur qui ferait autrement ne serait pas *à son jeu*, et celui qui prolongeant longtemps une manière d'action somnolente ne s'appliquerait pas à produire de l'indéterminé, en variant par sa liberté les temps et les modes du sort, celui-là tendrait à passer à l'état de machine, et il ne faudrait pas s'étonner si, dans un jeu simple où il jouerait seul, la loi des grands nombres se trouvait en défaut avec lui.

C'est pourquoi, dans l'exemple que j'ai choisi pour servir à l'analyse de la liberté, dans les loteries, j'ai supposé un opérateur sans habitudes, et attentif à soustraire ses déterminations à toute influence externe ou interne qui fût sensible pour lui, et, d'une autre part, un appareil tellement disposé que le choix ne pût s'exercer qu'entre les temps : conditions de tirage les plus indifférentes possibles. C'était mettre la liberté en expérience autant que faire se peut. Le caractère de délibération et de volonté réfléchie n'en était pas moins aussi marqué qu'il l'est dans un acte moral. On envisageait, non cette liberté indifférente fictive qui, étrangère à la raison, n'appartient pas à l'homme, mais, là comme partout, la synthèse du motif et de la volonté. Seulement il faut noter cette circonstance, que le motif de se déterminer en pareil cas est général : c'est celui d'agir pour une fin, malgré l'indifférence des moyens connus qui sont également propres à la réaliser; c'est encore celui d'appliquer ou d'éprouver sa liberté, en décidant d'agir ou de n'agir pas, au moment précis où l'on ne subit pour cela d'autre influence que celle du désir de les éviter toutes.

Au reste, un motif moral n'est pas nécessaire pour l'acte; la représentation de l'acte même suffit : possible, imminent, actuel. J'ai exposé cette loi dans tous ses développements. La volonté vient, en tant qu'une représentation se maintient elle-même avec conscience : et l'acte s'ensuit; ou en tant qu'elle se suspend : et l'acte est suspendu. Ceci compris, s'il s'agit d'un cas où la représentation ne s'adjoint aucune raison *a priori* de se maintenir, plutôt que de se suspendre à l'instant, elle en admet au moins une inévitable de choisir ; elle choisit donc ; et, en choisissant, elle s'adjoint le motif de s'exercer comme volonté : savoir, en se maintenant quand elle pourrait se suspendre, ou réciproquement.

B. D'une manière de voir commune touchant la régularité des phénomènes de l'ordre moral.

La loi dite des grands nombres, dont je viens de discuter l'application aux événements compris sous le nom de hasard, porte sur les faits de l'ordre moral, envisagés dans les sociétés humaines, d'une manière que les relevés statistiques et le calcul des moyennes ont fait ressortir, au grand étonnement des nombreuses personnes qui ne réfléchissent pas assez à la différence entre la détermination pratique d'un acte individuel, dans un cas donné, et la détermination arithmétique d'un acte moyen, dans une somme de cas semblables.

Commençons par établir clairement de quoi il s'agit : il suffira de quelques passages du grand statisticien Quételet, avec les remarques de Buckle, auteur de l'*Histoire de la civilisation en Angleterre*. « Dans tout ce qui se rapporte aux crimes, dit le premier, les mêmes nombres se reproduisent avec une constance telle, qu'il serait impossible de la méconnaître, même pour ceux des crimes qui sembleraient devoir échapper le plus à toute prévision humaine, tels que les meurtres, puisqu'ils se commettent en général, à la suite de rixes qui naissent sans motif et dans les circonstances en apparence les plus fortuites. Cependant l'expérience prouve que non seulement les meurtres sont annuellement à peu près en même nombre, mais encore que les instruments qui servent à les commettre sont employés dans les mêmes proportions. » Il est question, bien entendu, d'une société donnée, à une époque donnée. « Les enquêtes postérieures, ajoute Buckle, ont établi le fait extraordinaire que la reproduction uniforme du crime est plus clairement marquée et plus susceptible d'être prédite, que ne le sont les lois physiques qui se rattachent à la maladie et à la destruction du corps humain. Ainsi le nombre des personnes accusées de crime en France entre les années 1826 et 1844 est, par une coïncidence singulière, à peu près égal à celui des décès d'individus mâles qui eurent lieu à Paris durant la même période ; la différence étant que les fluctuations dans le total du crime étaient positivement plus petites que les fluctuations dans la mortalité ; et en même temps une régularité semblable était observée dans chaque délit séparément, chacun de ces délits suivant la même loi de répétition uniforme et périodique. » (*Histoire de la civilisation*, t. I, p. 33 de la traduction française.)

« Tout semble dépendre de causes déterminées, dit encore Quételet. Ainsi nous trouvons annuellement à peu près le même nombre de suicides, non seulement en général, mais encore en faisant la distinction des sexes, celle des âges, ou même celle des instruments employés pour se détruire. Une année reproduit si facilement les chiffres de l'année qui a précédé, qu'on peut prévoir ce qui va arriver dans l'année qui va suivre. » (*Ibid.*, p. 36.)

Disons maintenant que la même uniformité s'observe dans les relevés qu'on a pu faire de certaines espèces d'actes qui n'ont rien de délictueux et qui passent ordinairement pour accidentels, par exemple des diverses aberrations de mémoire relevées sur la suscription des lettres à l'administration des postes. On s'étonnera beaucoup moins que des faits tels que les mariages fournissent des nombres statistiques dépendants de causes, cette fois connues. (*Ibid.*, p. 41-42.) En général je ne vois aucune raison de ne pas conclure avec Buckle que les actes, tant vertueux que vicieux, et les actions indifférentes s'il en est de telles, sont, aussi bien que les crimes, régis par des lois générales; mais j'ajouterai : *régis dans leurs moyennes* et régis approximativement afin de ne pas m'éloigner de l'énoncé correct des faits. Et comme les moyennes des actes sont les effets et les signes de l'état moyen de la moralité, lequel à son tour définit moralement la société, personne morale constituée par une abstraction, je comprends que Quételet ait dit (*Ibid.*, p. 38) :

« L'expérience démontre avec toute l'évidence possible cette opinion qui pourra paraître paradoxale au premier abord, que *c'est la société qui prépare le crime et que le coupable n'est que l'instrument qui l'exécute.* » Cette opinion, vue à la lumière des faits statistiques, qu'elle ne doit que traduire si on l'entend bien, me semble à moi plus près du truisme que du paradoxe. Elle signifie, en effet, que si un homme sur mille, par exemple, en moyenne, est coupable d'un crime donné, dans un temps donné, attendu la détermination de fait constatée dans une société donnée à l'égard de ce crime, cet homme — homme statistique abstrait — est le représentant forcé de cette disposition criminelle passée à l'acte. Si maintenant on veut considérer un homme réel, dans la même société où l'homme arithmétique a sa valeur déterminée à l'endroit de ce même crime, la proposition de Quételet entendue dans le sens d'une constante influence exercée sur chaque individu, et non plus d'une absolue nécessité dont il serait l'instrument, cette proposition devient l'expression malheureusement trop exacte de la solidarité du mal qui pèse sur les hommes d'un milieu moral donné, et tout spécialement sur ceux qui en occupent les parties basses. Mais s'ensuit-il de là que chaque individu réel qui a commis la mauvaise action a dû y être individuellement déterminé d'avance sans pouvoir en échapper? De ce que le *un sur mille* est voulu — encore n'est-ce jamais qu'approximativement — avons-nous le droit de penser que *cet un sur ce mille* est, a été ou va être voulu? Qui donc a montré cela? Sommes-nous donc assez brouillés avec la logique pour qu'il semble aller de soi, chez un grand nombre d'auteurs, et de philosophes, et de logiciens, que la détermination calculée du quotient du crime suppose la détermination matérielle du criminel lui-même en chair et en os. Faut-il donc regretter le temps où nul raisonnement ne passait pour sûr avant d'être *mis en forme*? Je réclame un syllogisme *in modo et figura*.

Après tout, c'est du calcul des probabilités qu'il s'agit, et les principes reçus, dans l'espèce, sont clairs et incontestés. Que disent-ils? prenons les termes de Laplace : « Au milieu des causes variables et inconnues que nous comprenons sous le nom de *hasard* et qui rendent incertaine et irrégulière la marche des événements, on voit naître, à mesure qu'ils se multiplient, une régularité frappante... En y réfléchissant, on reconnaît bientôt que cette régularité n'est que *le développement des possibilités respectives des événements simples qui doivent se présenter plus souvent lorsqu'ils sont plus probables*... On peut tirer du théorème précédent cette conséquence, qui doit être regardée comme une loi générale, savoir, que les rapports des effets de la nature sont à fort peu près constants, quand ces effets sont considérés en grand nombre... Il suit encore de ce théorème que, dans une série d'événements indéfiniment prolongée, l'action des causes régulières et constantes doit l'emporter à la longue sur celle des causes irrégulières... » (*Essai philosophique sur les probabilités*, 5ᵉ édit., p. 74.) Je n'ai plus à m'occuper maintenant du « développement des possibilités respectives » dans une hypothèse ou dans une autre, dans la donnée de la liberté ou dans celle de la nécessité, pour rechercher le sens philosophique des probabilités calculées des événements appelées de *hasard*. Il s'agit au contraire de causes connues qui donnent aux événements des possibilités inégales; et personne ne conteste, quelque opinion qu'on puisse avoir de la liberté morale, qu'il y ait des actions humaines diversement possibles, diversement probables en raison des tendances établies dans une certaine société, et des causes qui les favorisent dans une certaine mesure. Cela posé, on ne doit point être surpris que, dans la production des actes humains, l'action d'une cause régulière et constante, comme l'existence de tel caractère commun, de tel vice endémique, se fasse sentir parmi les autres motifs variables au milieu desquels se détermine l'agent, forcé d'en accepter quelqu'un ou quelque autre en choisissant; ni que cette cause l'emporte à la longue, ce qui veut dire ici : se marque à sa valeur quand on considère un nombre suffisant de cas; ni que ses effets se présentent plus multipliés selon qu'ils sont plus probables ; ni enfin que les rapports des différents effets se présentent avec la même constance qui appartient à leurs causes, puisque cette constance même est ce qui révèle une probabilité impossible à connaître autrement que par cette mesure.

C'est donc très arbitrairement et en conséquence d'une confusion misérable entre la cause active d'un acte individuel et la cause abstraite de ces sortes d'actes, considérés dans leurs moyennes approximatives et dans leurs résultantes, que Buckle nous dit, sans seulement ajouter pourquoi, que les actions des hommes n'ont un caractère d'uniformité, que parce qu'elles sont uniquement déterminées par leurs antécédents, parce qu'elles doivent toujours être identiques pour des circonstances identiques. Il suppose qu'en constatant l'uniformité des actes par la statistique, on prouve suffisamment la loi de prédétermination absolue et « l'existence d'un vaste plan d'ordre universel » auquel aucun détail ne peut être soustrait. Au reste, Buckle prétend, ceci est bien bizarre, ne nous gêner en rien dans nos opinions, soit que nous acceptions « la doctrine de la prédestination, soit celle du libre arbitre. » Il nous demande seulement d'admettre que la parfaite connaissance des antécédents, à l'égard de tous les actes possibles, entraînerait la connaissance et la prévision infaillible de tous les conséquents! Et il est naïvement persuadé, comme l'a été aussi Stuart Mill, que tout homme admet cela comme lui, « pourvu qu'il soit exempt de préjugés systématiques ». Il a d'ailleurs si peu réfléchi par lui-même à la signification morale du libre arbitre, il la voit si exclusivement à travers le système des partisans de la *liberté d'indifférence*, qu'il définit la volonté libre un « pouvoir d'agir sans motif » (p. 25, en note). Il n'exige pas de nous que nous niions absolument la réalité d'un pouvoir si extraordinaire, et il ne songe pas que nous pourrions ne faire aucun cas de cette gracieuse concession et nous contenter de l'inviter lui-même à nous démontrer que tout motif actuel est le pur produit de ses antécédents!

Je n'examinerai pas chez d'autres auteurs la thèse d'une prétendue démonstration du déterminisme par le fait acquis de la régularité des phénomènes de l'ordre moral. Beaucoup de philosophes de ce temps se rattachent en cela directement ou indirectement à Buckle, dont l'ouvrage a exercé et méritait d'exercer une grande influence sur la marche de la pensée générale ; et aucun d'eux n'a donné d'autres raisons que les siennes, c'est-à-dire qu'ils n'en ont point donné que je sache. D'ailleurs je ne pourrais rien dire du fond de la question qui ne se trouve déjà dans un autre ouvrage, auquel je me permets de renvoyer le lecteur. (Voyez le dernier chapitre de la *Science de la morale*, t. II, p. 539.)

C. De la causalité comme principe absolu.

La loi de causalité, dit Stuart Mill, dans un passage assez critique de son *Système de logique*, où il est question de faire voir comment on peut être reçu à fonder ce principe sur l'induction et l'induction sur ce principe, « la loi de causalité est, en universalité, la première en tête de toutes les uniformités observées,... non moins certaine, et même plus certaine qu'aucune des lois dont elle a été tirée. Elle leur *communique autant* d'évidence qu'elle en reçoit. » (T. II, p. 101, trad. de M. Peisse.) C'est en songeant à la théorie dont ce passage est un résumé naïf, que j'ai écrit ces mots dans le chapitre précédent : je ne puis apercevoir aucune différence d'assiette mentale entre un philosophe aprioriste qui soumet l'expérience à une loi absolue et celui qui, s'étant annoncé l'esclave de l'expérience, prétend fonder sur l'expérience une loi poussée au delà de l'expérience. Comment est-il possible, en effet, que cette loi soit « la première en tête des uniformités observées » (*it stands at the head of all observed uniformities*, dit le texte), si elle n'est pas elle-même une *uniformité observée*? Et comment peut-elle être une *uniformité observée* quand on l'étend plus loin que tout ce qu'on a pu observer effectivement? Un philosophe de l'école empirique et même un simple logicien, car cela suffit, peut-il comprendre qu'une loi l'emporte en certitude sur d'autres *dont elle est tirée* (not less certain, but on the contrary, more so than any of those from which it was drawn)?

Stuart Mill justifie cette certitude, cette *évidence accrue* du principe, comparativement à ses applications, tout comme un aprioriste le ferait, en arguant de l'existence des erreurs particulières que le principe même permet de corriger (p. 102); mais l'argument ne vaut rien pour prouver la vérité du principe absolu, puisqu'il la suppose. Il reste toujours à légitimer l'induction suprême et tout ce que Stuart Mill allègue pour cela de raisons se réduit à ceci :

« Non seulement nous ne connaissons aucune raison qui l'infirme (la loi de causalité), mais les exceptions qui limitent et infirment les lois spéciales, loin de contredire la loi universelle, la confirment; puisque dans tous les cas suffisamment ouverts à nos investigations, nous pouvons attribuer la différence du résultat, soit à l'absence d'une cause ordinairement présente, soit à la présence d'une cause ordinairement absente. La loi qui rattache tout effet à une cause *étant donc certaine* (being thus certain), elle communique sa certitude à toutes les autres qu'on en peut déduire... » Et plus haut :

« Lorsque le fait généralisé est supposé si étendu, que tous les temps, tous les lieux et toutes les combinaisons possibles de circonstances doivent témoigner pour ou contre la légitimité de sa généralisation, et *s'il n'a jamais été trouvé faux (if it be never found otherwise than true)*, sa vérité ne peut dépendre d'aucune collocation autre que celles qui existent en tous temps et en tous lieux, et elle ne peut être contredite que par des expériences neutralisantes qui actuellement et en fait ne s'exercent jamais (*unless by such as never actually occur*). C'est donc alors une loi empirique *aussi étendue que l'expérience humaine (coextensive with all human experience)*; et à ce degré d'extension la distinction entre les lois de la nature et les lois empiriques s'évanouit, et la proposition prend rang parmi les vérités les plus solidement établies et les plus universelles qui soient accessibles à la science. »

Il est indispensable de rappeler ce que Stuart Mill entend par la loi universelle de causalité. C'est ce principe « que tout événement, tout commencement de phénomène, doit avoir une cause, *un antécédent dont il est invariablement et inconditionnellement le conséquent* » (*some antecedent on the existence of which it is invariably and unconditionally consequent*) (p. 92). Or, contre l'universalité de l'invariable lien de chaque cause avec chaque effet correspondant, il y a ceci à dire :

1° La certitude en est contestée par tous ceux qui admettent l'existence d'un certain champ de l'expérience humaine, dans lequel le lien de la cause avec l'effet est ambigu, une cause pouvant se déterminer différemment avec des antécédents identiques. Parmi ces philosophes, il y en a qui vont jusqu'à soutenir que cette ambiguïté de certaines causes est elle-même un fait d'expérience. Nous pouvons du moins constater que c'est une croyance fort répandue. Elle ne cédera qu'à de bonnes preuves contraires. En attendant, le déterministe n'est nullement fondé à dire que l'invariabilité du lien causal est certaine dans tous les cas, qu'elle n'a jamais manqué de se vérifier, qu'elle est aussi étendue que l'expérience humaine. Son droit se borne à rester dans le doute, et sa méthode lui défend d'anticiper l'expérience et de donner le nom d'expérience à la manière dont il lui plaît à lui d'interpréter l'expérience.

2° Dans l'école même à laquelle appartient Stuart Mill, on ne se flatte pas toujours de voir l'expérience où il croit la trouver, et cela est d'un grand poids contre son opinion, car enfin ce serait bien le moins qu'on se mît d'accord sur des faits observés — s'ils étaient observés. Nous avons vu naguère Buckle admettre qu'il pourrait à toute force exister des actes humains sans motifs ; et c'est un peu plus que nous n'eussions voulu lui demander, en fait de concessions. Un autre déterministe des plus convaincus, M. A. Bain, nous accorde que la loi de causalité absolue, étant fondée sur l'induction, est, en parfaite rigueur, douteuse, et nous permet de nier, si nous le voulons, la doctrine de l'*invariable séquence*, à laquelle il croit, quant à lui, qu'il n'existe point d'exception « décidément déclarée », dans tout le vaste champ des phénomènes explorés. Il lui convient d'oublier, quand il s'exprime ainsi, qu'il existe un autre *vaste* champ en balance du premier : le champ des phénomènes psychologiques, ouvert à l'expérience aussi, mais où seulement l'expérience et les jugements de l'esprit sont toujours mêlés. La philosophie déterministe de ce penseur est en somme une *opinion*, non pas une *science* : « Les raisons les plus fortes sont, dit-il, *je le crois*, en faveur de la nécessité. (Voyez à ce sujet la revue *la Critique philosophique*, 3ᵉ année, n° 16.)

3° Cette opinion très ordinaire des métaphysiciens et des psychologistes est aussi la croyance naturelle des savants, et à meilleur droit, dirait-on, si l'erreur était jamais un droit, parce que le savant doit toujours supposer les phénomènes rigoureusement déterminés par des antécédents, *dans le sujet propre de sa science et dans les justes limites de ce sujet*. Mais tout est-il sujet de science ? C'est en d'autres termes la même question : tout est-il déterminé ? Or un savant de l'ordre positif, un des plus autorisés, et certes des plus hardis en fait de méthode empirique a dit : « La loi de la cause suffisante est tout simplement la prétention de vouloir tout comprendre », et n'a pas admis cette prétention : « pour les animaux et les hommes, nous admettons même avec certitude, d'après notre propre conscience, un principe de libre arbitre, que nous sommes absolument obligés de soustraire à la dépendance rigoureuse de la loi causale ; malgré toutes les spéculations théoriques sur la fausseté possible de cette conviction, je crois que notre conscience naturelle ne s'en départira jamais. Ainsi, ce sont précisément les cas les mieux et les plus exactement connus de nos actions que nous considérons comme des exceptions à cette loi. *Si donc la loi causale était une loi d'expérience, sa démonstration inductive serait très peu satisfaisante.* (Voyez Helmholtz, *Optique physiologique*, p. 591 de la trad. franç.) Quoi qu'on pense du fait de conscience et du libre arbitre des animaux, il faut faire grande attention à ce que dit Helmholtz de la faiblesse du principe de causalité au point de vue de la méthode inductive. C'est tout ce que je tiens à relever ici pour m'en prévaloir.

Je finirai cette note sur Stuart Mill comme je l'ai commencée. Tous ceux qui connaissent un peu les ouvrages de ce subtil penseur savent à quel point il tenait à se dégager des aprioris. Sur la question même du principe absolu de causalité (et on vient de voir s'il y croyait!) n'a-t-il pas écrit, au grand scandale de tout ce qu'il y a de métaphysiciens, que peut-être il existait un monde dans lequel les événements se succédaient sans dépendre le moindrement les uns des autres, et qu'il ne voyait à cela pas la plus légère impossibilité. Ce qui l'assurait que non seulement ce monde-là n'est pas le nôtre mais que même le nôtre en est plus que le simple contradictoire, à savoir le parfait contraire, c'est l'induction. Mais l'induction qui ne se réclame ni explicitement ni implicitement d'aucun principe apriorique, l'induction qui renonce, en fait de certitude, à tout ce que l'expérience ne peut lui fournir, est une induction qui ne saurait dépasser légitimement le degré, la mesure et la sphère des choses vérifiées, sans mélange d'interprétations et d'hypothèses. Stuart Mill a voulu franchir cette limite, il est donc impossible de le nier coupable d'un paralogisme franc et net sur cette question et de plaider le *not guilty*.

D. Polémique avec P.-J. Proudhon.

Puisque j'ai dérogé une fois, dans la première édition de cet ouvrage, à la règle que je m'étais imposée d'éviter les débats et de faire intervenir les personnes, surtout celles de mes contemporains, je crois devoir conserver aujourd'hui ce que j'écrivais alors et le reproduire sans aucun changement, texte et notes :

« Tout entier à la suite de mes idées, j'évite ce qui pourrait donner à cette exposition le caractère d'un traité polémique. Mais une exception m'est imposée par le mérite éclatant d'un ouvrage, dont le retentissement d'ailleurs a été et devrait être grand, et où ma thèse de la liberté se trouve présentée avec une inexactitude singulière [1]. La critique de M. Proudhon n'a trait qu'à une explication insuffisante et tout accidentelle de ma pensée [2]. Cependant il me serait difficile de comprendre la méprise, ou l'inadvertance, si je ne savais, par la longue expérience de l'histoire de la philosophie, à quel point la question du libre arbitre peut troubler les esprits les plus pénétrants.

» M. Proudhon me reproche de *trahir la liberté*, parce que j'admets encore, à l'en croire, *un certain absolu cosmique, sauf à introduire dans l'ordre universel parfait, dans le rouage des faits, que je reconnais en principe, des possibles, des exceptions, des nouveautés*, ce qui est insoutenable. S'il était vrai que j'eusse cherché la liberté dans le monde des optimistes, *où tout est beauté, perfection, sans choc ni discord*, je serais tombé dans une *inévitable contradiction*. Cela est certain.

» La contradiction pourrait être imputée à M. Proudhon. Il semble l'avouer, sous le nom spécieux d'antinomie, quand il admet l'existence simultanée de la nécessité et de la liberté. A moins cependant qu'il ne fasse à chacune sa part, en les séparant, ce que je crois comprendre. Mais alors la nécessité universelle est niée; il n'y a plus lieu à antinomie. Rayons ce mot; la contradiction qu'il couvre s'évanouira.

» La contradiction, je l'avouais aussi, mais en déclarant la question insoluble, à l'époque où je commençais à spéculer sur ces matières [3]. Je croyais alors aux antinomies. J'en suis bien revenu. Car il faut se garder de donner ce nom à de simples oppositions qui ne portant pas sur un même sujet, au même

---

1. « *De la justice dans la Révolution et dans l'Église*, t. II p. 436 et 511. — Je dis mérite éclatant : éloge encore trop faible pour un livre qui renferme tant de belles choses, et tant de choses vraies, fortes, hardies, parmi lesquelles l'idée même qui l'a inspiré et le soutient d'un bout à l'autre. Mais il faut convenir qu'il y en a mille autres inapprouvables, qui sont de véritables idiosynchrasies de l'auteur, sans parler de bien des jugements échappés à sa verve et qu'il serait embarrassé de soutenir, si lui-même ne devait pas les avoir oubliés demain. Le tout est lancé *à toute vapeur*, à grand renfort des procédés de l'éloquence, trop souvent de l'invective, plutôt que composé avec une méthode sévère, et mûri dans le détail comme pour l'ensemble. Ce livre étonnant n'est pas un livre scientifique. On y pressent difficilement l'époque où la morale et la politique seront enfin des sciences. »

2. « Dans la *Revue philosophique et religieuse* de MM. Ch. Fauvety et Ch. Lemonnier, numéros de novembre 1855 et janvier 1856. »

3. « Encyclopédie nouvelle de MM. P. Leroux et J. Reynaud, art. *Philosophie*, p. 554, t. VII. »

instant sous le même rapport, sont la matière et non l'empêchement de la science.

» J'en viens à l'*absolu cosmique* dont on me charge. Si c'est admettre un *absolu cosmique*, que de se rendre à l'existence de lois générales du monde, alors, je le veux bien, j'admets un *absolu cosmique*. Ces lois, la liberté elle-même les suppose; elle en est l'affranchissement à quelques égards; elle les applique, les tourne, les entame, et ne les supprime point : à leur tour, elles ne supposent rien de la liberté, et elles y trouvent une limite.

» Les pyrrhoniens même n'ont pas nié, comme phénomènes, les lois des phénomènes, la donnée d'un ordre constant des faits physiques vitaux, sensibles, rationnels, passionnels. Je vois avec eux cet ordre, cet *absolu cosmique*. Seulement, je le nomme Cosmos, en français Relation, et l'Absolu, s'il est quelque part, je ne le vois pas. L'ordre est à mes yeux multiple, divers, composé. Nulle de ses grandes parties, que je connaisse, n'est exempte d'altérations sur les points où ses produits rencontrent la liberté et en participent.

» Et quand je reconnais des possibles, des exceptions, des nouveautés dans le cosmos, c'est que je nie formellement la thèse d'une loi unique, totale, éternelle, nécessaire, *absolue*. Exception et loi sont des idées très compatibles; ou, pour dire plus et plus justement, avouer l'exception, c'est avouer la loi. Mais on parle de lois déterminées et partielles. D'ailleurs je n'en comprends pas d'autres. Mais si quelqu'un réclamait à la fois un ordre entier, infini, partant sans exceptions, et des exceptions à cet ordre, il tomberait dans une contradiction grossière, dont je n'imaginerais pas que des philosophes eussent eu jamais à se défendre, s'il n'avait existé une fois une scolastique et des théologiens.

» Maintenant je voudrais pouvoir assurer que M. Proudhon lui-même, en dépit de ses antinomies, est du nombre des rares penseurs qui ne *trahissent* pas la liberté humaine en l'embrassant. Il est vrai qu'il n'essaie pas de retirer par des voies détournées ce qu'il accorde, comme tant d'autres le font journellement. Je suis frappé de l'énergie et de l'entière pureté de ses explications de l'ordre pratique. On n'a jamais mieux senti la fonction de la liberté dans le monde. Mais, tout auprès, ne se déclare-t-il pas avec la même rigueur pour l'existence des absolus et des *en soi* de tous les genres, et au besoin pour la possibilité de celui qui, préexistant à tous, les envelopperait tous [1]? Cet *absolu des absolus*, d'autres ont voulu, veulent et

---

1. Il les chasse de la science (de quel droit?), mais ailleurs

voudront le prouver ou y croire. Lui-même ignore nécessairement si chaque *en soi* individuel ne porte pas *en soi* un principe déterminatif de ses actes, pour toutes les occasions ; auquel cas tout serait préétabli, le libre arbitre serait un effet d'ignorance, une illusion nécessaire. De là des doctrines que M. Proudhon n'a pas le droit de condamner, et des conséquences contre lesquelles il est sans résistance. De là le besoin qu'il éprouve de *démontrer* la liberté. Mais en voulant la démontrer il en affaiblit plutôt la croyance, car il ne peut jamais arriver qu'à confirmer une apparence par d'autres ; et il n'a pas un mot, si ce n'est peut-être de dédain, pour la croyance morale qui est l'appui définitif de toute réalité transcendante. »

Une réplique de Proudhon insérée dans les *Notes et éclaircissements* de l'édition belge de son livre (poursuivi par la magistrature de l'empire) me fit sentir que j'avais dû n'être ni heureux ni clair dans mes explications sur les *exceptions et les lois*. Il sera donc utile d'ajouter ici quelques mots. « En bonne philosophie, dit Proudhon dans cette réponse, il n'y a d'exception à aucune loi ; toute loi est universelle ou n'est rien ; cela est de principe, ce me semble, en physique et en mathématiques... Ce qu'on appelle exception n'est autre chose que la rencontre de deux lois qui se modifient, l'influence réciproque de deux natures, rencontre, influence de laquelle naît une loi nouvelle, complexe, et que, relativement à la première loi qui est changée, notre ignorance appelle fort mal à propos une exception. J'insiste donc, et je demande à M. Renouvier si c'est là aussi ce qu'il entend par *exceptions aux lois générales du monde ?* Si oui, il sera conduit à admettre dans le monde autant d'exceptions que de lois, ce qui veut dire que, tout étant loi, et, par suite de la distinction des principes, tout étant en même temps exception, le monde est établi, comme je dis dans le texte, sur un système d'oppositions ou d'antagonismes. Partout indépendance, et partout réciproque influence ; c'est ainsi pour ma part que je conçois le *cosmos*, et telle est la base sur laquelle j'établis la théorie de la liberté et de la nécessité. Or il me paraît résulter des paroles citées plus haut de M. Renouvier que ce n'est pas là ce qu'il entend par exception à une loi. La loi, pour lui, comme pour tout le monde, est le fait général, qui s'explique par sa généralité même ; l'exception est le fait particulier, rare,

---

(et où donc?) il les lui faut, il les veut impérieusement. Voyez les p. 282, 301-304, 307, du t. II : *De la justice dans la Révolution et dans l'Église*.

qui ne rentrant pas dans la loi, démentant la loi, ne s'explique par rien. Je me trompe, l'exception à la loi s'expliquerait, selon M. Renouvier, par la liberté, qu'elle rend possible, ce qui constitue dans la métaphysique de M. Renouvier, un triple mystère, la loi, l'exception et la liberté[1]. »

Si toute loi est universelle ou n'est rien, et si, en bonne philosophie, il n'y a d'exception à aucune loi, comme le disait Proudhon, c'est précisément la question ; il ne faut pas la trancher, au lieu de la discuter.

Il est très sûr que je n'entendais pas, par *exception*, seulement le résultat de la rencontre d'une loi par une autre loi, un fait de croisement d'influences, mais aussi, et expressément dans le sujet dont il s'agissait, un fait qu'il n'est possible de faire rentrer intégralement dans aucune loi et aucun système de lois. Existe-t-il de tels faits? C'est toujours la question que Proudhon esquivait.

L'*exception* n'est pas précisément le fait *particulier, rare et qui dément la loi*. Particulier, il faut bien qu'il le soit dans l'acte ; mais il a néanmoins la généralité qui appartient à une propriété de la nature humaine, savoir à la propriété d'échapper, en certaines de ses déterminations, à l'empire absolu des antécédents régis par des lois. Rare, le fait que la liberté produit l'est sans doute ; mais la pensée aussi est rare dans le monde, et elle n'en vaut pas moins. Ces sortes de faits ne *démentent pas la loi*, car démentir n'aurait de sens qu'après avoir subi. Au contraire, ils affirment, impliquent, appliquent de nombreuses lois en se produisant, encore qu'aucune loi ne les renferme et ne les détermine totalement et rigoureusement. Existe-t-il ou non une loi universellement enveloppante? Encore et toujours la même question.

L'*exception ne s'explique par rien*. Eh! sans doute, si expliquer c'est déterminer et produire. Elle s'explique par soi, par le fait d'un premier commencement relatif de quelque chose dans la succession des phénomènes.

Ou plutôt elle s'explique *par la liberté*, me faisait dire Proudhon, ce qui fait trois mystères. Mais je n'ai donné prise nulle part que je sache à l'imputation de prendre l'exception à la loi pour une essence appelée à rendre la liberté possible. Voilà donc un mystère de moins sur les trois. Celui de la loi, si c'en est un, est moins embarrassant pour moi que pour les partisans de la loi universellement enveloppante. Celui de l'existence des faits

1. Proudhon, *De la justice*, etc. *Notes et éclaircissements*. Éd. de Bruxelles, 1870, t. VI, p. 70.

de liberté forme avec celui de l'existence des lois un seul mystère conjoint qui est le mystère de l'existence en général. Qu'on le nomme Dieu, qu'on le nomme le Monde, on ne le pénétrera jamais.

Concluant sur cette partie de son argumentation, Proudhon me reprochait d'avoir dit : nous croyons à la liberté, mais la thèse de la liberté n'est pas démontrable. Il ajoutait : « M. Renouvier, on le voit, n'est pas de ceux qui pensent que tout problème posé par la raison implique une solution par la raison. Il se considère comme un philosophe critique; au fond c'est un mystique. » Si c'est être un mystique que de croire à quelque chose pour de bonnes raisons, c'est-à-dire qu'on estime bonnes, il est vrai, je suis un mystique. S'il faut, pour être un philosophe critique, admettre que toute *solution par la raison* est une solution par raison démonstrative, apodictique, alors je ne suis pas un philosophe critique. Mais on attache à cette dernière dénomination, quand on sait ce qu'elle signifie, un sens diamétralement opposé. Malheureusement Proudhon n'a jamais voulu se rendre bien compte ni de la méthode kantienne de la raison pratique ni des conditions de la démonstration en philosophie [1].

1. J'avais dit du livre de Proudhon, à côté d'éloges mérités, que je confirme de grand cœur, après sa mort, que ce livre était écrit *à toute vapeur, à grand renfort des procédés de l'éloquence*. (Voyez la note ci-dessus, p. 119.) Proudhon ne me répondit pas précisément par un de ces violents coup de boutoir auxquels il était sujet avec ses contradicteurs. S'il fut piqué, il ne le témoigna qu'en me disant en termes à peu près polis : « M. Renouvier serait fort surpris si je lui disais à mon tour que ce qui fait qu'à mon avis il ne sera jamais, lui, malgré toute sa science, un vrai philosophe, c'est qu'il ne sait pas écrire. » Il ne m'appartient pas de discuter ce jugement « quelque peu paradoxal », comme Proudhon lui-même le nomme, mais je puis bien remarquer que cet écrivain de talent, et même de génie, prenait tout à fait le change en croyant que je lui reprochais, à lui philosophe, son éminent mérite littéraire, comme nuisible à sa philosophie. Il me semble pourtant que les termes dont je me servais indiquaient assez que je le prenais à partie sur ses grands défauts et non sur ses grandes qualités. Il est toujours mauvais d'employer de l'éloquence les *procédés* (je ne disais pas la juste passion et la vérité) en guise de *renfort* de la démonstration, et de *lancer à toute vapeur* la pensée, quand elle veut aller doucement pour se reconnaître. Je parlais aussi de l'invective : et il n'y en a que trop en effet dans les ouvrages de Proudhon. Au reste, je croyais et je crois parfaitement qu'on peut être à la fois un « vrai philosophe » et « savoir écrire », quoiqu'il me semble certain, à consulter les faits, que tous ceux qui ont su écrire n'ont pas été de vrais philosophes et *vice versa*.

DEUXIÈME PARTIE

LA CERTITUDE

XIV[1]

DÉFINITION GÉNÉRALE DE LA CERTITUDE DANS UNE CONSCIENCE

Qu'est-ce que la certitude? Les Grecs le cherchaient et nous le cherchons encore. Des académies le demandent et obtiennent des réponses convenues. Parmi les philosophes, les uns ont dit que certainement la certitude existait, d'autres que certainement non, et un petit nombre, plus avisé, que cela même était incertain. Les sceptiques triomphaient à bon droit de la mésintelligence des dogmatiques : comment osait-on parler d'une certitude qui ne sait se faire reconnaître de tous, et qui n'enseigne pas constamment les mêmes vérités à ses adeptes?

Que la certitude existe ou n'existe pas, soit une réalité ou une chimère, cependant en la cherchant, que cherche-t-on, et que trouve-t-on en pensant l'atteindre? Un détour très simple nous permettra de répondre à cette question et d'engager ainsi notre recherche.

---

1. La note qui se trouvait ici dans la première édition de cet ouvrage est reproduite, avec des explications plus étendues, en tête des *Observations et développements*, à la suite de ce chapitre.

Le contraire de la certitude, quant à la conscience, est l'incertitude. On est incertain quand on doute. On ne doute point dans l'un de ces trois cas : quand on *voit*, quand on *sait*, quand on *croit*. Mais de plus, en affirmant la chose donnée sous l'une de ces conditions, il faut ne point se représenter la possibilité de préférer l'affirmation contraire; plus encore, il faut se représenter une possibilité semblable comme universellement inadmissible dans les mêmes circonstances. On dit alors que l'on est certain.

De ces trois termes, *voir*, *savoir* et *croire*, la croyance, ou ce qu'on nomme ordinairement ainsi, semble le moins propre à assurer cette stabilité parfaite d'une affirmation donnée, car on l'applique à des cas pour lesquels une autre personne, ou la même en d'autres temps, sous d'autres impressions, avec d'autres connaissances, assoit des jugements différents. L'expérience ne prouve que trop ces sortes de changements. Croire, dira-t-on, c'est précisément affirmer sans *voir* et sans *savoir*, sur des éléments incomplets et qui peuvent varier; aussi l'homme sage doit-il frapper d'un certain coefficient de doute tous les actes de croyance qu'il fait et qu'il est moralement obligé de faire.

Mais changeons de point de vue; la question paraît tout autre. Quelque rigueur qu'on veuille prêter aux termes *voir* et *savoir*, et pourvu que leur application ne soit pas entièrement exempte de jugement, c'est un fait incontestable que celui des divergences continuelles ou toujours renaissantes des affirmations des écoles philosophiques, qui prétendent n'avoir d'autre fondement que le *voir* et le *savoir*. Ainsi la croyance ne varie pas seule. Dans la vie, comme dans les doctrines, il arrive qu'on pense voir ou savoir maintenant une chose, et que plus tard on pense voir ou savoir le contraire. Si l'erreur n'est pas le lot commun de la vie, elle l'est de la philosophie; tous les philosophes en conviendront, puisqu'ils ne s'accordent pas entre eux : or ce que les données de la vie nous offrent de vérités générales, sûres, constantes et concordantes ne peut être relevé, formulé et classé que par une philosophie. D'après cela, il semblerait que de nos trois termes, celui de croyance est le plus général et enveloppe les deux autres. Nous devrions dire que *l'on croit voir*, que *l'on croit savoir*, et toujours que *l'on croit*. La croyance alors ne serait plus pour nous le caractère d'un jugement des plus variables et des plus difficilement motivés ; elle serait l'état de la conscience, dans une affirmation quelconque dont les motifs se représenteraient comme suffisants. Il y aurait certitude enfin dans le cas que j'ai déjà défini, celui où la possibilité d'une affirmation contraire serait entièrement rejetée par la conscience.

Même dans ce cas, admettre que la certitude est une espèce de croyance, n'est-ce pas la livrer au changement ? N'est-ce pas nier ce que la métaphysique a poursuivi sous ce nom avec tant de constance, si ce n'est de succès ? D'un côté, il est clair que les convictions, nécessairement individuelles, varient, et l'humanité prise en masse n'est point parvenue à se donner une assiette plus ferme dans la plus grande et la plus précieuse partie des notions qui l'intéressent. Mais, d'une autre part, la conscience ne répugne-t-elle pas à livrer la sainte vérité aux variations de la pensée, aux caprices du vouloir, aux emportements de la passion ? Ne poserons-nous donc rien que de mobile pour fondement de ce que nous savons ou pouvons savoir ?

De nouveau demandons-nous ce que c'est qu'être incertain, et cette fois ne nous contentons pas si aisément. Souvenons-nous d'une situation morale où nous nous sommes souvent trouvés. Que se passe-t-il qui explique cet état de suspension de l'esprit où les pensées semblent impuissantes à s'arrêter et à se fixer comme représentatives d'une certaine réalité ?

Je peux réserver mon jugement en présence de

phénomènes dont je me souviens d'avoir tiré de fausses inductions, ou seulement parce que l'expérience m'a appris que certains faits, donnés pour la conscience, ne se trouvent pas toujours avec d'autres faits dans cet accord, ou ne se classent point parmi les termes de cette série dont j'admets que la réalité dépend ou se compose. Les illusions des sens, les leurres des songes, ceux de l'hallucination, sont des exemples rebattus en philosophie, mais qu'il faut toujours citer. Le cas le plus frappant, le type de cet état, quant à la suspension du jugement, se présente entre la veille et le sommeil, et quelquefois dans l'un et dans l'autre, lorsqu'un homme se demande : Est-ce vrai, ne rêvé-je point?

Passons du sensible à l'intelligible. Ici encore je me défie de la spontanéité d'un premier jugement. Si la réflexion se prolonge, elle peut ne plus s'arrêter. Il arrive que, après avoir consulté ma mémoire, exercé mon imagination, appliqué ma raison, ou, dans une sphère plus vaste, après avoir exploré des faits, approuvé, rejeté des opinions, critiqué des théories, une vérité ne me semble pas nette, un parti décidément satisfaisant. Je doute, dans l'ordre de la science et dans celui de la pratique, lorsque, voulant accomplir le cercle de l'analyse et de la synthèse de mon sujet, des termes m'échappent, ou que je considère l'obscurité des points d'attache de leurs séries avec d'autres séries de phénomènes, dont je crains de les séparer. Dans ces divers cas, l'incertitude provient de ce que la représentation intellectuelle est incomplète, et de ce que je la sais telle; et je me dis n'être pas sûr, n'être pas fixé, ne pas comprendre, en un mot ne pas savoir.

Tout à l'heure je voyais et je ne savais pas. Maintenant je sais imparfaitement, et c'est encore ne pas savoir. Au point de vue de la sensibilité, au point de vue de l'entendement et de la raison, l'homme est incertain parce qu'*il ne sait pas.*

D'autres fois, je sens que je doute, à l'égard de faits

éloignés ou latents, ou même d'objets qu'un peu d'activité me permettrait d'atteindre et d'examiner, ou en présence de certaines fins que je pourrais ici poursuivre et là éviter si mon cœur les déterminait énergiquement comme des biens ou comme des maux, parce que l'existence des uns, la réalisation des autres n'éveille en moi ni un vif intérêt, ni des affections profondes ou persévérantes. Il est même des hommes que rien n'attire, qui ne repoussent rien que mollement, et ne s'attachent à rien. Celui qui leur ressemble en quelque rencontre, ou pour une certaine sphère de vérités, est incertain parce qu'il est sans passion : *il ne se passionne pas*.

En dernier lieu, dans les luttes intestines de la conscience, lorsque des passions contraires déchirent l'homme et que des représentations opposées du bien combattent dans son cœur, lorsque de tous côtés il semble se sauver et tout à la fois périr s'il se résout, il est faible, chancelant, partagé et comme ne s'appartenant plus à lui-même. On dit qu'il est sans volonté, et, en effet, il est incertain parce qu'*il ne veut pas*.

Ce même caractère s'observe, pour un état moins violent et moins passionné, dans ce genre si commun des hommes *du torrent*, que la faiblesse ou le défaut d'exercice des fonctions réflexives rendent le jouet des événements et des idées, et qui, livrés sans défense aux pensées qui les traversent, vivent et meurent sans s'être jamais témoignés à eux-mêmes comme en possession d'une certitude quelconque qui fût leur œuvre. Il en est aussi, dans l'ordre spéculatif, dont la réflexion ne s'emploie qu'à ne pas conclure; et ceux-là, la même volonté qui pourrait les faire certains les tient dans l'incertitude.

Il y a trois manières de douter, pour ainsi parler : eu égard à l'intelligence, ou à la passion, ou à la volonté; il y a donc aussi trois formes de la certitude, ou au moins trois éléments inégalement distribués d'un seul et même acte réfléchi, dont nulle des trois grandes fonctions humaines ne saurait être écartée. Nous ne pouvons rien affirmer en effet systématiquement, ni sans une représentation quelconque d'un groupe de rapports comme vraie, ni sans un attrait de quelque nature qui nous porte à nous engager ainsi dans la vérité aperçue, ni sans une détermination de la volonté qui se fixe, alors qu'il serait possible, ce semble, de suspendre le jugement, soit pour chercher de nouveaux motifs et de nouvelles raisons, soit même en s'abandonnant simplement aux impulsions qui se présentent.

Mais ces trois éléments distincts sont-ils vraiment indissolubles ? Nous devons le conclure d'abord d'une considération générale, celle de l'intégrité de l'homme dans chacun de ses états et de ses actes réfléchis. A l'ensemble des preuves qui résultent à cet égard de l'analyse des fonctions humaines (ci-dessus § vi-xii), ajoutons l'observation constante des faits de génération, d'altération, de lutte, de destruction et de renouvellement des systèmes, dans tous les genres de connaissances. J'écarte pour un moment cette part minime de vérité qu'on estime de pur raisonnement, ou d'observation pure, ou de jugement nécessaire et universel. L'élément de l'aperception sensible ou rationnelle est partout, et on ne le conteste pas. L'élément passionnel et l'élément volontaire entrent visiblement dans toutes les affirmations relatives à la vie et à la conduite. Enfin, si les doctrines se formaient indépendamment de ces derniers éléments, elles ne seraient pas si variables, si divergentes, et les sciences elles-mêmes n'anticiperaient pas si habituellement sur les faits acquis, mais se développeraient d'une marche toujours régulière, et banniraient toute controverse. On a vu, on voit encore jusqu'aux mathématiques avoir leurs sophismes, leurs erreurs, leurs trouvailles impossibles ; et l'exemple de Hobbes, un remarquable logicien qui prétendit réformer les principes d'Euclide, se reproduirait plus souvent peut-être si les écoliers, si les maîtres eux-mêmes se défiaient moins de leurs propres forces et ne déféraient plus qu'on ne croit à l'autorité traditionnelle en même temps qu'à la raison abstraite.

Mais puis-je admettre quelque part de *purs raisonnements*, une *observation pure* et des *jugements nécessaires* ; nécessaires dans le sens d'une parfaite impossibilité de les frapper d'un doute quelconque? Et n'est-ce pas là reconnaître des vérités que ni la passion ni la volonté ne concourent à poser?

Je les admets, quand je ne songe à leur opposer que cette grossière intervention des passions, des croyances et de la liberté, qui viennent quelquefois altérer les données prétendues ou les conséquences d'une spéculation scientifique dans laquelle la raison et l'observation doivent dominer : nous verrons plus loin comment s'établit en effet cette prédominance, et dans quelles parties, et ce qu'on peut en conclure. Je ne les admets plus, lorsqu'il s'agit de sonder profondément l'essence de nos affirmations, au moment même où elles se produisent sans autre garantie que celle d'une conscience individuelle, en présence d'un doute possible touchant la rectitude d'une opération ou la vérité d'une représentation particulière. Un tel doute les atteint et les accompagnerait toutes, s'il n'était doublement exclu et par notre volonté d'arrêter quelque chose, et dans l'intérêt des fins que poursuit notre pensée. Pour ne point s'accuser ici d'une rigueur exagérée, il faut se rappeler la nature de la question, supposer un homme exempt de toute habitude et indépendant de toute autorité, ce qui n'a presque jamais lieu, et le voir tel qu'il est en face d'une idée tout à fait nouvelle. Il faut songer aussi à la sévérité que le sujet exige, et à la nécessité de ruiner des abstractions que leurs auteurs sont parvenus à établir comme des réalités dans le domaine public. C'est la prétention ancienne et tenace des partisans d'une certitude abstraite, chimérique, et pour ainsi dire détachée de la nature humaine, qui oblige le philosophe sincère à relever à son tour ce qu'une affirmation, quelle qu'elle soit, a de relatif à la conscience, et par conséquent de contestable aux yeux de cette conscience même, à l'extrême rigueur, dès qu'elle dépasse la portée de ses phénomènes actuels et immédiats. Il est vrai que ce qui est ainsi contesté doit ensuite être rétabli, mais sur d'autres fondements, et plus solides, s'ils sont plus vrais.

Au reste, il ne s'agit pas de rassembler sur nouveaux frais tous ces matériaux du scepticisme ancien, que Descartes appelait déjà de son temps une *viande remâchée*. Chacun peut les chercher dans les livres de Sextus, dit l'*Empirique*, où ils ne laissent rien à désirer au lecteur intelligent. Après ce que nous avons dit des erreurs que comportent les fonctions humaines, au delà du champ du pur phénoménisme, il suffira d'établir nettement la part que la passion et la volonté prennent dans tout jugement.

A l'égard de l'élément volontaire, d'abord, on doit le considérer selon chacune des deux hypothèses, la nécessité, la liberté. Suivant la première hypothèse, la volonté rentre dans la passion ou dans l'intelligence. Or l'existence de l'erreur est un fait continuel et universel qu'on ne pourrait nier qu'en s'engageant à supprimer toutes les discussions établies sur tous les points dans la philosophie, et perpétuées dans son histoire. Les erreurs étant nécessaires, si tout est nécessaire, tombent nécessairement à la charge de la nature. Donc on ne saurait ni les imputer à la personne qui n'a pu les éviter, ni assigner pour les faire disparaître un moyen sûr et que quelqu'un ne juge point erroné, toujours nécessairement, à moins que l'expérience ne prononce à la fin, et que l'unité ne se fasse dans les esprits. En attendant ce jour, l'établissement d'une *preuve* de la certitude est impossible en dehors de l'individu qui pense la posséder. Cet individu lui-même serait plus sage, si, en présence de l'amas flottant des dogmes contradictoires, il tempérait en lui l'orgueil de Spinoza par le doute de Hume ou le criticisme de Kant ; car les faits parlent plus haut que son système quel qu'il soit.

En supposant l'accord de tous les hommes sur toutes choses, quelle *preuve* aurions-nous qu'ils ne sont pas tous et toujours nécessairement trompés ? Ce n'a-t-il pas été le dogme d'une grande religion, que le monde matériel, la nature entière ne sont qu'illusion ? Descartes a-t-il répondu bien rationnellement à son objection hypothétique du *Grand trompeur* ? Et si la loi universelle exige que tant de membres de l'humanité aient vécu et soient morts, vivent et meurent tous les jours dans l'erreur, pourquoi l'humanité en masse aurait-elle un meilleur partage dans l'immensité de l'univers ?

Reste l'hypothèse de la liberté, la seule où le sens de la volonté soit net. Il est clair, que, spéculativement, une affirmation peut toujours être suspendue par la pensée d'une erreur possible. Dès lors, la certitude ne se formera plus dans une conscience, que la volonté n'en ait exclu cette pensée une fois conçue, cette pensée de la possibilité d'une erreur. Quand et comment un homme peut-il se dire certain de ne pas se tromper, certain d'atteindre, au delà d'une impression actuelle, la réalité des rapports externes qu'elle pose devant lui, et de ceux qu'il s'attribue à lui-même, et qui forment sa conscience dans le passé ? La mémoire (et où la mémoire n'entre-t-elle pas ?) appuie sa véridicité sur une affection qui ne saurait aller plus loin qu'elle-même : on saisit cela, qu'on pense ne se point tromper, et qu'on le pense de toutes ses forces, pour ainsi parler ; mais non ceci, qu'en cela même on ne se trompe point. Les perceptions qui emportent l'existence de leurs objets (en quelque sens qu'on l'entende, car la question viendra plus tard) ne sont pourtant marquées d'aucun signe externe auquel on puisse les distinguer des imaginations des songes, ou des sensations hallucinantes. Si un tel signe était donné, en sorte que chaque état d'impression posât au dehors son caractère propre, immédiatement saisissable, on ne verrait pas le règne des illusions occuper le temps du sommeil, c'est-à-dire en somme le tiers de la vie humaine, et absorber l'existence entière de tant de malheureux qui pour être retranchés de la société ne le sont pas de l'humanité. Il faut donc chercher un signe distinctif interne, et qui réside dans l'acte même de la conscience. Or, on ne le trouvera pas simple, immédiat, instantanément manifesté. La distinction voulue dépend d'un exercice régulier de la réflexion, et par conséquent de la volonté. Ainsi la certitude de ne pas rêver, ou de n'être pas fou, suppose la présence active de cette fonction que nous avons vue se trouver inerte ou suspendue dans chacun de ces deux états. Avec la volonté intervient l'examen; avec l'examen, un certain doute que la volonté peut appeler, maintenir, éloigner; contre ce doute, enfin, une détermination qui n'est jamais exempte de quelque croyance, et où l'habitude, l'autorité et le témoignage des autres hommes se font naturellement une grande part.

Outre les perceptions et les faits de mémoire, il n'y a plus que le jugement et le raisonnement dont on ait pu penser que les objets sont de nature à être immédiatement saisis dans un acte de l'intelligence pure : le raisonnement, qui relie une série de termes par le principe de contradiction; le jugement, quand la conscience le représente comme nécessaire. Mais l'une et l'autre de ces fonctions exigent la distinction et l'identification des phénomènes, une pluralité d'actes séparés, puis rapprochés, c'est-à-dire l'exercice de la mémoire. De plus, le raisonnement et les jugements analytiques, malgré l'*évidence* qui les accompagne, ne laissent pas de courir quelque danger de sophisme et principalement d'équivoque, en sorte que, pour s'établir solidement, ils appellent la réflexion et tout ce que la réflexion entraîne. Mais supposons-les pleinement évidents d'eux-mêmes, ils laissent pour ainsi dire la conscience où ils la trouvent, à moins que des principes, des jugements synthétiques n'interviennent dans leurs séries. La démonstration ne souffre ni cercle vicieux ni développement à l'infini; elle implique donc des principes indémontrables, qui sont des synthèses à prendre toutes formées. Examinons ces synthèses.

Les unes sont des données de l'expérience, les autres semblent être des formes de la conscience même. Les premières sont à recueillir par l'observation, qui exige et une considération attentive des phénomènes, et l'abstraction de plusieurs d'entre eux, pour laisser paraître le lien de quelques-uns, et enfin la généralisation, par laquelle l'expérience est toujours dépassée, tantôt sans qu'à notre connaissance elle proteste, mais souvent tout au contraire. Cette suite d'opérations ne se conçoit que dans l'ensemble des fonctions de l'homme, et conduite par la réflexion, qui en confirme les conséquences. Or, si l'on s'en tient, dans cet ordre de faits, à ce qui est d'observation pure, on n'atteint point à une autre certitude que celle de la perception, dont nous avons déjà parlé; et si l'on dépasse cette limite, on donne l'entrée à des jugements aprioriques.

Quant à ces formes de la conscience, à ces rapports généraux qui s'affirment pour lier des faits par anticipation et pour les régler (et il faut comprendre ici le principe de contradiction, source des jugements analytiques), toutes ces affirmations, de quelque évidence qu'elles s'accompagnent, avec quelque force qu'elles s'imposent, ne sont pourtant pas telles qu'on puisse entièrement les dégager de l'exercice de la réflexion, et par suite de la volonté. En fait, le principe de contradiction même a été nié par des philosophes. On a vu Leibniz s'efforcer de faire recevoir, à titre d'évidence et comme fondamental dans la raison humaine, un autre principe, celui qu'il appelait de la raison suffisante, constamment rejeté par d'autres écoles. Il n'y a point enfin d'axiome, point de jugement si nécessaire, de ceux qui forment des synthèses, qu'il ne réclame un certain examen quand il s'offre à la pensée pour la première fois. Écartons l'autorité[1] et les habitudes ; qu'une affirmation soit nouvelle, imprévue, aussi claire d'ailleurs et aussi frappante qu'on voudra, il s'y trouvera toujours place pour un temps quelconque de doute. Celui qui pense obtenir une certitude instantanée s'expose à acclamer l'évidence de propositions fausses : on en a de continuels exemples chez les écoliers en mathématiques. Puis, quand agissent l'habitude et l'autorité, qui contribuent toujours et dans une forte mesure à faciliter l'affirmation et à l'assurer, leurs effets se passent au compte d'une vertu propre du jugement actuel et qui le mettrait en possession directe et immédiate du vrai. Cette possession, indéfinissable par la meilleure de toutes les raisons, qui est son défaut de titres, on l'appelle sommairement *évidence*, et l'on croit avoir tout dit. Ce que l'on retire ainsi à l'exercice volontaire de la raison, ce n'est pas à la vision ou à l'intuition qu'on devrait le rapporter, comme on le fait sans cesse, et comme en témoigne si bien la faveur dont jouit auprès d'un nombreux public un mot dont l'étymologie est flatteuse pour tous les genres d'affirmations sans preuves. Les symboles tirés de la vue s'appliquent mal à des principes comme la causalité par exemple, et à bien d'autres jugements universels appelés nécessaires. Il vaudrait mieux dans la plupart des cas en appeler à un instinct, à une force inhérente à notre nature. Or l'instinct est une passion naturelle, constante,

1. J'entends ici par *autorité*, quand il s'agit de la certitude, l'influence quelconque exercée sur le jugement individuel par le jugement d'autrui. L'histoire tout entière, l'histoire des idées et celle de la philosophie même, témoignent combien cette influence est grande.

irréfléchie ; la raison, alors même qu'elle tient le plus de cette passion, a de tout autres caractères. Pourquoi? Parce qu'elle ne se sépare point de la volonté. Et peut-on séparer de la raison les notions rationnelles?

Quoi qu'il en soit de ces considérations dont le développement complet exigerait ici trop de détails historiques et critiques, divisons la fonction affirmative de la conscience en deux formes qui comprennent tout : l'opération discursive, et celle qui n'embrasse ou semble n'embrasser qu'un moment de la pensée. A la première s'applique ce qui a été dit ci-dessus de la condition de mémoire, et l'autre encourt les mêmes difficultés sceptiques qu'on a signalées de tout temps dans le fait de perception. C'est assez pour conclure, non certes qu'il faut douter partout, encore moins que le doute précède effectivement toutes les affirmations possibles, mais ceci : que la fonction intellective humaine, aussi pure qu'on voudra, étant appliquée à la sensibilité ou aux phénomènes rationnels, puis étendue au delà d'elle-même et de l'instant présent, l'intervalle est toujours suffisant pour qu'un certain doute spéculatif puisse s'y poser. Ce doute extrême, à quelque degré qu'on l'atténue, il suffit que la possibilité en apparaisse : aussitôt, la volonté qui est la représentation même, en tant qu'appelée, maintenue, ou éloignée de son propre mouvement, vient prendre sa place dans la conscience, et dès lors l'indissolubilité des fonctions humaines se substitue pour le philosophe à la chimère de l'entendement pur.

Maintenant il n'y aura qu'un mot à dire sur l'élément passionnel de nos affirmations : c'est que là où l'élément volontaire intervient, il intervient aussi. Lorsqu'il s'agit des jugements où l'entendement domine, et de ceux qui suivent spontanément les sensations dans le très grand nombre des cas, la clarté, la force d'une représentation, tout ce qu'on a coutume d'appeler évidence agit à la manière des passions qui se rapportent à des fins et déterminent des actes. La ferme apparence du représenté dans la sensation, l'énergie logique des catégories dans les phénomènes de la raison, sont de véritables formes passionnelles, en ce qu'elles portent à l'acte en vue d'un but : l'acte est ici le jugement, et c'est incontestablement une fin que cette assiette de la conscience dans le savoir obtenu ; une fin qui précède même les autres fins que l'homme peut poursuivre, et au défaut de laquelle elles s'évanouiraient toutes ; une fin qui comprend à la fois et le but désintéressé de l'étude et de la science, c'est-à-dire l'accession au rationnel et au vrai plutôt qu'à leurs contraires, et toute la suite des conséquences utiles dont l'ensemble est proprement la vie ; une fin tellement indispensable que la réflexion philosophique seule la discerne, et que l'immense majorité des hommes la possèdent et s'y tiennent inséparablement, comme les animaux font à leurs fins particulières.

Ici se présente l'explication et la justification du terme communément adopté, quoique peut-être un peu trop étendu, du terme, dis-je, de *jugement nécessaire*. La série des affirmations primitives qui posent la réalité des représentés, plus encore, s'il est possible, celles qui posent les lois propres de la conscience, doivent paraître nécessaires au même titre que le paraissent les motifs quelconques de nos actes à un partisan de la nécessité, mais nécessaires d'une manière tout autrement intelligible. En effet, l'ordre du monde, tel que nous pouvons le connaître, ne souffre guère de ce qu'un homme accomplit ou non des actes particuliers que ses passions lui proposent ; mais le monde lui-même et la conscience ne seraient qu'illusion pour nous si nous résistions à cette passion unique et radicale qui nous porte à affirmer la réalité des lois, conditions formelles du témoignage que nous nous rendons de notre existence et de toute connaissance possible.

La nécessité est donc le caractère d'un groupe de

jugements qui forment, pour user ici d'une comparaison tirée de l'ordre naturel, et l'ossature, et le système circulatoire, en un mot les fonctions organiques les plus diverses de la conscience et de ses rapports. Je dis la nécessité, parce que nous y cédons tous, en tant que nous sommes et vivons, et que, moralement, nous devrions encore nous y attacher, en admettant qu'un doute sérieux et durable pût nous y atteindre. Elle n'est pas tellement rigoureuse toutefois qu'un doute extrême et spéculatif, et en quelque sorte hypothétique lui-même, ne nous trouve accessibles. La réflexion n'est point anéantie par la force de l'instinct. Une réflexion réelle, précédant l'affirmation, fait toujours de celle-ci un mode volontaire; autrement la conscience ne se témoignerait pas tout son pouvoir, et l'homme ne se connaîtrait pas.

Au reste, en parlant de l'indissolubilité des fonctions, je n'ai pas entendu qu'elles fussent toutes inséparables de fait et en acte, dans les déterminations quelconques de la conscience. La volonté, la dernière venue quand on s'élève de l'animal à l'homme, est absente d'un très grand nombre d'actes instinctifs, habituels, ou passionnellement spontanés; et nous venons de voir que les philosophes seuls la voient intervenir dans la classe des jugements primitifs et fondamentaux. Mais il suffit qu'elle existe toujours en puissance, et se représente au moins comme telle, sitôt que la réflexion apparaît, pour qu'on ne puisse éviter d'en tenir compte dans l'analyse de l'homme complet et des éléments inhérents à la certitude. Oserait-on dire en effet que la certitude n'a pas besoin d'être réfléchie?

En résumé, nous distinguons dans la constitution de la certitude, outre l'apparence intellectuelle, deux forces dont nous ne séparons pas cette apparence : la force qui pousse à affirmer, et celle qui se fait sciemment affirmative : la passion et la volonté. Cette dernière, si nous acceptions l'hypothèse de la nécessité, manquerait de réalité au fond, mais la place en serait toujours occupée par le fait capital de la diversité des doctrines et des opinions dans tous les temps, et dans le développement d'une même conscience. Ainsi la certitude ne pourrait point se constituer universellement, c'est-à-dire à part des convictions propres de chacun. Dans l'hypothèse de la liberté, c'est à la liberté qu'il appartient de poser le fondement de la certitude.

Le signe radical de la volonté, la marque essentielle de ce développement achevé qui fait l'homme capable de spéculation sur toutes choses, et l'élève à sa dignité d'être indépendant et autonome, c'est la possibilité du doute. Aussi n'est-il pas étonnant que l'homme vraiment éclairé et profondément cultivé se distingue beaucoup plus par les points de jugement où il se laisse aborder au doute, et convient de son ignorance; que par ceux où il possède une assurance imperturbable. Au contraire l'ignorant doute peu, le sot encore moins, et le fou jamais. Le monde serait bien différent de ce qu'il est, si la plupart des hommes savaient douter : on ne les verrait pas, esclaves de leurs habitudes et de leurs préjugés, ne s'y soustraire le plus souvent que pour subir le pouvoir de l'imagination et s'éblouir des prestiges que la force ou l'éloquence de quelques-uns sont en possession d'opérer.

La certitude n'est donc pas et ne peut pas être un absolu. Elle est, ce qu'on a trop souvent oublié, un état et un acte de l'homme : non pas un acte et un état où il saisisse immédiatement ce qui ne saurait être immédiat, c'est-à-dire des faits et des lois extérieurs ou supérieurs à l'expérience actuelle, mais bien où il pose sa conscience telle qu'elle est et qu'il la soutient. A proprement parler, il n'y a pas de certitude; il y a seulement des hommes certains. Ce devrait être une maxime universellement reçue, que *tout ce qui est dans la conscience est relatif à la conscience*; et puisqu'une vérité si simple a été implicitement niée par les philosophes, sans invoquer à l'appui tant d'arguments, celui qui la voudra considérer en face y trouvera de toutes les raisons la plus forte pour rejeter le dogmatisme de l'évidence et de l'entendement pur.

L'homme, par rapport à l'objet quelconque de sa pensée, est certain, s'il le comprend de toute l'étendue de son intelligence, et se sent porté par un instinct puissant, animé d'une volonté immuable en l'affirmant, et se complaît dans cette affirmation entièrement et sans réserve. Maintenant serait-il possible que la chose ainsi aimée, comprise et voulue de toutes les forces de la conscience n'existât point comme la conscience la pose? Oui, dira le *savoir* : oui, à l'extrême rigueur et dans tous les cas, attendu que la vérité relative à l'homme est une vérité humaine, et la vérité relative à l'individu une vérité individuelle. Non, dira le *croyant*, fort du sentiment qui le possède.

La certitude est donc une croyance, ainsi que je le disais d'abord; mais cette croyance il fallait la définir, et c'est ce que je me suis efforcé de faire. Commune à tous les hommes, essentielle à leur nature, quant à ses données ou applications fondamentales, on voit à quel point elle diffère de la foi mystique, variable, arbitraire, que l'imagination enfante pour la plus grande partie, et que l'éducation et la coutume perpétuent dans les nations. La décision religieuse dogmatique (quoique légitime en un domaine que la science juge inaccessible; légitime à condition qu'elle respecte la raison pour dépasser les bornes des affirmations que suggère la seule raison, et d'autant plus alors) n'est pas un produit de l'intelligence et de la réflexion, dans leur indépendance et leur plénitude naturelles, appliquées aux sujets nécessaires de la spéculation humaine. Elle dépend toujours de l'autorité des contemporains et de celle des siècles; elle prend un moment pour fonder cette autorité, et de longs âges après pour y rester assujettie. Heureux alors si, ne prétendant pas croire sans concevoir, la foi est autre chose que ce que Voltaire a si bien nommé une incrédulité soumise!

Mais enfin n'existe-t-il pas une vérité, une seule, qui puisse être immédiatement saisie, et dont l'objet et le sujet, s'identifiant dans la conscience, posent ainsi le fondement d'une certitude plus rigoureuse et plus simple? Demander une vérité de cette sorte, c'est la définir et la reconnaître. Elle nous est donnée dans le phénomène comme tel, et au moment même où il s'aperçoit. Là, point de doute possible; toute incertitude serait contradictoire, car il faudrait penser que peut-être on ne pense pas ce qu'on pense : ce qui est précisément le penser. Si jusqu'ici je n'ai pas fait mention de ce type premier et irréfragable de l'évidence, je l'ai constamment supposé; mais je ne devais pas lui donner le nom de certitude, car il est le refuge de ceux qui n'en admettent aucune : les sceptiques. Au delà de ce point précis et très étroit de la conscience, qui est le *phainetai* des pyrrhoniens, commence l'application du jugement aux réalités de l'imagination et de la mémoire, aux lois universelles de la raison et aux êtres de l'univers : c'est le véritable champ de la certitude. Là aussi le doute spéculatif commence pour se prolonger, en se marquant de plus en plus, dans le domaine de la science et des sciences, et à travers toutes les théories dont la portée, dépassant l'expérience actuelle, embrasse à la fin un ordre de nos affirmations où le cercle entier de l'analyse et de la synthèse ne peut jamais être parcouru.

La certitude est éminemment une assiette morale : conclusion hardie, mais justifiée par tout ce qui précède. Il nous reste à considérer cette assiette de plus près, et dans son rapport avec la liberté; à définir l'appui qu'elle trouve, hors de la conscience individuelle, dans le témoignage constant de l'humanité; à déterminer les classes d'objets où elle s'établit, selon la nature des jugements portés et des états intellectuels ou passionnels qui motivent ces jugements, enfin à distinguer ce moment et cette limite où, des degrés venant à s'y marquer nettement, la certitude n'est plus certitude, mais probabilité.

Observations et développements.

A. La philosophie de Jules Lequier.

Le chapitre précédent, dans la première édition de cet ouvrage, portait en note du titre *Définition générale de la certitude dans une conscience donnée*, la déclaration suivante :

« J'emprunte l'idée principale de ce chapitre, et tout ce qui concerne d'une manière essentielle, dans mon livre, l'établissement de la liberté et de ses rapports avec la certitude, à un philosophe, M. Jules Lequier, ancien élève comme moi de l'École polytechnique, qu'il est d'autant plus nécessaire de citer qu'il a été retardé dans l'achèvement de son œuvre encore plus qu'il ne prévoyait. C'était de lui que j'entendais parler dans la déclaration enregistrée en tête de mes études sur les philosophes de l'antiquité. (*Manuel de philosophie ancienne*, 1844, t. I, *Avertissement*.) La publication de l'ouvrage de M. Lequier apportera, je le crois, une nouvelle et forte lumière. Mon regret est d'exposer avant l'auteur une partie de sa doctrine, consistant dans la solution de cette question marquée d'un caractère unique, et qui, par sa difficulté, prête à tant d'illusions que tous les philosophes réputés partisans du libre arbitre se sont formellement contredits en la traitant. La remarque, toute juste qu'elle est, est surprenante : moi-même je ne l'entendis pas d'abord sans étonnement, car j'avoue que longtemps, longtemps même après 1844, comme on peut le voir dans mes écrits, et notamment dans mon article PHILOSOPHIE de l'*Encyclopédie nouvelle*, j'ai partagé l'aveuglement général des théoriciens. Je n'avais pas encore compris l'idée de la liberté dans son intégrité.

» Je dois donc à la justice de déclarer que j'ai fait des emprunts nombreux et considérables à M. Lequier, sur cette grande question de la liberté, reconnue jusqu'à présent comme simplement importante, au lieu que l'importance en est souveraine en philosophie. Mais il n'était pas possible que sur d'autres matières, ou même sur des questions étroitement liées à celle-ci, la religion de l'auteur, qui est la religion catholique, ne nous séparât pas profondément. »

A l'époque où cette note fut écrite, j'aurais fait connaître en termes non pas plus catégoriques — ils sont parfaitement catégoriques, et on peut vraiment dire libellés — mais plus chaleureux, toute l'étendue de ma dette morale. Mais je craignais la banalité de ces louanges, toujours suspectes d'exagération, qu'un ami donne libéralement aux mérites et aux travaux de son ami qui n'a encore rien publié; d'autant plus que, dans cette circonstance, je n'aurais pas pu rendre hommage à ce que je croyais être la vérité, et qui l'était, autrement qu'en me servant des mots *d'admiration* et de *génie*.

Le public n'admet pas comme sérieux les éloges décernés sur des titres qu'on ne le met pas à même de vérifier. D'un autre côté, la disposition où j'étais alors et où je n'ai jamais cessé d'être à l'égard d'un système catholique devenu la grande bannière des ennemis de la science et de la liberté, et, les sentiments religieux du même nom — catholiques — professés par celui que je peux et dois appeler aujourd'hui franchement mon maître, créaient pour lui comme pour moi un inconvénient véritable à la déclaration d'une intimité intellectuelle, allant des principes aux conséquences, telle qu'on doit la supposer exister entre un maître et son disciple. Au fond, le catholicisme, ainsi nommé, de Jules Lequier était une doctrine acceptée, non point d'une foi implicite en vertu de la pure autorité, mais conditionnellement. Le motif de l'adopter était à ses yeux, il me l'a dit cent fois, que nul système d'opinions dogmatiques ne concordait mieux que celui-là avec sa philosophie, *pourvu* seulement qu'on ne fît entrer, dans le contenu du fameux *quod semper, quod ubique, quod ab omnibus* de l'authentique tradition, rien au delà de ce que les conciles œcuméniques ont régulièrement formulé; *pourvu* encore que le philosophe eût toujours la faculté d'interpréter et de définir les termes usités dans les formules, tels que : *nature, personne, substance, réalité, matière,* etc., qui étant sujets à spéculation, à raisonnements et à litige, ne sauraient sans abus faire corps avec une révélation. De là, pour le penseur, une condition de rester catholique, de même qu'il y en avait une pour lui de le devenir : et c'était que l'autorité catholique cessât un jour de s'écarter de ses propres lois et revînt à la sévérité de sa réelle tradition. Nous autres nous appelons cette disposition d'esprit le christianisme protestant. Il plaisait à Jules Lequier qu'elle s'appelât le vrai catholicisme. C'était la faiblesse de ce grand esprit. On sait maintenant dans quelle direction s'est engagée l'Église catholique, et cela définitivement autant qu'il dépend de ses chefs. Jules Lequier, qui, durant les années qui suivirent le coup d'État de 1851, n'avait qu'imprécations, je peux le certifier, contre la marche adoptée par le pape et les évêques, aurait très probablement fini, comme notre ami commun François Huet, chrétien et catholique lui aussi, dans ce temps-là, par abandonner la tâche ingrate d'être un catholique malgré le catholicisme. Il aurait affranchi sa philosophie de tout lien artificiel.

Il convient que je dise ici quelques mots de la vie et du caractère de mon maître. Je les emprunte à une brève notice que j'ai mise en tête de ce que j'ai pu recueillir de ses écrits posthumes [1].

« Jules Lequier, né le 30 janvier 1814 à Quintin (Côtes-du-Nord), fit ses premières études aux collèges de Saint-Brieuc et de Pont-Levoy, passa au collège Stanislas, puis à l'institution de M. Laville, à Paris. Il avait acquis une instruction classique et littéraire très soignée quand il entra à l'École polytechnique en 1834. Il sortit de cette école en 1836 pour entrer dans celle de l'état-major. Ayant perdu son père, il renonça au service militaire en 1838, et se voua désormais aux travaux passionnés et absorbants par lesquels devait nécessairement aborder la philosophie, quand il s'y appliquerait en homme, celui qui, même avant l'âge des écoles, avait reçu cette impression profonde et posé le fondement de cette croyance forte, inébranlable, dont la confidence est écrite dans les premières lignes qu'il ait destinées au public [2]. Tous les moments que la nécessité de demander à l'enseignement les ressources indispensables lui laissait disponibles, les entretiens, les longues conversations de l'amitié, les observations et l'expérience, et jusqu'aux épreuves de la vie, tout fut mis à profit pendant une suite d'années pour l'élucidation d'un problème qu'il regardait comme le premier et presque l'unique de la science et de la pratique : le problème de la liberté de l'homme. Toutes les parties de la philosophie et de la morale vinrent se grouper, se coordonner pour Jules Lequier autour d'une pensée maîtresse et d'une foi active (la foi des autres hommes étant sur ce point, alors même qu'ils estiment la posséder, si faible et si peu fructifiante); et il n'eut plus qu'un objet, qu'un but : porter dans l'esprit humain un de ces coups et de ces ébranlements qu'il est quelquefois donné au génie et à l'ardeur des convictions de produire; pour

---

1. *La recherche d'une première vérité, fragments posthumes de Jules Lequier*, Saint-Cloud, 1865, un vol. in-8°. — J'ai dû alors, malheureusement, faire tirer ce livre à très petit nombre et renoncer à le mettre en vente.

2. Il s'agit ici d'un morceau, le premier de ceux que contient le volume, chef-d'œuvre de sentiment et de style, que les amis de l'auteur ont longtemps connu sous le titre de *La feuille de Charmille*.

cela, se livrer à un travail qui le plaçât au rang des hommes si peu nombreux qui ont en eux la puissance et la volonté d'une œuvre, et le mît en état de paraître un jour revêtu devant tous de cette même force et de cette même autorité qu'il se sentait dans sa conscience. »

La destinée de Jules Lequier, plus cruellement traversée qu'on ne peut dire, non seulement lui a refusé la gloire d'attacher son nom à une œuvre littéraire et philosophique qui eût compté, les fragments que nous en avons en font foi, au nombre des plus grands et des plus extraordinaires efforts de la pensée humaine, mais même a condamné sa doctrine, ce que parfois il paraissait craindre, à n'entrer que dans la composition d'un disciple, et dans une composition formée en partie d'éléments très différents de ceux que lui-même entendait essentiellement y joindre. Il ne dépend pas de moi de donner sur ce point satisfaction à sa mémoire. Je peux du moins reconnaître, encore qu'il soit difficile de l'exprimer en termes vraiment suffisants, l'incomparable obligation que j'ai contractée envers l'homme qui a fait tomber un certain jour l'écaille de mes yeux, qui m'a montré la faiblesse des doctrines dont j'étais l'adhérent, même involontaire, et m'a appris ce que c'est que liberté, ce que c'est que certitude, et qu'un agent moral est tenu moralement de *se faire* des convictions touchant des vérités, dont les penseurs rationalistes ont la mauvaise habitude de mettre la preuve sur le compte de l'évidence et de la nécessité.

Quand je rencontrai Jules Lequier, quelques années après notre commune sortie de l'École polytechnique et la séparation qui s'en était suivie, je m'occupais déjà de philosophie exclusivement. Touchant la question de la liberté, à laquelle je croyais avoir réfléchi, j'étais dans la situation où je vois encore presque tous les philosophes de ce temps, en cela trop semblables à presque tous leurs prédécesseurs. J'étais, pardon pour la familiarité de l'expression, j'étais celui qui n'y comprend rien du tout. Avant de m'amener à y croire, il fallut, ce qui est bien autrement difficile, m'apprendre à savoir ce que c'est que ce libre arbitre, à la fois si absolu dans ce qu'il est, et si borné en fait par tous les genres de solidarité, et m'apprendre que je ne le savais pas. Il fallut m'arracher à l'empire des formules incorrectes, équivoques, dont j'avais coutume de me servir pour en disputer, m'enseigner la logique des propositions sur le futur, qui ne se trouve dans aucun auteur, le vrai sens des attentes probables, l'impossibilité de concilier, pour une intelligence aussi étendue qu'on la feigne, la prévision d'un futur avec l'indétermination de ce même futur comme tel, enfin et par-dessus tout délivrer mon esprit de l'obsession des fausses antinomies, dernière ressource dont je m'étais fait une habitude pour me dispenser d'apporter, dans la croyance de ce que je pensais croire, la fermeté, l'intrépidité logique qui exclut toutes les formes de propositions contradictoires. A de si grands services que je dus à la patience du maître, et qui prirent beaucoup de temps, car ils ne purent aller sans l'action familière des longues conversations incessamment renouvelées, j'ajoute l'enseignement de la juste importance à attacher, pour la question de la certitude, à la distinction fondamentale introduite par Kant entre deux espèces de jugements que l'on regardait comme nécessaires et également nécessaires avant ce philosophe. Ce fut là pour moi le point de départ d'une étude des deux *Critiques*, par laquelle j'arrivai à saisir le sens, presque universellement méconnu en France comme dans la patrie même de Kant, le sens de la suprématie donnée à la raison dite pratique pour l'établissement de tout ce qu'il est possible à l'homme d'atteindre de vérité au delà des lois d'ordre vérifiable des phénomènes.

J'ai deux motifs pour me permettre d'entrer dans ces détails, quoiqu'ils semblent devoir être indifférents au public. Le premier est de donner à Jules Lequier la part qui lui revient du mérite quel qu'il soit de mes ouvrages, et cela en des termes qui éloignent énergiquement le soupçon d'exagération ou de complaisance, ce que je n'ai pu faire à mon gré jusqu'ici. Le second motif est d'obtenir pour les idées nouvelles que je tiens à mettre en saillie et qui ont, je le sais, tant de peine, non pas même à se faire admettre, mais simplement à s'ouvrir un abord chez des esprits universellement prévenus, quelque chose de cette clarté et de cet intérêt qui reviennent parfois aux explications dans lesquelles on sent des personnes et non pas seulement des auteurs.

Jules Lequier est mort en 1862, après avoir détruit de ses écrits, à l'exception de quelques notes informes, tout ce qu'il n'avait pu conduire au point d'élucidation parfaite et de rédaction définitive dont il se formait un idéal, je dirais inaccessible, si les grands fragments qu'il nous a laissés ne portaient un caractère et de profondeur philosophique et de sublimité d'expression vraiment extraordinaires.

Je donnerai, à la suite des chapitres suivants, quelques extraits des fragments de la *Recherche d'une première vérité* de Jules Lequier, à mesure qu'ils me sembleront utiles pour l'éclaircissement de mes thèses : ils pourront surtout en faire sentir l'esprit, car ils sont écrits du point de vue d'une analyse des mouvements intimes de l'âme, plutôt que pour répondre aux conditions d'une exposition rationnelle de doctrine. Je commence ici même en reproduisant des morceaux caractéristiques sur la situation morale et les inextricables embarras logiques d'une conscience qui veut entreprendre la recherche de la vérité « première ». Je les livre avec confiance aux méditations des rationalistes purs : ils peuvent y apprendre que la philosophie n'est pas un mécanisme à trouver, ni la simple ratification d'un phénomène indubitable, mais l'œuvre vivante d'un homme qui veut.

B. Comment trouver, comment chercher une première vérité?
(Fragment de Jules Lequier.)

« Quand je considère ma vie passée, je trouve que mes fautes, non pas celles-là que (chose étrange) je me reprochais en les faisant, mais celles que je me suis reprochées seulement après coup, avaient eu leur origine dans des erreurs qui en un sens avaient été des fautes aussi, et que je corrigeais, si je les corrigeais, tantôt par des vérités tardives, tantôt par d'autres erreurs que je reconnaissais dans la suite être pires quelquefois : le tout, je dois en convenir, un peu au gré de la fortune. Un peu, dis-je? tellement à vrai dire, qu'examinant aujourd'hui la trame diverse de mes pensées, si étroitement liées à mes impressions, mes impressions nécessairement subordonnées aux circonstances, et les circonstances à tant d'égards indépendantes de moi, je me vois pris de la crainte de donner trop aux sentiments de mes torts; et dans mon embarras d'apprécier comme il faut ma force et ma faiblesse, je serais tenté d'employer à me justifier ma propre incertitude sur l'une et sur l'autre. Mais un instinct, un invincible instinct en moi s'y oppose, et m'oblige à croire que sur un très grand nombre d'occasions, dont il me laisse à la rigueur excepter chacune, si je veux, successivement, il y en a eu beaucoup, il y en a eu plusieurs où mon effort pour parvenir à la vérité a été moindre et moins bien dirigé qu'il ne pouvait être.

» Dût cet instinct me tromper lui-même, encore mon erreur serait-elle de toutes la plus noble, et tout considéré la moins dangereuse. Supposé donc qu'il ne me trompe pas, je comprends alors, quoique d'une manière confuse, comment lorsque des réflexions nouvelles, nées en moi à la faveur des nouvelles conjonctures, m'apportaient une connaissance qui rectifiait mes jugements antérieurs, plus cette vérité était simple et imposante, plus il m'eût été aisé de l'acquérir auparavant et de susciter de moi-même les réflexions dont elle était le fruit. Souvent même j'avais assemblé ces idées et dit : Cela est. Mais la portée de mes paroles me dépassait, et puisque je ne savais pas que je savais, en effet je ne savais pas : aussi bien n'avais-je point tenu compte de cette connaissance dans mes actions ; et c'est en vain que, plus impartial dans mes jugements sur autrui, je m'étais éclairé sans peine de la vue de ses torts : j'avais perdu cette lumière au moment de m'en donner de semblables ; et il se trouvait que j'avais été sévère à son égard, longtemps avant d'être juste envers moi qui n'avais pas profité de son exemple.

» J'ai donc non seulement (chose affreuse) fait mentir ma conscience en faisant le mal, et il faut bien plier sa fierté jusqu'à ces aveux sous peine d'avoir à transformer ses remords en applaudissements, ou, ce qui fait trembler, sous peine de n'en point avoir, mais je me suis maintes fois trompé, alors que j'aurais pu ne me tromper pas. Je me suis laissé prendre à des apparences. Quelquefois j'ai fait plus : je me suis trompé presque sciemment, ayant à cela une sorte d'intérêt sans doute, mais un intérêt bien autrement sérieux et durable à ne le pas faire : et j'ai été mon flatteur et mon complice, au lieu d'être mon conseiller attentif et intègre. J'ai laissé oisive, en moi, une puissance qu'il ne tenait qu'à moi d'exercer pour mon avantage. J'allais, entraîné, quelquefois m'entraînant, satisfait de consacrer par une approbation superflue ce qu'avait décidé de moi sinon la volonté des hommes, au moins le concours des événements. Quelquefois j'ai pris l'alarme et j'ai cru m'éveiller : je disais que je m'éveillais, et j'entrais dans un autre songe.

» Je veux rompre le charme : et, résolu d'apporter désormais plus de circonspection à former mes jugements, fort de ma sincérité et soutenu aussi dans mon entreprise par le juste espoir que l'emploi de toutes mes facultés à un si digne usage ne saurait être un travail sans fruit, je m'appliquerai tout d'abord à entrer dans le recueillement nécessaire pour la recherche de la vérité. Toutefois, comme il est sage de régler ses prétentions plutôt sur ses moyens que sur ses désirs, et que, même restreinte à sa moindre étendue, la tâche ne laissera pas que d'être grande, je me borne aujourd'hui à la recherche d'une vérité à l'égard de laquelle il me soit radicalement impossible de concevoir un doute, et qui une fois reçue dans mon esprit y reste inébranlable. Cette vérité, si humble et si peu féconde qu'elle puisse être par elle-même, de cela seul qu'elle sera marquée de ce caractère éminent de la certitude, ne saurait manquer d'être féconde à un point de vue : car, ou je serais conduit à une vérité unique de son espèce, et alors, selon que je peux conjecturer, il sera curieux et instructif d'apprendre pourquoi elle a entre toutes ce caractère, ou le même moyen qui m'aura servi à la trouver pourra me servir à en trouver d'autres.

» Mais comme je ne dois rien préjuger dans la recherche que je commence et où je mettrai tous les soins dont je suis capable, je remarque d'avance que cette vérité que j'aspire à trouver sera peut-être cela même qu'il ne m'est donné de rien savoir, au degré du moins où j'ambitionnerais de savoir; mais enfin je saurai cela; et pourquoi cette connaissance ne contiendrait-elle pas d'utiles et profonds enseignements? Encore faut-il être préparé à les entendre. De me prêter tout d'abord à une supposition qui aille plus loin encore, et d'imaginer que le résultat de ma recherche puisse être de me convaincre qu'en dépit de tout, il ne m'est donné d'atteindre à aucune vérité digne de ce nom, je m'y refuse : je suis fait pour posséder la vérité, puisque je me sens fait pour l'aimer, et il n'y aurait pas de devoirs s'il était impossible de la connaître.

» Rien n'est plus opposé au bon sens que cet esprit de dispute et d'arguties qui subtilise à l'infini sur les choses. Toutefois il importe ici de ne se donner point le change; et mieux vaudrait condescendre à honorer un sophisme d'une attention trop sérieuse en le réfutant, que de courir le risque d'en faire trop peu de cas : d'autant qu'après avoir solidement réfuté quelque sophisme, il n'est pas rare qu'au lieu d'y voir quelque chose de si puéril, nous lui trouvions au contraire quelque chose de spécieux, qui désormais n'est plus à craindre.

» En y pensant davantage, je trouve même qu'en général, à moins d'une évidente mauvaise foi dans les objections, ce que l'on n'a point à craindre avec soi-même, le dommage d'un peu de temps peut-être perdu ne saurait entrer en balance avec le profit peut-être résultant de l'explication claire d'une erreur; car il importe souvent, pour que la possession de la vérité soit assurée, de connaître bien les erreurs qu'on lui peut opposer, et non pas seulement que ce sont des erreurs, mais quelles sont ces erreurs, et comment elles ont eu le crédit de s'introduire dans l'esprit; autrement, ce qui les a rendues plausibles.

» Une application immédiate de ces réflexions se présente : tout à l'heure quelques difficultés qu'il est intéressant de résoudre et que j'ai d'abord repoussées comme vaines, m'auraient troublé en un instant, si je ne m'en étais débarrassé prudemment par ce dédain affecté. Supposons qu'au moment de définir mon but, qui est de trouver une première vérité à l'égard de laquelle il me soit radicalement impossible de concevoir un doute (voilà que, conduit par l'observation que je fais à une autre du même genre, je m'interromps pour remarquer aussi qu'en effet malgré ma bonne intention d'être circonspect, je n'avais peut-être pas suffisamment pesé ces paroles, que d'ailleurs je maintiens), supposons donc que je me fusse arrêté en me disant : « Il est bon, il est sage de restreindre sa tâche alors que l'on connaît d'autant moins ses ressources que l'on n'en a point fait usage, et de substituer tout d'abord à la recherche de la vérité la recherche moins ambitieuse d'une première vérité; mais il est bon aussi, il est nécessaire, quand on cherche, de savoir ce qu'on cherche; et qu'est-ce qu'une première vérité? Serait-ce la vérité? En tout cas, qu'est-ce qu'une vérité? Si je suis en état de le dire tout d'abord, la voilà cette première vérité, c'en est une éminente qui termine ma recherche dès le début; sinon, sachant ce que c'est qu'une vérité, car je ne m'aviserais pas que je l'ignore sans renoncer à l'espérance d'en trouver une, il y a cette bizarrerie que je le sais sans pouvoir le dire. » Que me fussé-je répondu? sans doute, après quelques moments de recueillement, ceci, à quoi il est utile que je fasse attention.

» J'ai en moi l'idée très claire de la vérité : elle n'a point empêché, j'en conviens, que je n'aie varié dans mes jugements et que je ne sois tombé dans des erreurs; mais c'était ma faute et non la sienne. Cette idée, sur laquelle j'avais formé à diverses époques des jugements divers aussi, n'a point changé, et outre qu'il me serait impossible de me défier d'elle, je me priverais en l'essayant de toute ressource pour continuer. Autre chose est d'avoir l'idée de la vérité, autre chose d'affirmer quoi que ce soit avec son aide. Heureusement que sa lumière est aussi éclatante, car ne le fût-elle pas autant que je voudrais, il faudrait bien m'en contenter, à moins de pousser jusque-là l'expérience que de renvoyer la lumière à ce dont j'attends la lumière.

» A présent je m'explique pourquoi, au moment que je commençais ma recherche, et surtout après en avoir déterminé l'objet, je rassemblais en un sentiment très confus deux sentiments contradictoires : celui de ma recherche comme facile, celui de cette même recherche comme difficile; premièrement facile (et trop facile!) en ce que, d'une manière, cette inconnue que je cherchais, je l'avais tout près de moi, en moi plutôt, en moi actuellement. Que cherché-je en effet? une première vérité; et n'avais-je point celle-ci que j'en cherchais une? mais c'était là quelque chose d'aussi insignifiant que certain, dès lors que je ne me tiens pas pour satisfait par une affirmation tellement restreinte qu'elle en est dérisoire.

» Cependant, ramené à la question, qu'il me semble après tout n'avoir point quittée, je ne puis m'empêcher de trouver que je ressemble à ces gens dont les protestations m'ont fait souvent sourire, qui n'exécutent jamais ce qu'ils ont résolu, annonçant toujours qu'ils vont commencer : à force de le dire, on ne le fait pas.

» Quoi! cet aveuglement dès ma première démarche! Je continuais, je croyais continuer, et je n'avais pas commencé. J'avais négligé de remarquer ce flambeau sans lequel je ne peux faire un pas, et peut-être allais-je m'égarer au point de le chercher lui-même. C'est que je n'étais pas bien éveillé. Maintenant cette idée de la vérité, ainsi dégagée au milieu de toutes les autres, va m'éclairer, moi étant sur mes gardes.

» Réduisons ce discours qui ne m'aura été utile qu'à m'en faire éviter de semblables, réduisons-le au regret de m'être trompé dans mes recherches précédentes et à l'espérance de réussir mieux dans celle-ci.

» Parvenir, ai-je dit, à une vérité qu'il me soit impossible de révoquer en doute : il faut donc douter. Pour voir ce qui va rester inébranlable, il faut essayer de tout ébranler.

» Mais si le doute est un moyen de se préparer à connaître, c'en est un aussi de se tromper : j'ai douté à tort quelquefois. Ici, prenons-y garde, le cas est bien différent : le cas présent forme une exception éminente. Je n'ai d'intérêt d'aucune sorte à rien me déguiser, et mon seul intérêt est de savoir, au contraire de toutes ces anciennes occasions où je reconnais franchement que dans le conflit de mes intérêts dont le plus réel voulait que je fusse éclairé au moment d'agir, et d'autres ne le voulaient pas, il y en a toujours eu quelqu'un, le plus éloquent et pour ainsi dire le plus adroit qui l'a emporté par surprise, et qui m'eût suffi après coup pour me rendre compte de mon erreur. J'avoue cela.

» Il y a plus : je me rappelle qu'autrefois quand j'ai abordé à de certains moments la recherche du vrai avec le plus vif désir de le trouver, et que j'étendais au plus loin ma défiance sur mes opinions antérieures, alors même je m'appuyais sur quelque chose que je n'avais nullement pensé à prendre pour la matière de mon examen, et que par cela seul j'avais pris sans m'en apercevoir pour la règle de mes pensées. Cette fois cherchons par l'effort du doute poussé à l'extrême le juste point où il doit s'arrêter : où le doute me sera tout à fait impossible, il est évident que mon affirmation sera légitime.

» Impossible, évident, légitime, que de rapports mal démêlés! Mais tout retombé que je sois dans ces préambules dont j'entendais sortir, loin de me décourager pour voir ainsi s'augmenter les difficultés de ma tâche, je trouve que j'ai plutôt à m'en applaudir. Je cherche, je tâtonne. Je tâtonne et je le vois, qu'y a-t-il là de regrettable? Faudrait-il pas attendre à me mettre en marche que j'eusse fait déjà la route entière? Et ne puis-je chercher, sans l'avoir trouvé préalablement, ce que je n'aurais trouvé ainsi tout d'abord que sans l'avoir cherché? Mais pour avoir trouvé de la sorte, que de grâces à rendre à la fortune! J'admets que l'on ne soit pas un inspiré, et que l'on ait trouvé quelque chose de mieux qu'une erreur que la précipitation et la prévention produisaient ensemble.

» Et n'avançons pas légèrement ce mot : impossible. Au moins, aurais-je à m'assurer que l'impossibilité de douter est chez moi naturelle, invincible, qu'elle n'est pas accidentelle; qu'elle n'a pas lieu par la faute de mon esprit, car si c'était par la faute de ma nature propre, adieu la connaissance. Sous ces réserves, rien ne me paraît plus légitime que d'affirmer, puisque dans ma supposition même le doute m'étant impossible il me serait impossible de faire autrement.

» Pour ce qui serait de me plaire en quelque façon à ne me rendre pas à l'évidence, supposé que ceci fût possible, et il n'est pas que mes souvenirs étudiés à fond ne me fournissent quelques exemples d'une singularité si bizarre, ma sincérité m'interdit cette crainte. Ma sincérité est entière. Elle n'a point besoin d'autre garant qu'elle-même. Je sais bien que de ce que l'on se le dit, il n'est pas toujours sûr que cela soit : mais cette fois je me le dis, et cela est.

» Soyons donc sincère avant tout : et, saisissant l'occasion de l'être, osons mettre en lumière ce que je tremblais d'apercevoir : c'est que, s'il est évident qu'il est légitime d'affirmer où le doute n'est pas possible, il ne l'est pas autant qu'on ne puisse douter où le doute n'est pas légitime. Ce qu'on ne peut pas faire, ce qu'on ne doit pas faire, choses différentes : il est beau de les confondre, mais après les avoir distinguées.

» Est-ce assez maintenant de vouloir d'une volonté ferme s'arracher à l'empire des préjugés, pour cesser d'y être soumis? Se révolter n'est pas se délivrer. Non, mais c'est le commencement de la délivrance. Et c'est à moi à porter la peine de ma mauvaise foi, à savoir accepter d'avance l'assujettissement à l'erreur comme la punition méritée par une sincérité hypocrite. Quelle situation plus avantageuse? Il ne s'agit pas ici de pénétrer dans le cœur d'autrui : je n'ai qu'à regarder dans le mien, où, pour savoir ce qui se passe, il me suffit de n'être pas résolu à l'ignorer. Mais combien j'avais raison de remarquer ci-dessus l'avantage qui fût compensation à la difficulté de ma recherche! Et combien j'ai à me féliciter de ce que, dans une démarche aussi sérieuse, il se trouve qu'à un point de vue les chances d'erreur sont d'autant plus petites que son importance est plus grande!

» Je suis donc comme un homme qui dors et qui veux m'éveiller; je le veux, sauf à retomber dans la torpeur de mon sommeil. Je n'ai pas besoin de m'engager à obéir à la vérité : je dis seulement, je veux savoir. Que la curiosité déjoue par ses ruses les ruses de la peur, si la vérité me faisait peur, et si je venais à essayer de m'abuser moi-même. M'abuser à plaisir, quand c'est la vérité que je cherche, cela est-il concevable? Mais est-il concevable que j'aie insulté dans mes actions la vérité que je prétendais aimer dans mes discours? Était-ce l'aimer que lui être infidèle? Et la connaître que ne l'aimer pas? Néanmoins je la connaissais à quelque degré, puisque j'étais coupable. Ici même, dans cette recherche commencée avec un sentiment si profond de sincérité, lequel à le prendre en général n'a pas subi d'altération, que m'est-il arrivé, non pas une fois mais plusieurs? Cette volonté générale d'être sincère a été bien près de faillir, et pour regarder en face certaines difficultés, j'ai eu besoin de m'aider de la satisfaction que je sentais à les avoir résolues. L'ordre, en effet, où j'écris ces réflexions n'est pas simplement la suite de toutes les idées qui me viennent : autrement je réfléchirais à l'aventure.

» Quelle contradiction est ceci? Je médite, et je tâtonne. Sans doute : et l'un se corrige par l'autre : je ne puis pas réfléchir sans mettre quelque ordre dans mes réflexions, et, dans l'ignorance où je suis de ce que je cherche, je cherche à tâtons. Soit, mais prenons garde que mes allées et venues ne me conduisent, après bien du chemin et de la fatigue, à une vérité à laquelle mon premier mouvement m'aurait porté tout droit, et que je n'aurais trouvée ni moins claire ni moins certaine par l'effet de mon préjugé ou de ma fantaisie : une vérité soi-disant.

» Ainsi par paresse j'ai hâte de finir, par curiosité je veux poursuivre, par prudence je ne commence pas...

» Prêt à faire cette revue, jetons un dernier coup d'œil en avant et en arrière.

» Que va-t-il arriver? Je ne manquerai pas de dire de cette première vérité qui me semblera telle, qu'elle est évidente, et je n'aurai plus qu'à m'étonner de ce qu'elle n'ait pas ce caractère aux yeux de tous, si quelques-uns la méconnaissent. Remarquons l'embarras : il s'agit de distinguer l'évidence véritable de la fausse évidence : un moyen aussi dangereux que commode serait de les distinguer seulement par ces noms : évidence véritable, fausse évidence, car il resterait à savoir si c'est à propos qu'on les donne. Il y a évidence, supposons; c'est-à-dire évidence apparente, c'est-à-dire peut-être fausse évidence. Plus l'évidence est manifeste, si elle est véritable, plus elle est apparente, si elle est fausse. Voilà une réflexion qui suffirait à me mener loin dans la carrière du doute : mais il ne tient qu'à moi d'observer que toutes les fois que j'ai fait confusion entre l'une et l'autre, j'ai dû prendre pour de la bonne foi l'entraînement qui me portait à juger trop vite : un peu plus de scrupule, un sentiment plus vif de la difficulté que j'aperçois et que je signale m'eût obligé à plus d'attention et préservé de toute méprise. On n'est sûr, en effet, qu'il y a évidence que quand il y a mauvaise foi à douter ; pour reconnaître qu'il y a évidence, il ne suffit pas de m'écrier avec une sorte de spontanéité : c'est évident ; il faut, en quelque façon, me tenter moi-même à l'erreur, résister à la vérité, résister pour céder, et ne céder que pour éviter cette peine intérieure qui m'avertit que je vais me mentir si je vais me tromper.

» J'accuse donc ma bonne foi passée d'avoir été mêlée d'une mauvaise foi imperceptible à mes yeux, ou plutôt, pour concilier tout, de n'avoir été, par la négligence que je mettais à chercher la vérité, que la bonne foi de l'inertie trop facile à surprendre, et non cette forte bonne foi, hardie et vigilante, qui est ce que j'entends par la bonne foi dont je veux faire usage. Irais-je m'objecter que je suis intéressé à prendre les choses de ce biais, ayant plus de pouvoir sur ma sincérité, qui dépend de moi, que sur l'évidence, qui n'en dépend pas? J'avoue que j'y suis intéressé, de l'intérêt que j'ai à me croire capable de trouver quelque vérité certaine.

» En résumé, je dois arrêter mon doute à l'évidence. Cette possibilité de douter qui, considérée en soi, paraît indéfinie, est enfermée dans de justes bornes par l'évidence. Et quand y a-t-il évidence? Quand il est impossible de douter avec bonne foi. Mais quand est-ce qu'il est impossible de douter avec bonne foi? Quand il y a évidence. Supposé que je connaisse qu'il y a évidence, par contre-coup je connais que je ne puis douter sans mauvaise foi : supposé que je connaisse qu'il y a mauvaise foi à douter, par contre-coup je connais qu'il y a évidence. Et je suppose toujours ! Et je n'échappe, ce semble, à la nécessité de supposer l'une des deux choses qu'en les supposant toutes deux à la fois. Ceci mérite d'être éclairci.

» Que si je ne supporte qu'avec impatience de contenir ma pensée dans ces généralités d'où sortent sans cesse des difficultés nouvelles, et s'il me semble que bon nombre de propositions se présenteraient à mon esprit, que je pourrais accueillir sans crainte, chacune à part, comme une première vérité évidente et incontestable, toutefois ces généralités ont cela d'utile qu'elles me rendent le danger plus visible, à cause que le prestige du cas particulier ne s'y rencontre pas : elles ne m'empêchent nullement, d'ailleurs, d'y recourir en désespoir de cause : et quand elles n'aboutiraient qu'à détruire les unes par les autres d'anciennes erreurs d'autant moins faciles à découvrir qu'elles m'avaient été plus familières, ce ne serait pas du temps perdu. Infécondes de soi, impuissantes à produire elles seules la première vérité que je cherche, elles auraient servi à dégager la voie que je dois suivre pour la trouver.

» Il me semble donc, je le suppose, parvenu à une vérité évidente ; j'essaie d'en douter sincèrement ; je ne puis malgré que j'en aie : j'affirme que c'est une vérité évidente d'une évidence réelle.

» Certes, il est bien réellement évident, cette fois sans crainte de méprise, que si mon essai même n'est pas sincère, si c'est une feinte, je me joue moi-même. Il est donc sincère. Or, pour qu'il soit sincère, il faut que j'aie supposé sincèrement que je pusse douter, car que serait-ce que tenter sincèrement ce que l'on sait être impossible? Mais supposer sincèrement que l'on puisse douter, c'est anticiper sur l'expérience du doute, c'est douter d'avance, c'est douter, douter sincèrement, réellement, ce qui implique qu'en effet il ne s'agissait pas d'une vérité réellement évidente, au moins à mes yeux ; et il me reste à distinguer si le mouvement de mon esprit par lequel j'ai douté s'est substitué à propos, et comment, et pourquoi, à celui par lequel j'étais porté à déclarer évident ce qui ne l'était pas, ou si la blâmable sincérité de ma tentative, justement punie par ses effets mêmes, ne m'a pas conduit à un doute involontaire, sincère, quoique sans fondement, et par ma faute, en quelque sorte trop légitime, touchant quelque chose à l'égard de quoi le doute n'était pas légitime.

» Réflexion décourageante! Plus j'y pense, plus je vois là, non point une de ces subtilités qu'à bon droit l'on dédaigne, et l'on passe outre, mais une de ces difficultés dont le souvenir poursuit : une difficulté sérieuse, invincible pour moi en ce moment. Deux hommes disputent : tous les deux énoncent en termes également affirmatifs deux propositions contradictoires : chacun ne demande à l'autre, pour l'amener à son sentiment, que de se prêter pour quelques minutes à révoquer de bonne foi en doute la prétendue vérité qu'il trouve si évidente : chacun s'y refuse, et tous les deux sont conséquents. L'acquiescement à la demande contiendrait l'aveu qu'on ne trouve pas évident ce que l'on dit être évident. Loin que l'évidence se reconnaisse à ce signe qu'on ne peut douter d'elle, on reconnaît par elle que douter d'elle est impossible. Elle doit être elle-même son signe, et sans m'imaginer résoudre la difficulté que j'ai soulevée tout à l'heure, cette difficulté complexe qui, pour peu que je la sonde, me paraît en contenir tant d'autres et qui s'accroît avec l'attention que j'apporte à la considérer, cette difficulté de concevoir nettement en quoi consiste l'illusion ou la réalité d'une contre-épreuve de l'évidence, à la fois impossible et nécessaire à des points de vue différents, je reprendrai courage par ces réflexions : je cherche, voilà ma force et voilà ma faiblesse ; ma force, car je suis libre de toute erreur ; ma faiblesse, car je n'ai pas la vérité. Est-il donc besoin de tant d'efforts pour avoir présente cette idée, que je ne suis pas en possession de la première vérité que je cherche, et qu'il est naturel d'être moins éclairé par l'obscurité où je suis, que je ne le serai par sa lumière. Laissons-lui donc, laissons-lui quelques ténèbres à dissiper. Mais pousser la sincérité jusqu'à essayer de la mauvaise foi ; soupçonner de fausseté la vérité par respect pour elle ; n'écouter son appel que dans ses plaintes, et compter pour la reconnaître sur le regret de l'avoir méconnue, parce qu'il y a des biens que l'on sent mieux quand on les a perdus, c'est chercher la vérité par l'erreur ou par le mensonge. A l'égard de ce qui est évident, le doute sincère est un tort, le doute qui ne l'est pas est un tort plus grand ; et si l'on a toujours raison de reconnaître qu'on se l'est donné, il ne s'ensuit aucunement qu'on ait raison quelquefois de s'en rendre coupable. Au fond, quelle est ma crainte ? de prendre pour l'évidence véritable la fausse évidence qui n'est fausse que pour revêtir le semblant de l'autre : mais le péril est double : le péril de prendre la fausse pour la vraie se complique de celui de prendre la vraie pour la fausse, ou seulement de le craindre mal à propos, et ici la crainte d'une méprise est un tort si l'on n'en fait pas. Fions-nous donc à la lumière de la vérité que je verrai briller quand j'aurai banni de mon esprit, et s'il se peut, de ma mémoire les préjugés qui l'empêchaient de se montrer dans son pur éclat. Mon souci doit être, non d'y rien ajouter, mais d'écarter tout ce qui l'offusque.

» L'unique moyen d'y réussir est de douter. Arrêté par l'impossibilité de douter avec bonne foi, je me garderai bien de la prendre pour l'évidence, d'arriver ainsi à l'évidence par voie de conclusion, et de réduire l'évidence à une conséquence de cette impossibilité même. Cette impossibilité de douter sera seulement pour moi le signe avant-coureur de l'évidence. Je me serai heurté à la vérité dans les ténèbres où je l'aurai cherchée, et la lumière de la vérité m'apprendra plus parfaitement ce qu'est l'évidence et ce que c'était que ces ténèbres.

» Aucune vérité ne se montre donc à moi en ce moment avec évidence? Oserai-je le nier? Mais oserai-je le dire? Est-il quelque vérité, oui ou non, que j'aperçoive en ce moment avec évidence? Je n'affirme pas, je ne nie pas, 'e ne doute pas dans le sens actif du mot; je me questionne sur la portée de mes paroles. En disant oui, j'ai terminé, et si je ne suis pas arrêté par la crainte de me tromper dans une affirmation où ma sécurité serait entière, je le suis par la pensée qu'en terminant ici ma recherche je la rends inutile : je n'aurais cherché en effet que des vérités que dès longtemps je possédais; il ne me manquerait plus que d'y ajouter une erreur en me persuadant, par le moyen des pensées que je me serais données, que ce fût là une découverte. Et jusqu'où n'irais-je pas de ce train? En disant non, je m'engage beaucoup; je m'engage ou à trouver mieux, ou à trouver pourquoi je ne peux trouver mieux. Que vais-je dire? Que vais-je dire avec sincérité? Avec une sincérité qui ne soit pas étudiée.

» Je dirai qu'à l'égard de ces propositions très diverses que je pourrais dès à présent déclarer évidentes, aucune du moins ne m'apparaît marquée d'un caractère exclusif qui me soit un motif de la désigner la première par une préférence refléchie, et que le nombre exact de ces propositions ne m'étant pas connu, non plus que le moyen de le connaître, je n'aurais pas, quand même j'en voudrais user, la ressource des enfants qui, mis en demeure de choisir quelque chose entre plusieurs objets qui leur plaisent, choisissent de les prendre tous. Et rien n'est plus propre à me faire sentir combien il serait vain de me désigner une de ces propositions soit générales soit particulières comme m'apportant la réponse à la question que je me suis faite.

» Allons donc jusqu'au bout dans la voie où je suis engagé; ce n'est qu'à force de hardiesse que j'arriverai jusqu'à ce point, où ce sera au tour de la prudence.

» Qu'importent ces opinions, s'il en est ainsi, sur lesquelles je n'ai jamais varié et que j'ai tenues constamment pour vraies? Ne seraient-ce point des erreurs auxquelles j'aurais été fidèle? L'habitude pouvait faire la constance, et j'ai à me défier principalement du préjugé et de l'habitude. Par la précipitation à juger, je me jetais en aveugle au-devant de l'erreur, mais par la prévention je la cachais au dedans de moi-même, et je ne voyais plus rien que par ses yeux : assurons-nous d'abord que ces préjugés toujours prêts à me montrer ce qu'ils veulent sous l'éclat d'une fausse lumière, ne pourront rien sur moi.

» Jusqu'à présent, dans les embarras que la recherche me cause, j'ai repoussé, j'ai tenu dans l'ombre une difficulté qu'il est temps enfin d'examiner, formidable, et qui fera de tous mes efforts, tant que je ne l'aurai pas résolue, un jeu puéril s'il n'est pas indigne. Mais quand il suffit de ma bonne foi pour la résoudre, pourquoi ce trouble, ces hésitations, ces ambages? Je dis que je ne demande que la lumière et je n'ose pas regarder.

» Regardant en arrière, je vois au-dessus de ces opinions qui se succédaient dans mon esprit quelque chose qui ne variait pas comme elles, qui me dominait alors même que pour un instant j'en avais secoué le joug, et que je respectais d'un respect tout à la fois volontaire et involontaire, si grand, qu'à la seule pensée de révoquer en doute ces principes, ces dogmes, ces croyances, même avec la certitude, quand j'aurais pu l'avoir (contradiction étrange! mais quel nœud compliqué ne forment pas ces sentiments profonds et divers!), oui, même avec la certitude que ce doute passager n'eût abouti qu'à m'en convaincre davantage, j'aurais éprouvé pour douter une peine mêlée d'épouvante et de honte.

» Serait-ce que la vérité que je croyais connaître m'était plus chère que la vérité en soi, la vérité que je voulais savoir, la vérité hardiment, sincèrement cherchée, la vérité quelle qu'elle fût? Sans doute ce que je cherchais était plutôt spéculatif et d'un rapport plus éloigné avec mes actions; mais si l'idée de suspendre dans une longue et incertaine attente tout mon être moral m'était insupportable, ne pouvais-je donc faire de mes croyances une abdication seulement conditionnelle? La répugnance qui m'en empêchait n'avait-elle point pour cause la crainte que la vérité cherchée avec indépendance n'eût à revoir dans mes convictions? Et je conservais mes convictions, sauf à chercher la vérité sans parti pris, disais-je, avec indépendance; si je pouvais accorder d'une manière plus solide que par un artifice du discours deux choses réellement incompatibles : chercher sans parti pris, et chercher sans courir le risque de rien changer à mes convictions. J'affrontais le danger sans crainte du danger, ayant supprimé le danger, à peu près comme quelqu'un qui aurait ouï parler de ce trouble que l'on éprouve à marcher au bord d'un abîme, et qui, pour en faire l'expérience, marcherait dans une grande route en supposant un précipice à ses côtés; il manquerait quelque chose à son expérience : le précipice et le vertige.

» Il est donc possible, portons le respect pour la vérité jusqu'à le reconnaître, je dois admettre qu'il est possible, car je ne sais pas à présent ce que je saurai plus tard, je dis qu'à la rigueur il est possible que la science réprouve quelques-unes au moins de mes croyances les plus fermes. Une foi anticipée en l'accord de l'une et des autres peut entrer dans ces croyances mêmes; mais avec cette réserve la science assujettie est abaissée, et ce n'est plus la science : la science commence à soi. Pour être indépendante, ma recherche exige que j'y subordonne tout : point de faux-fuyant, point de porte de derrière.

» C'est en vain que j'espérerais me tirer d'embarras en me fondant sur une prétendue séparation des domaines respectifs de la croyance et de la science : tant que je ne sais pas par la science qu'il n'est aucun rapport entre elles, ou que du moins ce rapport est tel par la nature des choses, et par bonheur aussi, que mon attachement opiniâtre à mes convictions les plus anciennes et les plus fortes ne peut nuire à la liberté de ma pensée, ni porter d'atteinte directe ou indirecte à l'intégrité, à la certitude, à l'absolue suprématie de cette première vérité qui ne relève d'aucune autre, et qui sera le commencement de la science ou, à elle seule, la science entière; tant que je ne saurai pas cela, je devrai admettre que la science pourra me montrer dans mes croyances passées autant d'opinions rendues pour moi plus ou moins plausibles par un ensemble de conditions et de circonstances : opinions qu'après les avoir révoquées en doute pour assurer l'indépendance de ma recherche, j'aurai peut-être à réputer fausses quand je l'aurai finie : de telle sorte que la certitude maintenant acquise qu'elles étaient ou qu'elles n'étaient pas des erreurs n'aura été obtenue qu'au prix de soupçonner d'abord que ce pouvait en être.

» Il faut donc soupçonner d'abord que mes croyances les plus vénérées ne sont peut-être que des erreurs : des erreurs touchantes, généreuses, mais des erreurs? Il faut le soupçonner, il faut le croire possible. Quelle parole! Et quelle action! Toutefois, par la crainte d'ébranler mes croyances, qui n'a quelque fondement que si l'objet en est chimérique, je ne dois pas, ce semble, renoncer à la chance de les affermir si l'objet en est véritable? Mais s'il y a contradiction entre la science et la croyance? J'aviserai, je verrai : je sacrifierai l'une à l'autre. Laquelle des deux? j'en suis le maître : peut-être la science; je dirai peut-être à ma raison : Tu dis vrai, mais je ne veux pas t'entendre; ne l'ai-je pas dit souvent? Ou plutôt je dirai à ma raison : Tu dis vrai et je le vois, mais je ne te crois pas, et m'aidant de ne te croire pas pour m'empêcher de voir que mon cœur me trompe, je trouve que tu as tort et que c'est mon cœur qui a raison. Je préfère la sagesse de mon cœur, qui m'élève et me satisfait, à ta lumière qui ne me montre que mon abaissement et mon désespoir. Quand tu affirmes que ce qu'il affirme est évidemment faux, pourquoi te croirais-je, puisqu'il affirme que ce que tu affirmes est faussement évident?

» Mais il serait mieux que ma raison et mon cœur eussent raison ensemble. Que sont-ils d'ailleurs, ainsi séparés, sinon des mots quasi dénués de sens? Ce ne serait pas de la bonne foi, ce ne serait pas la foi de mon cœur, cette foi subsistant de ténèbres, cette foi intéressée pour subsister à se cacher de ma raison; ce ne serait pas ma raison, cette soi-disant raison impuissante à se faire écouter de mon cœur. Hé quoi! ne veux-je pas sortir de ce sommeil, dépouiller le vieil homme? Je le veux. Je veux ressusciter et j'hésite à mourir! On dirait que je ne peux sans devenir sacrilège immoler le vieil homme avec ses erreurs. Mais si j'avais la vérité, qui est la vie de l'intelligence, quel dédain je ferais de la folie d'entreprendre de la chercher! Je la cherche, donc elle me manque. Je ne connaissais pas la vérité, cette vérité qu'on ne cherche plus quand une fois on la possède, je ne la connaissais pas, je le sens à mon désir ardent de pouvoir me dire : je sais véritablement quelque chose, je sais ce que c'est que savoir, je le sais désormais pour toujours, je le sais sans erreur possible, je le sais de toute la certitude avec laquelle je sais que j'existe, comme je sais que je pense ceci ou cela en ce moment. Serait-ce donc là seulement tout ce que je peux savoir?

» Comme si la vérité elle-même venait à mon secours en face d'un péril que j'hésite par respect pour elle à braver pour l'amour d'elle, il semble qu'elle m'inspire, dans ma frayeur de l'offenser, une ruse innocente.

» Rassemblons, formons en un faisceau ces vérités que mon cœur vénère et que j'ai mêlées certainement de quelques erreurs : quelles erreurs? des erreurs inconnues; et adorons sous le nom de la Vérité ce qui est vrai dans ce mélange; ensevelissons leur mémoire dans les ténèbres lumineuses de ce nom si beau et si sacré (ne l'est-il pas assez pour nommer ce que j'adore : n'est-ce pas un nom digne de Dieu même?); à la lumière dont la science le fera resplendir, je reconnaîtrai plus pures encore celles que je n'aurais pas méconnues sans crime. O combat de sentiments inexprimables!

» Éclairez-moi, flambeau intérieur, flambeau indéfectible, dont nulle tempête n'agite la flamme, idée sans égale, idée que rien n'altère, ni le temps qui change toutes les autres, ni l'orgueil de l'étude à qui vous montrez qu'il se confond lui-même, ni le remords qui s'irrite à essayer de vous éteindre; idée de la vérité qui n'êtes que son reflet, mais son reflet sauveur, restez avec moi, ne m'abandonnez pas dans ce désert de ténèbres où je suis perdu! Vérité! Vérité que j'appelle, viendrez-vous? Si vous êtes quelque chose qu'on peut prier et qui peut nous entendre, aidez-moi vous que je forçais à m'aider jusque dans mes fautes; aidez-moi, non pour le mal mais pour le bien;

n'allez pas me refuser votre aide quand je n'aspire à savoir que pour savoir comment arriver à bien faire.

» Qu'ai-je fait? Je doute. Un doute général dont rien n'est excepté m'enferme. Comment en sortir? Quelle ressource? Le doute. Le doute m'enferme. Je ne trouverai que par le doute cette connaissance nouvelle, nouvelle, je ne dis pas dans sa matière, mais dans sa forme, dans la perfection de sa forme; nouvelle, entendons-le, entendons-le bien; je ne l'entends pas! Tâchons donc de l'entendre : nouvelle, incomparable. Trouver dans le doute universel, à l'aide du doute universel, la certitude : voilà le problème. J'en suis réduit à faire ce miracle d'adresse de l'y trouver, et cela sans miracle! Gardons-nous des miracles, et par-dessus tout du miracle de ma foi passée; car je ne pourrai trop m'étonner, dès que je serai en possession de cette première vérité, qu'il ait été en mon pouvoir d'empêcher qu'une connaissance si simple et si évidente n'ait été le premier acte, le premier regard de mon intelligence en exercice. Assurément, quel qu'il soit, le miracle de mon adresse n'aura pas à surpasser le miracle de mon espérance. Quelle angoisse est la mienne! Voyons, je ne me trompe pas : où serait mon erreur si je n'affirme rien?

» Je n'affirme rien, c'est vrai; mais est-il bien vrai que je doute de tout? Ne suis-je pas assis à cette table, une plume à la main? Ne voilà-t-il pas un arbre dont le vent d'hiver agite les branches, et à ses pieds la mer qui roule les flots sur le rivage? D'ici j'en entends les grondements, pareils à la voix adoucie du tonnerre. On dirait qu'elle répète sans fin la même parole : comme un homme qui navré de regrets pour une faute qu'il a faite s'échappe en soupirs et en exclamations toujours semblables et toujours différents, de qui l'étonnement va s'augmentant sans cesse; et il n'en peut pas revenir, tant son erreur fut grande! Suis-je cet homme qui me trompe et cet homme qui le comprendra? Quelle serait donc ma faute, à moi qui cherche la vérité de si bonne foi? Je doute, dis-je; mais puis-je douter de l'existence de ce monde présent à tous mes sens, dont je subis l'action et qui subit la mienne, à qui je résiste et qui me résiste en tant de manières? Il est vrai qu'il vient une heure où je me persuade l'existence de mille choses sans réalité : que je regarde la mer éclairée par le soleil, ou que je me promène dans des forêts, ou que je m'entretiens avec quelqu'un, et cependant je suis dans les ténèbres, immobile et endormi. Par quoi suis-je assuré que je ne dors pas en ce moment? Ce n'est pas par la vivacité de mes sensations, quelquefois plus vives dans mon sommeil où j'y suis livré tout entier, que dans la veille où j'en suis distrait. J'aimerais mieux dire que c'est par la liaison de mes idées dont j'ai la conscience distincte et continue, parce que j'aime mieux croire que ma pensée est en faute quand je dors que non pas ma mémoire étant éveillé. Non, je ne dors pas de ce sommeil où ma pensée ne m'appartient plus, puisque je la retiens présentement sur toutes ses pentes. Mais une réflexion me frappe et j'y veux m'arrêter un peu.

» Que de fois en écoutant une personne qui me parlait je m'appliquais à lire ce discours qui s'écrit sur le visage pendant que la bouche en prononce un autre et qui dément celui-ci, quand il ne le confirme pas! Mes yeux, tantôt fixés sur les siens, et tantôt détournés pour les surprendre ensuite, attentif à la succession de ces ombres et de ces lumières, à cet accent des paroles qui est la physionomie de la parole, où l'artifice n'impose que par une habileté consommée, à ces gestes, à ces légers mouvements par lesquels le corps cherche à se mettre sous les lois de la pensée, je me prêtais en les aidant, mais en les surveillant, aux tentatives de cette pensée étrangère pressée d'arriver jusqu'à moi, ingénue ou artificieuse, par le moyen de tous ces signes que je savais pouvoir être trompeurs, en dépit de leur concordance. Je sentais que fussé-je plein de foi en cette personne supposée pleine de sincérité, il était hors de son pouvoir de transporter en moi ce qui était en elle; que le moyen qui nous sert à communiquer atteste l'intervalle qui nous sépare, et que l'effort égal de deux cœurs qui se cherchent, tout puissant qu'il est, pour le franchir ne le détruit pas. Et j'avais un instant l'idée de ce que c'est que la solitude.

» De ce monde qui m'environne et dont l'existence se mêle à la mienne, je suis séparé aussi, séparé profondément, et quand je dis qu'il est, je ne sais ce qu'il est, et de là qu'il m'est extérieur je ne sais même pas s'il est, au moins par une intuition directe et immédiate. Je sens ce qui est en moi, non ce qui est dehors, et quand je vois, des yeux ou de l'esprit, je ne sens jamais que mon impression, et ne contemple que ma pensée. Ce pourrait donc être un songe continuel, que ce monde avec ses alternatives de jour et de nuit, ses mouvements, son bruit, ses changeantes scènes? Certes, non, m'écrierai-je; mais pourquoi non? Tous ces arguments qui se présentent me sont suspects par leur multitude, et je préférerais encore le dernier mot des enfants poussés à bout : Parce que.

» D'ailleurs le plus simple et le plus fort de ces arguments ne l'est pas tant et n'est pas si clair que ces premiers principes de la géométrie, dont j'ai souvent vu de bons esprits désirer des démonstrations, et desquels j'ai très curieusement recherché moi-même s'ils étaient évidents ou s'ils ne l'étaient pas, au temps où mon esprit déjà formé à l'étude des mathématiques revenait à en examiner les bases.

» Peut-être après tout que la science pure, la science rigoureuse, la science proprement dite est à ce point restreinte que la nécessité d'étendre mes affirmations au dehors d'elle sur une multitude de matières importantes devient, dès lors que la science ne les réprouve pas d'une manière absolue, le fondement de leur légitimité possible au point de vue d'une autre science, supérieure si l'on veut, infiniment supérieure quant à l'objet, mais réellement inférieure quant à la perfection, où la vraisemblance remplacerait l'évidence, et la croyance la certitude. Quoi qu'il en soit, rappelons-nous que dussé-je apprendre de la science que cette affirmation : Je pense, je pense telle ou telle chose, fausse ou vraie je la pense, est d'une certitude incomparable; futile autant que bornée, cette affirmation incomparablement, c'est-à-dire exclusivement certaine, ne serait, en un autre sens, ni bornée ni futile, ayant pour ainsi dire toute l'étendue de ce qu'elle me montrerait que j'ignore. Je serais libre, alors, de réserver cette qualification de certaine à la plus certaine des autres dont aucune ne serait certaine : ce que je m'appliquerais à oublier, afin de donner plus de prix au mot qui me tiendrait lieu de la chose. Mais je raille et j'insulte en même temps la science et moi qui la cherchais, et qui en suis si proche, tout séparé que j'en suis : ou comment la chercher?

» Si elle était la condamnation de mon orgueil que j'amusais avec le mépris des erreurs d'autrui, celles-là que je n'avais pas faites moi-même? Supposons que la plus certaine des vérités fût cette affirmation unique : Je crois que ce que je dis être la vérité est la vérité; je le pense; et que ma pensée me trompe tant qu'elle voudra sur son objet, très certainement je ne me trompe pas sur ma pensée; la science, dans sa pauvreté, ne m'aurait-elle pas apporté le trésor de la tolérance? Hé! comment, dans une autre hypothèse, pratiquer la tolérance envers de vils adorateurs de l'erreur qui iraient jusqu'à traiter d'erreur, non pas seulement ce que l'on croirait être la vérité, mais ce que l'on saurait, soi, infailliblement, qui l'est en effet, et qu'ils pourraient savoir de même? Encore s'ils avaient l'excuse d'une sincérité entière, d'une conviction profonde! Mais tant s'en faut, dans l'hypothèse, puisque la science est devant eux quand on la leur explique et qu'ils ferment les yeux, aveugles volontaires, à l'évidence qui les poursuit : pour que l'erreur pût revendiquer l'avantage d'une si forte excuse, il faudrait essentiellement que la sincérité de la croyance n'eût pas sa mesure dans la vérité de la doctrine. Or, si la vérité de la doctrine n'en est pas la mesure, réciproquement la sincérité de la croyance n'est pas la sienne non plus; je ne suis donc pas sûr de ne me tromper pas, moi dont la sincérité est entière et la conviction profonde. Il faudrait une mesure à part pour moi sans que je fusse à part; être à part, c'est n'être plus homme. Si elle me manque, remercions la science de m'apprendre, toute frivole qu'elle semble au premier coup d'œil, une vérité supérieure à toutes les imaginations et à toutes les idoles humaines : Que lorsque l'on croit de la foi la plus ferme que l'on possède la vérité, on doit savoir qu'on le croit, non pas croire qu'on le sait; que l'on doit prendre garde, avant de blâmer absolument son adversaire, que si l'erreur est de son côté, la croyance qu'elle n'y est pas s'y trouve aussi, et qu'au-dessus de leurs différences respectives, toutes les doctrines humaines, toutes les doctrines, dis-je, professées par l'homme ont cela d'égal : une commune infériorité dans une commune incertitude. Horrible conséquence! Mais les doctrines aboutissent à des actions; il y a du bien, il y a du mal, du bien issu du vrai, et du mal issu de l'erreur. Moi, homme de bonne foi qui pratique ma croyance, ma croyance c'est moi : elle est ce par quoi j'ambitionne l'estime, et avant tout, l'applaudissement de ma conscience; la justice demande que je te reconnaisse le droit de dire la même chose, ô toi qui en pratiques une différente! L'un de nous pourtant fait le mal, et le fait doublement, par son dogme et par son scandale. Qu'allons-nous être l'un pour l'autre, mon frère ou mon ennemi? Lequel s'avilit et blasphème? Sans doute celui-là qui pratique son blasphème. Mais lequel s'avilit parce qu'il blasphème? Celui-là qui blasphème. Mais lequel donc blasphème? Cachons-le-nous, pensons que ce n'est ni toi ni moi, et consentant à former nos sentiments sur nos pensées et nos pensées sur notre langage, nous pourrons encore nous aimer; ou découvrant le secret de nos cœurs, disons hautement que cette fausse tolérance n'est que la tolérance d'une hypocrisie consommée, qui se trompe en ne trompant personne et se juge finalement quelque chose de bon, la tolérance d'un mépris mutuel et universel que chacun applique à soi et qu'il subit de tous les autres; mais la coutume le leur a rendu supportable.

» Ne nous étonnons pas, ne nous alarmons pas : ce n'est qu'une hypothèse au sein du doute universel. J'ai fait ce que j'ai dit : j'ai douté. Il fallait passer par le doute, mais je ne doute qu'en passant, et si mon doute m'enferme, il n'enferme pas l'évidente certitude que je n'en puisse sortir.

» Ma situation est si étrange, elle est une telle exception dans le cours de mes pensées ordinaires, que c'est tout au plus si j'en imagine une impossible qui lui ressemble. Me voilà comme un prisonnier qui aurait fait ce songe : il a dit à la chaîne de fer scellée dans la muraille de son cachot : Je te brise; et elle s'est brisée : il peut marcher, il va marcher; cependant, il fait réflexion que pour sortir de son cachot et se sauver où? dans la campagne, dans un précipice, il ne sait pas, il l'apprendra, il aurait besoin d'une corde qu'il tresserait s'il avait du chanvre; du chanvre, mais en voici; c'est quoi? son ancienne chaîne transformée en un puissant câble qui tient ses bras garrottés. Je suis ce prisonnier. Cela qui empêche tous mes mouvements est cela qui me rendra libre. Qu'est-ce donc qui soutient mon espérance, si ce n'est la colère de l'espérance?

» J'entends : un doute forcé! un doute contre nature, un état violent, imaginaire, l'exaspération d'un esprit exigeant et blasé que rien ne contente. Un doute forcé, je crois bien cela; un doute contre nature, je le crois encore, et un état si violent qu'on n'y peut penser sans souffrir. Modérons ce doute excessif et hâtons-nous d'apprendre de la saine raison, premièrement le degré juste où il a cessé d'être possible, s'il est impossible; où il cesse d'être légitime, si au contraire il est possible; c'est-à-dire où il est évident qu'il est absurde, où il est évident qu'il ne l'est pas; deuxièmement, comment il se fait qu'il ne soit tout d'abord ni évidemment possible ni évidemment impossible, quand il est si évident qu'il faut bien qu'il soit l'un ou l'autre. Résolu à ne plus douter de tout, de quoi douterais-je, et de quoi ne douterai-je pas? Question grave, question digne de l'homme et qui intéresse à un haut degré sa destinée; c'est toujours la question, mais ce n'est jamais la réponse, et c'est la réponse à cette question dont j'avais entrepris la recherche. Renoncerai-je à mon entreprise?

» Pensons-y encore, examinons. Examinons de sang-froid comme il convient d'examiner; examinons jusqu'à ce que la lumière se fasse. Ah! que dis-je! préparons la lumière, qui ne se fera pas d'elle-même.

» Que s'est-il passé en moi? Que va-t-il se passer?

» Je peux bien, et sans effort, dédaigner les livres, ces ouvrages d'autrui : également inutiles à moi, soit que je les surpasse, soit qu'ils me surpassent; je peux plus, et prendre en pitié les idoles de ma pensée qui fascinaient ses fantaisies; je peux faire enfin ce que j'ai fait, mettre à part, pour un temps, mes croyances; à coup sûr je le peux, puisque d'autres fois je les violai. Mais ce n'est pas assez. Dans ces ténèbres uniformes que j'ai laissées s'étendre autour de moi, resté seul avec ma pensée dont je me défie, au moins pour tous les usages auxquels je l'ai employée jusqu'à cette heure, vais-je, pour m'en servir d'une manière merveilleuse, infaillible, la réduire d'abord à une possibilité pure de penser qui peut-être n'est pas, ou, si elle est, est de nul usage! Devant moi est le vide; ai-je donc supprimé jusqu'au dernier mes derniers points d'appui : les préjugés, comme je les appelle, qu'avaient formés dans mon esprit cette lumière naturelle, ces impressions, ces puissances quelconques dont j'ai supposé suspendre l'action en doutant qu'elle fût légitime? Qui suis-je, que suis-je sans ces préjugés? Comment, sans l'aide de quelques-uns, me défaire des autres? Les abandonner tous? Il ne me reste rien, rien pour répondre.

FIN DU TOME PREMIER

DU

TRAITÉ DE PSYCHOLOGIE RATIONNELLE

TABLE DES MATIÈRES

PREMIÈRE PARTIE
L'HOMME
ET SES FONCTIONS CONSTITUANTES

I. *De la nature humaine relativement aux catégories.* — Unité des catégories. — Distinction dans l'unité. . . .   1

    Observations et développements : De la nature d'une psychologie rationnelle   7

II. *De l'homme physique et organique.* — Le corps et ses fonctions. — Définition de la psychologie. — Distinction de l'organisme. — Question de la génération spontanée. — Système de l'unité spécifique des phénomènes. — Système de l'unité causale. — Doctrines dualistes. — Animisme. — Monadologie. — Physiologie du monadisme. — Vitalisme. — De la cause finale en physiologie. — La méthode d'Aristote   9

    Observations et développements :

      A. Du rapport des fonctions physico-chimiques aux fonctions physiologiques   35

      B. De la doctrine de l'involution et de l'échelle arithmétique des êtres   38

III. *De l'homme comme sensibilité.* — Loi de distinction des fonctions. — De la sensibilité en général. — Modes irréductibles de la sensibilité. — Rapports physiques de la sensation. — Rapports organiques de la sensation. — Vanité des explications. — Question du *Sensorium commune* et du siège de la conscience. — Vices des systèmes   48

    Observations et développements : De la nature des représentations obscures   86

IV. *De l'homme comme intelligence.* — L'intelligence et les catégories. — Question des idées innées. — Première fonction de l'entendement. — L'homme et l'animal. — La réflexion. — Fonction de numération. — Production imaginative. — Illusions de la production. — Mémoire et prévision. — Identité personnelle. — Remémoration. — Illusions de la mémoire. — Fonction de changement. — Loi du devenir de conscience 58

V. *Suite : La raison, les signes, le langage.* — La raison en général. — Les signes en général. — La parole ; l'écriture. — Conditions originaires du langage. — Nature des premiers signes. — Premiers éléments d'une grammaire. — Marche des langues. — Remèdes aux vices des langues. — De la langue philosophique universelle. — De la raison comme jugement et raisonnement. — De la nature des termes généraux. — Les animaux quant à la raison. — L'enfant quant à la raison 88

OBSERVATIONS ET DÉVELOPPEMENTS :

A. Sur l'opposition de la raison et de la poésie, dans le langage 124
B. Des facultés des animaux. . . . . 126.

VI. *Du la conscience en général et des méthodes psychologiques. Formes essentielles de la conscience.* — Résumé de la méthode. — Les méthodes anciennes. — Les philosophes écossais. — La phénoménologie de Herbart. — Nécessité de l'usage des catégories. — Idée d'une division simple des fonctions de conscience. — Les classifications anciennes. — Notion de l'intellect pur. — Notion du vouloir pur. — Troisième notion : le cœur. La passion pure. — Synthèse des fonctions mentales. Leur indissolubilité. 129

OBSERVATIONS ET DÉVELOPPEMENTS :

A. De quelques divisions des fonctions mentales. . 153
B. De la psychologie mécanique 157

VII. *De l'homme comme passion. Les passions.* — La passion en général. — Le désir et l'aversion. — Le bien et le mal. Le beau et le laid. — L'intérêt. — Intervention de la raison. — Le vrai comme fin. — Noms divers de la passion attractive ou répulsive. — Espoir et crainte. Joie et tristesse. — Passion possédante, passion développante. — Modes de la passion possédante. — Caractères, goûts. — Passion acquérante. Ses modes. — Du système de la conservation du moi 161

VIII. *Suite : La passion, l'instinct, l'habitude.* — L'activité et la passivité dans la passion. — L'instinct. L'habitude. — Nature, instinct et habitude 180

    OBSERVATIONS ET DÉVELOPPEMENTS : Lois de l'habitude. 188

IX. *De l'homme comme volonté ou de la représentation automotive.* — La représentation automotive. — Du spontané et de l'automotif. — La volition, la volonté. — Cause, force, effort. — L'individualité personnelle. — Rôle de la volonté dans les phénomènes. — Sens nouveau du mot *fonction*. — L'attention, la réflexion. — La réflexion, fonction de la volonté. — Distinction de l'homme et de l'animal. — De la définition du désir par Kant. — Volonté, habitude, raison 191

X. *Suite : Lois de la dégradation de la conscience réfléchie.* — Idée générale du sommeil. — Veille et sommeil dans l'animal. — Veille et sommeil dans l'homme. — Les songes. Le somnambulisme 211

XI. *Des rapports des fonctions passionnelles et volontaires avec les déterminations des fonctions organiques et physiques.* — Ordre de conditionnement des phénomènes. — Ordre inverse de conditionnement. — Systèmes des matérialistes. — Question du siège des passions. — Mouvements de l'ordre biologique. — Mouvements procédant de la conscience : 1° instinctifs ; 2° consécutifs aux passions ; 3° consécutifs à l'imagination. — Loi des mouvements préimaginés. — Imitation sympathique. — Vertige mental. — De la volonté quant à la locomotion. — Sens de la causalité locomotive volontaire. — Théories substantialistes. — Du fait de la contraction musculaire délibérée 288

XII. *Des rapports de la passion avec les déterminations de conscience.* — Déterminations des animaux. — Déterminations humaines. — Affirmations sur impressions vagues. — Théorie du vertige mental. — Vertige de l'ordre mystique. — Autres cas de vertige. — Remèdes contre le vertige mental 271

    OBSERVATIONS ET DÉVELOPPEMENTS :
      A. Pascal et la théorie du vertige mental 297
      B. De l'éducation de la volonté et de celle de l'habitude 301

XIII. *La liberté. État de la question. Solution provisoire.* — Objections au système de la nécessité. — Objections au système de la liberté. — Vice commun aux deux systèmes. — Sens véritable de la liberté. — La liberté au point de vue synthétique. — La liberté et la loi de causalité. — La liberté problème définitif 305

OBSERVATIONS ET DÉVELOPPEMENTS :
    A. De l'interprétation de la loi dite des grands nombres, dans la question de la liberté humaine 321
    B. D'une manière de voir commune touchant la régularité des phénomènes de l'ordre moral . 338
    C. De la causalité comme principe absolu 342
    D. Une polémique avec P.-J. Proudhon 345

DEUXIÈME PARTIE

LA CERTITUDE

XIV. *Définition générale de la certitude dans une conscience.* — Certitude, incertitude, croyance. — Caractères du doute; éléments de la certitude. — Indissolubilité des trois éléments. — Élément volontaire. — Élément passionnel. — Doute, croyance, certitude morale 351

OBSERVATIONS ET DÉVELOPPEMENTS :
    A. La philosophie de Jules Lequier 369
    B. *Comment trouver, comment chercher* (fragment de Lequier) 374

www.ingramcontent.com/pod-product-compliance
Lightning Source LLC
Chambersburg PA
CBHW052036230426
43671CB00011B/1672